"十四五"职业教育国家规划教材

高等职业教育智慧财经系列教材

高等职业教育校企"双元"合作开发教材

国家"双高计划"建设项目成果

# 财务共享服务实务

CAIWU GONGXIANG FUWU SHIWU

主　编　张洪波　李　迎　翟晶晶
副主编　赵盈盈　余云宜　马宇宸　黄丽萍

本书另配：教学课件
　　　　　教　案
　　　　　微课视频
　　　　　操作录屏
　　　　　授课计划
　　　　　案例库

新形态教材

中国教育出版传媒集团
高等教育出版社·北京

## 内容提要

本书是"十四五"职业教育国家规划教材,是高等职业教育智慧财经系列教材之一。

本书以用友财务共享服务平台(V2.0)为实训平台,基于企业工作场景,以企业真实工作任务为载体进行编写。本书具体内容包括八个项目:财务共享服务中心规划与设计、费用共享业务处理、采购管理与应付共享业务处理、销售管理与应收共享业务处理、资金管理共享业务处理、固定资产管理共享业务处理、总账报表与税务共享业务处理和财务共享服务中心运营管理。

本书以落实立德树人为根本任务,强化课程思政,将职业精神和工匠精神培养贯穿学习。同时,为利教便学,部分学习资源(如微课视频)以二维码形式提供在相关内容旁,可扫描获取。此外,本书另配有教学课件、教案、案例库等教学资源,供教师教学使用。

本书既可作为高等职业教育财经类专业课程教学用书,也可作为社会相关人员参考用书。

### 图书在版编目(CIP)数据

财务共享服务实务 / 张洪波,李迎,翟晶晶主编. —北京:高等教育出版社,2021.11(2024.1重印)
ISBN 978-7-04-056649-9

Ⅰ. ①财⋯ Ⅱ. ①张⋯ ②李⋯ ③翟⋯ Ⅲ. ①企业管理—财务管理系统—高等职业教育—教材 Ⅳ. ①F275-39

中国版本图书馆CIP数据核字(2021)第158486号

| 策划编辑 | 毕颖娟 卢瑞卿 | 责任编辑 | 卢瑞卿 毕颖娟 | 封面设计 | 张文豪 | 责任印制 | 高忠富 |

| | | | |
|---|---|---|---|
| 出版发行 | 高等教育出版社 | 网　址 | http://www.hep.edu.cn |
| 社　　址 | 北京市西城区德外大街4号 | | http://www.hep.com.cn |
| 邮政编码 | 100120 | 网上订购 | http://www.hepmall.com.cn |
| 印　　刷 | 杭州广育多莉印刷有限公司 | | http://www.hepmall.com |
| 开　　本 | 787mm×1092mm　1/16 | | http://www.hepmall.cn |
| 印　　张 | 25 | | |
| 字　　数 | 620千字 | 版　次 | 2021年11月第1版 |
| 购书热线 | 010-58581118 | 印　次 | 2024年1月第2次印刷 |
| 咨询电话 | 400-810-0598 | 定　价 | 49.80元 |

本书如有缺页、倒页、脱页等质量问题,请到所购图书销售部门联系调换
版权所有　侵权必究
物料号　56649-A0

# 前　言

本书是"十四五"职业教育国家规划教材,是高等职业教育智慧财经系列教材之一。在贯彻学习全国职业教育大会精神和落实教育部新版《职业教育专业目录(2021年)》要求之际,我们组织教师和企业专家,以用友财务共享服务平台为实训平台,基于企业工作场景,以企业真实工作任务为载体编写了本书。本书是产教融合、校企合作开发的新型教材,是国家"双高"计划高水平专业群建设项目成果。本书以落实立德树人为根本任务,强化课程思政,职业特色鲜明。本书顺应"双循环"新发展格局,对接"数字经济"等国家战略,紧跟人工智能、大数据、云计算等现代信息技术快速发展带来的财务工作方式和财务工作组织模式转型所需。本书内容选取具有很强的针对性和适用性,编写具有一定的创新性。

### 1. 紧跟行业发展,体现技术更新

本书紧跟行业发展趋势,及时纳入新业态、新技术、新规范等内容,呈现适合学生学习的新税改教材。

### 2. 校企双元开发,贴合企业工作场景

本书是产教融合、校企(用友集团)双元开发教材。基于企业真实场景,内容源于企业,又高于企业。

### 3. 配套数字资源,师生使用便捷

为了利教便学,部分学习资源(如微课视频等)以二维码形式提供在相关内容旁,可扫描获取。此外,本书另配有教学课件、教案、案例库等教学资源,供教师教学使用。

### 4. 强化课程思政,践行立德树人

立德树人是人才培养的根本任务,本书系统构建了思政元素框架体系,将思政元素与课程紧密结合,系统进行课程思政设计。将"润物细无声"的课程思政内容,内化于教学过程。

### 5. 工作任务引领,岗课赛证融通

本书采用项目、任务式编写方法,以国家职业标准为依据,以综合职业能力培养为目

标，以典型工作任务为载体，以学生为中心，以能力培养为本位，将理论学习与实践学习相结合。课程内容与职业岗位工作、全国职业院校技能大赛、"1＋X"职业能力等级证书标准相融合。

本书既可作为职业院校财经类专业财务共享服务实务教材，也可作为在职会计人员培训及社会人员自学用书。

本书由山东商业职业技术学院张洪波、陕西财经职业学院李迎、天津市第一商业学校翟晶晶担任主编，陕西财经职业学院赵盈盈、江西财经职业学院余云宜、天津市第一商业学校马宇宸、浙江经贸职业技术学院黄丽萍担任副主编，新道科技股份有限公司张昭君、山东商业职业技术学院李萌、杜幕璇和成畅参与编写，全书最后由张洪波总纂定稿。

由于编写时间仓促，作者水平和实践经验有限，书中不妥之处在所难免，恳请读者批评指正。

编　者

2021 年 10 月

# 目 录

**导　言　财务共享服务认知** …………………………………………………………… 1

**项目一　财务共享服务中心规划与设计** ……………………………………………… 10

　　学习目标 / 10
　　知识点与技能点 / 10
　　任务一　财务共享服务中心战略规划 / 11
　　任务二　财务共享服务中心组织规划 / 27
　　任务三　财务共享服务中心流程规划 / 38
　　同步训练 / 60

**项目二　费用共享业务处理** …………………………………………………………… 61

　　学习目标 / 61
　　知识点与技能点 / 61
　　任务一　智能差旅费报销服务 / 61
　　任务二　智能商旅服务 / 84
　　任务三　专项费用报销 / 97
　　同步训练 / 117

**项目三　采购管理与应付共享业务处理** ……………………………………………… 118

　　学习目标 / 118
　　知识点与技能点 / 118
　　任务一　备品备件采购与付款 / 118
　　任务二　原燃料采购与付款 / 137
　　任务三　付款结算 / 173
　　同步训练 / 184

**项目四　销售管理与应收共享业务处理** ……………………………………………… 185

　　学习目标 / 185

知识点与技能点 / 185
  任务一　产成品销售 / 185
  任务二　其他商品销售 / 207
  任务三　收款结算 / 229
  同步训练 / 249

## 项目五　资金管理共享业务处理 ……………………………………………… 250

  学习目标 / 250
  知识点与技能点 / 250
  任务一　资金上收 / 250
  任务二　资金下拨 / 275
  任务三　外部委托付款 / 286
  同步训练 / 302

## 项目六　固定资产管理共享业务处理 …………………………………………… 303

  学习目标 / 303
  知识点与技能点 / 303
  任务一　固定资产增加 / 303
  任务二　固定资产变动 / 319
  任务三　固定资产折旧 / 325
  任务四　固定资产减少 / 330
  同步训练 / 333

## 项目七　总账报表与税务共享业务处理 …………………………………… 334

  学习目标 / 334
  知识点与技能点 / 334
  任务一　总账报表共享与RPA机器人应用 / 334
  任务二　税务云在财务共享服务中心中的应用 / 348
  任务三　电子会计档案共享 / 356
  同步训练 / 365

## 项目八　财务共享服务中心运营管理 …………………………………………… 366

  学习目标 / 366
  知识点与技能点 / 366
  任务一　财务共享作业绩效管理 / 366
  任务二　财务共享作业质量稽核 / 379
  同步训练 / 387

## 主要参考文献 ……………………………………………………………………… 388

# 资源导航

1　微课视频：财务共享服务认知　/　1
2　微课视频：战略规划　/　12
3　操作录屏：沙盘模拟准备　/　18
4　操作录屏：战略规划沙盘推演　/　25
5　微课视频：组织规划　/　28
6　操作录屏：组织规划沙盘推演　/　31
7　学习资源：财务共享服务中心人员测算表　/　37
8　微课视频：流程设计　/　38
9　操作录屏：流程规划沙盘推演　/　49
10　同步训练：项目一　/　60
11　同步训练：项目一参考答案　/　60
12　微课视频：费用报销　/　66
13　操作录屏：差旅费用角色分配　/　74
14　操作录屏：差旅费流程启用　/　74
15　操作录屏：差旅费用报销协作处理（案例2-1）　/　77
16　操作录屏：差旅费用报销协作处理（案例2-2）　/　77
17　微课视频：智能商旅服务　/　86
18　操作录屏：商旅费用角色分配　/　91
19　操作录屏：商旅费流程启用　/　91
20　操作录屏：智能商旅协作处理　/　92
21　操作录屏：专项费用系统配置　/　103
22　操作录屏：专项费用角色分配　/　104
23　操作录屏：专项费用协作处理　/　105
24　同步训练：项目二　/　117
25　同步训练：项目二参考答案　/　117
26　微课视频：备品备件采购与付款　/　120
27　操作录屏：原燃料采购业务　/　154
28　微课视频：付款结算　/　175
29　同步训练：项目三　/　184
30　同步训练：项目三参考答案　/　184
31　微课视频：产成品销售　/　188
32　操作录屏：审批流配置（销售订单）　/　193
33　操作录屏：工作流配置（应收单）　/　195

| 34 | 操作录屏：销售合同处理 / 195 |
| 35 | 操作录屏：销售订单处理 / 199 |
| 36 | 操作录屏：销售发货出库 / 200 |
| 37 | 操作录屏：应收账款确认 / 202 |
| 38 | 操作视频：应收账款结算 / 204 |
| 39 | 微课视频：其他商品销售 / 209 |
| 40 | 微课视频：收款结算 / 231 |
| 41 | 同步训练：项目四 / 249 |
| 42 | 同步训练：项目四参考答案 / 249 |
| 43 | 微课视频：资金管理 / 251 |
| 44 | 操作视频：资金计划编制角色分配 / 263 |
| 45 | 操作录屏：资金计划编制协作处理 / 264 |
| 46 | 操作录屏：上收角色分配 / 266 |
| 47 | 操作录屏：资金上收业务流程配置 / 267 |
| 48 | 操作录屏：资金上收协作处理 / 269 |
| 49 | 操作录屏：下拨角色分配 / 278 |
| 50 | 操作录屏：资金下拨业务流程配置 / 278 |
| 51 | 操作录屏：资金下拨协作处理 / 279 |
| 52 | 微课视频：外部委托付款 / 288 |
| 53 | 操作录屏：外部委托付款角色分配 / 293 |
| 54 | 操作录屏：外部委托付款流程启用 / 294 |
| 55 | 操作录屏：外部委托付款协作处理 / 295 |
| 56 | 同步训练：项目五 / 302 |
| 57 | 同步训练：项目五参考答案 / 302 |
| 58 | 微课视频：固定资产共享 / 305 |
| 59 | 操作录屏：固定资产增加业务处理 / 315 |
| 60 | 操作录屏：固定资产变动业务处理 / 322 |
| 61 | 同步训练：项目六 / 333 |
| 62 | 同步训练：项目六参考答案 / 333 |
| 63 | 微课视频：总账报表及 RPA 机器人应用 / 335 |
| 64 | 操作录屏：RPA 客户端安装 / 340 |
| 65 | 操作录屏：资产负债表编制 / 340 |
| 66 | 操作录屏：利润表编制 / 340 |
| 67 | 操作录屏：现金流量表编制 / 340 |
| 68 | 微课视频：税务云 / 349 |
| 69 | 微课视频：发票开具与纳税申报 / 354 |
| 70 | 操作录屏：财务共享中心开票与电子纳税申报 / 354 |
| 71 | 微课视频：电子档案 / 356 |
| 72 | 操作录屏：电子会计档案归档 / 363 |
| 73 | 操作录屏：电子档案借阅管理 / 364 |
| 74 | 同步训练：项目七 / 365 |
| 75 | 同步训练：项目七参考答案 / 365 |
| 76 | 微课视频：财务共享绩效管理与质量稽核 / 366 |
| 77 | 同步训练：项目八 / 387 |
| 78 | 同步训练：项目八参考答案 / 387 |

# 导言　财务共享服务认知

随着人工智能、大数据、云计算、移动互联网等现代信息技术的快速发展,电子发票、电子档案、电子合同、数字货币相继出现,管理会计体系逐步完善,集团企业受到经济全球化、企业国际化的影响,带来企业财务管理模式转变,财务共享服务中心应运而生。

目前世界500强企业中有90%以上的企业已经部署财务共享服务中心,国内的一些知名集团企业,如海尔、华为、中国移动、鲁商集团等,也都纷纷建立集团财务共享服务中心。那么,什么是财务共享服务;财务共享服务的价值体现在哪些地方;财务共享服务是如何产生和发展起来的;财务共享服务的模式有哪些。这些都是本书要回答的问题。

微课视频:
财务共享服务认知

## 一、财务共享服务

共享服务是一种创新的管理模式,即新的管理理念和新的组织架构。1998年芭芭拉·奎因(Barbara E. Quinn)在《共享服务：挖掘公司财富》中提出了共享服务的概念,他说共享服务是一项商业经营,符合"以客户为中心＋服务收费＝商业"模式。2004年布莱恩·伯杰伦(Bryan Bergeron)在《服务共享精神》中提出："共享服务是一种将一部分现有的经营职能(business function)集中到一个新的、半自主的业务单元的合作战略设有专门的管理机构,目的是提高效率、创造价值、节约成本以及提高对内部客户的服务质量。"

### (一) 财务共享服务的含义

财务共享服务是集团企业将分散在各成员单元的同质化、重复性和易于标准化的财务工作剥离出来进行集中处理,这个集中处理的组织叫作财务共享服务中心。简单来讲,财务共享服务中心就是把成员单位的部分财务工作抽取出来集中处理,为成员单位提供财务相关服务,财务共享服务实现前后对比如图0-1所示。

### (二) 财务共享服务的实质

财务共享服务是依托信息技术,以财务业务流程处理为基础,以优化组织结构、规范工作流程、提高管理效率、降低运营成本和创造服务价值为目的,将不同地域、不同法人、同一时间范围内的会计业务拿到一个平台来统一报账、统一核算和报告,从而保证会计记录和报告的标准规范和结构统一。

财务共享服务的具体做法是将财务数据采集、处理、应用的责任清晰区分归属到三类组织中,具体为:

(1) 采集。通过业务系统集成与报账实现,源数据的质量责任归属于采集它的业务发生部门。

(2) 处理。财务共享服务中心记账、审核、形成定期财务报告,并对这些财务数据的质量负责。

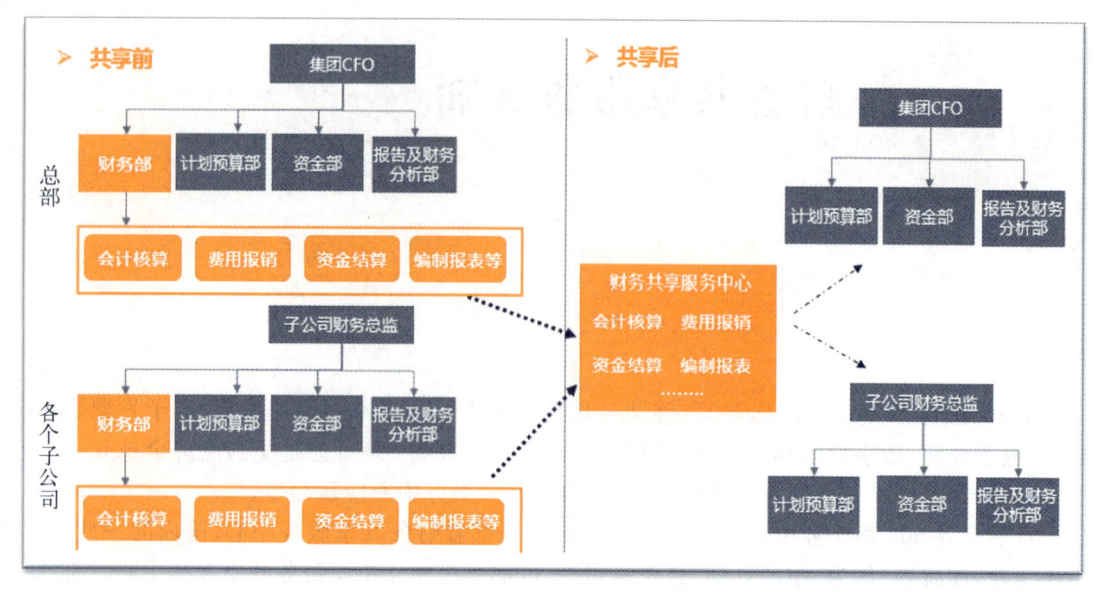

图 0-1 财务共享服务实现前后对比

（3）应用。财务管理岗位在财务决策分析中调用各类数据（包括财务共享服务中心提供的数据），并对其分析结论负责。

财务共享服务实质如图 0-2 所示。

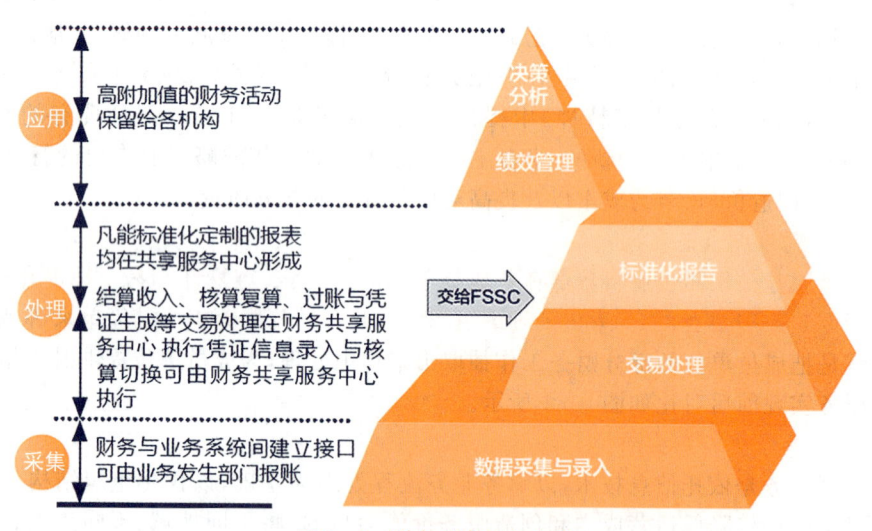

图 0-2 财务共享服务实质

### （三）财务共享服务的价值

财务共享服务实施给大型企业带来的价值主要体现在四个方面：提升集团管控力，信息实现标准化、规范化，平台实现资源共享，降低成本、增加效益，具体表现如图 0-3 所示。

## 二、财务共享服务中心

### （一）财务共享服务中心的含义

财务共享服务中心（Finance Shared Service Center，FSSC）是集团的财务服务平台，是各

## 图 0-3 财务共享服务的价值

**提升集团管控力**
- 业务过程透明化
- 业务财务一体化
- 线上时时监管
- 集团对分散营业网点管控加强

**信息实现标准化、规范化**
- 标准统一
- 口径一致
- 流程优化
- 有效执行财务政策
- 有效解决会计水平不齐带来的风险

**平台实现资源共享**
- 核算共享、结算共享
- 数据分析中心
- 以"存"为主,变为以"用"为主
- 企业后援中心,支持营业网点快速扩张

**降低成本、增加效益**
- 减少重复岗位
- 专业化提升效率
- 人员要求降低

图 0-3 财务共享服务的价值

成员单位的会计业务运作中心、财务管理中心和服务中心。

财务共享服务中心从财务复核、会计核算、资金支付三个方面提供服务。集团财务部主要聚焦预算管理、财务分析、风险控制、资产管理、资金管理的总部财务职能,对财务共享服务中心提供指导及风险控制。分(子)公司的财务部按规定扫描原始单据,将原始单据与影像系统匹配,审核单据的真实性、合规性和完整性,并进行原始单据的保管。业务部门向财务共享服务中心提供真实、合规、完整的单据,规定时间内将单据等信息传递到财务共享服务中心,并审核业务的真实性和合规性。

### (二) 财务共享服务中心的价值

财务共享服务中心的价值主要体现在以下两个方面:

**1. 集团管控、高效服务、风险防控**

在集团管控方面,财务共享服务中心为 CEO 或 CFO 提供决策支持,制定财务战略和规划,制定财务制度、规范和政策,进行资金和投融资管理、风险管控和绩效管理、税务筹划等。

在高效服务方面,财务共享服务中心的价值主要体现在会计业务处理、财务信息管理、总账关账和财务报表、内部会计稽查、会计档案管理等方面。

在风险防控方面,财务共享服务中心主要是为各业务单元提供经营决策支持,管控业务经营过程中的风险,支持业务单元的计划、预算和预测,支持业务单元的投资分析、成本费用分析、盈利性分析以及其他财务分析。

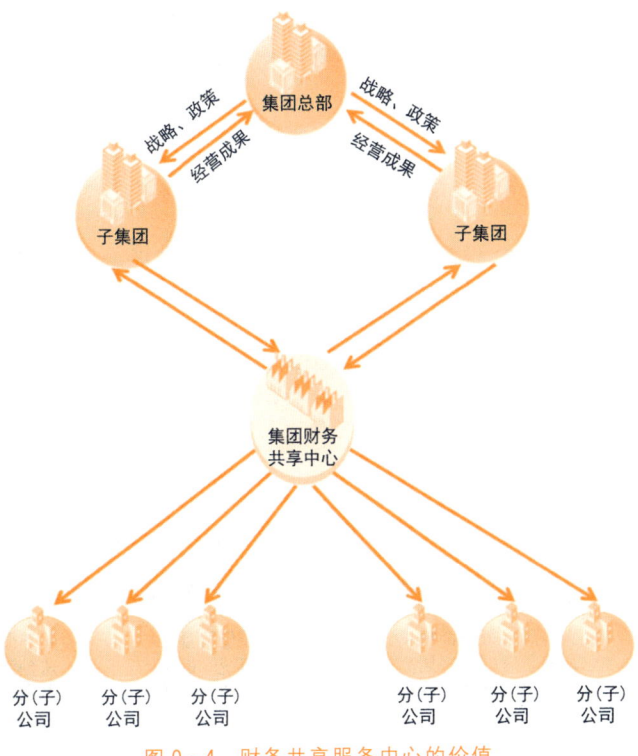

图 0-4 财务共享服务中心的价值

**2. 适应形势、财务转型、决策支持**

财务共享服务中心是管理会计和财务管控的数据基础、管理基础和组织基础,其为数据库建立、数据挖掘 5A 级别的云服务提供支持,提供实时智能的财务信息;实现流程标准化、制度标准化,将制度规则内嵌在流程中;实现交易处理团队、管理控制团队、决策支持团队的财务职能岗位分离。

### 三、财务共享服务中心产生的背景

集团化经营面临的内生困境和新兴技术应用引发的新外因,促使集团财务管理面临了新挑战,从而催生财务共享服务中心。

互联网模式下,企业财务变革和创新体现为图 0-5 所示。

| 参与者 | 财务部门专业人员 | 企业全员、社会化人员、产业链伙伴 |
|---|---|---|
| 业务 | 以企业内部业务系统集成 | 与交易平台连接,产业链协同共享 |
| 数据 | 周期性事后记账,业务数据汇总 | 实时智能记账,交易级明细数据记录 |
| 管理 | 面向流程,注重管控 | 交易为核心,内置规则,轻管理 |
| 报告 | 周期性财务报告 | 实时财务分析,智能财务预测决策 |
| 职能 | 核算职能,价值记录型财务 | 服务职能,价值创造型财务 |

图 0-5 互联网模式下的财务变革与创新

**(一)集团企业财务管理变革的内因**

为在跨区域范围内获得长期的竞争优势,集团企业不断探索新的管理模式。财务共享服务模式可保障企业在全球范围内运用各种能力,使整个集团的运作能力比各分散部门独立运作更加有效,财务共享服务管理模式应运而生。集团企业财务管理变革的内因如图 0-5 所示。

| 成本费用高 | 管控难以统一 | 集团知情权受到挑战 | 经营和财务风险不断增加 |
|---|---|---|---|
| 如果每个分(子)公司都需要设立一套财务部、人力资源部等职能机构,公司的管理成本将居高不下,这必然对公司的发展造成影响 | 不同地区分(子)公司的财务管理、人力资源管理、资源配置等都各自为政,没有统一的标准和规范进行协调,集团难以实现统一管控 | 处在不同地域的分(子)公司财务、绩效如果得不到正确反映,股东就无法预测投资结果,就不愿意盲目投资,会使企业的扩张受阻 | 一个分(子)公司出现问题,可能牵涉到其他分子公司的连锁反应,集团的发展扩张受到制约 |

图 0-6 集团企业财务管理变革的内因

### (二) 集团企业财务管理变革的外因

受到经济全球化、企业国际化的影响,人工智能、大数据、云计算、移动互联网、区块链、物联网等现代信息技术快速发展,带来企业管理思想和管理模式转变。电子发票、电子档案、电子合同、管理会计体系建设、新企业会计准则等财务相关政策制度相继出台,促使财务工作转型升级加快,集团企业财务管理工作项数据采集前端化、核算处理自动化、财务档案无纸化、会计职能服务化、会计核算智能化等方向发展,集团财务管理工作呈现全员化、自动智能化、多端化、社会化商业整合、大数据洞察等创新发展趋势,有利于企业提升效率、降低成本、控制风险和创造价值。集团企业财务管理变革的外因如图 0-7 所示。

**全员化**
☆让员工参与进来,为企业提供更高价值
☆要为员工提供智能、简单、易用的应用,提高员工满意度

**自动智能化**
☆电子发票、电子档案等,重塑企业财务流程
☆人工智能等新技术的应用,越来越多的人工环节被系统取代

**多端化**
☆各类移动端设备随时随地地接入使用,为财务数据的协同和自动化创造了良好条件
☆充分利用移动设备的特性,扩展传统财务无法触及的场景

**社会化商业整合**
☆交易平台化的趋势,企业财务从过去面向业务为核心变成以交易为核心
☆财务系统与各类交易平台连接协同共享,重塑高效、透明财务流程

**大数据洞察**
☆打通企业内部和外部更多的接口,直接获取、归集、使用更多的数据
☆大大地提高财务数据的准确性与实时性,赋能财务转型为业务提供各类大数据洞察分析

提升效率　　降低成本　　控制风险　　创造价值

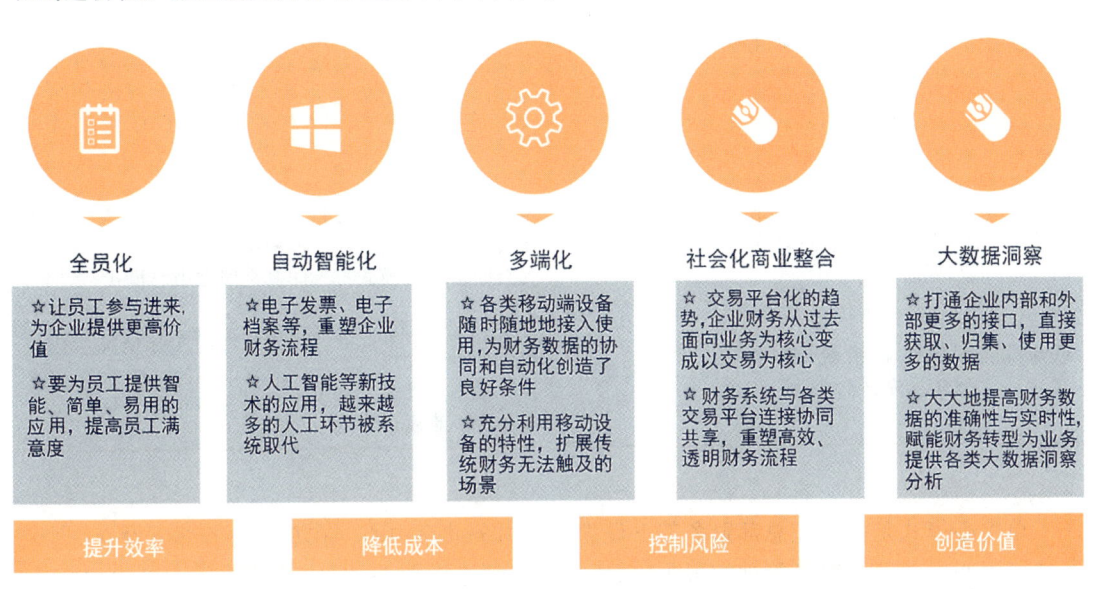

图 0-7　集团企业财务管理变革的外因

### 四、财务共享服务中心的模式

财务共享服务中心的模式建设是一次财务变革,难度大、风险高。不同企业要根据不同的管理基础、业务重点、行业特点以及风险偏好来选择不同模式的财务共享中心。我国企业财务共享中心的模式主要有单中心模式、多中心模式、专业化中心模式、灾备中心模式、联邦模式等,具体如表 0-1 所示。其中,单中心模式与多中心模式是最常用的两种模式。

表 0-1　财务共享服务中心的模式

| 类型 | 特征说明 | 典型案例 | 考虑因素 | 客户画像 |
|---|---|---|---|---|
| 单中心模式 | 一套作业系统,一个 FSSC,内部组织按照先业务、后业态或地域设置 | 国家开发银行、陕西移动、中国国旅、信发集团、博天环境、天瑞集团 | 管控力度强<br>地域分布广<br>业务独立性较弱<br>主业明显,其他业态比例较小 | 集团体量规模较小,管控力度强,多为运营管控。以单一集团较为常见 |
| | 一套作业系统或其他财务系统,一个 FSSC,内部组织按照先业态或地域、后业务设置 | 中兴通讯、北控水务 | 管控力度强<br>地域分布广<br>业务独立性较弱<br>多业态平行发展 | |

续表

| 类型 | 特征说明 | 典型案例 | 考虑因素 | 客户画像 |
|---|---|---|---|---|
| 多中心模式 | 多套作业系统，多个FSSC，相互间没有关联及协作关系 | 中国铝业 | 管控力度较弱 地域分布广 业务独立性强 集中难度大 各中心业务差异性大 | 多为超大型集团，有多个子集团，集团对于子集团是战略管控或财务管控。①各子集团业务相同，按照行政区域管理 ②各子集团业务差异大，按照业务线管理 |
| | 一套作业系统，多个FSSC，相互间没有关联及协作关系 | IBM、中国移动 | | |
| 专业化中心模式 | 单中心模式下设专业化分中心 | 海尔集团 | 某类单一业务量足够大 其余同多中心或单中心模式 | 可按多中心模式或单中心模式建FSSC，对税务、资金等某类业务有独立管理需求 |
| | 多中心模式下设专业化中心 | 运通公司 | | |
| 灾备中心模式 | 一套作业系统或财务系统，多个FSSC，同时作业，同时备份 | 中国平安 | 考虑资料备份，预防自然灾害 其余同多中心模式 | 企业对资料灾备安全要求极高 其余同多中心模式 |
| 联邦模式 | 一套作业系统，多个FSSC（按业态、区域） | TCL、鞍钢集团 | 各中心业务差异性比较大 人员集中难度大 业务统一难度大 | 多为考虑实际情况后建设共享中心的过渡方案，将来一般会合并为一个 |

### （一）单中心模式

单中心模式是指仅在总部财务部下设立一个财务共享中心。在总部财务部下设立一个财务共享中心的优点是财务管理权限集中、便于与下属企业财务协同、政策执行力度强，缺点是对多种业态管理需求没有针对性。单中心模式示例如图0-8所示。

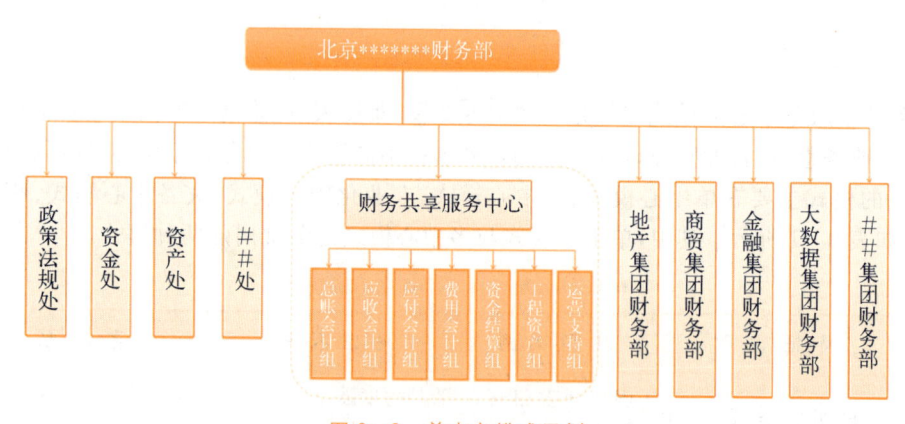

图0-8 单中心模式示例

**1. 单中心模式——业态模式**

单中心模式——业态模式是指按照不同产业细分财务共享服务中心，业态（产业）共享服务中心负责本产业单位财务共享业务处理（图0-9），其运用于集团多业态并存，且每种业态内的业务单位多。这种模式的优点是可以根据产业单位的业务特点进行体系定义，体现产业业态的特点。

**2. 单中心模式——区域模式**

单中心模式——区域模式是指在区域设置共享服务中心，负责该区域内不同产业单位财

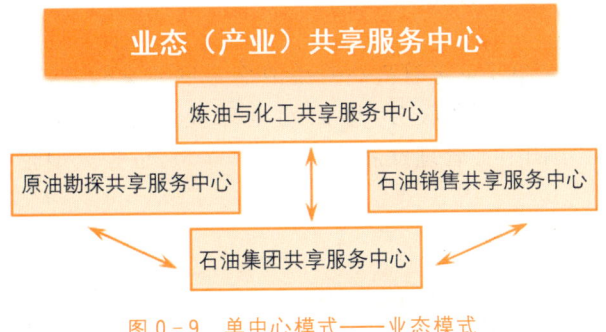

图 0-9 单中心模式——业态模式

务共享业务处理,图 0-10,其运用于集团规模超大,区域内可服务的单位多的情形。这种模式的优点是距离服务对象较近,业务响应快,便于沟通交流。

图 0-10 单中心模式——区域模式

## (二) 多中心模式

多中心模式有区域多中心和板块多中心模式,以集团共享中心为主,部分区域或板块成立共享中心。多中心模式根据各中心之间的关系又可分为总分模式、平行模式和联邦模式。

联邦模式是在各集团财务部下按照业态建立共享中心。多套 IT 系统独立部署,一个管理中心,多个平级运营中心。优点是多种业态针对性强,贴近客户,便于进行专业服务和业务监督。缺点是财务管理权限分散,多个共享中心协同性差。多中心模式示例如图 0-11 所示。

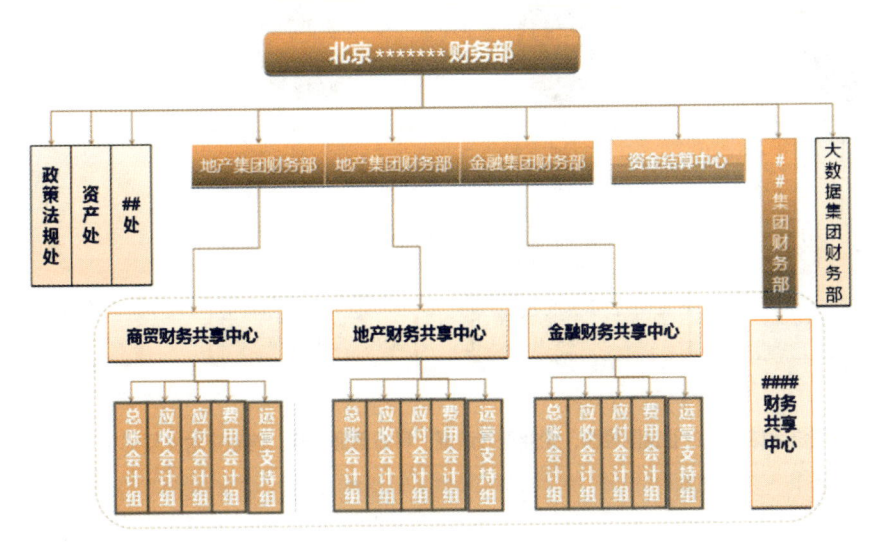

图 0-11 多中心模式示例

### 五、财务共享服务中心的发展

财务共享服务中心是集团财务管理应对挑战而采取的集权管控模式的变革，它经历了单职能共享服务到多职能共享服务，继而到全球业务服务、综合性业务服务的转变（图0-12），它是企业集团财务管理发展趋势（图0-13），也是大型企业财务管理的发展方向（图0-14）。

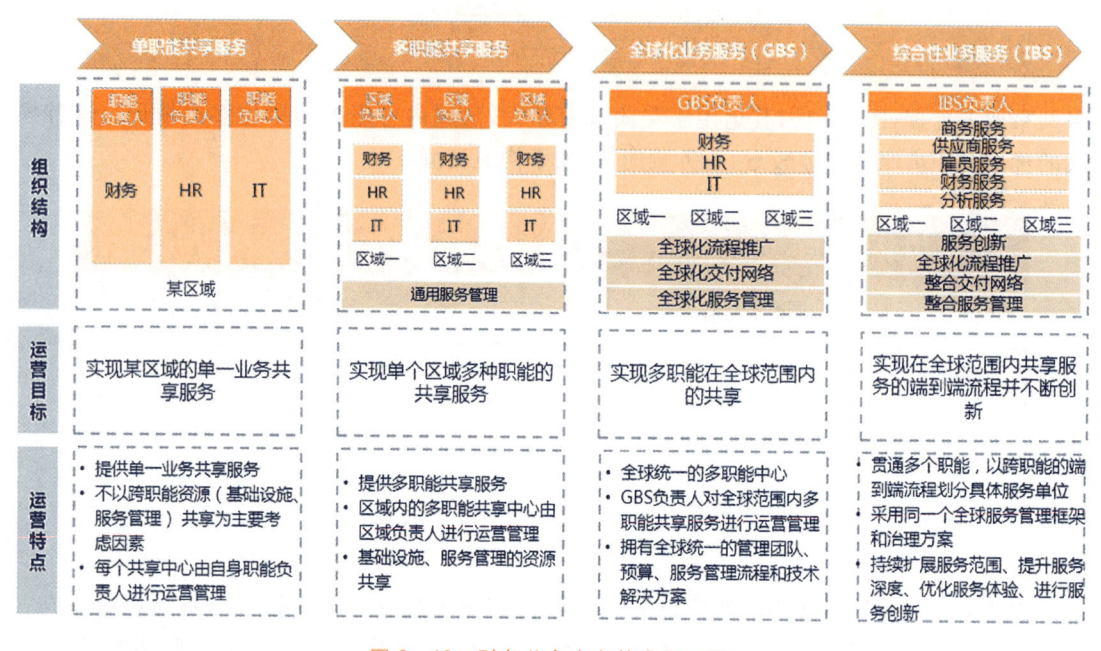

图0-12 财务共享中心的发展历程

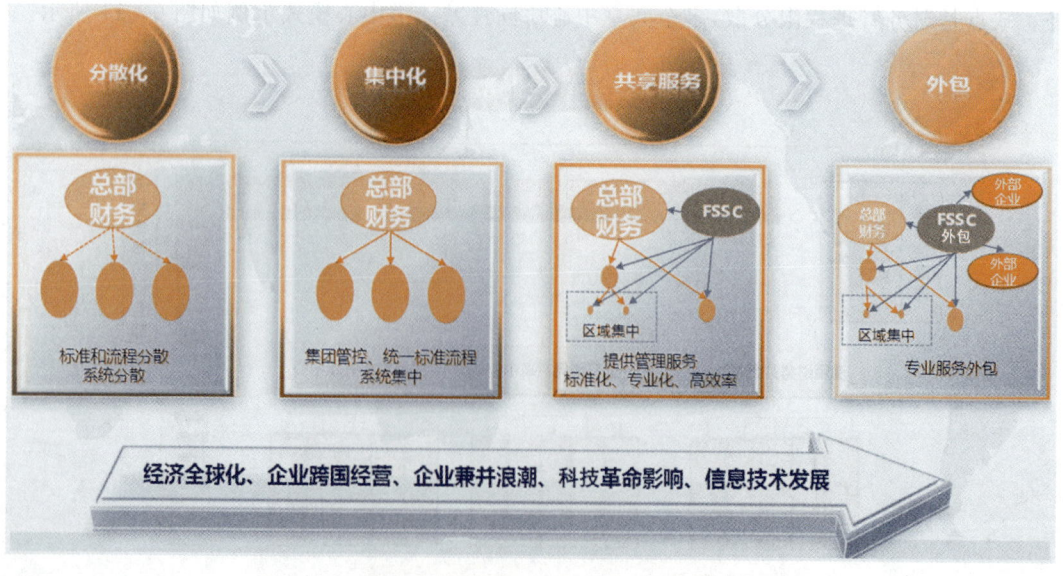

图0-13 财务共享服务是企业集团财务管理发展趋势

**财务共享服务中心的运营模式**
- 各业务单位被视为内部"客户"
- 以"服务级别协议"来定义客户的需求
- 收入来自为各业务单元提供的服务

各分(子)公司
- 核心业务
- 服务部门
- 职能——基础财务
- 职能部门——人力资源部
- 职能部门——其他

财务共享服务中心
- 经营单位具有决策的控制权
- 保证各地的优先权
- 直接响应客户的需求
- 独立于其他业务
- 职能——财务基础职能（报销、往来、收付款、核算等）
- 集中式系统支持
- 统一标准和控制
- 规模效应

各分(子)公司
- 核心业务
- 服务部门
- 职能——基础财务
- 职能部门——人力资源部
- 职能部门——其他

图 0-14　财务共享服务是大型企业财务管理的发展方向

数据共享中心、云服务中心、全球多职能中心是财务共享服务中心的未来趋势（图 0-15）。

**数据共享中心**
领先的共享服务中心已经进行了自动化与智能化方面的探索。共享服务中心转型成大数据处理及分析中心，为企业实现价值创造。

**云服务中心**
全球化业务布局，成本节约必然将促使SSC使用新兴技术、提高业务处理自动化与智能化，系统向低成本的云端部署。

**全球多职能中心**
向更创新、更拓展的GBS（global business service）模式发展，实现共享服务中心的全球化，是中国现有共享服务中心未来的发展趋势。

图 0-15　共享服务中心的未来趋势

# 项目一　财务共享服务中心规划与设计

## 学习目标

1. 掌握财务共享服务中心构建方法。
2. 熟悉 FSSC 战略定位及模式的概念及规划方法，不同阶段组织职能定位的概念和特征。
3. 熟悉 FSSC 选址的规划和评估方法。
4. 熟悉战略财务、业务财务、共享财务的总体职责划分，财务共享服务中心定责、定岗、定编的原则和方法。
5. 了解流程优化路径的含义，端到端业务流程设计原则。
6. 能够在沙盘盘面上进行战略规划区、组织规划区和流程规划区的初始状态摆盘。
7. 能够阅读案例资料，给出企业 FSSC 战略定位、组织职能定位、建设模式的建议。
8. 能够收集 FSSC 候选城市的相关信息，并使用"财务共享选址决策评分表"进行评估和选择，能绘制多维度的雷达图。
9. 能够根据三角财务组织的职责边界，调整原有财务部门及其职责。
10. 能够给出企业 FSSC 部门、职责、岗位的设置建议，推算 FSSC 不同人员的编制数量。
11. 能够给出案例企业财务共享流程优化路径的建议，编制《业务职责切分表》。
12. 能够基于动作、角色、单据实现一个首要优化流程设计的摆盘推演。
13. 能够根据沙盘模拟结果撰写和呈现 FSSC 高阶规划方案。
14. 具有爱岗敬业、诚实守信的会计职业道德，精益求精的工匠精神，团队协作和沟通协调能力。

## 知识点与技能点

| 任　务 | 知　识　点 | 技　能　点 |
| --- | --- | --- |
| 任务一　财务共享服务中心战略规划 | FSSC 的构建方法<br>FSSC 战略定位与模式选择方法<br>FSSC 选址规划方法 | 沙盘盘面认知与初始摆盘<br>FSSC 战略定位与模式选择沙盘推演<br>FSSC 选址规划沙盘推演 |
| 任务二　财务共享服务中心组织规划 | FSSC 财务组织的总体结构<br>职责调整方法<br>FSSC 人员三定方法 | 设定部门沙盘推演<br>FSSC 职责调整沙盘推演<br>FSSC 人员三定沙盘推演 |
| 任务三　财务共享服务中心流程规划 | FSSC 流程优化路径与业务职责切分<br>政策和法律法规的遵守执行<br>FSSC 建设所需的关键技术<br>信息系统技术规划 | 流程优化路径、业务职责切分沙盘推演<br>流程优化设计包括动作、角色、单据的设置<br>制度规划沙盘推演<br>信息系统技术规划沙盘推演 |

# 任务一 财务共享服务中心战略规划

## 任务描述

**案例 1-1** 鸿途集团股份有限公司(以下简称"鸿途集团")始创于1987年,经过三十余年的发展,已成为集水泥、旅游、铸造为主体的多元化股份制企业,其组织架构如图1-1所示。2018年,鸿途集团以160亿元的营业收入进入2018年中国企业500强。各板块营业收入中水泥80亿元,旅游32亿元,铸造24亿元,煤焦化22.4亿元,其他1.6亿元。未来三年,集团提出"产业多元化、产品专业化、管理现代化、市场国际化"的总体发展战略,借助于现代化、信息化手段,全力打造"数字鸿途"。2019年年初,集团制定了营业收入提高20%的经营目标,目标总营业收入192亿元。

鸿途集团水泥有限公司(以下简称"鸿途水泥"),是国家重点支持的前三家水泥企业(集团)之一,是工信部重点支持兼并重组的五大水泥企业之一。2011年12月23日,鸿途水泥在港交所主板成功上市。截至目前,鸿途水泥总产能超1.5亿吨,旗下公司覆盖河南、辽宁、山东、安徽、山西、内蒙古、新疆、天津等省市。鸿途水泥积极利用国家及行业政策的变化,通过先进的技术装备、合理的区域布局、充足的资源储备、规范的管理及品牌优势,致力于环境保护及经济的可持续发展。鸿途水泥得以实现快速发展,并打算维持和加强河南、辽宁两省的市场领导地位。

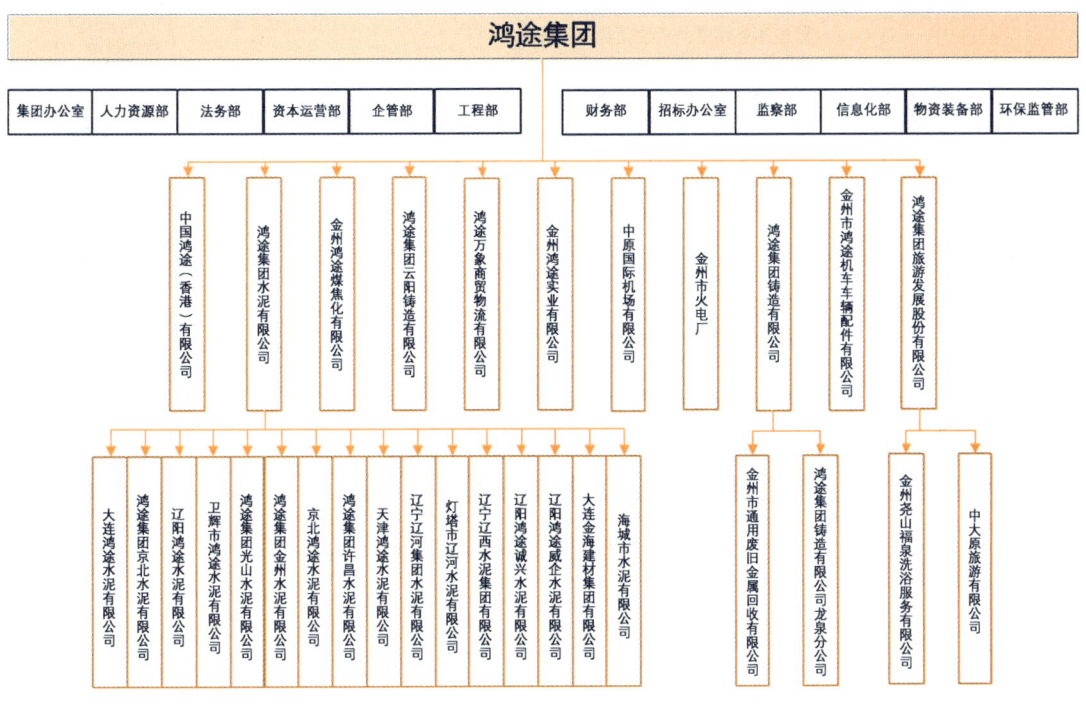

图1-1 鸿途集团组织架构

项目一　财务共享服务中心规划与设计

微课视频：
战略规划

要求：

(1) 阅读案例资料，给出企业 FSSC 战略定位、组织职能定位、建设模式的建议。

(2) 收集 FSSC 候选城市的相关信息，并使用"财务共享选址决策评分表"进行评估和选择，绘制多维度的雷达图。

## 知识准备

### 一、FSSC 的构建方法

FSSC 的构建是一项长期的、系统的、动态的过程。企业现有的经营环境、制定的战略目标、运营模式、企业财务制度和财务管理战略、企业信息系统建设程度等，均会对财务共享服务中心的建设产生重大影响。

为了构建财务共享服务中心，首先需要确定案例企业财务共享服务的定位和目标，然后需要从案例企业的关键因素进行评估和规范。影响财务共享体系建设的成功与否的因素包括：地点（site）、流程（process）、组织人员（organization）、政策法规（regulatory）、技术（technology）、服务（service）六要素，简称"SPORTS"。财务共享服务中心构建要素的决策过程如图 1-2 所示。

图 1-2　财务共享服务中心构建要素的决策过程

### 二、FSSC 战略定位与模式选择方法

#### （一）确定 FSSC 的战略定位

FSSC 战略定位有以下几个方面，企业需要根据自身的战略来进行优先级排序和选择。

## 1. 加强集团管控

这种战略定位的财务共享服务中心更侧重于其管理职能,即通过制定统一的流程制度、建设统一的管理信息系统,形成集团集中化和标准化管理模式,整合财务管理和风险控制资源,对集团下属公司实施财务全程化、实时性监控,提高集团的综合掌控能力,支撑集团公司的发展战略。

## 2. 降低财务成本

通过对基础性、事务性工作的集中处理,一个财务人员可以处理几个公司的相同岗位的业务,从而在业务量不变的同时减少了人员。原来众多人员在不同的分(子)公司完成的工作由一个财务共享服务中心完成,提高了财务核算的效率。这不仅降低了原分散在各单位工作量的处理费用,而且节约了人工成本。

## 3. 支持企业发展

企业在新的地区建立分(子)企业或收购其他企业,财务共享服务中心能马上为这些新建的分(子)企业提供服务。同时,企业管理人员更集中精力在企业的核心业务,而将其他的辅助功能通过财务共享服务中心提供的服务完成。同时,其可以使更多财务人员从会计核算中解脱出来,能够为企业业务部门的经营管理和高层领导的战略决策提供高质量的财务决策支持,促进核心业务发展。

## 4. 挖掘数据价值

随着企业体量的增大、层级的增多,管理决策的复杂性也越来越大,因此,财务需要发挥更多的管理职能,才能为决策层提供具有参考价值的决策分析数据和报表。财务核算也必须更加细致化和专业化,才能为企业提供更加具有管理价值的财务分析数据,而 FSSC 是企业集团集聚数据资源的最佳平台。

### (二) 确定 FSSC 的建设目标

FSSC 建设首先应该立足财务本身,与公司财务管理战略目标保持一致,纵向服务于企业发展战略,横向匹配企业 IT 信息化建设战略规划。在此基础上,企业应明确 FSSC 战略定位,定义 FSSC 建设的短期目标、中期目标和长期目标。FSSC 的建设目标如表 1-1 所示。

表 1-1 FSSC 的建设目标

| 类 别 | 短期目标(1~2 年) | 中期目标(3~5 年) | 长期目标(6~10 年) |
| --- | --- | --- | --- |
| 企业的发展战略 | 向平台化管理转型,提升效率 | 并购扩张,全球化 | 持续盈利,稳健增长 |
| 财务的战略规划 | 从核算监督向管理型财务转型 | 搭建财务共享平台,支持业务扩张,并购整合 | 从管理型向价值提升型转变 |
| IT 信息化的规划 | 达到企业级应用水平,业财税系统贯通 | 实现集团集成性应用,业财税系统一体化 | 升级到社会级应用,实现企业内外系统互联互通 |
| FSSC 的战略定位 | 集团管控 | 集团管控兼财务服务 | 财务服务兼集团管控 |
| FSSC 的建设目标 | 标准化建设,推动企业财务转型(责任中心) | 财务内包服务,降本增效(成本中心) | 协议收费,提供"财务内包+外包服务"(利润中心) |

### (三) 选择 FSSC 的推进路径

由于 FSSC 的推进是一次财务革命,因此在建设中,不同企业会采用不同的推进路径。一般表现为两种:① 先试点后推广,即从单业务或单组织试点,逐步推广到全业务或全组织;

② 一次性建设,即一次性在全业务全组织范围建设 FSSC。两种推进路径的比较以及选择建议如表 1-2 所示。

表 1-2 财务共享服务推进路径与选择建议

| 推进路径 | 先试点后推广 | 一次性建设 |
| --- | --- | --- |
| 适用客户群 | 管控力度较弱,执行力适中的集团企业;业务类型多样的集团企业;业态较多、核算相对比较复杂的集团企业;地域分布比较广的集团企业适用于稳定期的集团企业 | 管控力度较强,执行力比较高的集团企业;业务类型不是很多样、不是很复杂,业态较少、核算相对比较简单的集团企业。信息系统相对单一,不存在太多异构系统对接的问题 |
| 优点 | 逐步推广,先点后面、易于控制风险;试点期变动较小,不会造成大的震荡,有益于变革推进<br>试点成功后可大规模快速复制 | 能够造成大的声势引起高层高度重视,对项目推进有帮助;不会产生多次实施,人员疲惫厌倦的负面情绪<br>一次性建设完成共享信息系统,应用价值高 |
| 缺点 | 对于试点机构的选择要慎重,既要考虑业务的全面性,也要考虑执行力、机构分布、管理现状、信息化现状等实际问题<br>业务在发展过程中,存在未知的可能性,试点完成推广时业务可能发生变化 | 需要做好全面可行的规划;制订好科学严格的项目计划和管理制度。对于项目管理要求高;对于信息化基础要求高<br>沟通面广,需要加强共享中心内部管理,建立呼叫中心等沟通渠道 |
| 选择建议 | 选择推进路径时,最好做项目可行性研究分析。结合企业现状,进行必要性、可行性分析。选择最具有代表性的机构进行试点,并制订好相应的推进计划 ||

### (四) 选择 FSSC 的模式

FSSC 的模式选择及考虑因素如图 1-3 所示。

**FSSC的模式选择的考虑因素**

领导要求 > 变革目标 > 组织定位 > 政策合规 > 易操作性

**方案一**
全集团建立一个FSSC
◆ 中心从属于集团总部
◆ 中心的职能从成本中心向利润中心循序推进
优势:
· 人员集中,有利于集中运营管理,易于**集团管控**职能发挥,能够发挥**集中规模效益**
劣势:
· 支持多区域多业态成本高

**方案二**
全集团建立多个FSSC
◆ 各中心位于被服务单位
◆ 各单位成本中心
◆ 成本直接计入所在单位
优势:
· 易于操作
· 易于共享服务推广
· 可有效保护上市公司独立性
劣势:
· 不便于管理
· 无法发挥集中规模效益
· 不利于集团管控职能发挥

图 1-3 FSSC 模式选择的考虑因素

### (五) 确定 FSSC 的组织职能定位

从组织维度来看,FSSC 经历了三个阶段的发展,其具体的属性、组织特点等如图 1-4 所示。

(1) 成本组织,隶属于财务组织,完成财务核算的工作,不进行独立考核。

(2) 利润组织,建立内部模拟考核机制,和被服务组织之间需要进行内部结算。

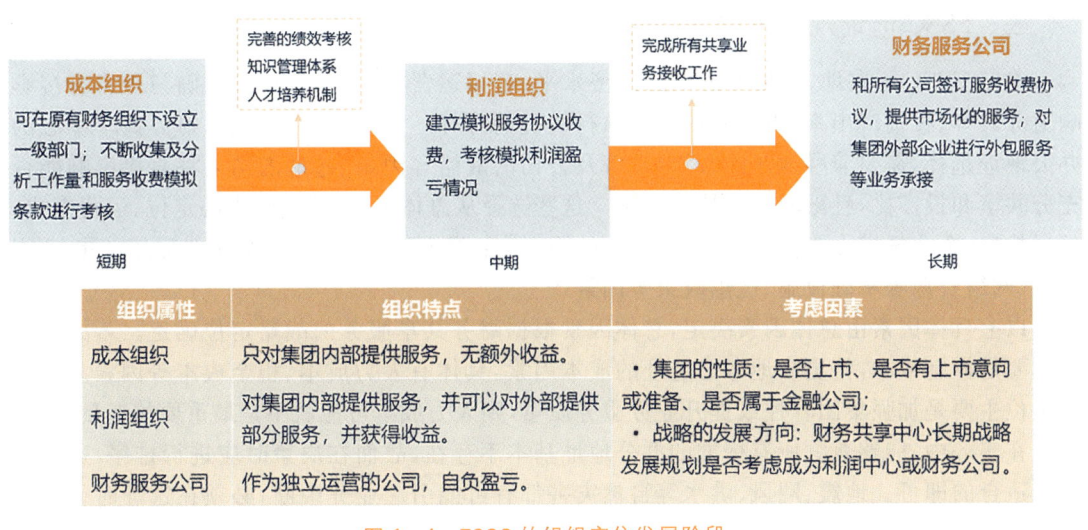

| 组织属性 | 组织特点 | 考虑因素 |
|---|---|---|
| 成本组织 | 只对集团内部提供服务,无额外收益。 | • 集团的性质:是否上市、是否有上市意向或准备、是否属于金融公司;<br>• 战略的发展方向:财务共享中心长期战略发展规划是否考虑成为利润中心或财务公司。 |
| 利润组织 | 对集团内部提供服务,并可以对外部提供部分服务,并获得收益。 | |
| 财务服务公司 | 作为独立运营的公司,自负盈亏。 | |

图 1-4 FSSC 的组织定位发展阶段

(3)财务服务公司,提供市场化服务,不仅仅服务于集团内部,也对外承接业务,提供市场化服务。

### (六)确定 FSSC 的服务内容

纳入财务共享中心的服务内容范围可参照《2018 年中国共享服务领域调研报告》的调查结论(图 1-5)。另根据权威机构调查显示:80%的核算业务都能够纳入共享服务中心。纳入共享服务中心业务的筛选原则主要包括:

(1)从集中管控的维度:集中管理的必要性;集中管控力度的要求;业务的重要程度;异地处理的业务。

(2)从减少财务工作的维度:占财务工作时间最长的业务;财务工作量最大的业务。

(3)从成本效益原则的维度:考虑管理成本的增幅;对管理水平的提高。

**财务共享中心覆盖的业务流程**

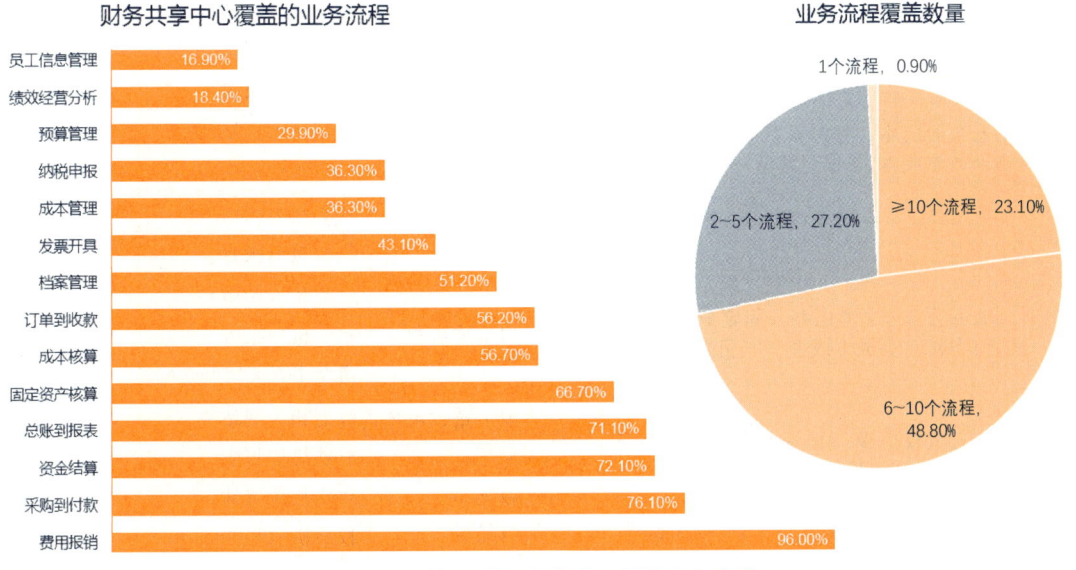

- 员工信息管理 16.90%
- 绩效经营分析 18.40%
- 预算管理 29.90%
- 纳税申报 36.30%
- 成本管理 36.30%
- 发票开具 43.10%
- 档案管理 51.20%
- 订单到收款 56.20%
- 成本核算 56.70%
- 固定资产核算 66.70%
- 总账到报表 71.10%
- 资金结算 72.10%
- 采购到付款 76.10%
- 费用报销 96.00%

**业务流程覆盖数量**

- 1 个流程,0.90%
- 2~5 个流程,27.20%
- ≥10 个流程,23.10%
- 6~10 个流程,48.80%

图 1-5 财务共享服务中心覆盖的业务流程

来源:《2018 年中国共享服务领域调研报告》。

## 三、FSSC选址规划方法

确定 FSSC 所在地,需要考虑地区经济水平、公司运营模式等,选择的正确与否将直接影响财务共享、投资产出率,以及制约业务执行情况的好坏。从国际经验来看,财务共享中心的办公地址选择,需要兼顾地区的政治、经济及公司的战略等因素,选址的结果将直接影响能否充分共享和投产比,且限制业务执行情况。这些选择从总体来看,受制于中心定位、运营模式、长远战略、企业规模大小等多个因素,具体的因素有:投入产出分析、高效益的人力数量、薪酬待遇、网络资源等基础设施、优惠政策等因素。

以上具体因素由总体因素决定,总体因素根据财务共享服务的战略定位确定。若战略定位主要是控制成本,将更多地考虑选址的成本因素,具体有人力成本、租金成本等因素。若战略定位主要是加强集团管控或提升业务服务质量,则人力成本可能就不是最重要的考量因素。

在实务中,能够兼顾所有标准的办公地址基本不存在,故而在决策时应进行排序,选择其中最适合的即可。地震、飓风、洪水等自然灾害都有可能引起业务中断,必须在选址时也加以考虑。实际操作时可以先确定几个备选城市,然后按照如表1-3所示的《FSSC选址决策分析表》对每个备选城市进行数据资料收集、分项评分、加权汇总得到综合评分,以此作为最终选址决策的重要依据。而因素的选取、权重的设计,均受到 FSSC 战略定位的重大影响。

表1-3 FSSC选址决策分析表

| 因素 | 方向 | 权重 | 影响因子 | 备选城市郑州 数据资料来源 | 评分 | 得分 |
|---|---|---|---|---|---|---|
| 成本 | ▲人力成本:考虑当地薪资水平、现有财务人员的搬迁安置成本等 | 7% | 薪酬 | 政府相关网站 | | |
| | | | | 权威机构报告 | | |
| | | | | 招聘网站相关岗位薪资水平 | | |
| | | 5% | 房价 | 政府相关网站 | | |
| | | | | 权威机构报告 | | |
| | | | | 房屋中介公司网站 | | |
| | ▲交通成本:考虑人员业务沟通的往返差旅成本、单据运输或邮寄成本等 | 2% | 铁路 | 政府相关网站 | | |
| | | | | 权威机构报告 | | |
| | | 2% | 公路 | 政府相关网站 | | |
| | | | | 权威机构报告 | | |
| | | 2% | 机场 | 政府相关网站 | | |
| | | | | 权威机构报告 | | |
| | ▲办公成本:考虑办公固定成本,如办公大楼购买成本或办公室租金 | 7% | 房价或房租 | 政府相关网站 | | |
| | | | | 权威机构报告 | | |
| | | | | 房屋中介公司网站 | | |
| 人力资源 | ▲人员技能及知识水平:可通过市场调查、公开数据等渠道获得相关信息 | 3% | 财务培训机构数量 | 政府相关网站 | | |
| | | | | 权威机构报告 | | |
| | ▲人才供给及流动性等:人才供给不足或人员流动性大会造成 FSSC 用人困难。例如,强生在苏州建立 FSSC 时就曾因为人员招聘困难,严重影响其业务的开展 | 10% | 财经类院校数量 | 政府相关网站 | | |
| | | | | 权威机构报告 | | |
| | | 2% | 城市人口 | 政府相关网站 | | |
| | | | | 权威机构报告 | | |

续 表

| 因素 | 方　　向 | 权重 | 影响因子 | 备选城市郑州 |||
|---|---|---|---|---|---|---|
| ||||数据资料来源|评分|得分|
| 基础设施 | ▲IT、通信设备的可靠性：FSSC 的有效运营非常依赖强大技术的支撑，这就要求畅通、安全、稳定的主干网络 | 8% | 5G 试点城市 | 政府相关网站 | | |
| | | | | 权威机构报告 | | |
| | | | | 设备服务商报告 | | |
| | ▲通信成本：较高的通信成本会抬高FSSC 的运营成本，尤其是在一些通信网络不发达的地区 | 2% | 信息化试点城市 | 政府相关网站 | | |
| | | | | 权威机构报告 | | |
| | | | | 设备服务商报告 | | |
| | ▲国际便利度：与国外市场联系是否方便也是众多有海外业务的公司需要考虑的因素 | 2% | 世界五百强在所在城市设立机构的数量 | 政府相关网站 | | |
| | | | | 权威机构报告 | | |
| | | 1% | 吸引外商投资的额度 | 政府相关网站 | | |
| | | | | 权威机构报告 | | |
| | ▲基础设施质量：考虑当地的高校、道路及其他配套设施的发展情况 | 1% | 配套的教育资源 | 政府相关网站 | | |
| | | | | 权威机构报告 | | |
| | | | | 高校官网 | | |
| | | 1% | 配套的医疗资源 | 政府相关网站 | | |
| | | | | 权威机构报告 | | |
| 环境 | ▲政府政策：如税收政策、发票管理政策、数据安全要求等 | 4% | 税收及优惠政策（购买土地、引进人才、购房等） | 政府相关网站 | | |
| | | | | 权威机构报告 | | |
| | | 4% | 所在城市政府政策是否支持金融、生产服务业发展 | 国家发展规划 | | |
| | ▲发展能力：如市场潜力。部分跨国企业选择将其 FSSC 建立在中国，就是看重中国巨大的市场容量<br>▲城市竞争程度、人文环境等，在竞争较为激烈、压力比较大的城市，人员的稳定性会受到影响 | 4% | 城市发展能力 | 政府相关网站 | | |
| | | | | 权威机构报告 | | |
| | ▲客户群体集中度：目标市场区域 | 3% | 面向客户服务 | 政府相关网站 | | |
| | | | | 权威机构报告 | | |
| 集团管控力度 | ▲与总部（或区域总部）的沟通便利程度 | 20% | 选址在总部所在地 | | | |
| | ▲总部（或区域总部）的影响，如战略发展定位 | 10% | 选址在主管单位所在地（创始人祖籍所在地、客户所在地） | | | |

## 任务实施

### 一、沙盘模拟准备

财务共享沙盘模拟共分为三个工作阶段：初始状态摆盘、推演设计摆盘、方案撰写，各阶段工作内容详如表1-4所示。

操作录屏：沙盘模拟准备

表1-4　财务共享沙盘模拟工作阶段及内容

| 序号 | 盘面分区 | 工作阶段及内容 | | |
|---|---|---|---|---|
| | | 初始状态摆盘 | 推演设计摆盘 | 方 案 撰 写 |
| 1 | 战略规划区 | 集团基础信息 | 战略目标；模式设计（服务对象，服务内容）；中心选址 | 完成该环节汇报方案撰写；统筹整体工作推进，组织最终汇报呈现 |
| 2 | 组织设计区 | 共享前财务组织结构，包含集团财务部、板块公司财务部的部门、岗位、职责 | FSSC组织设计；人员三定（定岗、定责、定编）设计 | 向其他成员讲解该区域工作内容，完成该环节汇报方案撰写 |
| 3 | 流程规划区 | 共享前流程设计区财务核算业务流程图 | 流程优化路径设计；业务职责切分；流程优化设计；信息系统与新技术应用 | 向其他成员讲解该区域工作内容，完成该环节汇报方案撰写 |

【特别注意】
（1）战略规划区面向全集团下所有组织进行规划设计。
（2）组织设计区与流程设计区以集团财务部及水泥板块为代表进行设计推演。

（一）小组分工

为了提高工作效率和负载均衡，组长要将本组成员进行分工。分工的角色与职责分工如图1-6所示。

项目经理（组长）
资深财务高管
制定中心建设目标
设计中心建设模式
设计中心服务范围
组织确定中心选址
确定中心定位特色

组织架构师（2~3人）
财务专业、HR专业
组织架构设计
组织变革管理
定岗定责定级
人员能力转型

流程设计师（2~3人）
财务专业、IT专业
流程优化设计
流程管理落地
信息系统设计
项目实施落地

图1-6　沙盘模拟的角色与职责分工

组长担任项目经理，负责整个小组的规划设计项目推进，指定每个组员的角色后，登记《项目分工表》中的"负责人""执行人""计划完成时间"，并进行持续的进度跟踪。项目分工表如表1-5所示。

表1-5 项目分工表

| 项目任务 | 任务分解 | 负责人 | 执行人 | 计划完成时间 |
|---|---|---|---|---|
| 战略规划 | 鸿途集团基础信息表 | 项目经理 | 全体 | |
| | 战略定位 | 项目经理 | 全体 | |
| | 模式设计 | 项目经理 | 全体 | |
| | 选址设计 | 项目经理 | 指定 | |
| | 方案撰写及汇报 | 项目经理 | 项目经理 | |
| 组织规划 | 组织架构初始摆盘 | | | |
| | 组织架构设计推演 | | | |
| | 方案撰写及汇报 | | | |
| 流程规划 | 流程清单梳理 | | | |
| | 流程初始摆盘 | | | |
| | 业务职责切分 | | | |
| | 流程路径规划 | | | |
| | 流程设计推演 | | | |
| | 方案撰写及汇报 | | | |

（二）认知盘面

沙盘盘面有挂盘和摆盘两种，两种盘面除了材质不同外，在布局上也略有差别，但组成要素基本一致，以下内容均以挂盘为例。该沙盘以财务共享中心构建方法论为依据，将盘面提炼为"3区9要素"。具体包含战略规划区、组织规划区、流程规划区3个区域。财务共享服务中心规划沙盘盘面如图1-7所示。

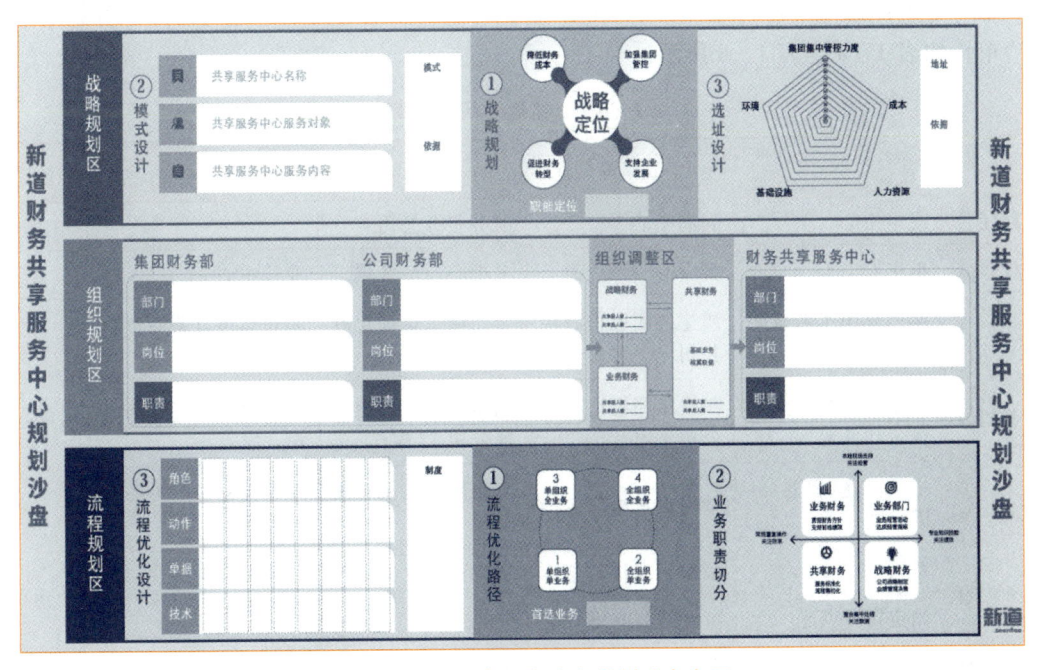

图1-7 财务共享服务中心规划沙盘盘面

（1）战略规划区：完成 FSSC 战略定位、FSSC 模式、FSSC 选址等要素的规划与设计。

（2）组织规划区：完成组织架构、职责调整、人员三定（定责、定岗、定编）等要素的规划与设计。

（3）流程规划区：完成流程优化路径、业务职责切分、首选流程优化设计（含制度与技术）等要素的规划与设计。

### （三）认知卡片

沙盘的 3 个规划区使用的卡片，用不同的分类色条来区分。战略规划区卡片分类色条为红色，组织规划区卡片分类色条为橙色，流程规划区卡片分类色条为蓝色。沙盘卡片样式及相关信息如图 1-8 所示。

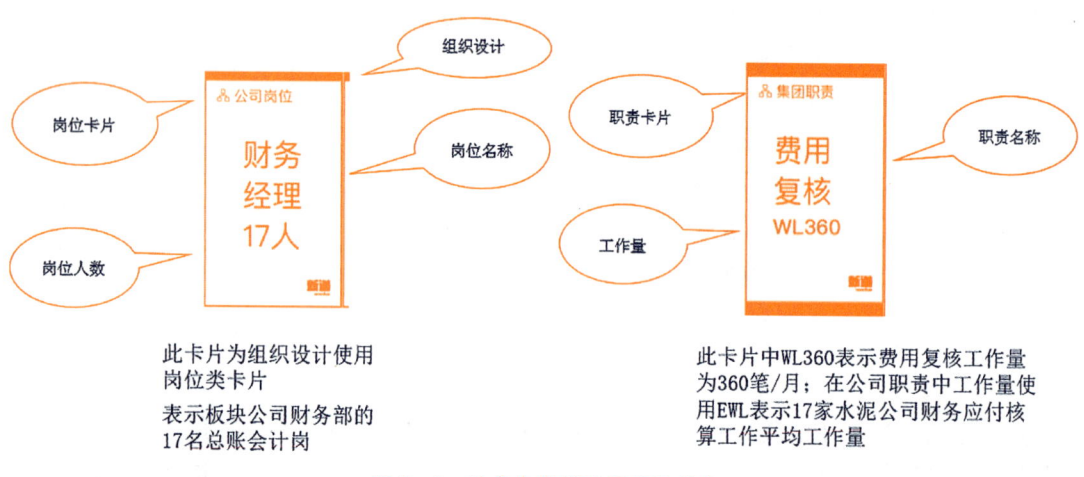

图 1-8 沙盘卡片样式及相关信息

### （四）教具清点

组长申请盘面和卡片，分发给每个规划区的负责人，由后者对卡片进行清点。各规划区卡片清单详如表 1-6 至表 1-8 所示。

表 1-6 战略规划区卡片清单

| | 战略规划区：28 个 ||||小计（个）|
|---|---|---|---|---|---|
| 职能定位 | 成本中心 | 利润中心 | 财务服务公司 | | 3 |
| 建设模式 | 单中心 | 多中心——业态 | 多中心——区域 | 专长中心 | 4 |
| 服务对象 | 鸿途集团水泥有限公司 | 鸿途集团股份有限公司 | 金州鸿途煤焦化有限公司 | 鸿途集团万象商贸物流有限公司 | 12 |
| | 鸿途集团水泥中部区公司 4 家 | 鸿途集团铸造板块公司 4 家 | 鸿途集团水泥北部区公司 12 家 | 鸿途集团旅游板块公司 3 家 | |
| | 中国鸿途（香港）有限公司 | 金州市火电厂 | 金州鸿途实业有限公司 | 中原大福国际机场有限公司 | |
| 服务内容 | 费用共享 | 采购到应付共享 | 销售到应收共享 | 总账报表共享 | 6 |
| | 固定资产共享 | 资金结算共享 | | | |
| 选址设计 | 大连 | 郑州 | 天津 | | 3 |

表1-7 组织规划区卡片清单

| 组织规划区：80个 ||||||| 小计（个） |
|---|---|---|---|---|---|---|---|
| 集团部门 | 预算与考核管理处 | 税务与资金管理处 | 信息化与综合处 | 结算审核处 | 会计核算处 | 资产管理处 | 6 |
| 集团岗位 | 财务总监 | 预算与考核管理处（ ）人 | 税务与资金管理处（ ）人 | 信息化与综合处（ ）人 | 会计核算处长 | 核算会计 | 11 |
| | 出纳 | 资产会计 | 结算会计 | 资产管理处长 | 结算审核处长 | | |
| 集团职责 | 财务战略 | 预算管理与业绩考核 | 纳税筹划与资金运作 | 信息化与财务监督 | 资产管理政策 | 费用复核WL360 | 12 |
| | 费用核算WL360 | 资产核算WL25 | 资金支付WL650 | 付款审核WL650 | 付款复核WL650 | 财务政策 | |
| 公司部门 | 鸿途集团水泥财务部 | 鸿途集团旅游财务部（50人） | 鸿途集团铸造财务部（45人） | 鸿途煤焦化财务部（40人） | | | 4 |
| 公司岗位 | 财务经理（ ）人 | 总账会计（ ）人 | 采购会计（ ）人 | 结算会计（ ）人 | 销售会计（ ）人 | 资产会计（ ）人 | 10 |
| | 税务会计（ ）人 | 预算会计（ ）人 | 出纳（ ）人 | 成本会计（ ）人 | | | |
| 公司职责 | 费用核算EWL353 | 应收审核EWL294 | 应收对账EWL23.5 | 预算编制EWL3 | 资产核算EWL23.5 | 成本核算EWL0.3 | 总账核算EWL13 | 13 |
| | 财务分析 | 成本分析 | 税务筹划 | 应付核算EWL353 | 应付对账EWL29.4 | 收款付款EWL639.7 | | |
| FSSC部门 | FSSC部门×8 | | | | | | 8 |
| FSSC岗位 | FSSC岗位×8 | | | | | | 8 |
| FSSC职责 | FSSC职责×8 | | | | | | 8 |

表1-8　流程规划区卡片清单

流程规划区：132个

| 类别 | 内容 | 小计（个） |
|---|---|---|
| 单据 | 实物单据×6；实物档案×2；影像单据×4；电子档案 | 13 |
| 角色 | 业务人员；业务审批×2；业务经理；分管副总裁；本地财务；本地出纳；本地归档员；FSSC财务复核岗；FSSC出纳；FSSC归档员；财务机器人 | 12 |
| 动作 | 填单报账；影像扫描；业务审批×2；财务审核；财务复核初核；自动生成凭证；录入凭证；本地纸质档案归档；本地归档员；档案邮寄；电子档案归档；线上集中结算 | 17 |
| 技术 | 财务共享服务平台；资金结算系统；财务核算系统；商旅服务平台；影像管理系统；自动生成凭证；银企直联；银行管理系统；电子档案；纸质档案归档；企业报账平台；电子发票；税务云；采购云；业务系统；条码/二维码 | 15 |
| 制度与审核依据 | 费用制度：费用报销范围；费用制度：报销填报时间；费用制度：住宿标准；费用制度：出差补助；费用制度：出差补助时间；费用制度：报销支付银行；应收制度：应收入账依据；应收制度：应收入账要求；应收制度：应收信用等级；应收制度：应收结算银行账户；应收制度：应收账龄区间；应收制度：应收坏账比例；应收制度：应收结算日期；应付制度：应付对账方式；应付制度：应付对账日期；应付制度：应付入账步骤；应付制度：应付入账要求；应付制度：应付人账；应付制度：应付信用等级；应付制度：应付结算银行账户；应付制度：应付暂估人账；应付制度：应付款流程；应付制度：应付时间；应付制度：应付结算方式 | 26 |

续表

| | 流程规划区：132个 | | | | | | | | | 小计（个） |
|---|---|---|---|---|---|---|---|---|---|---|
| 采购到付款（PTP业务） | 签订采购订单 | 审批采购订单 | 采购入库 | 录入采购发票 | 审批应付单 | 审核应付单 | 审核记账凭证 | 生成应付账龄分析表 | 审定采购财务政策 | 扫描发票上传 | 提交应付单 | 审批应付单 | 审核付款单 | 支付应付款 | 15 |
| 销售到收款（OTC业务） | 录入销售订单 | 审批销售订单 | 销售发货出库 | 录入销售发票 | 扫描发票上传 | 提交应收单 | 审核应收单 | 审核记账凭证 | 生成应收账龄分析表 | 录入收款单 | 扫描银行回单并上传 | 审核收款单 | 确认收款结算 | | 13 |
| 固定资产业务 | 审核政策合规性 | 初步审核申请单 | 资产相关账务处理 | 资产相关账务处理申请 | 资产折旧入账 | 制定固定资产管理政策 | | | | | | | | | 6 |
| 费用业务 | 制定费用政策与制度 | 填制报销单 | 业务审批 | 本地初审报销凭证 | 审核报销凭证 | 报销支付 | 审核记账凭证 | | | | 分析 | | | | 9 |
| 总账报表业务 | 预提需求审核 | 预提需求申请 | 月结关账 | 会计政策 | 月结申请 | 财务制度 | | | | | | | | | 6 |

23

### (五)初始状态摆盘

初始摆盘,就是将鸿途集团的现状信息在沙盘盘面上进行复盘。初始摆盘既是一个熟悉沙盘盘面和卡片的过程,更是一个复习和加深对案例企业现状理解的过程。

**1. 战略规划区初始状态摆盘**

根据案例企业的现状数据填写《鸿途集团基础信息表》(表1-9)。

表1-9 鸿途集团基础信息表

| 名称 | 年营业收入 | 财务人员数量 | 财务人员效率 | 财务管理人员数量(5级及以上) | 财务管理人员占比 |
| --- | --- | --- | --- | --- | --- |
| 鸿途集团 | 160亿元 | 300人 | 5 300万元/人 | 42人 | 14% |
| 水泥板块 | | | | | |
| 旅游板块 | | | | | |
| 铸造板块 | | | | | |
| 煤焦化板块 | | | | | |
| 集团财务部 | | | | | |

【备注】
(1)财务管理人员为财务总监、财务高级专家、财务处长(财务经理)、财务专家等5级及以上财务人员。在鸿途集团的人力资源系统中,级别数量越小、级别越高。
(2)财务人员效率=年营业收入/财务人员数量。

**2. 组织规划区初始状态摆盘**

集团财务初始摆盘:根据案例资料,将共享前集团财务部组织结构进行摆盘,包含部门、岗位、职责,统计现有财务角色的人数并写在角色卡片的括号内。

公司财务初始摆盘:在"公司财务部"区内,将水泥板块各公司财务组织现状包含部门、岗位、职责全部卡片摆放完毕,统计现有财务角色的人数并写在角色卡片的括号内。

组织规划区初始状态摆盘示例如图1-9所示。

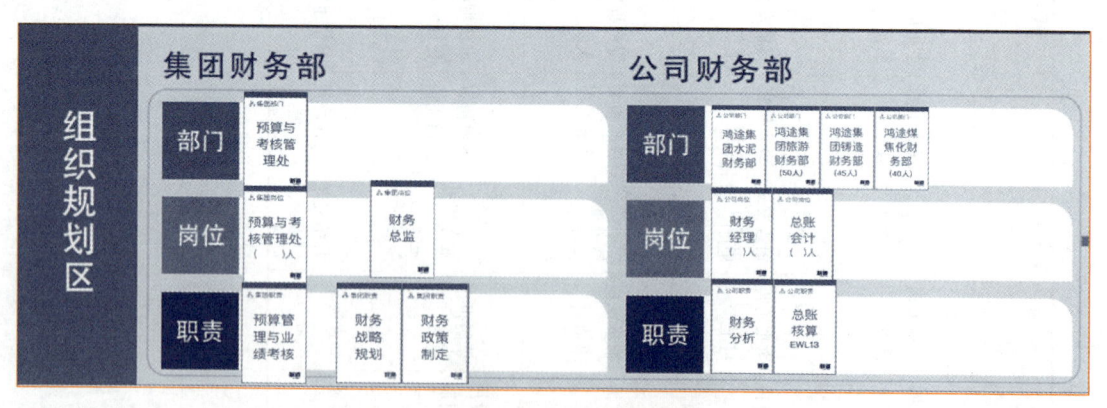

图1-9 组织规划区初始状态摆盘示例

**3. 流程规划区初始状态摆盘**

共享前财务核算流程初始摆盘在流程优化设计区将共享前财务核算报账业务流程摆放完毕,包含动作、角色、单据卡片,流程规划区初始状态摆盘示例如图1-10所示。

图 1-10 流程规划区初始状态摆盘示例

## 二、FSSC 战略定位与模式选择沙盘推演

### （一）确定战略定位

战略定位决策进程分为以下几个步骤：① 小组召开 FSSC 战略规划会议，围绕案例确定鸿途集团 FSSC 建设目标及职能定位；② 将小组确定的战略目标按照顺序标注出来，同时分解目标，将关键动作填写到即时贴上粘贴到对应目标下方；③ 将确定的职能定位卡片摆放到战略定位区。

战略定位沙盘推演摆盘示例如图 1-11 所示。

FSSC 的职能定位不是唯一的，在 FSSC 运营的不同时期，其职能定位也有所不同，既可以是单一职能，也可以是多职能并存。案例企业鸿图集团属于多业态经营的大型集团企业，目前集团对分子公司的业务财务比较分散，很难从集团层面进行集中管理控制，此外各分子公司财务人员工作量不一致，有些公司财务人员出现人员冗余。结合以上问题，鸿途集团前期建设 FSSC 的战略定位应该是以加强集团管控和降低财务成本为主要目标，因此 FSSC 的职能定位选择成本中心比较合理。

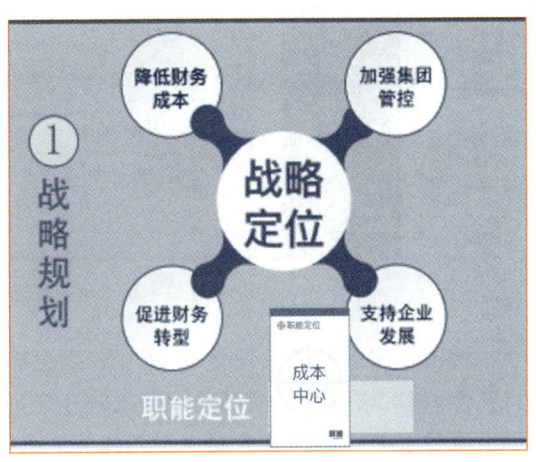

图 1-11 战略定位沙盘推演摆盘示例

### （二）选择服务模式

分析案例企业管控方式及业态构成特点，选择合适的 FSSC 建设模式，将对应模式卡片摆放在中心名称区，并给出设计依据。选择服务模式的沙盘推演摆盘示例如图 1-12 所示。

鸿图集团 FSSC 选择单中心模式较为合理，其依据是该集团 FSSC 的战略定位是加强集团管控和降低财务运营成本，结合这两个建设目标的特点，在几种模式设计里单中心最为合适。

### （三）确定服务对象

根据 FSSC 模式及案例企业信息，确定 FSSC 服务对象，将对应卡片摆放至服务对象区。确定服务对象的沙盘推演摆盘示例如图 1-13 所示。

操作录屏：战略规划沙盘推演

25

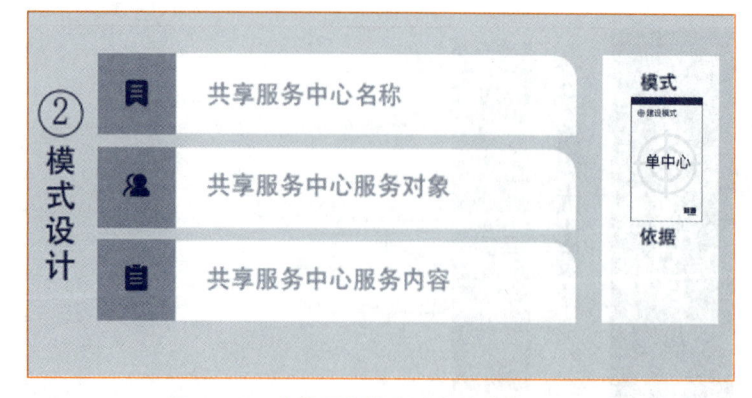

图1-12 选择服务模式沙盘推演摆盘示例

图1-13 确定服务对象沙盘推演摆盘示例

鸿图集团的经营业态较多,行业跨度也比较大,但是各行业的财务核算规则与流程并没有特殊性,相对来说财务的基础数据比较好统一,业务流程易于标准化,所以可以将各业务板块的所有分子公司纳入财务共享中心的服务范围。

**(四)设计服务内容**

根据课程预习任务的输出结果《流程清单梳理》,确定纳入鸿途集团FSSC的服务内容即业务范围,将对应卡片摆放至沙盘服务内容。设计服务内容的沙盘推演摆盘示例如图1-14所示。

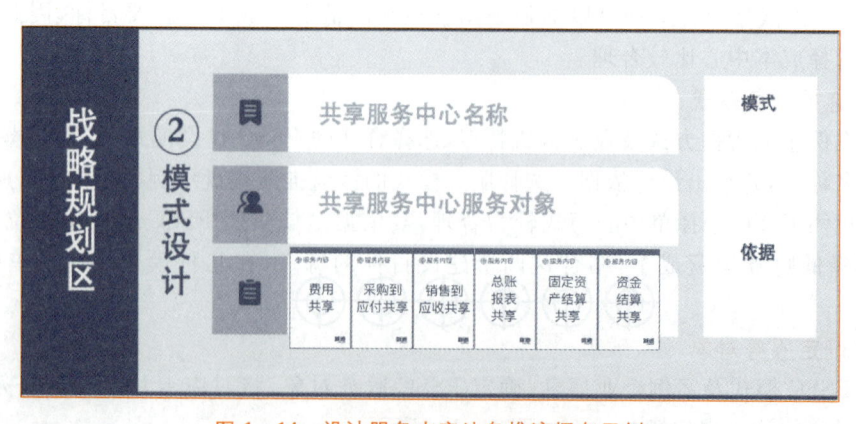

图1-14 设计服务内容沙盘推演摆盘示例

FSSC 建设初期，各企业对纳入 FSSC 的内容大都采用由易到难循序渐进的策略，案例企业中的业务纷繁复杂，各分子公司之间同类业务的流程也不一致，但是像费用报销、采购应付、销售应收、总账报表等业务流程比较简单，易于统一及标准化，所以在前期将这些业务纳入服务范围比较合适。

### 三、FSSC 选址规划沙盘推演

根据案例企业鸿途集团的业务版图，鸿途集团的业务主要集中在中原地区和辽宁省区。因此，集团初选了郑州、大连和天津这 3 个候选地点。

团队通过各种渠道自行收集 3 个候选地点的相关信息，并在《FSSC 选址决策评分表》中进行分析和评分，如表 1-3 所示。

在《FSSC 选址决策评分表》中，将分析结果使用雷达图在沙盘选址区域画出来，并将最终确定的 FSSC 选定的城市卡片放至沙盘盘面对应区域，具体如图 1-15 所示。

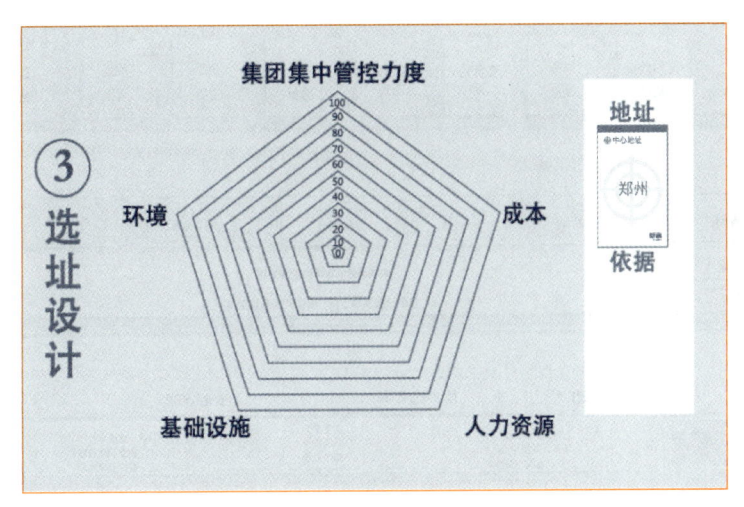

图 1-15　FSSC 选址沙盘推演摆盘示例

从案例企业给出的三个备选城市来进行分析，三个城市的成本、基础设施、人力资源、环境基本没有太大差别，单从这几个要素进行分析将很难进行选择。但是，该案例企业 FSSC 最初的战略定位是加强集团管控，而备选城市中郑州恰好是该企业的集团总部所在城市，从加强集团管控的角度出发，总部所在的城市具有先天优势，所以在其他要素无差别的情况下，将 FSSC 选址定在郑州最为合适。

# 任务二　财务共享服务中心组织规划

### 任务描述

**案例 1-2**　接[案例 1-1]，完成下列要求。

**要求：** 阅读案例资料，进行组织和人员规划，给出企业 FSSC 部门、职责、岗位的设置建议，推算 FSSC 不同人员的编制数量。

## 知识准备

### 一、FSSC 组织和人员规划方法

#### （一）财务组织的总体结构

大型集团企业基于 FSSC 的财务管理体系建设蓝图如图 1-16 所示。

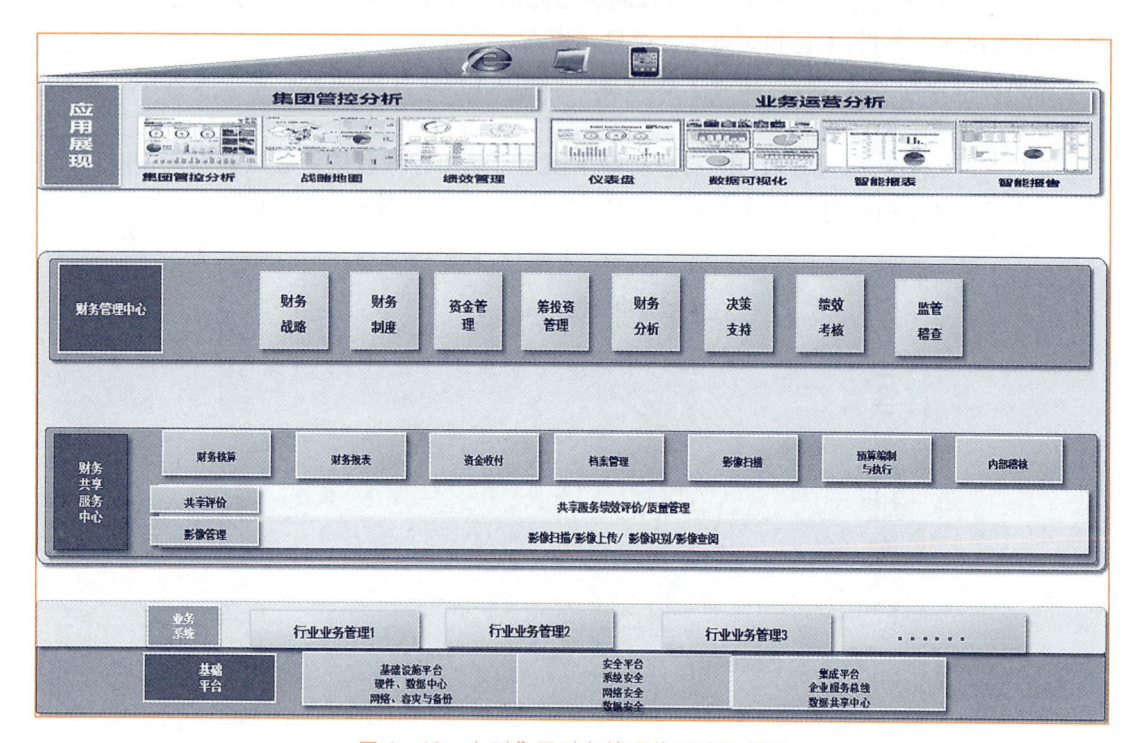

图 1-16 大型集团财务管理体系建设蓝图

#### （二）职责调整

当基于财务共享的财务组织向三角财务组织转换后，势必要对相关岗位和职责进行调整，即依据三角财务组织转型，明确划分战略财务、业务财务与共享财务职能的边界。

总体上的做法是通过适当的财务工作专业分层、分工，形成三角财务组织：战略财务、业务财务、共享财务，具体如图 1-17 所示。

**1. 战略财务**

集团财务部作为战略财务负责集团运营监控和决策支持，行使对下属企业财务管理职能，包括制定和监督财务会计政策、支撑集团投资决策、进行风险控制，对集团税务筹划、全面预算、成本进行统筹管理等管控型、专家型财务工作。

**2. 业务财务**

各业务版块或业务单元的财务部门作为业务财务参与到业务全过程，作为业务前端合作伙伴及时发现经营问题，基于财务角度对业务过程进行支持和控制，承担业财融合职责。其中总部财务部门，受集团财务领导，负责本公司及下属分支机构一般财务监督、成本费用审核、总部纳税筹划、经营财务分析与决策支持；分支机构财务部负责财务业务监督控制、决策支撑和高附加值的运营管控型及现场型财务工作。

## 管理会计 / 财务会计

| 职责 | 财务运作 | 财务报告 | 资金管理 | 税务管理 | 经营绩效管理 | 预算与经营预测 | 成本管理 |
|---|---|---|---|---|---|---|---|
| 指导 | 集团会计政策；集团会计流程；会计审核审批及标准 | 合并报表管理；法定财务披露要求；外部设计要求 | 集团资金统筹规划；集团资金调度；资金统一支付 | 集团税务规划；税务合规性政策及流程；税务知识库 | 管理报告体系；KPI考核流程/规则/指定定义 | 预算制定流程及规则；战略规划及战略目标的设计；预算模型设计 | 成本战略；成本核算及管理准则 |
| 控制 | 财务核算稽核；授权及权限管理；财务运营协调；本地财务制度 | 财务报表合规性管理；本地财务报表合规性管理；财务报表内部检查；本地财务报表调整 | 集团资金解决方案；本地现金流平衡；汇率控制 | 国家商务模式；税务合规性管理 | 激励政策；经营业绩预测；经营业绩分析及推动 | 集团预算组织；预算编制及申报；预算过程控制；预算分析考核 | 成本激励；设计成本控制；项目成本控制；生产成本控制 |
| 执行 | 销售及应收流程；采购及应付流程；固定资产流程；工资流程；项目流程；特殊事项流程 | 定期关账；财务报表制作；内部往来清理；财务报表自查报告 | 银行对账；下达支付指令 | 税务核算；税务报表制作；税务检查支持 | 全程利润报表制作；责任现金流报表；发货报表制作；库存周转报表制作 | 预算执行数据加工；预算执行标准报表；费用分析报表 | 成本核算；成本报告；费用成本控制 |

战略财务 ｜ 业务财务 ｜ 共享财务

图1-17 共享模式下的三角财务组织及其职责划分

### 3. 共享财务

FSSC负责集团各公司及分支机构的会计基础核算、费用、资金结算等规模性、重复性、可标准化处理的财务工作。共享财务要做到专业化、标准化、流程化、集约化。

## (三) 人员三定

人员三定，是指建立FSSC后，全集团财务人员的定责、定岗、定编。

### 1. 定责

将从事标准化工作的会计核算人员分离出来，调整到FSSC，将财务核算工作和财务管理工作分开，使会计核算工作集中后按专业岗位进行分工作业，实现由FSSC集中处理基础性核算服务，有效控制成本与风险。

### 2. 定岗

FSSC岗位设置的原则及模式如图1-18所示。

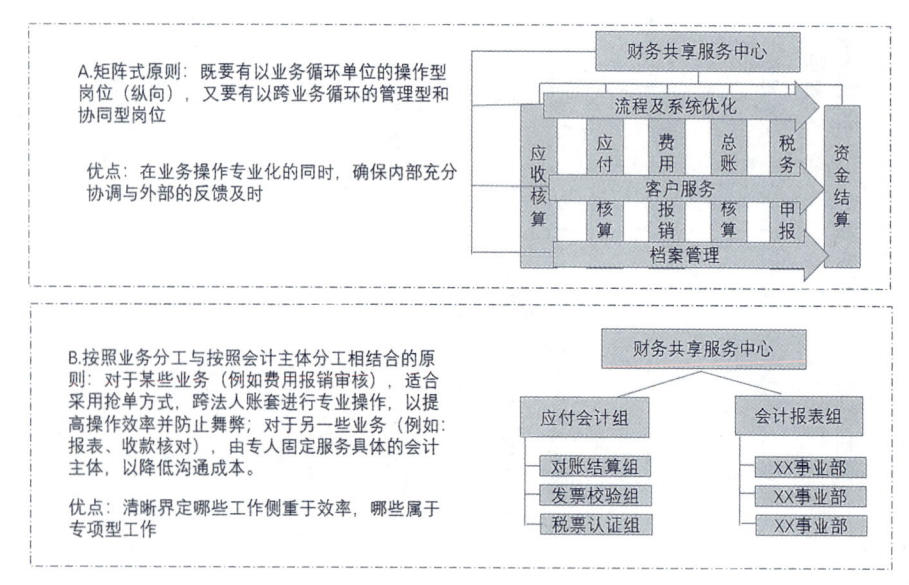

A.矩阵式原则：既要有以业务循环单位的操作型岗位（纵向），又要有以跨业务循环的管理型和协同型岗位

优点：在业务操作专业化的同时，确保内部充分协调与外部的反馈及时

B.按照业务分工与按照会计主体分工相结合的原则：对于某些业务（例如费用报销审核），适合采用抢单方式，跨法人账套进行专业操作，以提高操作效率并防止舞弊；对于另一些业务（例如：报表、收款核对），由专人固定服务具体的会计主体，以降低沟通成本。

优点：清晰界定哪些工作侧重于效率，哪些属于专项型工作

图1-18　FSSC岗位设置的原则模式

集团财务部、原板块及业务单位财务部的岗位中，如果职责保留则岗位保留，否则将取消相应岗位、人员待转岗。

### 3. 定编

FSSC岗位人员配置测算方法有三种：业务分析法、对标评测法与数据测算法。

（1）业务分析法。

业务分析法，是基于对业务性质的特点，并结合现有管理人员及业务人员经验，进行分析评估，最终确定人员需求数量的方法。

（2）对标评测法。

对标评测法，是对于原先没有岗位设置、无经验值参考、无法进行数据测算的业务，则选取相近口径其他单位的业务进行对标，并在此基础上进行估测。

（3）数据测算法。

数据测算法，又称工时法。数据测算法是在业务量和工作效率（人均业务量）确定的基础上，确定人员需求数量的方法。此方法适用于对能够提取到可靠业务量，并能够对单笔业务量所用时间进行测量的项目。

## 任务实施

### FSSC 组织规划沙盘推演

**（一）设定部门**

**1. 设置交易类部门**

依据"战略规划-模式-服务"内容，设置鸿途集团财务共享服务中心的交易类部门，将部门名称写在部门卡片上（或用即时贴书写并粘贴在部门卡片上），并放至沙盘对应区。交易类部门设定的沙盘推演摆盘示例如图 1-19 所示。

图 1-19　交易类部门设定沙盘推演摆盘示例

（1）部门：销售核算处、采购核算处、费用资产处、总账成本处、资金结算处。

（2）岗位：应付初审、应付复核、资金支付、费用初审、费用复核、资产核算、总账核算、资金结算。

（3）职责：应付报账原始票据影像合规审核、应付报账财务制度合规审核、费用报账原始票据影像合规审核、费用报账财务制度合规审核、固定资产业务账务处理、总账凭证处理、报账资金结算支付。

**2. 设置运营管理部门**

鸿途集团财务共享服务中心除交易类部门外另需设置运营管理部门，将该部门名称写在部门卡片上（或用即时贴书写并粘贴在部门卡片上），并放至沙盘对应区。运营管理部门设定的沙盘推演摆盘示例如图 1-20 所示。

（1）部门：运营管理处。

（2）岗位：中心运营管理工作、流程管理与优化、质量稽核、呼叫服务、票据及档案管理。

（3）职责：财务共享中心运营管理分析、业务流程配置及优化、财务共享中心单据审核质量管理、报账问题解答、演示票据及影像管理。

**（二）职责调整**

**1. 共享后财务职能分工**

根据鸿途集团财务职能现状，集团设计了共享后的财务职能分工表（表 1-10）。

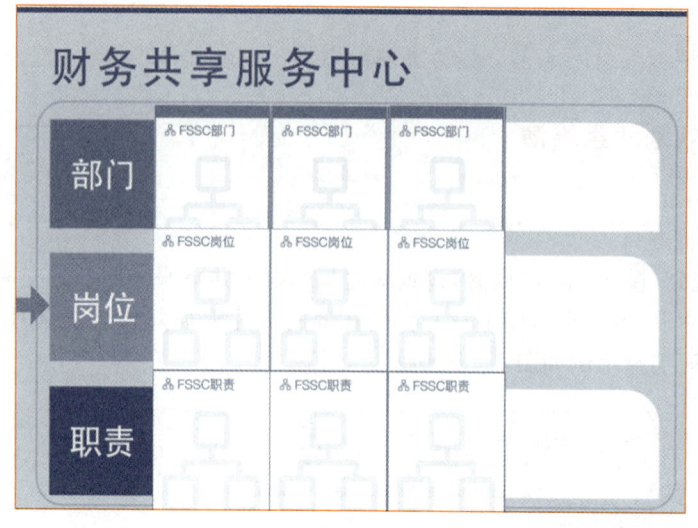

图 1-20　运营管理部门设定沙盘推演摆盘示例

表 1-10　财务职能分工表

| 职能类别 | 职能细分 | 战略财务 | 板块财务 | 企业财务 | 共享财务 |
|---|---|---|---|---|---|
| 基础业务核算职能 | 交易处理与会计核算 | | | △ | ▲ |
| | 财务报表管理 | | | △ | ▲ |
| | 薪酬税务及财务其他事项 | | | ▲ | △ |
| | 资金收付 | | | △ | ▲ |
| | 票据与档案管理 | | | △ | ▲ |
| 财务运行监控 | 财务政策与制度 | ▲ | △ | | |
| | 财务内控控制与风险管理 | △ | ▲ | | △ |
| | 财务监督检查 | ▲ | ▲ | | |
| 价值创造 | 投筹资管理 | ▲ | △ | △ | |
| | 资金运作 | ▲ | △ | | |
| | 纳税筹划 | ▲ | △ | | |
| 决策支持 | 财务战略 | ▲ | | | |
| | 全面预算管理 | ▲ | △ | △ | |
| | 业绩考核与报告 | ▲ | △ | ▲ | |
| | 公司经济运行监控 | ▲ | △ | ▲ | |
| | 财务状况分析 | ▲ | △ | ▲ | |

【小提示】
(1) "▲"代表主导职能；"△"代表辅助职能。
(2) 企业财务及板块财务统称为业务财务。

### 2. 职责分类调整

职责分类调整分为以下几个步骤：

(1) 依据鸿途集团共享后的财务职能分工,将当前集团财务、公司财务职责卡片逐一进行职责类型判断；将规模型职责纳入职责调整区；管控型职责纳入战略财务；经营型职责纳入业务财务。

(2) 对调整区职责卡片合并同类,与共享中心下设部门比对,将可纳入中心的职责卡片摆放到对应部门下方职责区。

(3) 职责调整后,将财务关系卡片摆放到三角财务组织转型区,标注战略财务、业务财务、共享财务之间的关系。

### (三) 人员三定

#### 1. 定责

在上一步骤完成的情况下,对于共享后职责为"0"的原集团或板块（企业）财务人员全部撤到调整区,等待优化调岗。

#### 2. 定岗

(1) 共享前财务岗位职级现状（表 1-11、表 1-12）。

表 1-11　共享前集团财务部岗位职责信息（共计 25 人）

|  | 处室 | 岗位名称 | 级别 | 职责 |
|---|---|---|---|---|
| 1 |  | 财务总监 | M3 | 财务战略<br>财务政策 |
| 2 | 预算与考核管理处 | 预算与考核管理处 6 人 | M4、M5 | 预算管理<br>业绩考核 |
| 3 | 税务与资金管理处 | 税务与资金管理处 4 人 | M4、M5 | 纳税筹划<br>资金运作 |
| 4 | 信息化与综合处 | 信息化与综合处 7 人 | M4、M6 | 信息化与<br>财务监督 |
| 5 | 结算审核处 | 处长 | M4 | 付款复核 |
|  |  | 会计 | M6 | 付款审核 |
|  |  | 出纳 | M7 | 资金支付 |
| 6 | 会计核算处 | 处长 | M4 | 费用复核 |
|  |  | 会计 | M6 | 费用核算 |
| 7 | 资产管理处 | 处长 | M4 | 资产管理政策 |
|  |  | 会计 | M6 | 资产核算 |

表 1-12　共享前水泥板块各公司财务岗位职责信息（共计 140 人）

|  | 岗位名称 | 工作内容 | 级别 | 设置此岗位人员公司数 |
|---|---|---|---|---|
| 1 | 财务经理 | 财务分析 | M4 | 17 |
| 2 | 总账会计 | 总账核算 | M6 | 17 |
| 3 | 采购会计 | 应付审核<br>应付对账 | M6 | 17 |

续 表

| | 岗位名称 | 工作内容 | 级别 | 设置此岗位人员公司数 |
|---|---|---|---|---|
| 4 | 结算会计 | 费用核算 | M6 | 17 |
| 5 | 销售会计 | 应收审核 应收对账 | M6 | 17 |
| 6 | 资产会计 | 资产核算 | M6 | 15 |
| 7 | 成本会计 | 成本分析 成本核算 | M6 | 9 |
| 8 | 税务会计 | 税务筹划 | M6 | 8 |
| 9 | 出 纳 | 收款付款 | M7 | 15 |
| 10 | 预算会计 | 预算编制 | M6 | 8 |

（2）共享后财务岗位职级薪酬设计。

鸿途集团在同时考虑共享后的职责分工、财务人员职级薪酬现状后，设计了如表1-13所示的共享后财务岗位职级和薪酬水平。

表1-13 共享后财务岗位职级和薪酬水平  单位：万元

| 集团职级 | 战略财务职级序列 | | 板块财务职级序列 | | 共享财务职级序列 | | 年薪（平均13月薪） |
|---|---|---|---|---|---|---|---|
| | 经营管理序列M | 专业技术序列P | 经营管理序列M | 专业技术序列P | 经营管理序列M | 专业技术序列P | |
| 三级 | 财务总监（部长） | 首席专家 | | | | | 20 |
| 四级 | 集团财务处长 | 高级专家 | 财务经理（部长） | 高级专家 | 总经理（主任） | 高级专家 | 18 |
| 五级 | 集团财务主管 | 专家 | 财务处长 | 专家 | 共享财务处长 | 专家 | 15 |
| 六级 | 集团财务主办 | 助理专家 | 主管 | 助理专家 | 主管 | 助理专家 | 12 |
| 七级 | 业务员 | | 主办 | | 主办 | | 10 |
| 八级 | | | | | 业务员 | | 8 |

【备注】
三级、四级、五级为财务管理人员。

3. 定编

（1）定编方法。

集团财务：战略财务全面向管控指导型高端财务人员转型，拟增2名财务专家。

业务财务：共享后，水泥板块公司业务、财务全面向业财融合的管理会计及成本管控专家转型，初期每家公司（包含拟新建公司）保留3名财务编制，包含财务经理1人，专家2人。

共享中心财务：鸿途集团财务共享中心人员包含管理人员、业务人员、运营人员，其中管理人员包含中心主任及各处长。业务交易处理人员采用工时法定编；运营人员采用对标评测法定编；管理人员采用业务分析法定编。

（2）数据调研。

① 鸿途集团财务工作总量调研结果（表1-14至表1-16）。

表1-14　集团财务部月度工作量统计表　　　　　　　　　　　　　　单位：月

| 应收核算 | 应收对账（月度发生业务的客户数量） | 应付审核 | 应付复核 | 应付对账（月度发生业务的供应商数量） | 费用核算 |
|---|---|---|---|---|---|
| 300 | 28 | 350 | 350 | 30 | 360 |
| 费用复核 | 资产核算 | 成本核算 | 总账报表 | 资金结算 | |
| 360 | 25 | 0.3 | 15 | 650 | |

表1-15　中部地区鸿途水泥相关财务工作月度工作量明细　　　　　　单位：月

| 公司名称 | 应收核算 | 应收对账（月度发生业务的客户数量） | 应付审核 | 应付复核 | 应付对账（月度发生业务的供应商数量） | 费用核算 | 费用复核 | 资产核算 | 成本核算 | 总账报表 | 资金结算 |
|---|---|---|---|---|---|---|---|---|---|---|---|
| 鸿途集团水泥有限公司 | 500 | 40 | 600 | 600 | 50 | 600 | 600 | 40 | 0.5 | 26 | 1 087 |
| 卫辉市鸿途水泥有限公司 | 400 | 32 | 480 | 480 | 40 | 480 | 480 | 32 | 0.4 | 21 | 870 |
| 鸿途集团光山水泥有限公司 | 400 | 32 | 480 | 480 | 40 | 480 | 480 | 32 | 0.4 | 21 | 870 |
| 京北鸿途水泥有限公司 | 150 | 12 | 180 | 180 | 15 | 180 | 180 | 12 | 0.2 | 8 | 326 |
| 鸿途集团许昌水泥有限公司 | 225 | 18 | 270 | 270 | 25 | 270 | 270 | 18 | 0.225 | 12 | 490 |

表1-16　北部地区鸿途水泥相关财务工作月度工作量明细　　　　　　单位：月

| 公司名称 | 应收核算 | 应收对账（月度发生业务的客户数量） | 应付审核 | 应付复核 | 应付对账（月度发生业务的供应商数量） | 费用核算 | 费用复核 | 资产核算 | 成本核算 | 总账报表 | 资金结算 |
|---|---|---|---|---|---|---|---|---|---|---|---|
| 大连鸿途水泥有限公司 | 475 | 36 | 540 | 540 | 45 | 540 | 540 | 36 | 0.45 | 24 | 988 |
| 鸿途集团京北水泥有限公司 | 350 | 28 | 420 | 420 | 35 | 420 | 420 | 28 | 0.35 | 18 | 760 |
| 辽阳鸿途水泥有限公司 | 300 | 28 | 350 | 350 | 30 | 360 | 360 | 25 | 0.3 | 15 | 650 |
| 鸿途集团金州水泥有限公司 | 500 | 40 | 670 | 670 | 50 | 660 | 660 | 40 | 0.5 | 26 | 1 182 |
| 天津鸿途水泥有限公司 | 250 | 20 | 300 | 300 | 25 | 300 | 300 | 20 | 0.25 | 13 | 543 |
| 辽宁辽河集团水泥有限公司 | 300 | 22 | 330 | 330 | 28 | 330 | 330 | 22 | 0.275 | 15 | 607 |

续表

| 公司名称 | 应收核算 | 应收对账（月度发生业务的客户数量） | 应付审核 | 应付复核 | 应付对账（月度发生业务的供应商数量） | 费用核算 | 费用复核 | 资产核算 | 成本核算 | 总账报表 | 资金结算 |
|---|---|---|---|---|---|---|---|---|---|---|---|
| 灯塔市辽河水泥有限公司 | 200 | 16 | 240 | 240 | 20 | 240 | 240 | 16 | 0.2 | 11 | 435 |
| 辽宁辽西水泥集团有限公司 | 125 | 10 | 150 | 150 | 13 | 150 | 150 | 10 | 0.125 | 7 | 272 |
| 辽阳鸿途诚兴水泥有限公司 | 175 | 14 | 210 | 210 | 18 | 210 | 210 | 15 | 0.175 | 9 | 380 |
| 辽阳鸿途威企水泥有限公司 | 175 | 14 | 210 | 210 | 18 | 210 | 210 | 16 | 0.175 | 9 | 380 |
| 大连金海建材集团有限公司 | 200 | 16 | 240 | 240 | 20 | 240 | 240 | 16 | 0.2 | 11 | 435 |
| 海城市水泥有限公司 | 275 | 22 | 330 | 330 | 28 | 330 | 330 | 22 | 0.275 | 14 | 600 |

【假设】

2019年拟新建水泥公司纳入中心各项工作月度工作量按17家平均工作量估算，即等于卡片中EWL值。

② 同行业标杆企业调研结果（表1-17、表1-18）。

表1-17　财务共享服务中心各岗位人均业务量

| 序号 | 业务类型 | 人均业务量（笔/月） |
|---|---|---|
| 1 | 应收核算 | 1 000 |
| 2 | 应收对账（月度发生业务的客户数量） | 2 000 |
| 3 | 应付核算 | 800 |
| 4 | 应付复核 | 2 000 |
| 5 | 应付对账（月度发生业务的供应商数量） | 16 000 |
| 6 | 费用核算 | 1 000 |
| 7 | 费用复核 | 2 000 |
| 8 | 资产核算 | 500 |
| 9 | 存货成本核算 | 80 |
| 10 | 成本分析 | 160 |
| 11 | 总账报表 | 80 |
| 12 | 资金结算（收付款） | 2 000 |
| 13 | 单据归档 | 7 000 |

表 1-18 财务共享服务中心定岗示例

| 部门 | 岗位 | 测算方法 业务分析法 | 测算方法 工时法 | 测算方法 对标评测法 | 全面上线 总工作量 | 全面上线 人均工作量 | 需求人数 |
|---|---|---|---|---|---|---|---|
| 中心领导 | 主任 | √ | | | | | 1 |
| 销售核算处 | 处长 | √ | | | | | 1 |
| 应收审核岗 | | | √ | | 5 500 | 1 000 | 6 |
| …… | …… | …… | …… | …… | …… | …… | 42 |
| 运营管理处 | 处长 | √ | | | | | |
| 呼叫服务岗 | | | | √ | | | 1 |
| 票据综合岗 | | | √ | | | | 1 |
| 质量稽核岗 | | | | √ | | | 1 |

【备注】
该标杆企业共享中心交易处理人员规模为50人,运营组4人,可支撑中心日常运营工作开展。

(3) 定编计算。
① 登录教学系统,从"快捷入口＞下载中心＞xlsx"下载"共享中心人员测算表";
◇ 人员测算表在15版本下载中可能没有,可参考书中对应二维码资源。
② 根据上述调研结果,采用指定的人员测算方法,计算并完成财务人员定岗设定;
③ 将岗位名称及人数填写到岗位卡片上并摆放到沙盘对应位置。
(4) 人员定岗。
人员定岗通常有以下几个原则:
(1) 人员转岗。职责为"0"的岗位,原岗位人员需要转岗。
转岗方向:对待岗财务人员基于其能力、经验竞聘上岗,可以转岗的方向包含战略财务(财务专家)、业务财务(财务经理、财务专家)、共享中心财务(中心主任、部门负责人、主办、运营岗)、业务(营销人员)。
(2) 内部招聘。优先考虑内部转岗。将新岗位名称、人数填写到即时贴上并粘贴到原岗位卡片上。
(3) 外部招聘。财务管理人员(财务经理、财务专家、高级专家、处长、中心主任)外部招聘薪酬较内部转岗上调10%;将新招聘岗位名称、人数填写到即时贴上并粘贴到空白岗位卡片上。
(4) 辞退原则。人员辞退按照法规,需要给予"$n+1$"赔偿($n$为工作年限)。
根据上述计算结果,填写《鸿途集团共享后财务人员数量测算表》(表 1-19)。

学习资源:
财务共享
服务中心
人员测算表

表 1-19 鸿途集团共享后财务人员数量测算表

| 板块名称 | 财务人数 | 新招聘人数 | 转岗人数 | 优化人数 |
|---|---|---|---|---|
| 战略财务部 | | | | |
| 水泥公司财务部 | | | | |
| 共享中心财务部 | | | | |
| 旅游板块财务部 | | | | |

续表

| 板 块 名 称 | 财务人数 | 新招聘人数 | 转岗人数 | 优化人数 |
|---|---|---|---|---|
| 铸造板块财务部 | | | | |
| 煤焦化板块财务部 | | | | |
| 合　计 | | | | |

【价值分析】
　　小组讨论财务共享过程中组织优化设计为企业带来的价值，使用即时贴贴到沙盘盘面上的价值分析区。

# 任务三　财务共享服务中心流程规划

## 任务描述

案例 1-3　接［案例 1-1］［案例 1-2］。
要求：
（1）阅读案例资料，给出案例企业财务共享流程优化路径的建议，编制《业务职责切分表》。
（2）基于动作、角色、单据实现一个首要优化流程设计的摆盘推演；根据沙盘模拟结果撰写和呈现 FSSC 高阶规划方案；在用友 NCC 中完成 FSSC 规划结果的建模和测试工作。

## 知识准备

### 一、FSSC 流程规划方法

#### （一）流程优化路径

　　流程优化路径，是指企业采取怎样的计划，将财务共享的业务范围和组织范围逐步扩大。流程优化路径的选择，要考虑以下因素：① 对现有业务、组织和人员的影响；② 人力资源和技能的就绪度；③ 财务共享的实施周期；④ 项目推进难度；⑤ 系统和基础设施就绪度。
　　假设（1）、（2）、（3）、（4）代表路径选择，则常见的流程优化路径选择如表 1-20 所示。
　　（1）"1"代表单一业务、单一组织实施共享。
　　（2）"2"代表单一业务、全组织实施共享。
　　（3）"3"代表全业务、单一组织实施共享。
　　（4）"4"代表全业务、全组织实施共享。

#### （二）业务职责切分

　　FSSC 流程梳理和优化的核心是对 FSSC 产生业务交互的流程进行重新评估与再造。借助 FSSC 所带来的组织和业务交互模式变革，改善企业在成本、质量服务与响应速度的绩效。

表 1-20 常见的流程优化路径选择

| 路径选择 | 概要描述 |
| --- | --- |
| 3-4 | 从单一公司开始试点,将全部业务纳入 FSSC 进行试点;<br>等试点公司全部业务稳定运行后,再扩展到全部公司 |
| 2-4 | 从全部公司的某一业务纳入 FSSC 进行试点;<br>等试点业务稳定运行后,再逐步将其他业务纳入 FSSC |
| 1-3-4 | 先将单一公司的某一业务纳入 FSSC 进行试点;<br>等试点业务稳定运行后,再将试点公司的所有业务纳入 FSSC,再扩大范围将其他子公司纳入共享服务中心 |
| 1-2-4 | 先将单一公司的某一业务纳入 FSSC 进行试点;<br>等试点业务稳定运行后,再将这项试点业务推广到所有子公司,再逐步将其他业务纳入共享服务中心 |

**1. 职责切分工作步骤**

(1) 流程梳理分类。基于各成员单位的业务模式,对财务核算流程进行梳理分类,整理会计核算流程并逐级细分。

(2) 流程节点拆分。拆分至每个流程节点,对不同组织的同质流程每个节点的业务规则进行对比分析。

(3) 属地分析。对每个流程节点的归属地、岗位和职责进行识别,分析其属地、岗位和职责的合理性以及将其纳入共享的可行性。

(4) 关键问题分析。结合财务共享需要,平衡流程效率和风险,根据流程清单梳理结果,对差异和问题进行总结分析,识别影响流程的关键因素和影响财务共享实施的关键问题。

(5) 信息系统分析。根据流程中的信息传递分析每个流程环节的系统支撑是否到位和合理,结合财务共享服务项目目标,识别系统功能的改进方向。

**2. 可纳入财务共享服务中心的业务选择**

通过一系列包括"复杂、风险及专业度""规模经济收益""与业务紧密程度""技术可行性""经济可行性"的特质分析,可以确定组织内适合建立共享服务的财务工作或流程。如图 1-21 所示,企业现有的流程通过该滤镜层层过滤,可以找出适合共享的流程。

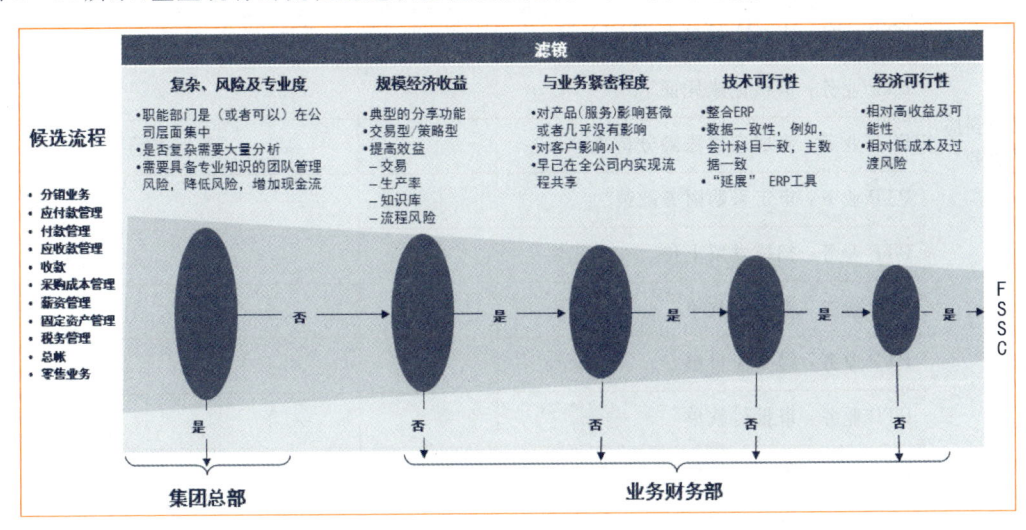

图 1-21 流程是否适合纳入共享范围的滤镜

财务共享流程设计,需要结合财务共享业务范围(如费用共享、核算共享、资金共享、报表共享等)进行梳理,需要重点设计的流程如图1-22所示。业务流程职责切分表如表1-21所示。

图1-22 需要重点设计的流程

表1-21 业务流程职责切分表

| 业务名称 | 业务动作 | 公司业务部门 | 公司业务财务 | 共享中心财务 | 战略财务 |
|---|---|---|---|---|---|
| 采购到应付业务 | PTP业务：签订采购订单 | ✓ | | | |
| | PTP业务：审批采购订单 | ✓ | | | |
| | PTP业务：采购入库 | ✓ | | | |
| | PTP业务：录入采购发票 | | ✓ | | |
| | PTP业务：审批应付单 | | ✓ | | |
| | PTP业务：审核应付单 | | | ✓ | |
| | PTP业务：审核记账凭证 | | | ✓ | |
| | PTP业务：生成应付账龄分析表 | | | ✓ | |
| | PTP业务：审定采购财务政策 | | | | ✓ |
| | PTP业务：扫描发票上传 | ✓ | | | |
| | PTP业务：提交付款单 | | ✓ | | |
| | PTP业务：提交应付单 | | ✓ | | |
| | PTP业务：审批付款单 | | ✓ | | |
| | PTP业务：审核付款单 | | | ✓ | |
| | PTP业务：支付应付款 | | | ✓ | |

第二步：业务流程职责切分

续　表

| 第二步：业务流程职责切分 ||||||
|---|---|---|---|---|---|
| 业务名称 | 业　务　动　作 | 公司业务部门 | 公司业务财务 | 共享中心财务 | 战略财务 |
| 销售至应收业务 | OTC业务：录入销售订单 | ✓☐ | | | |
| | OTC业务：审批销售订单 | ✓☐ | | | |
| | OTC业务：销售发货出库 | ✓☐ | | | |
| | OTC业务：录入销售发票 | | ✓☐ | | |
| | OTC业务：扫描发票上传 | | ✓☐ | | |
| | OTC业务：提交应收单 | | ✓☐ | | |
| | OTC业务：审核应收单 | | | ✓☐ | |
| | OTC业务：审核记账凭证 | | | ✓☐ | |
| | OTC业务：生成应收账龄分析表 | | | ✓☐ | |
| | OTC业务：录入收款单 | | ✓☐ | | |
| | OTC业务：扫描银行回单并上传 | | ✓☐ | | |
| | OTC业务：审核收款单 | | | ✓☐ | |
| | OTC业务：确认收款结算 | | | ✓☐ | |
| 费用报销业务 | 费用业务：制定费用政策与制度 | | | | ✓☐ |
| | 费用业务：填制报销单上传扫描件 | ✓☐ | | | |
| | 费用业务：业务审批 | ✓☐ | | | |
| | 费用业务：本地初审报销凭证 | | ✓☐ | | |
| | 费用业务：审核报销凭证 | | | ✓☐ | |
| | 费用业务：报销支付 | | | ✓☐ | |
| | 费用业务：审核记账凭证 | | | ✓☐ | |
| | 费用业务：报表 | | | ✓☐ | |
| | 费用业务：分析 | | ✓☐ | | |
| 固定资产业务 | 固定资产业务：审核政策合规性 | | | ✓☐ | |
| | 固定资产业务：初步审核申请单 | ✓☐ | | | |
| | 固定资产业务：资产相关账务处理申请 | | ✓☐ | | |
| | 固定资产业务：资产相关账务处理 | | | ✓☐ | |
| | 固定资产业务：资产折旧入账 | | | ✓☐ | |
| | 固定资产业务：制定固定资产管理政策 | | | | ✓☐ |

续 表

| 第二步：业务流程职责切分 ||||||
|---|---|---|---|---|---|
| 业务名称 | 业　务　动　作 | 公司业务部门 | 公司业务财务 | 共享中心财务 | 战略财务 |
| 总账报表业务 | 总账报表业务：预提需求审核 |  |  | ✓☐ |  |
| | 总账报表业务：预提需求申请 |  | ✓☐ |  |  |
| | 总账报表业务：月结关账 |  |  | ✓☐ |  |
| | 总账报表业务：会计政策 |  |  |  | ✓☐ |
| | 总账报表业务：月结申请 |  | ✓☐ |  |  |
| | 总账报表业务：财务制度 |  |  |  | ✓☐ |

### （三）端到端业务流程设计原则

"端"指企业外部的输入或输出点，这些外部的输出或输入点包括客户、市场、外部政府或机构以及企业的利益相关者。"端到端业务流程"指以客户、市场、外部政府或机构及企业利益相关者为输入或输出点的，一系列连贯、有序的活动的组合。图1-23是一个企业端到端业务流程的示例。

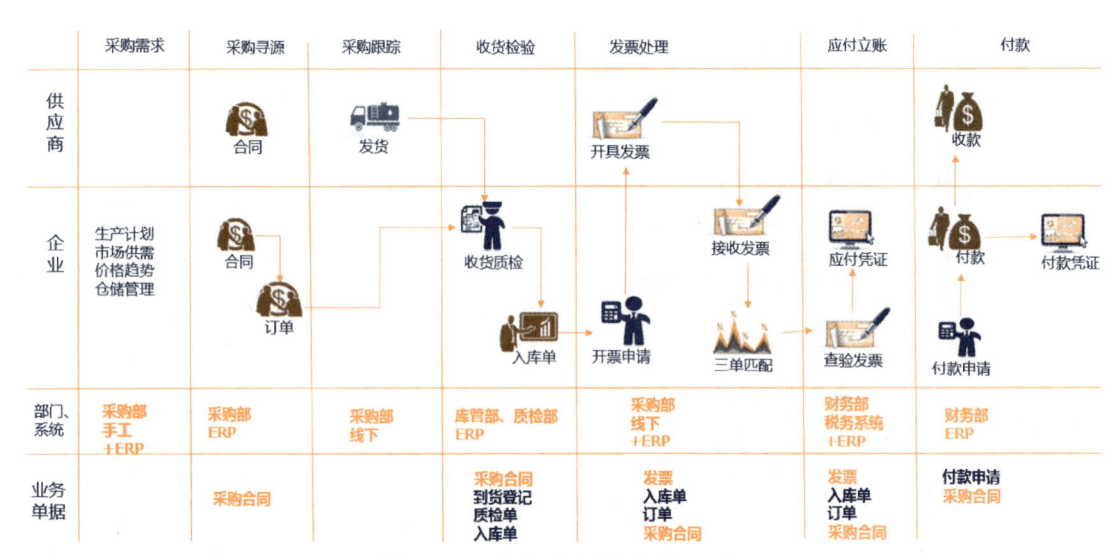

图1-23　企业端到端业务流程示例

**1. 业务组织与财务组织地域分离原则**

（1）原始单据的传递。需要对影像扫描进行设计，包括制单人扫描、专岗扫描。

（2）原始单据的归档。需要对档案管理进行设计，包括本地归档、共享中心归档、电子档案、纸质档案等。

（3）内控的管理要求。由于地域分离带来的对内控的管理设计。

**2. 跨业务组织流程的标准化原则**

跨业务组织流程的标准化原则是指业务形态不同、信息系统差异、审批流程差异、业务环节差异、主数据差异等的标准化。

**3. 信息系统的现状与集成原则**

信息系统的现状与集成原则是指业务系统与FSSC系统一体化与异构化。

**4. 新技术应用原则**

新技术应用原则是指共享服务模式是在信息技术支持下的管理变革,实现业务财务、流程财务的有效协同,推动财务管理向更高价值领域迈进。

## 二、政策和法律法规的遵守和执行

FSSC 必须对其业务覆盖地的法律、法规进行认真研究,并定期了解地方政策法规的更新信息,因为法规方面的要求可能会影响 FSSC 的业务流程、信息系统和组织结构等。例如,国内企业在国内设立 FSSC 时,主要考虑《中华人民共和国会计法》、财政部《会计档案管理办法》、国家税务总局关于"纳税检查"的规定等相关法律、法规,重点了解会计机构设置、会计档案归档和保管、账簿凭证管理和各地的税收法规等内容。

国内企业在国内设计服务于国内分支机构的 FSSC 时或许没有太多法律方面的障碍,但是在运行时,要重点考虑各地方性法规的差异。同时,由于各地子公司在面对财税大检查时要有齐全的会计凭证,企业在制定会计档案管理制度时,可能需要在编制财务报告后将相关凭证返还各地公司保管、备查。

## 三、信息系统技术规划

### (一) FSSC 总体信息化流程

信息技术对 FSSC 支持的总体流程如图 1-24 所示。

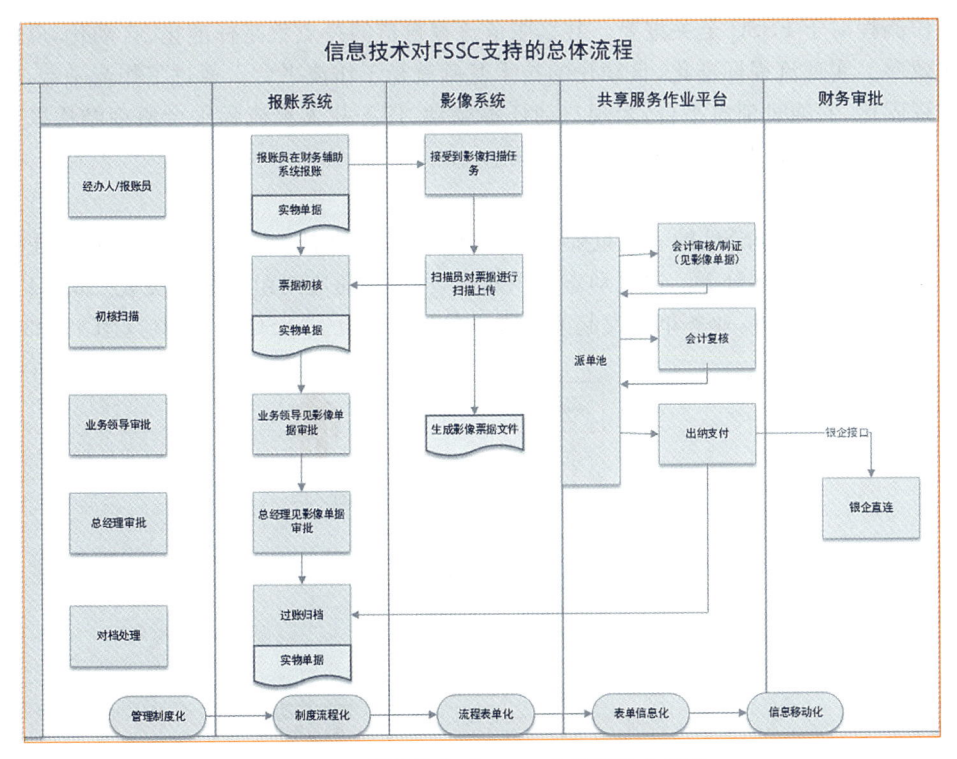

图 1-24 信息技术对 FSSC 支持的总体流程

### (二) FSSC 建设所需的关键技术

FSSC 的建设依托比较发达的信息技术水平,财务信息系统的建设与完善是实现财务共享的必要手段。以下这些关键技术是 FSSC 建设时所涉及的关键技术。

### 1. 自助服务

自助服务的含义及自助系统示例,参见图 1-25。

图 1-25 自助服务的含义及自助系统示例

### 2. 流程平台

工作流程对于 FSSC 至关重要。共享服务流程再造的特点就是标准化、自动化,以此来提高工作效率。实现流程标准化、自动化的技术基础就是工作流平台。通过工作流平台,将各项业务流程固化,并通过消息平台,实现自动任务驱动、任务找人。流程平台原理结构以及用友 NCC 工作流平台如图 1-26 和图 1-27 所示。

### 3. 动态组织建模

动态组织建模是 FSSC 的一项重要技术。建立共享服务的一个目的就是支撑企业快速发展、收购、兼并、重组、拆分等。通过动态组织建模,可以快速应对组织机构变化(如图 1-28)。通过服务委托关系设置,业务单位发起的请求,可以由对应的 FSSC 快速响应(图 1-29)。

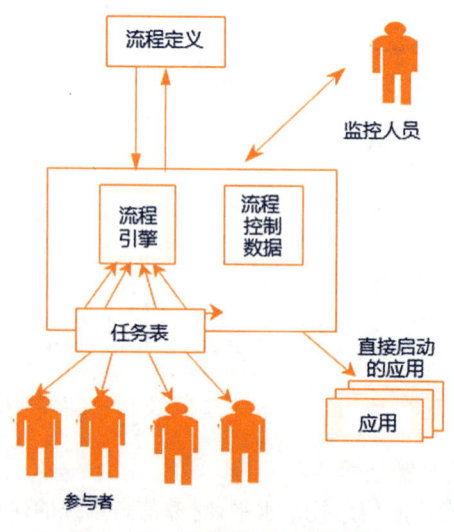

图 1-26 流程平台的原理结构

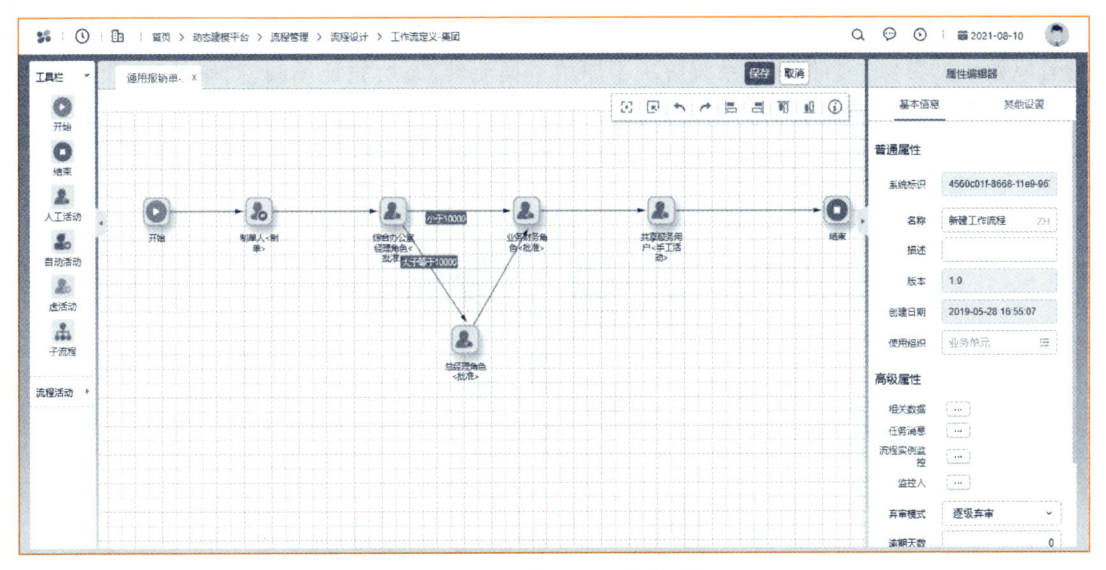

图 1-27　用友 NCC 工作流平台

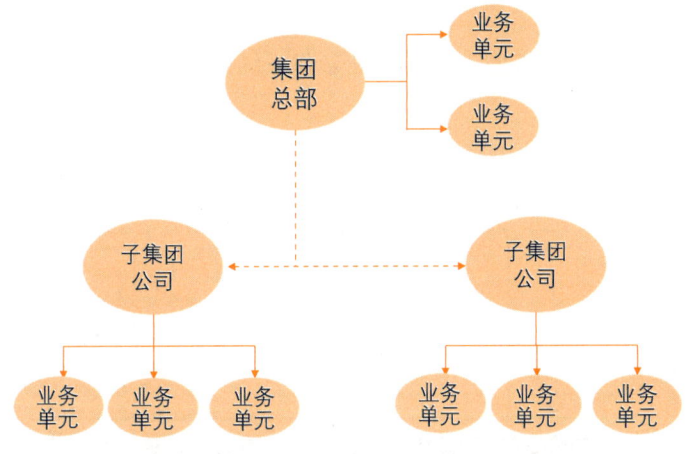

图 1-28　动态组织建模-支撑企业快速变化

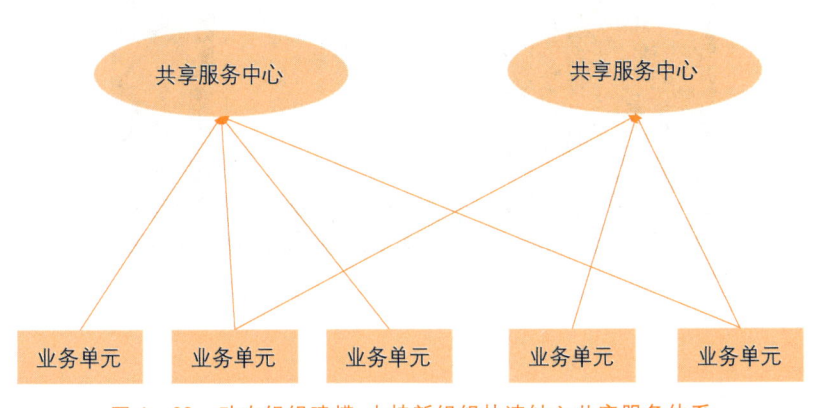

图 1-29　动态组织建模-支持新组织快速纳入共享服务体系

#### 4. 影像管理系统

影像管理是 FSSC 的关键技术之一。所有纸质原始单据存放在业务单位处,FSSC 人员可查看原始单据影像。影像管理系统解决了原始单据流转、原始凭证调阅、离岸处理、业务处理的分工和效率问题。影像管理系统进行扫描设备的管理,统一分辨率设置及扫描规范;进行影像缓存及分时上传管理,如图 1-30 所示。

图 1-30 影像管理系统的作用

影像管理主要有两种常见方案:① 与专业影像系统集成(图 1-31);② 利用手机拍照或扫描+附件管理(图 1-32)。

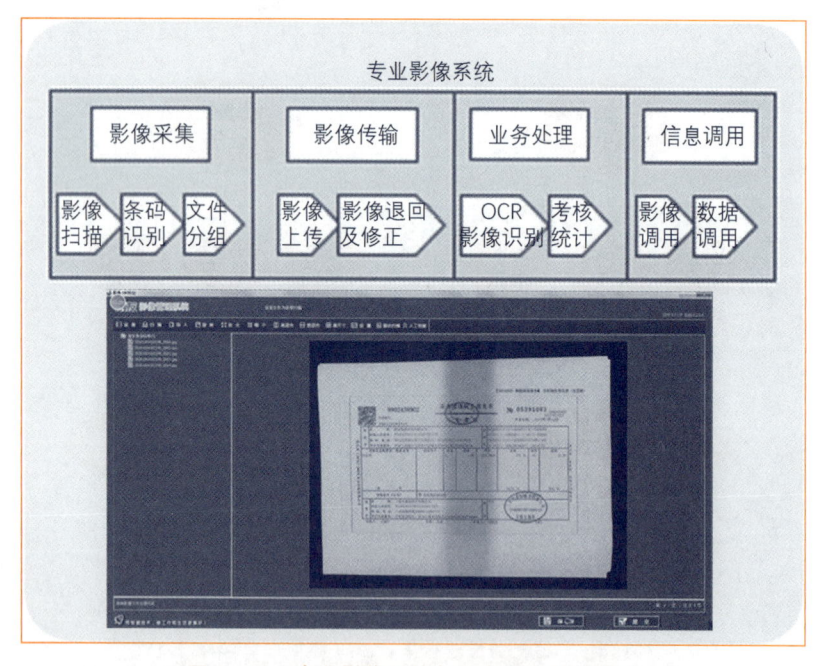

图 1-31 专业影像系统与共享服务系统集成

#### 5. 二维码、条码

二维码、条码也是 FSSC 的重要技术之一。粘贴单二维码打印,便于混乱单据的批量扫描及分拣提醒。单据归档时能够借助二维码快速实现凭证及审批流程打印。二维码识别还可离

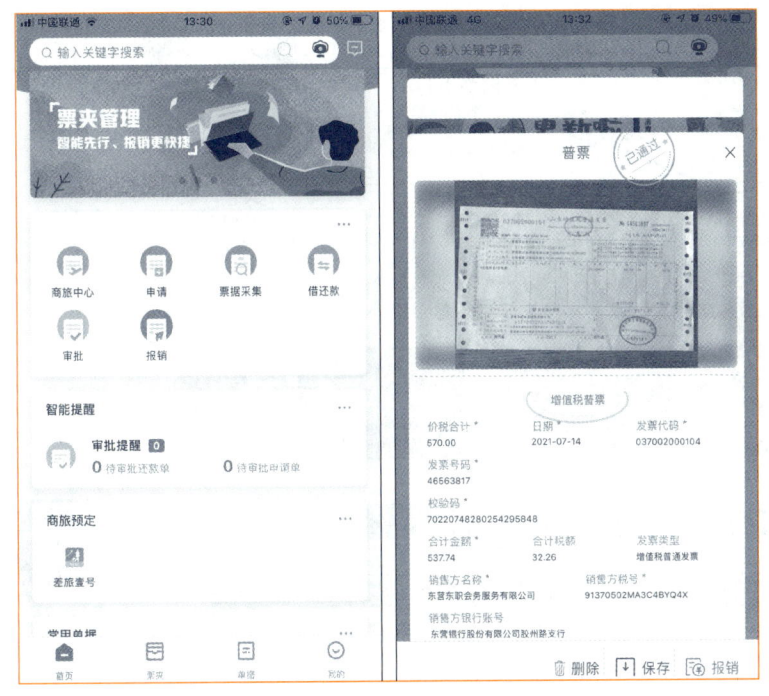

图 1-32 利用手机拍照或扫描＋附件管理

线快速获知报销人、金额、原始单据数量等信息。二维码、条码加速 FSSC 作出处理过程如图 1-33 所示。

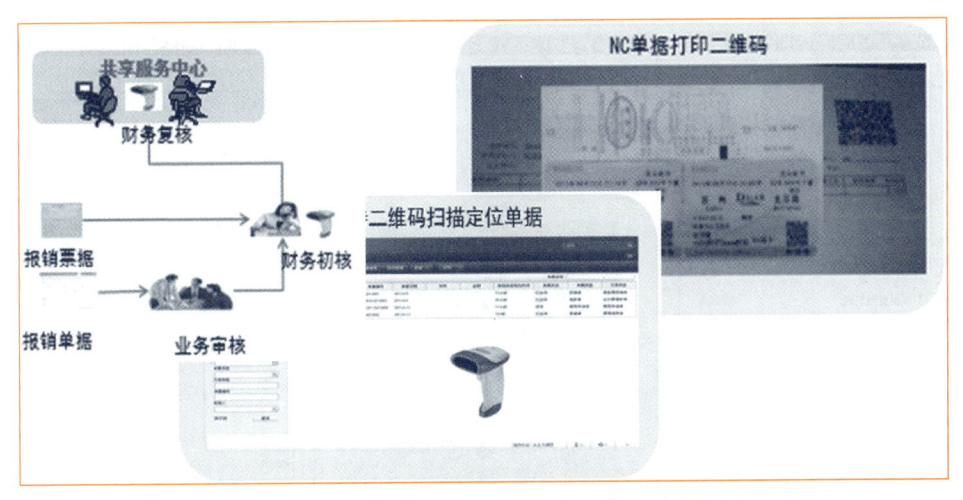

图 1-33 二维码、条码加速共享中心作业处理过程

6．FSSC 作业处理平台

FSSC 作业审核要点主要有：是否符合财务制度；生成凭证所需的业务数据是否完整；影像文件是否完整等。FSSC 作业处理平台如图 1-34 所示。

FSSC 质量复核要点主要有：是否符合会计制证要求；是否符合内审要求等。

FSSC 支付环节确认要点主要有：付款信息是否完整；是否符合企业当期资金计划等。

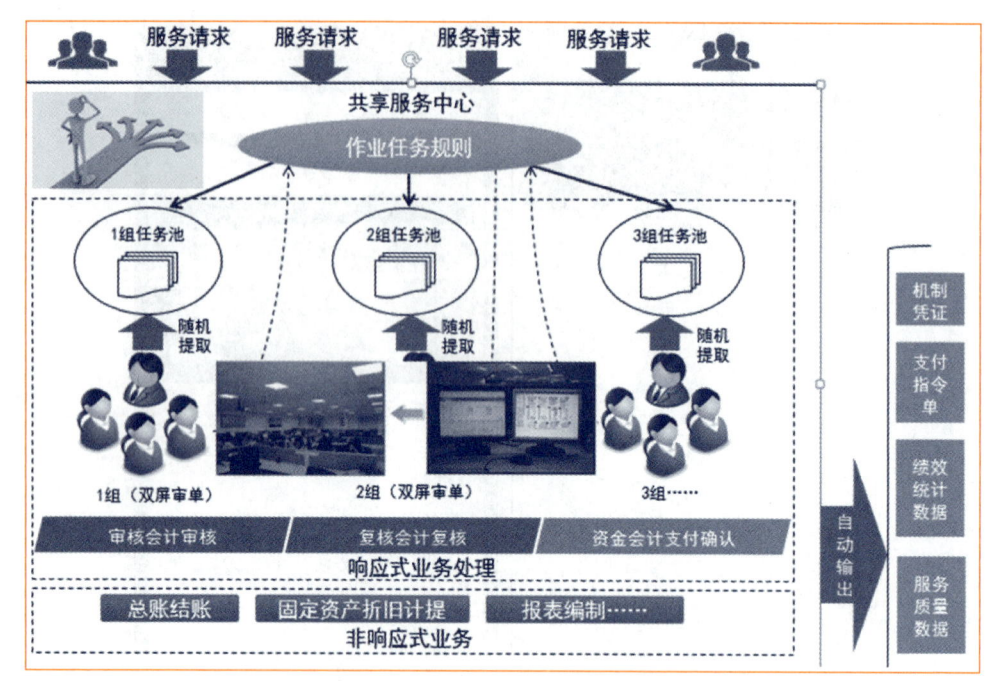

图 1-34　FSSC 作业处理平台

## 7. 移动报账

受调研企业的 FSSC，最常应用的信息系统有财务核算系统、银企互联系统、电子影像系统、资金管理系统、电子档案系统、电子报账系统等。移动报账系统界面如图 1-35 所示。

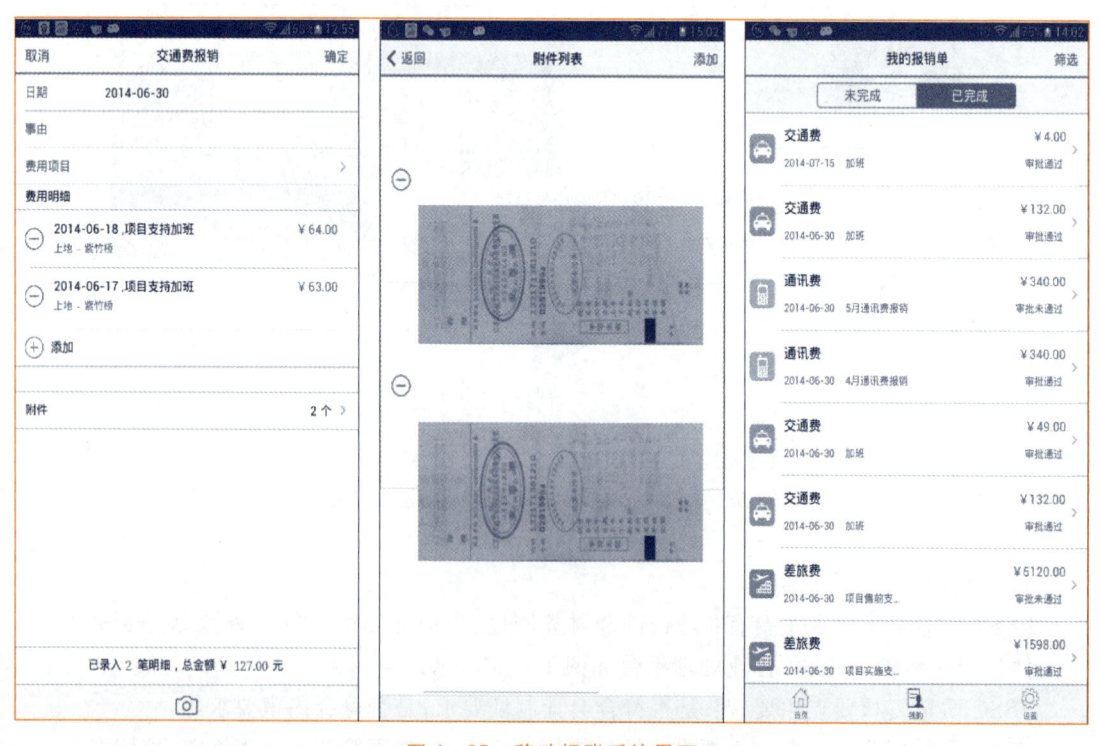

图 1-35　移动报账系统界面

## 任务实施

### 一、流程规划沙盘推演

#### (一) 流程优化路径规划

在沙盘上用彩笔标注出流程优化路径(从"1-4"),确定首选流程优化业务,写在沙盘盘面上如图1-36所示的对应位置。

图1-36 流程优化路径及首选业务沙盘区

#### (二) 业务职责切分

对不同业务流程进行职责切分,将某一业务卡片(如费用)按照矩阵进行切分,在沙盘盘面上将动作卡片与部门匹配(图1-37)。

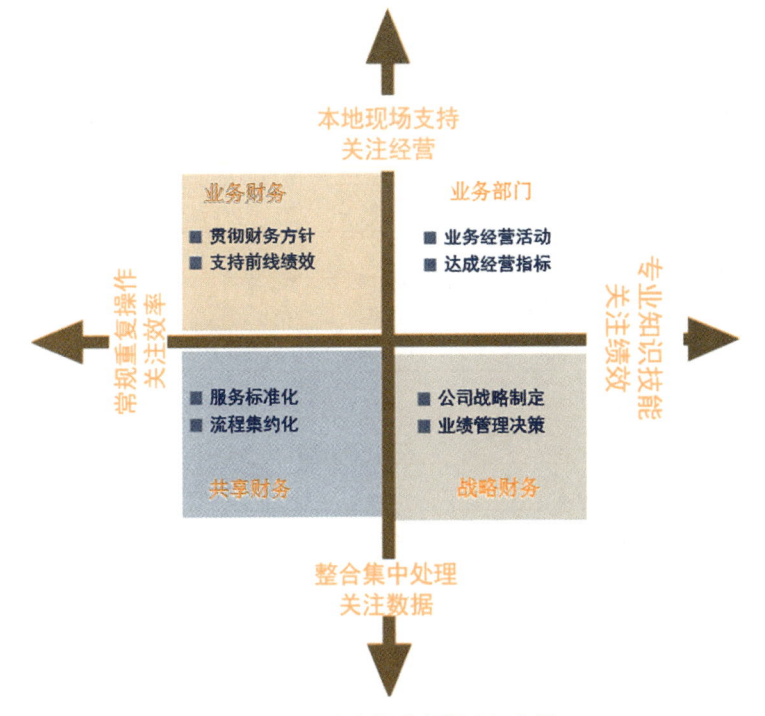

图1-37 沙盘的业务职责切分区

另外,将业务职责切分结果在《业务职责切分表》(表1-22)中标注。

1. 采购到应付(PTP)业务

表1-22 业务职责切分表

| 业务流程：动作 | 公司业务部门 | 公司业务财务 | 共享中心财务 | 战略财务 |
|---|---|---|---|---|
| 签订采购订单 | √ | | | |
| PTP业务：审批采购订单 | √ | | | |
| PTP业务：采购入库 | √ | | | |
| PTP业务：录入采购发票 | | √ | | |
| PTP业务：审批应付单 | | √ | | |
| PTP业务：审核应付单 | | | √ | |
| PTP业务：审核记账凭证 | | | √ | |
| PTP业务：生成应付账龄分析表 | | | √ | |
| PTP业务：审定采购财务政策 | | | | √ |
| PTP业务：扫描发票上传 | √ | | | |
| PTP业务：提交付款单 | | √ | | |
| PTP业务：提交应付单 | | √ | | |
| PTP业务：审批付款单 | | √ | | |
| PTP业务：审核付款单 | | | √ | |
| PTP业务：支付应付款 | | | √ | |

2. 销售到应收(OTC)业务(表1-23)

表1-23 销售到应收业务表

| 业务流程：动作 | 公司业务部门 | 公司业务财务 | 共享中心财务 | 战略财务 |
|---|---|---|---|---|
| OTC业务：录入销售订单 | √ | | | |
| OTC业务：审批销售订单 | √ | | | |
| OTC业务：销售发货出库 | √ | | | |
| OTC业务：录入销售发票 | | √ | | |
| OTC业务：扫描发票上传 | | √ | | |
| OTC业务：提交应收单 | | √ | | |
| OTC业务：审核应收单 | | | √ | |
| OTC业务：审核记账凭证 | | | √ | |
| OTC业务：生成应收账龄分析表 | | | √ | |
| OTC业务：录入收款单 | | √ | | |
| OTC业务：扫描银行回单并上传 | | √ | | |
| OTC业务：审核收款单 | | | √ | |
| OTC业务：确认收款结算 | | | √ | |

### 3. 费用报销业务（表1-24）

表1-24 费用报销业务表

| 业务流程：动作 | 公司业务部门 | 公司业务财务 | 共享中心财务 | 战略财务 |
|---|---|---|---|---|
| 费用业务：制定费用政策与制度 | | | | √ |
| 费用业务：填制报销单 | √ | | | |
| 费用业务：业务审批 | √ | | | |
| 费用业务：本地初审报销凭证 | | √ | | |
| 费用业务：审核报销凭证 | | | √ | |
| 费用业务：报销支付 | | | √ | |
| 费用业务：审核记账凭证 | | | √ | |
| 费用业务：报表 | | | √ | |
| 费用业务：分析 | | √ | | |

### 4. 固定资产业务（表1-25）

表1-25 固定资产业务表

| 业务流程：动作 | 公司业务部门 | 公司业务财务 | 共享中心财务 | 战略财务 |
|---|---|---|---|---|
| 固定资产业务：审核政策合规性 | | | √ | |
| 固定资产业务：初步审核申请单 | √ | | | |
| 固定资产业务：资产相关账务处理申请 | | √ | | |
| 固定资产业务：资产相关账务处理 | | | √ | |
| 固定资产业务：资产折旧入账 | | | √ | |
| 固定资产业务：制定固定资产管理政策 | | | | √ |

### 5. 总账报表业务（表1-26）

表1-26 总账报表业务表

| 业务流程：动作 | 公司业务部门 | 公司业务财务 | 共享中心财务 | 战略财务 |
|---|---|---|---|---|
| 总账报表业务：预提需求审核 | | | √ | |
| 总账报表业务：预提需求申请 | √ | | | |
| 总账报表业务：月结关账 | | | √ | |
| 总账报表业务：会计政策 | | | | √ |
| 总账报表业务：月结申请 | | √ | | |
| 总账报表业务：财务制度 | | | | √ |

### （三）流程优化设计

对初始状态摆盘所摆的财务核算流程进行共享后流程优化设计，注意扫描设置、档案管理等，将优化后的财务核算流程用卡片摆出，具体如图1-38至图1-40所示。

图1-38 动作、角色及单据

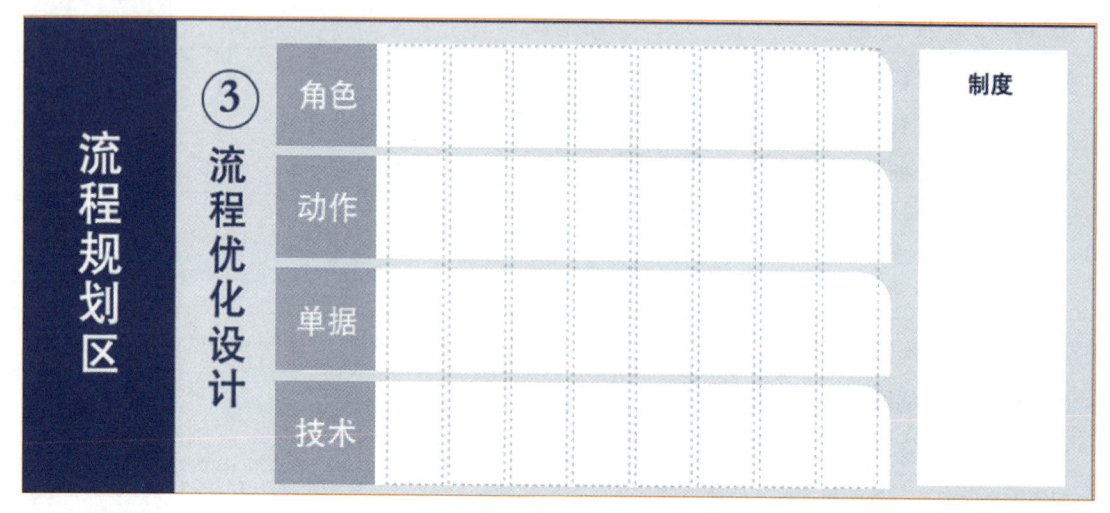

图1-39 费用共享流程设计(一)

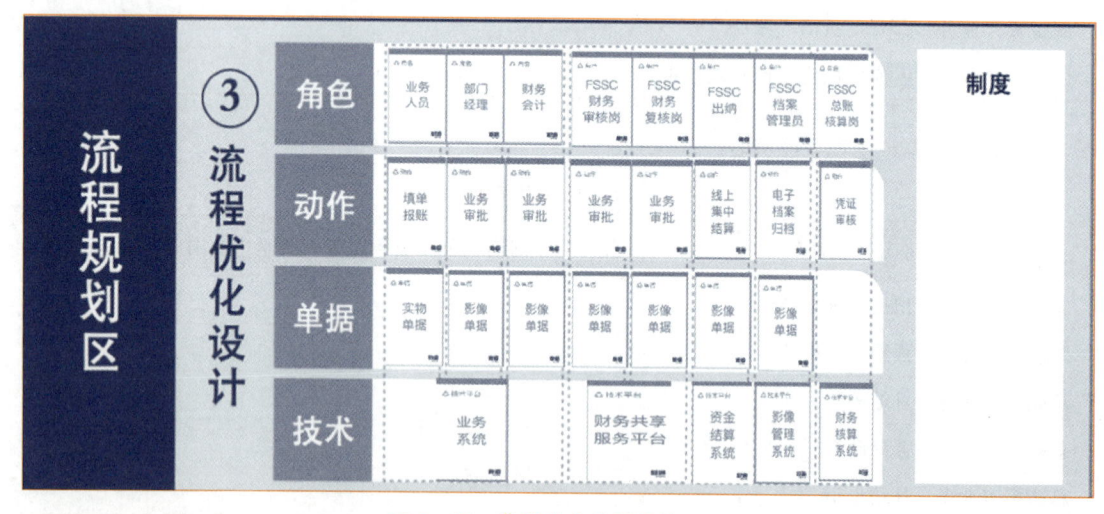

图1-40 费用共享流程设计(二)

【价值分析】
　　小组讨论财务共享过程中流程优化设计为企业带来的价值,使用即时贴贴到价值分析区。

## 二、制度规划沙盘推演

审核依据就是公司的规章制度。学生在进行业务流程设计的过程中,需要将匹配业务财务与共享中心财务的审核依据卡片,贴到沙盘的制度(审核依据)区(图1-41)。

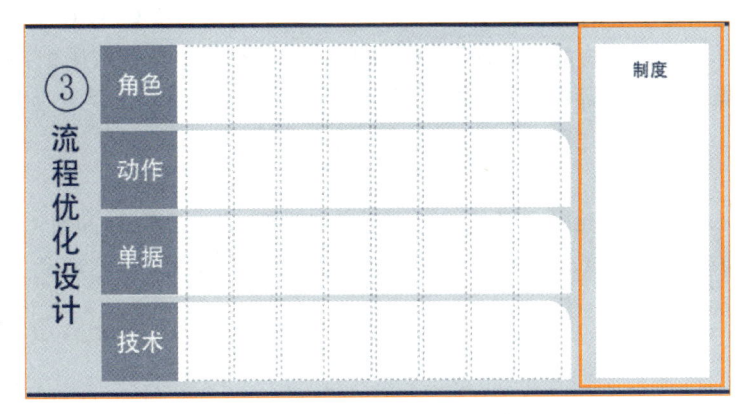

图1-41 沙盘的制度(审核依据)区

## 三、信息系统技术规划沙盘推演

在流程设计的过程中,流程角色可使用信息系统或新技术完成此业务操作,从而提高工作效率。请将对应信息系统或新技术卡片放至各业务动作下方技术(信息系统)规划区,如图1-42所示。

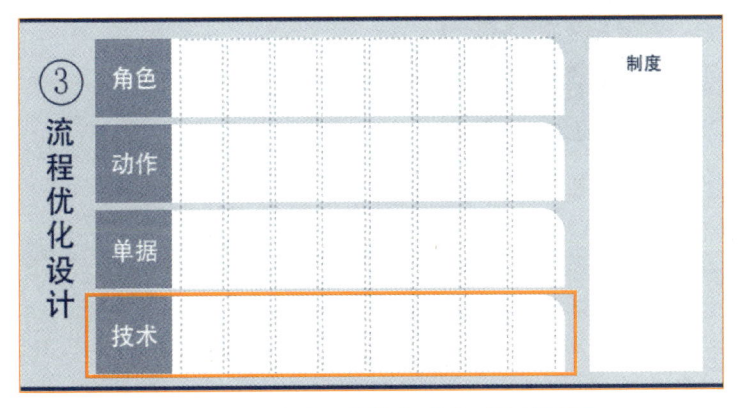

图1-42 沙盘盘面的技术(信息系统)规划区

【高阶方案呈现】
先根据实训教室的座位安排情况,先让相邻的2个小组两两组团,若总组数为奇数则可以有一个3组组团;每个组团内的小组,轮流派代表站在本组的沙盘处,向组团全体成员进行最终高阶规划方案的呈现。

## 四、财务共享服务中心的构建

在用友NCC中完成FSSC规划结果的构建工作。所谓构建,就是将规划设计结果在信息系统中进行初始设置、加以固化。并用一个经济事项或业务数据在信息系统中运行,来验证构建的正确与否。

### (一) FSSC 建模

#### 1. 角色分配

角色分配,是指每个组的组长将当前学习任务所需要用到的所有 NCC 角色分配给本组学生,本组学生便可用所分配的角色进入 NCC,独自或与具有其他角色权限的同组同学协同完成 NCC 相关的操作任务。需要特别注意的是,角色分配只能由本组的组长登录后操作。

【小贴士】

如何能够知道某个小组的成员是谁?可以使用"团队管理"界面,如图 1-43、图 1-44 所示,便可查询到每组的组长及成员,每一小组的头像有"皇冠"标志的成员即为该小组长。

图 1-43　教师查询某一小组的组长和组员

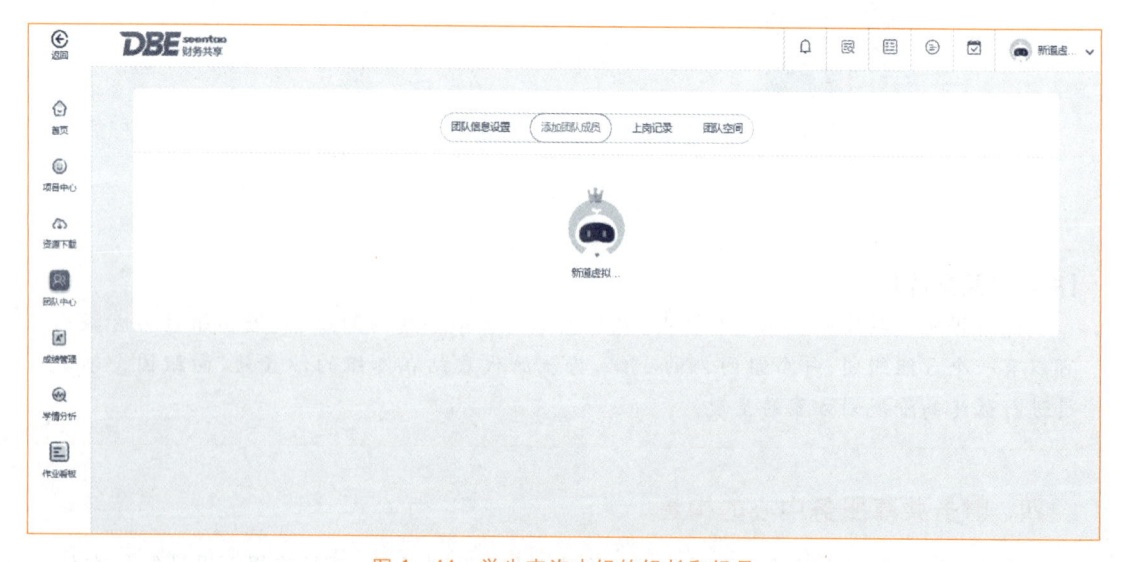

图 1-44　学生查询本组的组长和组员

组长根据系统任务中的岗位给每组成员分配角色,分配角色以后各成员点击"任务上岗"。选择对应的岗位,点击该岗位下方的"上岗"按钮,如图 1-45 所示,并点击"完成设置"按钮保存分配结果。从该图中可知,FSSC 建模只有系统管理员一个角色有权限。

图 1-45 自主上岗

【特别注意】
组长如果没有点击"完成设置"按钮,系统将不会保存角色分配结果。

2. FSSC 构建配置

分配到 NCC 角色的学生,将在"FSSC 构建测试"教学活动中看到以某个分配到的 NCC 角色、进入 NCC 系统操作的入口图标,如图 1-46 所示。

图 1-46 学生自主上岗进入 NCC 系统操作

在 NCC 中,FSSC 的构建配置只有"系统管理员"才有权限操作,因此学生点击"开始任务"图标。系统将进入如图 1-47 的 NCC 系统界面。

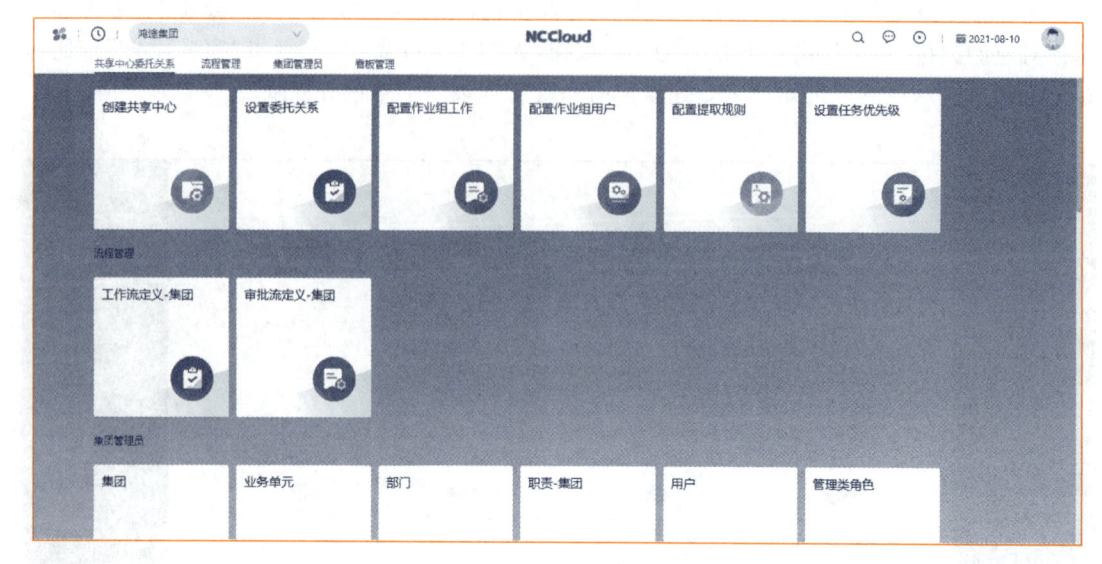

图 1-47　NCC 系统操作界面

学生进行任务过程中需要用到该任务的"任务资料",如图 1-48 所示。

图 1-48　NCC 所需的学习资源

学生以系统管理员身份进入 NCC 系统操作界面,可以看到图 1-49 所示的界面。说明 FSSC 构建配置需要配置以下 6 方面的内容:创建共享中心;设置委托关系;配置作业组工作;配置作业组用户;配置提取规则;设置任务优先级。

如果桌面上没有这 6 个图标入口,也可以通过菜单找到入口,如图 1-50 所示。

详细的 FSSC 构建配置过程,可以参照相关操作视频。

(1) 创建 FSSC。

为了便于多个小组在同一个系统中学习,需要把每个小组的数据加以隔离、避免相互影响。末尾带数字(如 4)的,表示在实训时只有该组能看到和使用这些数据;末尾不带数字,表示是第 1 组实训所用的数据。创建 FSSC 并选择预置的业务单元界面,如图 1-51 所示。

图 1-49　系统管理员登录 NCC 后的桌面

图 1-50　FSSC 构建配置的菜单入口

图 1-51　创建共享中心并选择预置的业务单元

【小贴士】
　　有些编码类的数据,可能全班都不能重复。如果我们照着老师录屏上或其他来源的数据输入编码,可能会冲突、从而无法输入成功。建议我们用如下的数据隔离规则:每个小组在这些编码数据的后面增加一下本小组的组号,确保每个小组的编码数据不完全相同。

　　(2) 设置委托关系。

　　设置FSSC的服务对象和服务内容。注意共享中心和委托关系都可以停用和启用。鸿途集团FSSC拟服务于鸿途集团水泥有限公司及其下属的16家子公司。服务范围即FSSC提供的业务服务范围。根据本课程后续的内容,可以设置除"工单"外的所有服务范围。

　　(3) 配置作业组工作。

　　① 创建作业组。根据沙盘模拟时所设计的FSSC部门进行设置。如果某个作业组还需要复审,则需要再设置初审和复审两个下级分组。为了满足后续学习项目的需要,要设置的作业组应当包括如表1-27所示的内容。

表1-27　作业组设置内容

| 编码 | 作业组名称 | 作 业 组 职 责 |
| --- | --- | --- |
| 01 | 应付组 | 处理应付付款类单据(假设不需要复核环节) |
| 02 | 应收组 | 处理应收收款类单据 |
| 03 | 费用组 | 处理费用报销类单据 |
| 04 | 档案综合组 | 处理收付款合同 |

　　② 设置作业组规则。设置规则名称可以在作业组后面加上"规则"二字便可。

　　③ 设置共享环节。如果是单级审核或两级审核的初审作业组,则共享环节选"共享审核";如果是复审作业组,则共享环节选"共享复核"。

　　④ 设置单据类型。设置作业组相关单据,例如应付单、付款单等,如表1-28所示。

表1-28　设置作业组相关单据

| 作 业 组 | 单 据 类 型 |
| --- | --- |
| 应付组 | 应付单 |
|  | 付款单 |
|  | 主付款结算单 |
| 应收组 | 应收单 |
|  | 收款单 |
|  | 主收款结算单 |
| 费用组 | 主报销单 |
| 档案综合组 | 收款合同 |
|  | 付款合同 |
|  | 供应商申请单 |

⑤ 设置交易类型和单位范围。"交易类型"不做设置,即默认一个单据类型下面的全部交易类型都交由同样的作业组处理。"单位范围",选择鸿途集团水泥板块的所有业务单位。

(4) 配置作业组用户。

增加组员。可根据下表进行增加组员,便于后续进行端到端流程的 NCC 测试,如表 1-29 所示。

表 1-29

| 用户编码 | 用户名称 | 作 业 组 | 角　　色 |
| --- | --- | --- | --- |
| z0＊＊001 | 张春艳 | 应付组 | 应付初审岗角色 |
| z0＊＊002 | 王　希 | 应收组 | 应收审核岗角色 |
| z0＊＊003 | 龚紫琪 | 费用组 | 费用初审岗角色 |
| z0＊＊006 | 丁　军 | 档案综合组 | 档案综合岗角色 |

(5) 配置提取规则。

新增提取规则,如图 1-52 所示。

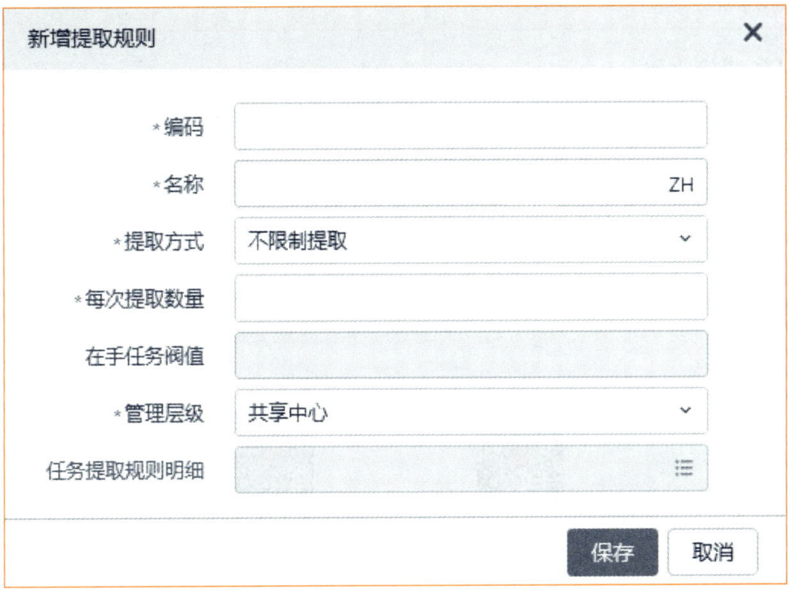

图 1-52　NCC FSSC 新增提取规则界面

【小贴士】

各个属性含义如下:

☆ 提取方式

对作业人员提取任务时的控制方式,支持三种控制方式:

① 不限制提取:作业人员可以无限次的提取任务;

② 处理完毕后提取:作业人员必须把当前任务处理完后才能提取下一次任务;

③ 阀值限制:当作业人员当前在手任务数量不大于阀值的时候,可再次提取。

☆ 每次提取任务量

作业人员每次可以提取到手的最大任务数。

☆ 在手任务量阈值

① 该字段与提取方式配合使用,当提取方式限制选择"阈值限制"的时候,限制在手任务量必填,且必须为正整数;

② 当提取方式限制选择其他两种方式的时候,限制在手任务量不可用。

☆ 管理层级

该提取规则的使用范围,支持两种级次:

① 共享服务组织:适用于整个共享服务中心内的所有岗位;

② 岗位:适用于该规则所包含的岗位。如果两个层级都定义了,优先匹配岗位级。

【注意】
◇ 创建共享服务组织业务单元时,系统会自动创建一条共享服务组织级的提取规则。
◇ 一个共享服务组织只能定义一条共享服务组织级提取规则。
◇ 每个共享服务都必须定义相应的提取规则,当某岗位的作业人员匹配不到提取规则时,他在作业平台将无法提取任务。

(6) 设置任务优先级。

设置在同一作业任务池中,用友 NCC 允许设置任务提取的优先级,保障重要紧急的任务能被优先提取,需要按末级作业组设置优先级规则;支持设置优先级的条件范围,如收款单优先级高、金额大的优先级高;支持设置晋级模式:不晋级、按天晋级、按小时晋级、按分钟晋级;按优先级规则列表的序号顺序排优先级,第"1"行为最高优先级;支持调整优先级顺序。

## 同步训练

同步训练:
项目一

同步训练:
项目一参考答案

# 项目二 费用共享业务处理

## 学习目标

1. 了解费用报销的内容、应用场景、控制要点和费用管理的层级与目标。
2. 熟悉差旅费报销、智能商旅服务、专项费用报销和跨组织费用分摊的应用场景。
3. 能够阅读企业财务报销制度并整理出差旅费用报销相关规定。
4. 能够绘制集团共享前后的差旅费报销、商旅服务、专项费用跨组织分摊流程图。
5. 能够在财务共享服务平台中完成差旅费报销、商旅服务、专项费用报销和跨组织分摊报销业务。
6. 具有爱岗敬业、诚实守信的会计职业道德,精益求精的工匠精神,团队协作和沟通协调能力。

## 知识点与技能点

| 任　务 | 知　识　点 | 技　能　点 |
| --- | --- | --- |
| 任务一　智能差旅费报销服务 | 费用报销的内容和场景<br>费用报销的内控要点<br>费用管理的层级与目标<br>差旅费用报销现状分析<br>规划财务共享服务业务单据 | 共享后差旅费用报销业务流程设计<br>共享后差旅费报销审批流程设计<br>工作流与审批流配置<br>差旅费用报销共享业务处理(不超标)<br>差旅费报销共享业务处理(超标) |
| 任务二　智能商旅服务 | 智能商旅服务模式<br>智能商旅的价值分析<br>智能商旅服务的建设方向 | 传统模式下费用控制现状分析<br>共享后智能商旅服务业务流程设计<br>智能商旅服务业务处理 |
| 任务三　专项费用报销 | 专项费用报销现状分析<br>规划专项费用共享业务单据 | 共享后专项费用报销业务流程设计<br>专项费用报销共享业务处理 |

## 任务一　智能差旅费报销服务

### 任务描述

**案例 2-1**　鸿途集团水泥有限公司采用单中心共享模式,该集团公司所有收付款均以网银(银企直联)方式完成。为了让 FSSC 审核有据,所有进入 FSSC 审核的业务单据,必须随附外部原始凭证的影像,走作业组的业务单据,用影像上传的方法随附影像;不走作业组的业务

## 项目二 费用共享业务处理

单据,用拍照后添加附件的方法随附影像。为了简化构建测试工作,共享后流程中审批环节最高只设计到子公司总经理。

**要求:**
(1) 阅读企业财务报销制度并整理出差旅费用报销相关规定。
(2) 绘制集团共享前和共享后的差旅费报销流程图。
(3) 根据资料一和资料二,在用友 NCC 中完成差旅费用报销的完整流程。

资 料 一

鸿途集团水泥有限公司销售服务办公室的销售员李军 2019 年 7 月 8—9 日,从郑州出差北京,相关原始单据如下(凭证 2-1 至凭证 2-4),事前已报备,出差回来报销。员工报销的"结算方式"为网银,"单位银行账号"为:3701239319189278310。

**凭证 2-1**

| R037065 郑州东站 G1564 北京西站 | R056182 北京西站 G505 郑州东站 |
|---|---|
| 2019年07月08日 06:42开 12车01D号 | 2019年07月09日 15:40开 11车08D号 |
| ¥309.0元 网折 二等座 | ¥309.0元 网折 二等座 |
| 限乘当日当次车 | 限乘当日当次车 |
| 3703211995****0428 李军 | 3703211995****0428 李军 |
| 21152310340924R 郑州东售 | 21152310340924R 北京西售 |

**凭证 2-2**

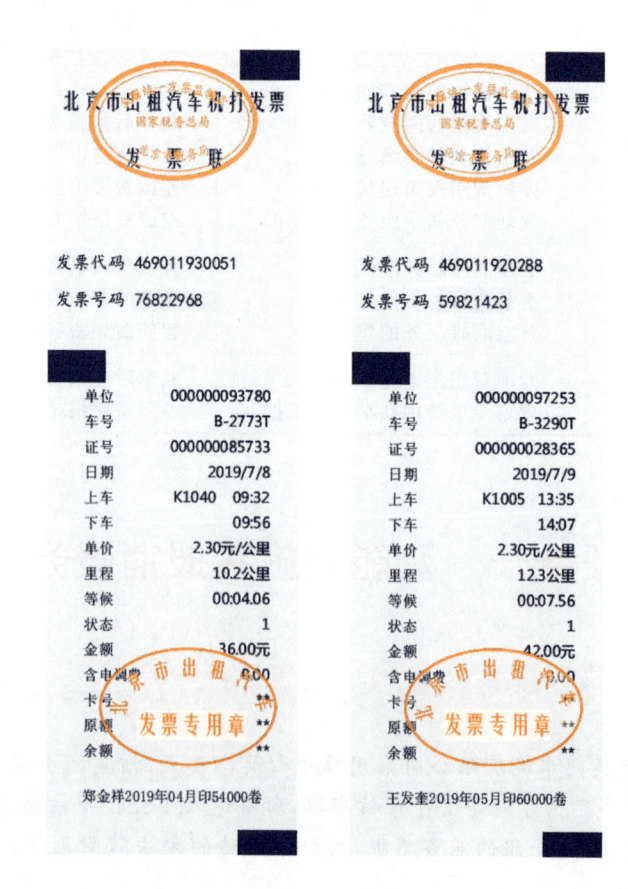

北京市出租汽车机打发票 发票联

| 发票代码 | 469011930051 | 发票代码 | 469011920288 |
|---|---|---|---|
| 发票号码 | 76822968 | 发票号码 | 59821423 |
| 单位 | 000000093780 | 单位 | 000000097253 |
| 车号 | B-2773T | 车号 | B-3290T |
| 证号 | 000000085733 | 证号 | 000000028365 |
| 日期 | 2019/7/8 | 日期 | 2019/7/9 |
| 上车 | K1040 09:32 | 上车 | K1005 13:35 |
| 下车 | 09:56 | 下车 | 14:07 |
| 单价 | 2.30元/公里 | 单价 | 2.30元/公里 |
| 里程 | 10.2公里 | 里程 | 12.3公里 |
| 等候 | 00:04.06 | 等候 | 00:07.56 |
| 状态 | 1 | 状态 | 1 |
| 金额 | 36.00元 | 金额 | 42.00元 |
| 含电调费 | 6.00 | 含电调费 | 0.00 |
| 卡号 | ** | 卡号 | ** |
| 原额 | | 原额 | |
| 余额 | ** | 余额 | ** |

郑金祥2019年04月印54000卷    王发奎2019年05月印60000卷

凭证 2-3

| 北京增值税专用发票 | № 32083345 | 1100192130 |
|---|---|---|
| 1100192130 | | 32083345 |
| 机器编号：110349386405 | 开票日期：2019年7月8日 | |

| 购买方 | 名称：鸿途集团水泥有限公司 |
| --- | --- |
| | 纳税人识别号：91410000416067532K |
| | 地址、电话：郑州市管城区第八大街经北一路136号 0371-82738651 |
| | 开户行及账号：中国工商银行郑州分行管城支行 3701239319189278310 |

| 货物或应税劳务、服务名称 | 规格型号 | 单位 | 数量 | 单价 | 金额 | 税率 | 税额 |
|---|---|---|---|---|---|---|---|
| 住宿费 | | 天 | 1.00 | 259.43 | 259.43 | 6% | 15.57 |
| 合　　计 | | | | | ¥259.43 | | ¥15.57 |
| 价税合计（大写） | ⊗ 贰佰柒拾伍元整 | | | | （小写）¥275.00 | | |

| 销售方 | 名称：北京铂涛酒店管理有限公司 | 备注：李军 |
| --- | --- | --- |
| | 纳税人识别号：117839394656170329 | |
| | 地址、电话：北京海淀区高粱桥斜街19号2号楼 010-62456898 | |
| | 开户行及账号：中国建设银行北京北下关支行 402100000350392806 | |

收款人： 复核： 开票人：李秀丽 销售方：（章）

凭证 2-4

| 北京增值税专用发票 | № 32083345 | 1100192130 |
|---|---|---|
| 1100192130 | | 32083345 |
| 机器编号：110349386405 | 开票日期：2019年7月8日 | |

| 购买方 | 名称：鸿途集团水泥有限公司 |
| --- | --- |
| | 纳税人识别号：91410000416067532K |
| | 地址、电话：郑州市管城区第八大街经北一路136号 0371-82738651 |
| | 开户行及账号：中国工商银行郑州分行管城支行 3701239319189278310 |

| 货物或应税劳务、服务名称 | 规格型号 | 单位 | 数量 | 单价 | 金额 | 税率 | 税额 |
|---|---|---|---|---|---|---|---|
| 住宿费 | | 天 | 1.00 | 259.43 | 259.43 | 6% | 15.57 |
| 合　　计 | | | | | ¥259.43 | | ¥15.57 |
| 价税合计（大写） | ⊗ 贰佰柒拾伍元整 | | | | （小写）¥275.00 | | |

| 销售方 | 名称：北京铂涛酒店管理有限公司 | 备注：李军 |
| --- | --- | --- |
| | 纳税人识别号：117839394656170329 | |
| | 地址、电话：北京海淀区高粱桥斜街19号2号楼 010-62456898 | |
| | 开户行及账号：中国建设银行北京北下关支行 402100000350392806 | |

收款人： 复核： 开票人：李秀丽 销售方：（章）

## 资　料　二

鸿途集团水泥有限公司销售服务办公室的销售员李军2019年7月16—20日，从郑州出差广州，相关原始单据如下（凭证2-5至凭证2-10），事前已报备，出差回来报销。由于恰逢广交会，住宿紧张，导致超标准。员工报销的"结算方式"为网银，"单位银行账号"为3701239319189278310。

凭证 2-5

| 航空运输电子客票行程单 ITINERARY/RECEIPT OF E-TICKET FOR AIR TRANSPORT | | | | | | | 印刷序号 SERIAL NUMBER: | 657528639 5 | |
|---|---|---|---|---|---|---|---|---|---|
| 旅客姓名 NAME OF PASSENGER | 李军 | 有效身份证件号码 ID.NO. 370321199505060428 | | | | 签注 ENDORSEMENTSRESTRICEIONS (CARBON) 签转改退收费 | | | |
| 自 FROM | 郑州 CGO | 承运人 CARRIER 南航 | 航班号 FLIGHT CZ6244 | 座位等级 CLASS L | 日期 DATE 16JUL | 时间 TIME 1940 | 客票级别/客票类别 FARE BASIS | 客票生效日期 NOTVALIDBEFORE | 有效截止日期 NOTVALIDAFTER | 免费行李 ALLOW 20K |
| 至 TO | 广州 CAN | | | VOID | | | | | | |
| 至 TO | | | | | | | | | | |
| 至 TO | | | | | | | | | | |
| 至 TO | | 票价 FARE CNY1130.00 | | 民航发展基金 CAACDEVELOPMENTF 50.00 | | 燃油附加费 FUEL SURCHARGE 0.00 | 其他税费 OTHER TAXES | 合计 TOTAL CNY1 180.00 | | |
| 电子客票号码 E-TICKET NO | 9998505825639-1 | 验证号 CK. | 5634 | | 提示信息 INFORMATION | | | 保险费 INSURANCE | XXX | |
| 销售单位代号 AGENT CODE | PEK888 8385241 | 填开单位 ISSUED BY | | 北京携程国际旅行社有限公司 | | | | 填开日期 DATE OF ISSUE | 2019-07-16 | |
| 验真网址：WWW.TRAVELSKY.COM 服务热线：400-8158888 短信验真：发送JP至10669018 | | | | | | | 请旅客乘机前认真阅读《旅客须知》及承运人的运输总条件内容 The Important Notice and the general conditions of carriage must be read before traveling | | | |

凭证 2-6

| 航空运输电子客票行程单 ITINERARY/RECEIPT OF E-TICKET FOR AIR TRANSPORT | | | | | | | 印刷序号 SERIAL NUMBER: | 657528718 7 | |
|---|---|---|---|---|---|---|---|---|---|
| 旅客姓名 NAME OF PASSENGER | 李军 | 有效身份证件号码 ID.NO. 370321199505060428 | | | | 签注 ENDORSEMENTSRESTRICEIONS (CARBON) 签转改退收费 | | | |
| 自 FROM | 广州 CAN | 承运人 CARRIER 南航 | 航班号 FLIGHT CZ6243 | 座位等级 CLASS M | 日期 DATE 20JUL | 时间 TIME 1535 | 客票级别/客票类别 FARE BASIS | 客票生效日期 NOTVALIDBEFORE | 有效截止日期 NOTVALIDAFTER | 免费行李 ALLOW 20K |
| 自 FROM | 郑州 CGO | | | VOID | | | | | | |
| 至 TO | | | | | | | | | | |
| 至 TO | | 票价 FARE CNY990.00 | | 民航发展基金 CAACDEVELOPMENTF 50.00 | | 燃油附加费 FUEL SURCHARGE 0.00 | 其他税费 OTHER TAXES | 合计 TOTAL CNY1 040.00 | | |
| 电子客票号码 E-TICKET NO | 9998505825639-2 | 验证号 CK. | 5634 | | 提示信息 INFORMATION | | | 保险费 INSURANCE | XXX | |
| 销售单位代号 AGENT CODE | PEK888 8385241 | 填开单位 ISSUED BY | | 北京携程国际旅行社有限公司 | | | | 填开日期 DATE OF ISSUE | 2019-07-20 | |
| 验真网址：WWW.TRAVELSKY.COM 服务热线：400-8158888 短信验真：发送JP至10669018 | | | | | | | 请旅客乘机前认真阅读《旅客须知》及承运人的运输总条件内容 The Important Notice and the general conditions of carriage must be read before traveling | | | |

## 凭证 2-7

**广东省出租汽车统一发票**

| 项目 | 票1 | 票2 | 票3 | 票4 |
|---|---|---|---|---|
| 发票代码 | 469011930051 | 469011930189 | 469011930003 | 469011930102 |
| 发票号码 | 76822968 | 59821423 | 08923642 | 15902340 |
| 单位 | 000000293780 | 000000097253 | 00000000382 | 000000097253 |
| 车号 | A-2773T | A-3290T | A-5871T | A-4342T |
| 证号 | 000000085733 | 000000028365 | 000000009327 | 000000008218 |
| 日期 | 2019/7/17 | 2019/7/17 | 2019/7/18 | 2019/7/18 |
| 上车 | K1040 07:28 | K1005 18:05 | K1005 07:25 | K1005 18:13 |
| 下车 | 07:55 | 18:41 | 07:53 | 18:56 |
| 单价 | 2.50元/公里 | 2.50元/公里 | 2.50元/公里 | 2.50元/公里 |
| 里程 | 8.2公里 | 9.1公里 | 8.0公里 | 9.4公里 |
| 等候 | 00:04.06 | 00:06.56 | 00:01.23 | 00:05.09 |
| 状态 | 1 | 1 | 1 | 1 |
| 金额 | 48.00元 | 51.0元 | 43.0元 | 55.0元 |
| 含燃费 | 0.00 | 0.00 | 0.00 | 0.00 |

郑金祥2019年06月印54000卷　吴延发2019年05月印50000卷　张弛2019年05月印30000卷　李丽珊2019年04月印60000卷

## 凭证 2-8

**广东省出租汽车统一发票**

| 项目 | 票1 | 票2 | 票3 |
|---|---|---|---|
| 发票代码 | 469011930163 | 469011930028 | 469011930076 |
| 发票号码 | 39208348 | 10297389 | 73029853 |
| 单位 | 000000003155 | 000000000473 | 000000000956 |
| 车号 | A-2231T | A-5029T | A-4138T |
| 证号 | 000000010267 | 000000006285 | 000000021936 |
| 日期 | 2019/7/19 | 2019/7/19 | 2019/7/20 |
| 上车 | K1040 07:21 | K1005 18:09 | K1005 07:25 |
| 下车 | 07:59 | 18:38 | 07:52 |
| 单价 | 2.50元/公里 | 2.50元/公里 | 2.50元/公里 |
| 里程 | 9.2公里 | 8.3公里 | 9.1公里 |
| 等候 | 00:09.25 | 00:03.31 | 00:02.18 |
| 状态 | 1 | 1 | 1 |
| 金额 | 56.0元 | 43.0元 | 46.0元 |
| 含燃费 | 0.00 | 0.00 | 0.00 |

朱志军2019年04月印55000卷　王威2019年05月印50000卷　季宝平2019年06月印50000卷

凭证 2-9

凭证 2-10

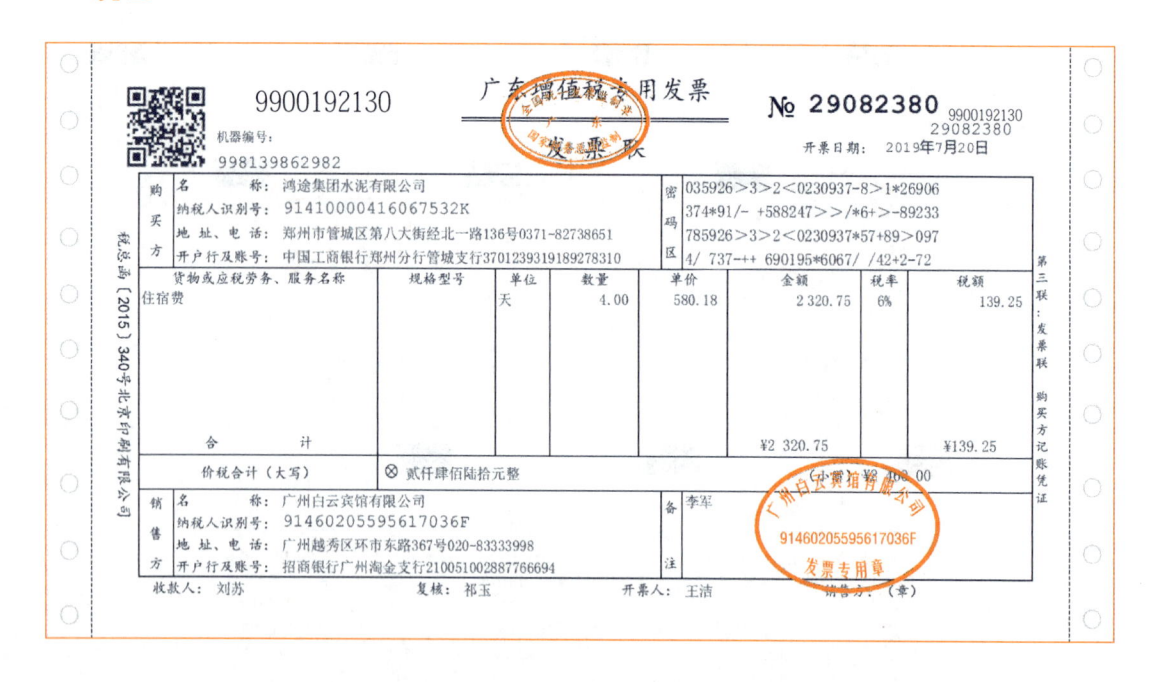

## 知识准备

### 一、费用报销的内容

费用报销包括公司各部门日常发生的人员费用、办公费用的报销。其中,人员费用主要包含：差旅费、业务招待费、日常费用、福利费等；办公费用主要包含：会务费、会议培训费、咨询费等。费用报销的总体过程如图2-1所示。

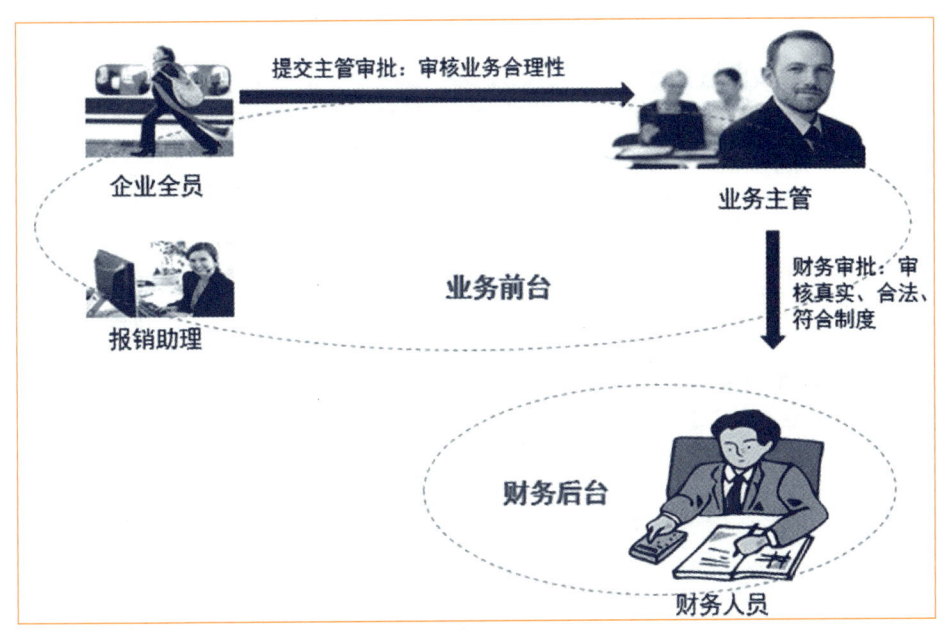

图2-1 费用报销的总体过程

## 二、费用报销的场景

费用报销有四个主要的场景：

（1）员工直接报销。当业务发生时，先由员工垫资；业务发生后，员工进行报销，报销完成后公司将报销款支付给员工。

（2）员工借款报销。业务发生前，员工借款；业务发生时，员工付款；业务发生后，员工报账冲借款、还款或报销。员工直接报销和员工借款报销的典型流程如图2-2所示。

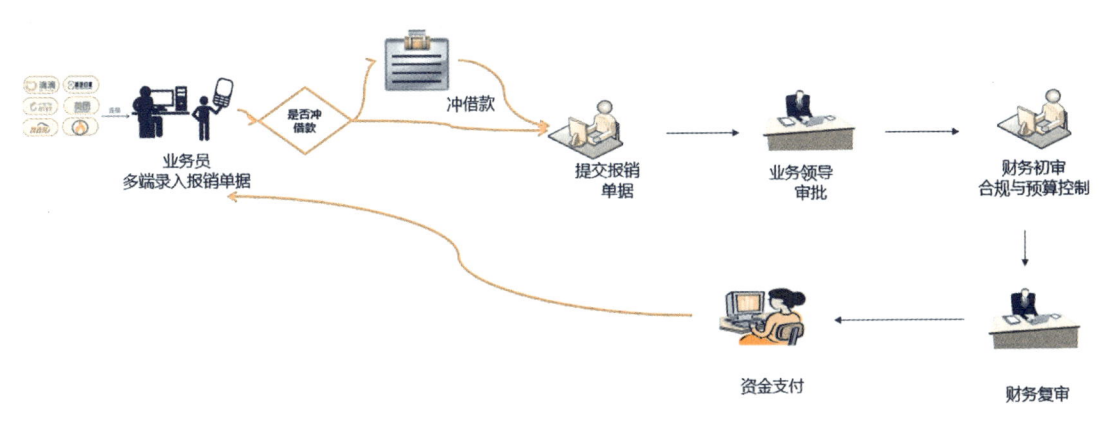

图2-2 员工直接报销和员工借款报销的典型流程

（3）跨组织报销。报销人所属的组织（单位）与费用承担组织（单位）不同。跨组织报销中有一种情况是需要多个组织来承担（分摊）同一笔费用。例如，费用归口管理部门（比如是集团市场部)的张三报销会议费1 500元,但按照分摊协议要由A公司A1部门和B公司B1部门分别承担1 000元和500元,如图2-3所示。

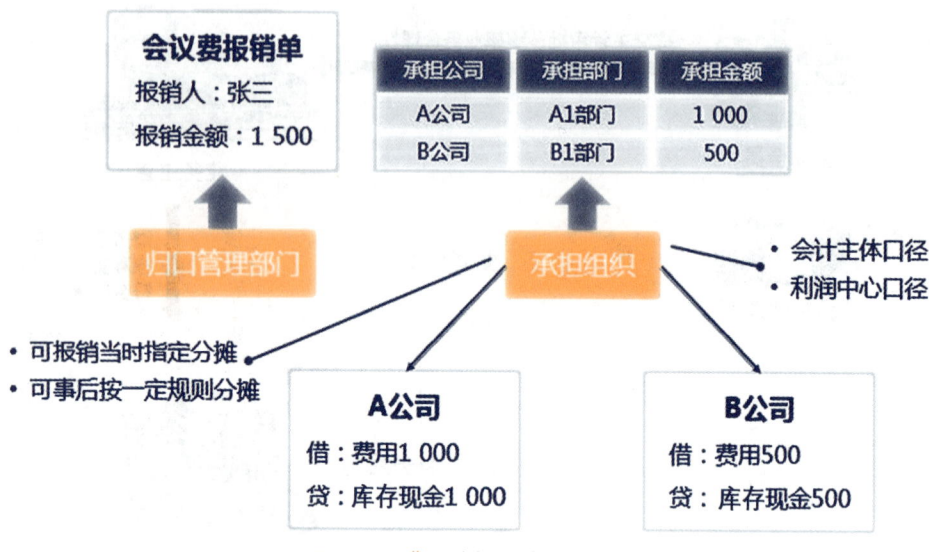

图2-3 费用分摊的跨组织报销

(4)先申请再报销。先申请再报销是指企业为达到费用事前控制的目的,要求在办理某些业务(如出差、营销活动)报销之前需先申请才能办理。企业年初做了全面预算,在具体业务发生时需每次申请明细的费用额度。如果需要支出企业全面预算或费用预算中未包括的费用,需要另行申请,申请获批后才可以支出。先申请再报销流程如图2-4所示。

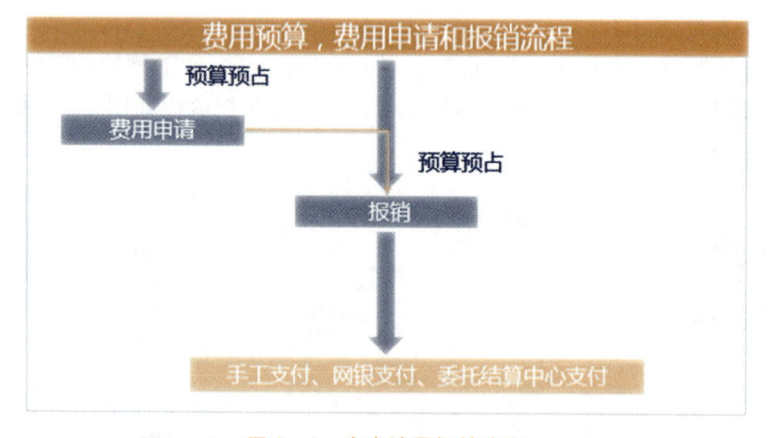

图2-4 先申请再报销流程

## 三、费用报销的内部控制要点

费用报销的内部控制主要依据报销相关制度,重点从权限、制度说明、审批流程、报销标准、业务规则等方面进行控制,如图2-5所示。

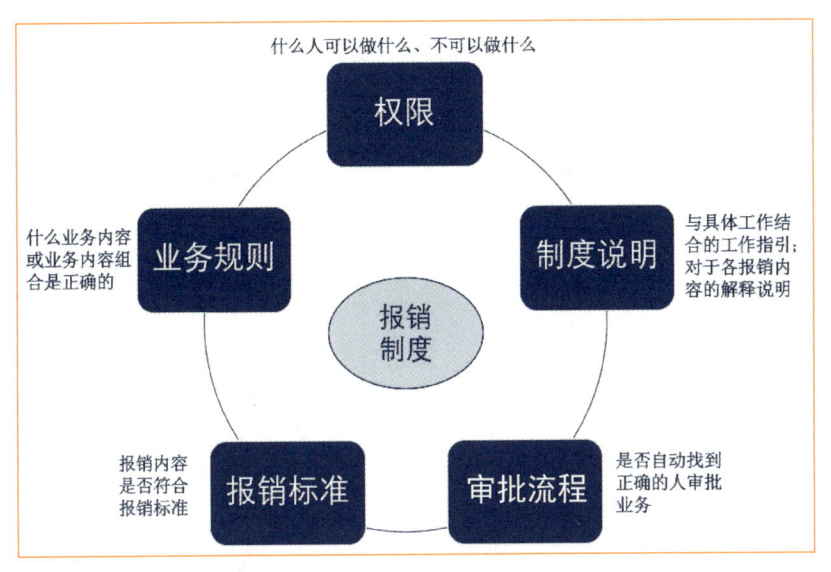

图 2-5 费用报销的内部控制要点

### 四、费用管理的层级与目标

费用报销的几个不同管理层级与目标：

(1) 优化报销过程。目标是提高财务报销工作效率、提高员工满意度。这是见效最快的层级，管理程度浅。

(2) 强化费用管理。实现费用预算管控，支撑按受益对象进行费用分摊，从而可以满足企业内部管理和考核的需要。这个层级的目标是提升管理水平。

(3) 实现费用共享服务。目标是提供集团整体运行效率与服务水平，降低集团整体运营成本。这是最难的层级，也是管理程度最深的层级，且仅适用于集团管控力度大、专业化的大型集团企业。

## 任务实施

### 一、现状分析

(一) 集团公司费用报销的痛点

集团公司费用报销主要存在以下痛点：

(1) 各公司报销标准不统一，各自为政。
(2) 整个业务审批与财务处理信息共享性差。
(3) 手工处理核算量大，差错频出，耗用大量精力，核算质量有待提升。
(4) 核算由人工进行处理，自动化程度低，核算标准化有待加强。
(5) 同一业务不同人员、不同时间，可能出现处理方式的不一致。

## (二)差旅费用报销流程现状

**1. 集团、部分分(子)公司差旅费用报销现状(图 2-6)**

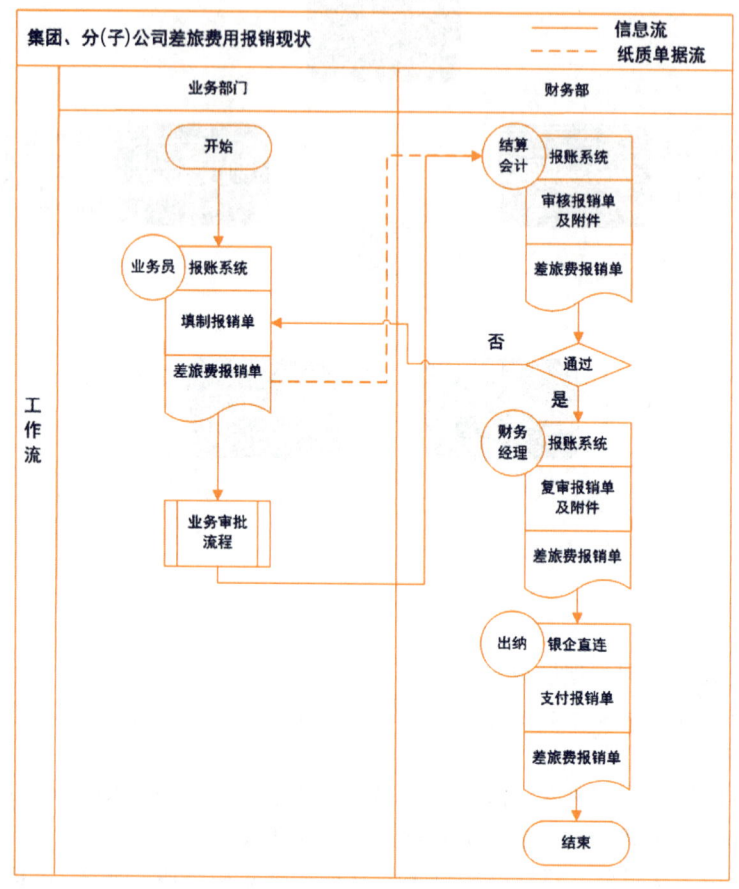

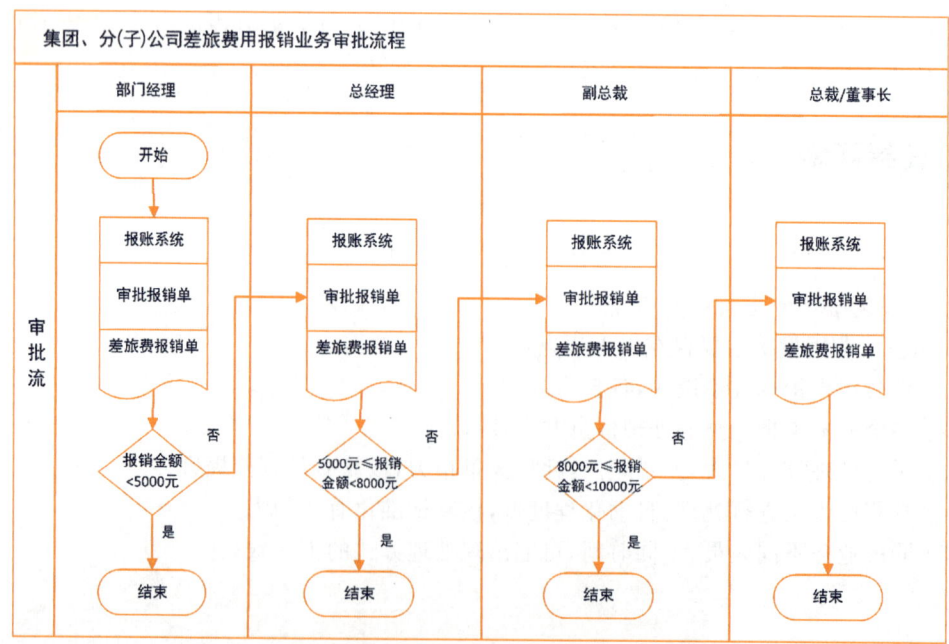

图 2-6  集团、分(子)公司差旅费用报销现状

## 2. 部分分(子)公司(B公司)差旅费用报销现状(图2-7)

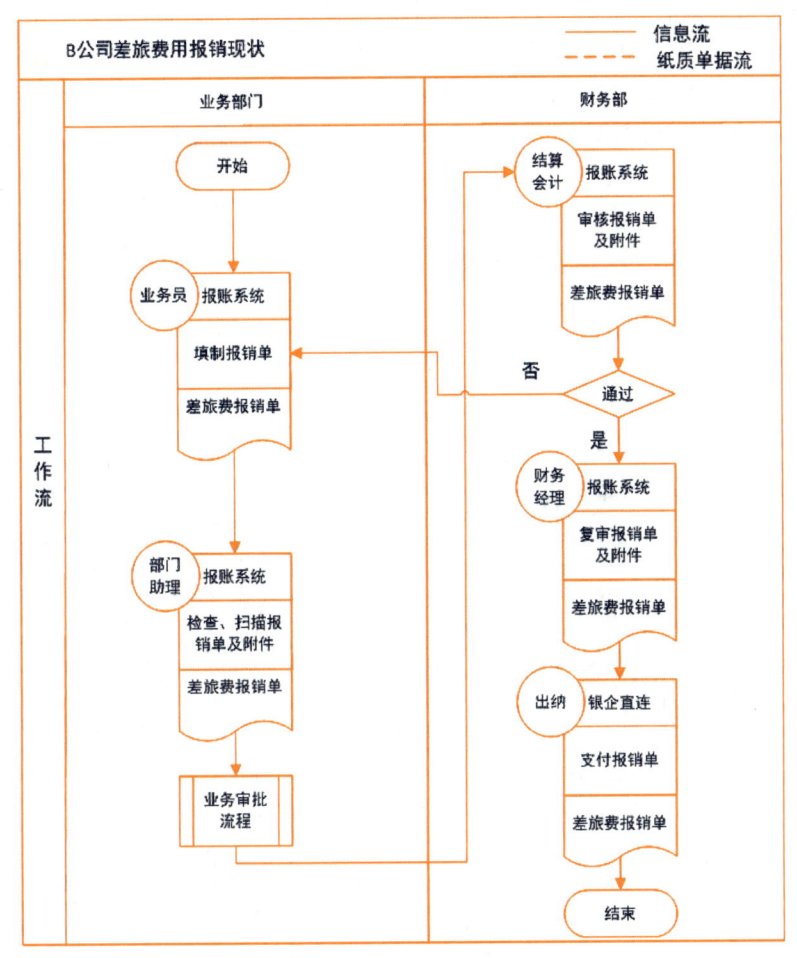

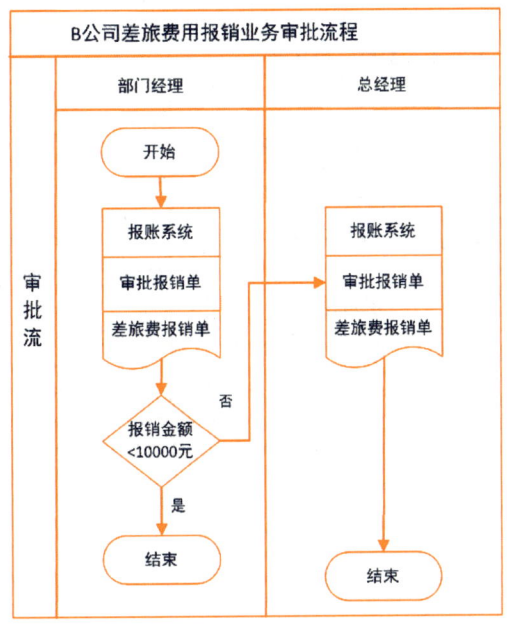

图2-7 部分分(子)公司差旅费用报销现状

用 Microsoft Visio 绘制流程图是信息化建设项目中最基本的能力之一。项目组内部成员之间、项目组与外部利益相关者之间能否通过流程图实现沟通和共识，是一个项目能否获得成功的关键因素之一。为此，每一个项目必须先确定一个流程图绘制的基本标准，否则，就会造成不同项目组成员绘制的流程图各表其意，让项目沟通变得很困难。Microsoft Visio 的垂直跨职能流程图形状模板如图 2-8 所示，Microsoft Visio 流程图符号标准如图 2-9 所示。

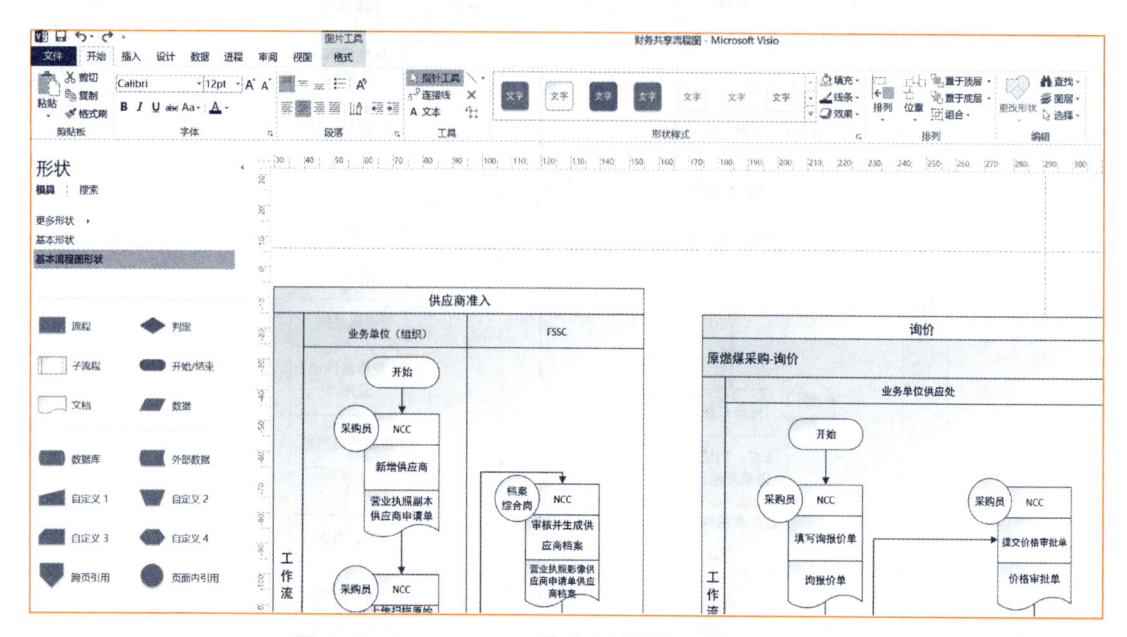

图 2-8  Microsoft Visio 的垂直跨职能流程图形状模板

| 编号 | 图形 | 名称 | 编号 | 图形 | 名称 |
| --- | --- | --- | --- | --- | --- |
| 1 |  | 职能带区（如部门） | 7 |  | 信息系统/电子存档 |
| 2 |  | 最低一级工作步骤 | 8 |  | 非电子存档 |
| 3 |  | 引用/拆分的流程 | 9 |  | 批注/文字说明 |
| 4 |  | 文件/表单 | 10 |  | 离页引用 |
| 5 |  | 判断/决策 | 11 |  | 流程开始/结束 |
| 6 |  | 连接线 | 12 |  | 并行模式 |

图 2-9  Microsoft Visio 流程图符号标准

## 二、规划设计

### (一) 规划财务共享服务业务单据

财务共享服务业务单据规划如图 2-10 所示。

| 序 号 | 名 称 | 是否进 FSSC | 是否属于作业组工作 | 流程设计工具 |
|---|---|---|---|---|
| 1 | 差旅费报销单 | Y | Y | 工作流 |

图 2-10 财务共享业务单据规划

【小贴士】
◇ 是否进 FSSC：表示该业务单据的处理过程是否需要 FSSC 参与。Y 表示需要，N 表示不需要。
◇ 是否属于作业组工作：表示是否需要分配到某个 FSSC 作业组、必须由该组成员从作业平台上提取进行处理。Y 表示属于，N 表示不属于。只有进 FSSC 的业务单据才有这个判断。
◇ 流程设计工具：是指用 NCC 的哪一个流程平台来对该业务单据进行流程建模。NCC 中有"业务流""工作流""审批流"三种流程建模平台，在本课程实训环节，业务流部分已经预置到教学平台中，因此只需要进行工作流或审批流的建模。

（二）共享后流程设计

根据鸿途集团差旅费用报销的流程现状，设计一个统一的共享后差旅费用报销流程。可使用 Microsoft Visio 等工具软件完成共享后差旅费用报销业务流程设计，该流程将在用友 NCC 中构建测试和运行。鸿途集团共享后差旅费报销流程如图 2-11 所示，其中业务审批子流程如图 2-12 所示。

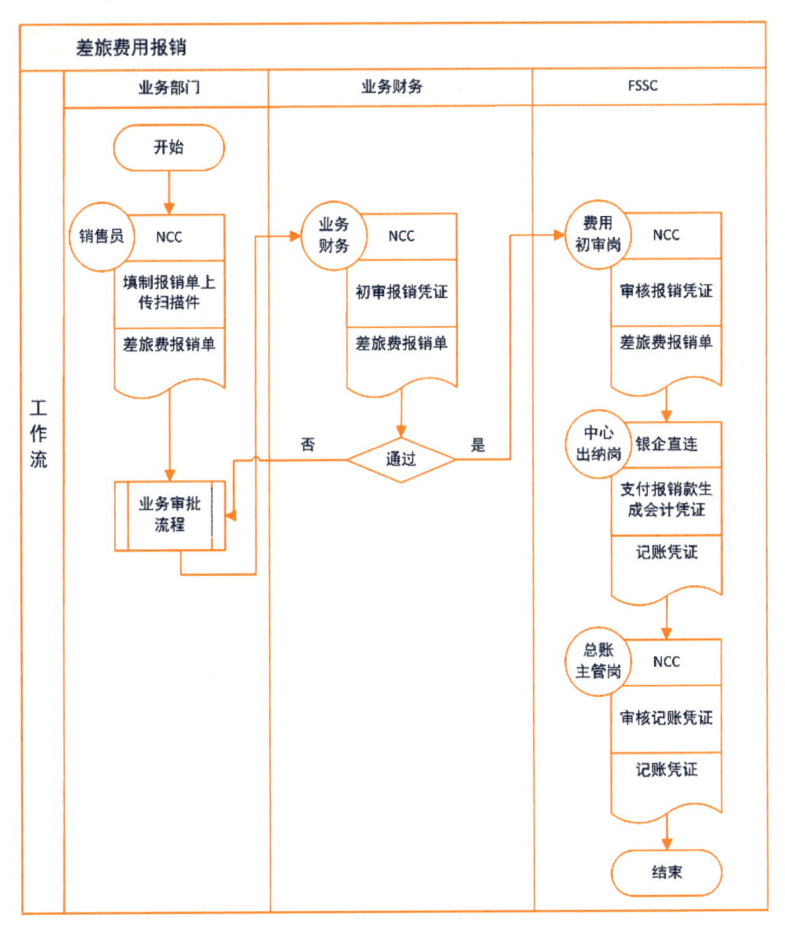

图 2-11 鸿途集团共享后差旅费报销流程

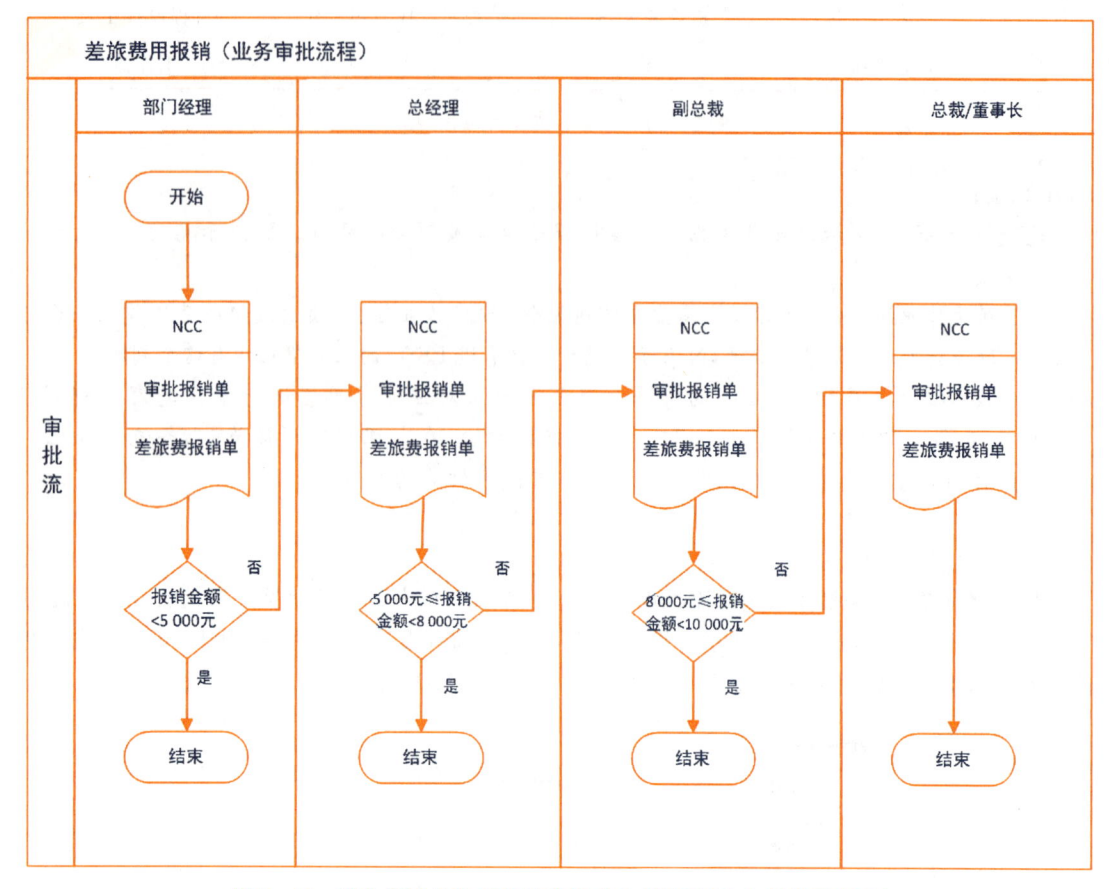

图 2-12　鸿途集团共享后差旅费报销审批流程（业务审批子流程）

【研讨分析】
　　小组汇报差旅报销业务共享方案。

## 三、业务实操

### （一）角色分配

由组长利用实用报销业务共享方案，分配角色。将岗位清单中"费用初审岗、费用复核岗、销售岗、销售经理、总账主管岗、业务财务、总经理、系统管理员"等岗位角色利用"拖拽"分配给小组成员，点击"完成设置"按钮后岗位角色分配生效，如图 2-13、图 2-14 所示。

### （二）系统配置

第一次使用用友 NCC 流程平台时，需要进行工作流与审批流配置。

以系统管理员身份进入 NCC 平台，选择"动态建模平台—流程管理—工作流定义-集团/审批流定义-集团"进行相关设置，如图 2-15 所示。工作流定义中设定 FSSC 共享审核、复核，确定影像采集点以及根据案例企业的费用管理制度设定审批权限，工作流与审批流配置如图 2-16 所示。

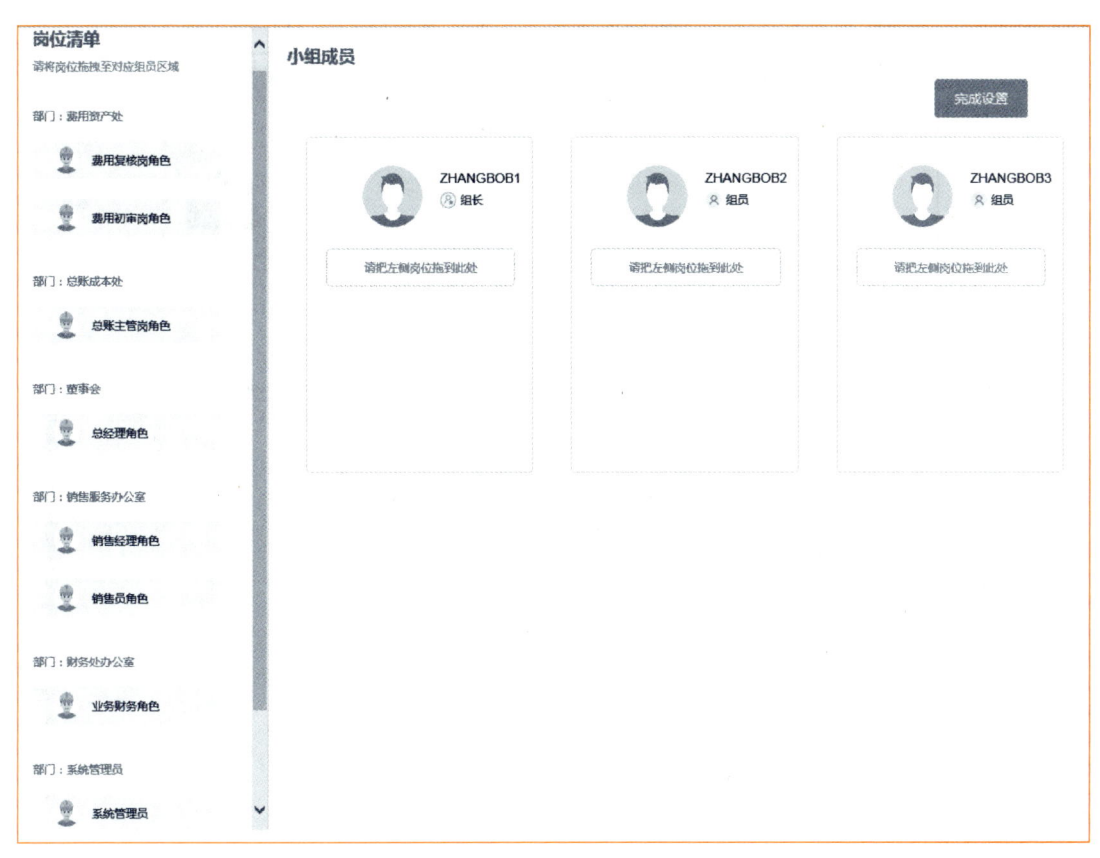

图 2-13　角色分配(一)

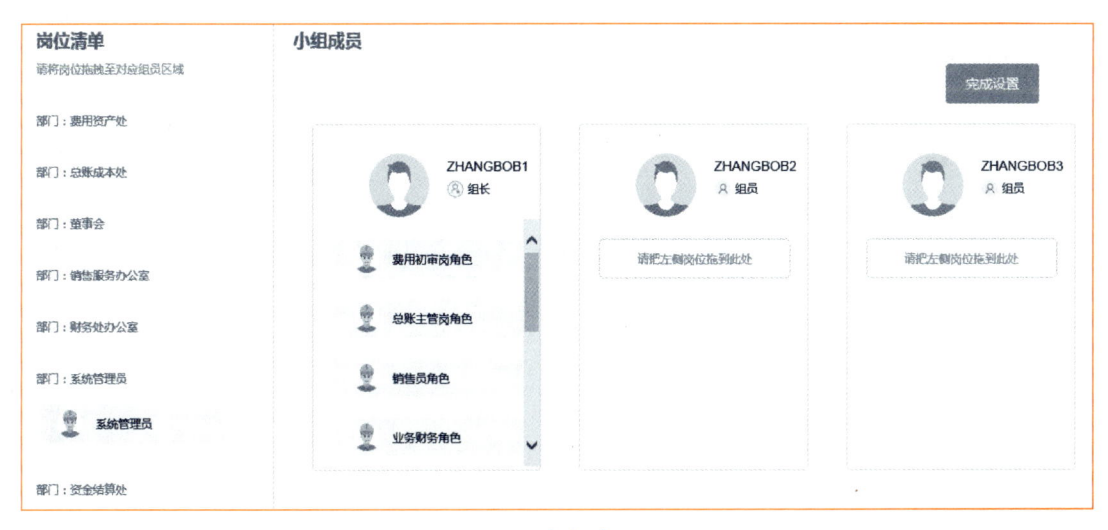

图 2-14　角色分配(二)

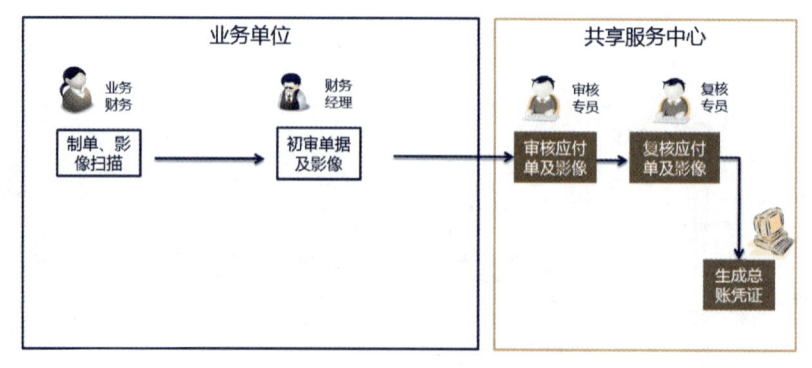

图 2-15 业务流程

图 2-16 工作流配置

进入工作流定义-集团窗口,选择"友报账—主报销单—差旅费报销单",选中差旅费报销单流程,点击启用,如图 2-17 所示。

图 2-17 工作流定义

## （三）协作处理

进入 NCC 财务共享服务平台，在已经启用差旅费报销工作流的前提下，选择相应岗位角色进行差旅费报销业务处理，差旅费报销处理流程如图 2-18 所示。

图 2-18　差旅费报销处理流程

### 1. 填制报销单，上传扫描件（岗位角色：销售员）

以销售员岗位角色进入 NCC 财务共享服务平台，选择报账平台下的"差旅费报销单"，如图 2-19 所示。根据资料一和资料二业务单据分别进行填制，完成后"保存"，具体操作如图 2-20 和图 2-21 所示。

图 2-19　平台差旅费报销单图标

【小贴士】
　　如果需要上传所附原始单据，则应使用影像扫描系统，将原始单据分别上传至财务共享服务平台。影像上传可以采用高拍仪、扫描仪等设备将原始单据图像上传，也可导入已经扫描或拍摄的图片上传系统，使用影像扫描功能前必须确保已经安装高影仪（或扫描仪），并且已经安装影像控件程序。

　　FounderTwainSetup_v2.0.7.A.exe
　　TIMS-Client3.5.1.9(node).exe

点击"扫描"或"导入"按钮，将原始单据图片上传后"保存""提交"，并将整个差旅费报销单提交，如图 2-22 至图 2-24 所示。

图 2-20 资料一差旅费报销单

图 2-21 资料二差旅费报销单

图 2-22 资料一差旅费报销单

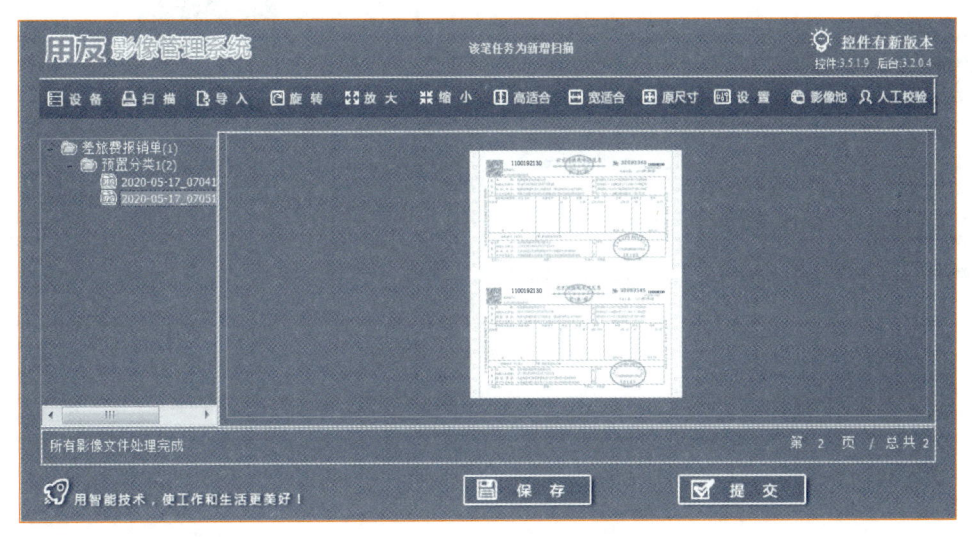

图 2-23 资料一影像扫描

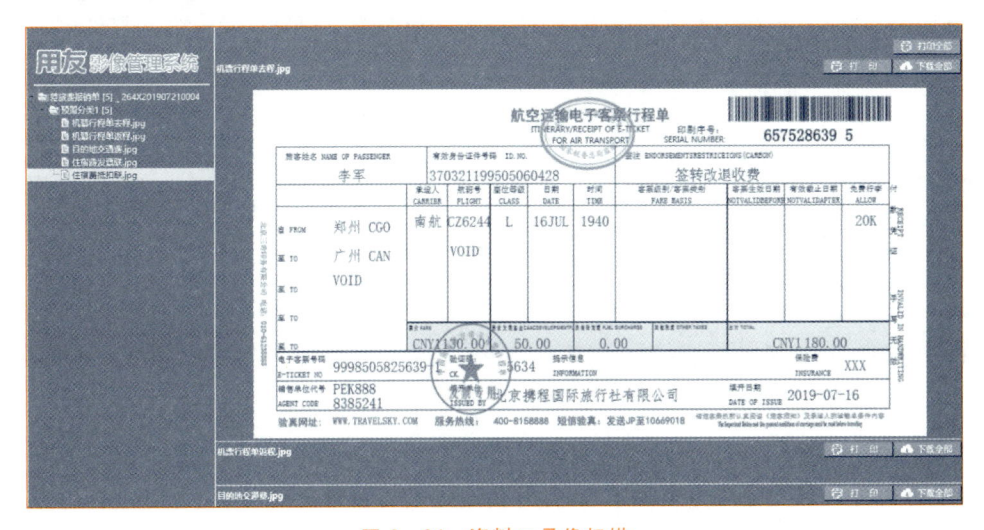

图 2-24 资料二录像扫描

## 2. 业务部门审批（岗位角色：销售经理、总经理）

如未超出预算范围，以销售经理岗位角色进入审批中心，打开传递过来的差旅费报销单，点击"销售经理角色"完成审批工作，如图 2-25 所示。如果超出预算范围，在销售经理岗位角色审批完成以后，还要以总经理岗位角色进入审批中心进行审批，如图 2-26 所示。

图 2-25　销售经理审批

图 2-26　总经理审批

## 3. 业务财务初审（岗位角色：业务财务）

以业务财务岗位角色进入审批中心，打开传递过来的差旅费报销单，点击"业务财务角色"完成审批工作，如图 2-27 所示。

图 2-27 业务财务初审

**4. 共享中心费用审核,自动生成记账凭证(岗位角色:费用初审)**

以费用初审岗位角色进入财务共享服务平台,进入作业平台,点击"我的作业",通过"任务提取"的方式找到差旅费报销单。可以采用双屏方式进行审核,一个屏幕审核业务单据,另一个屏幕可用"影像查看"来联查相关影像资料,审核无误后点击"批准"按钮完成费用初审,系统自动生产费用报销的记账凭证,如图 2-28 所示。

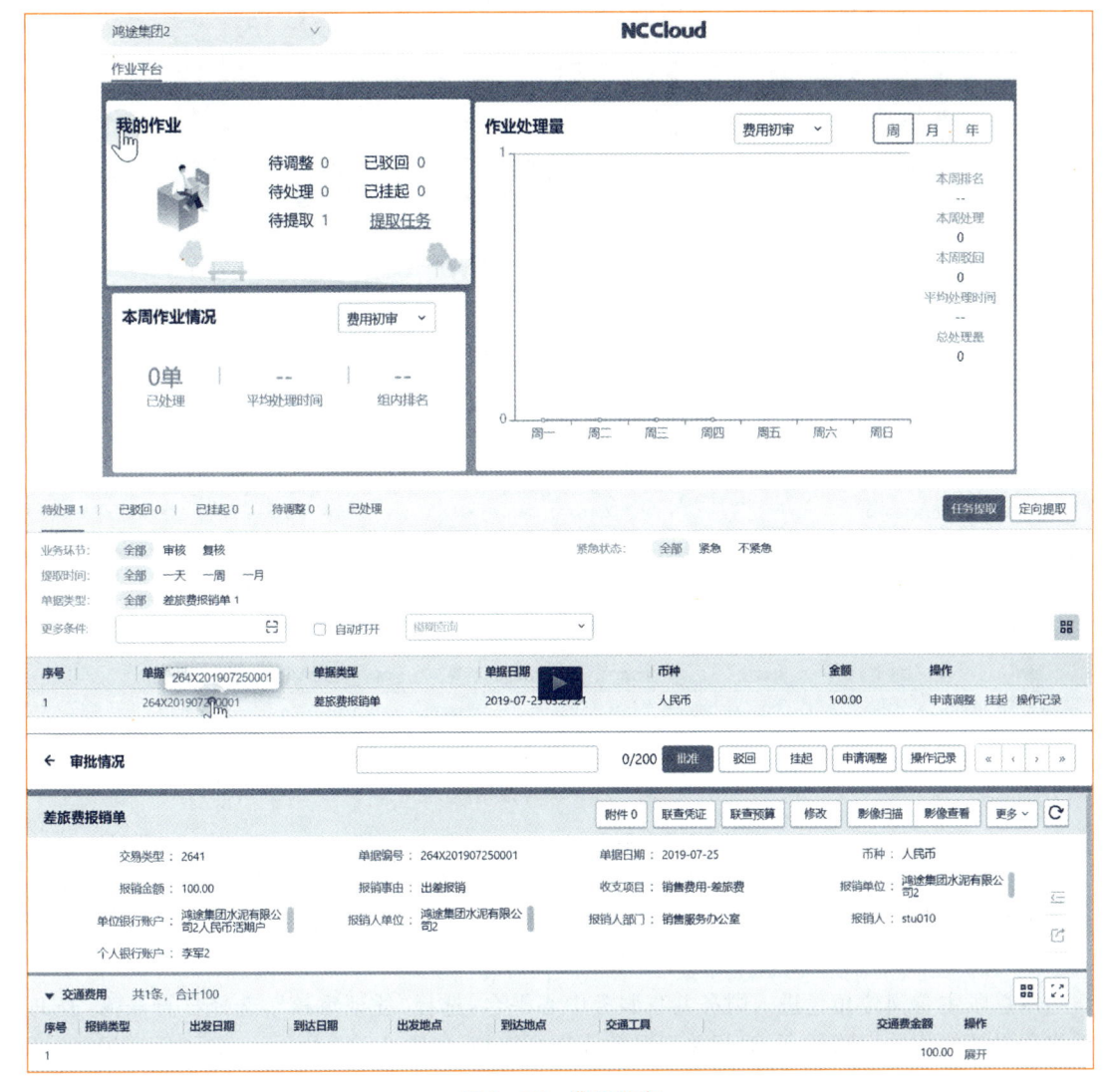

图 2-28 费用初审

81

### 5. 支付报销款，自动生成记账凭证（岗位角色：出纳）

以共享中心的出纳岗位角色进入财务共享服务平台，进入资金管理系统，点击"结算"，选择单位，查询相应待结算单据，通过"支付——网上转账"的方式支付报销款，显示支付成功，如图2-29所示。

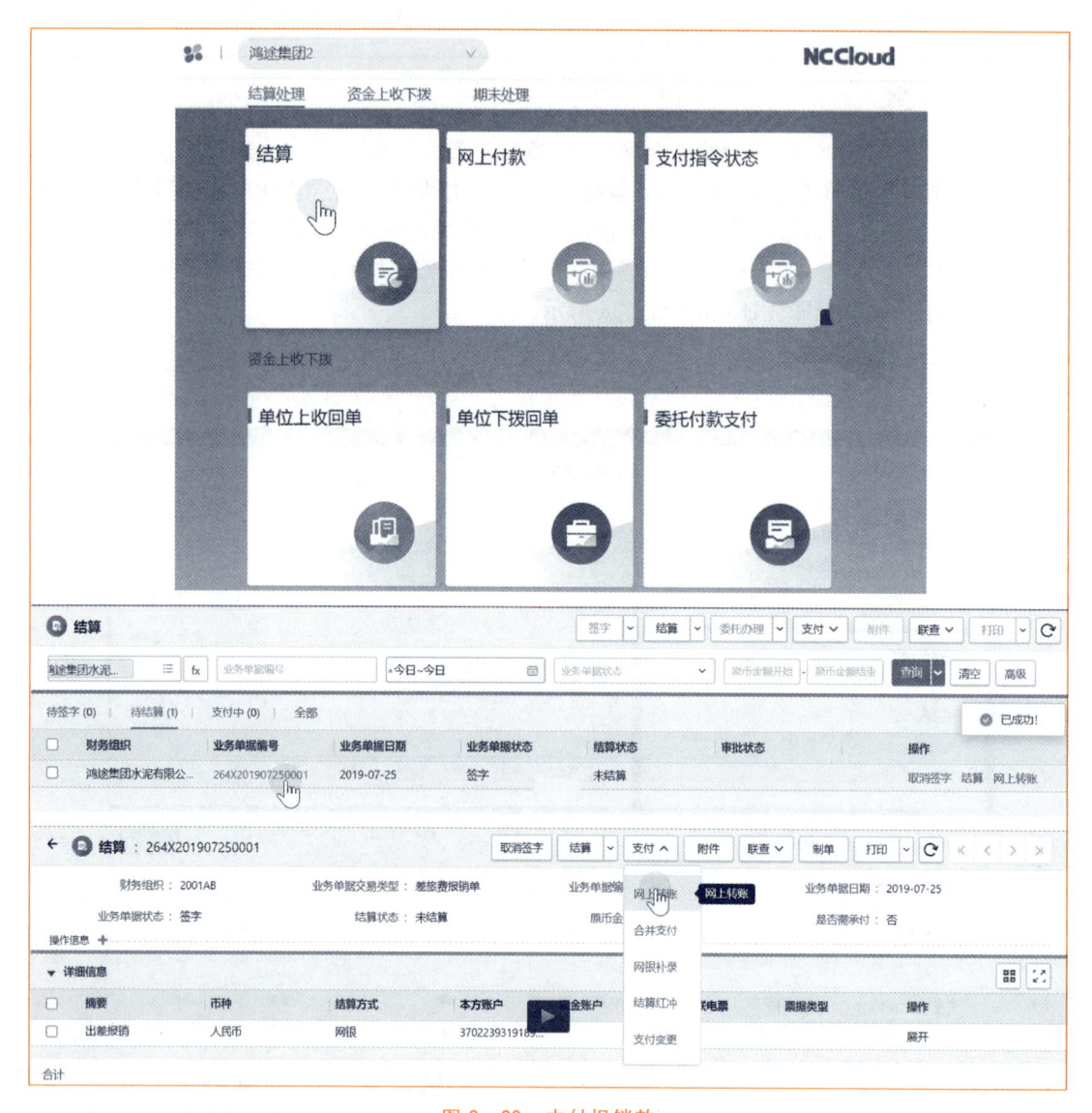

图2-29 支付报销款

网上转账成功后，可以进入到网银系统，以支付报销款的账号登录，点击"查询业务"按钮可查询相关银行转账记录，如图2-30所示。

### 6. 审核记账凭证（岗位角色：总账主管）

以总账主管岗位角色进入财务共享服务中心平台，选择"凭证审核"，选择核算账簿，查询差旅费报销的相关记账凭证，对相关记账凭证进行审核，如图2-31所示。选择"凭证记账"可将相关凭证登记账簿。

图 2-30　查询银行转账记录

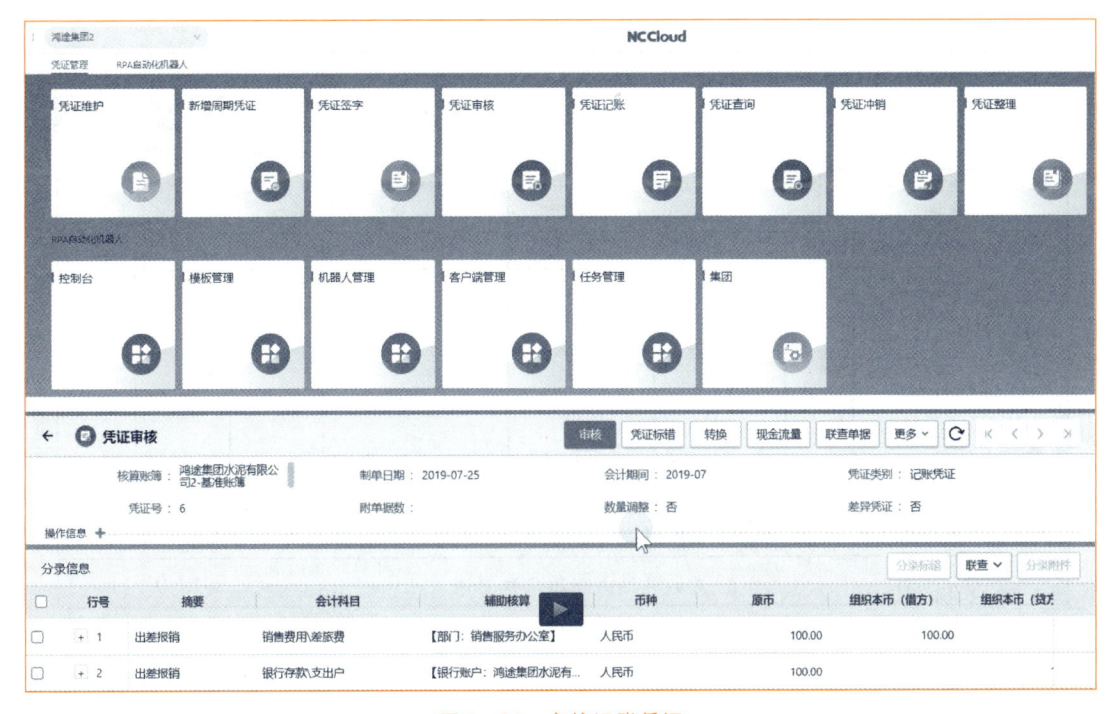

图 2-31　审核记账凭证

【研讨分析】
如何进行报销标准控制，联查费用预算执行情况？

# 任务二　智能商旅服务

## 任务描述

**案例 2-2**　接[案例 2-1]，完成以下要求。

**要求：**

（1）绘制集团共享前和共享后的智能商旅服务流程图。

（2）根据案例三资料，用手机 APP、用友 NCC 完成商旅服务的完整流程。

### 资　料　三

鸿途集团水泥有限公司销售服务办公室的销售员李军 2019 年 7 月 11—12 日，从郑州出差到三亚，11 日下午 1 点与客户洽谈，12 日支持当地水泥市场推介活动，活动 5 点结束。根据《费用管理制度》，只能选用经济舱，住宿酒店标准 300 元/日/人。9 日李军通过商旅平台完成机票、酒店预订服务。13 日，李军出差结束，通过商旅平台完成报销，相关凭证见凭证 2-11 至凭证 2-15。在出差地点的机场至酒店的交通费为市内交通费。

**凭证 2-11**

| 航空运输电子客票行程单 | | | | | | |
|---|---|---|---|---|---|---|
| 印刷序号 SERIAL NUMBER: 657517247 5 | | | | | | |
| 旅客姓名 NAME OF PASSENGER：李军 | 有效身份证件号码 ID.NO.：370321199505060428 | | | 备注 ENDORSEMENTS RESTRICEIONS (CARBON)：签转改退收费 | | |
| 承运人 CARRIER | 航班号 FLIGHT | 座位等级 CLASS | 日期 DATE | 时间 TIME | 客票级别/客票类别 FARE BASIS | 客票生效日期 NOTVALIDBEFORE / 有效截止日期 NOTVALIDAFTER / 免费行李 ALLOW |
| 自 FROM 郑州 CGO | 南航 CZ6224 | L | 11JUL | 0640 | | 20K |
| 至 TO 三亚 SYX VOID | VOID | | | | | |
| | 票价 FARE CNY1 250.00 | 民航发展基金 CAACDEVELOPMENT 50.00 | 燃油附加费 FUEL SURCHARGE 10.00 | 其他税费 OTHER TAXES | 合计 TOTAL CNY1 310.00 | |
| 电子客票号码 E-TICKET NO 9998503928705- | 验证码 CK. 5634 | | 提示信息 INFORMATION | | 保险费 INSURANCE XXX | |
| 销售单位代号 AGENT CODE PEK888 8385241 | 填开单位 ISSUED BY 北京携程国际旅行社有限公司 | | | | 填开日期 DATE OF ISSUE 2019-07-11 | |

凭证 2-12

| 旅客姓名 NAME OF PASSENGER | 有效身份证件号码 ID. NO. | | 签注 ENDORSEMENTSRESTRICEIONS (CARBON) | | | | 印刷序号: SERIAL NUMBER: 657518235 7 | |
|---|---|---|---|---|---|---|---|---|
| 李军 | 370321199505060428 | | 签转改退收费 | | | | | |
| | 承运人 CARRIER | 航班号 FLIGHT | 座位等级 CLASS | 日期 DATE | 时间 TIME | 客票级别/客票类别 FARE BASIS | 客票生效日期 NOTVALIDBEFORE | 有效截止日期 NOTVALIDAFTER | 免费行李 ALLOW |
| 自 FROM 三亚 SYX | 南航 | CZ6223 | K | 12JUL | 1935 | | | | 20K |
| 自 FROM 新郑 CGO | | VOID | | | | | | | |
| 至 TO VOID | | | | | | | | | |
| 至 TO | | | | | | | | | |
| 至 TO | 票价 FARE CNY1 400.00 | 民航发展基金CAACDEVELOPMENTFU 50.00 | 燃油附加 FUEL SURCHARGE 10.00 | 其他税费 OTHER TAXES | 合计 TOTAL CNY1 460.00 | | |
| 电子客票号码 E-TICKET NO 9998503928705-2 | 验证码 CK. 5634 | 提示信息 INFORMATION | | 保险费 INSURANCE XXX |
| 销售单位代号 AGENT CODE PEK888 8385241 | 填开单位 ISSUED BY 北京携程国际旅行社有限公司 | | | 填开日期 DATE OF ISSUE 2019-07-12 |

验真网址：WWW.TRAVELSKY.COM 服务热线：400-8158888 短信验真：发送JP至10669018

凭证 2-13

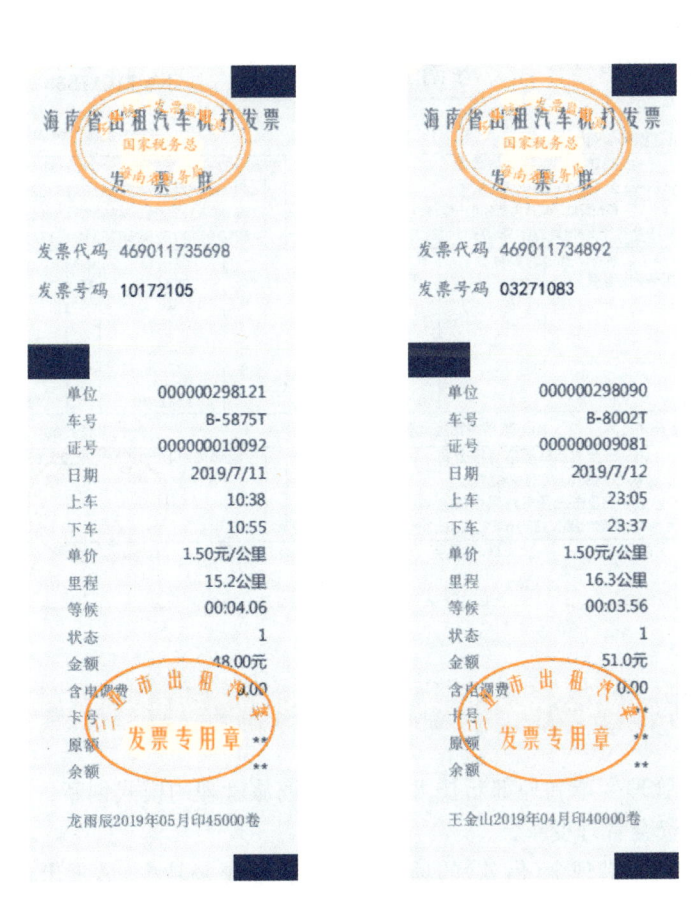

| 海南省出租汽车机打发票 | 海南省出租汽车机打发票 |
|---|---|
| 发票代码 469011735698 | 发票代码 469011734892 |
| 发票号码 10172105 | 发票号码 03271083 |
| 单位 000000298121 | 单位 000000298090 |
| 车号 B-5875T | 车号 B-8002T |
| 证号 000000010092 | 证号 000000009081 |
| 日期 2019/7/11 | 日期 2019/7/12 |
| 上车 10:38 | 上车 23:05 |
| 下车 10:55 | 下车 23:37 |
| 单价 1.50元/公里 | 单价 1.50元/公里 |
| 里程 15.2公里 | 里程 16.3公里 |
| 等候 00:04.06 | 等候 00:03.56 |
| 状态 1 | 状态 1 |
| 金额 48.00元 | 金额 51.0元 |
| 含电瓶费 0.00 | 含电瓶费 0.00 |
| 卡号 | 卡号 |
| 原额 ** | 原额 ** |
| 余额 | 余额 |
| 龙雨辰2019年05月印45000卷 | 王金山2019年04月印40000卷 |

项目二　费用共享业务处理

凭证 2–14

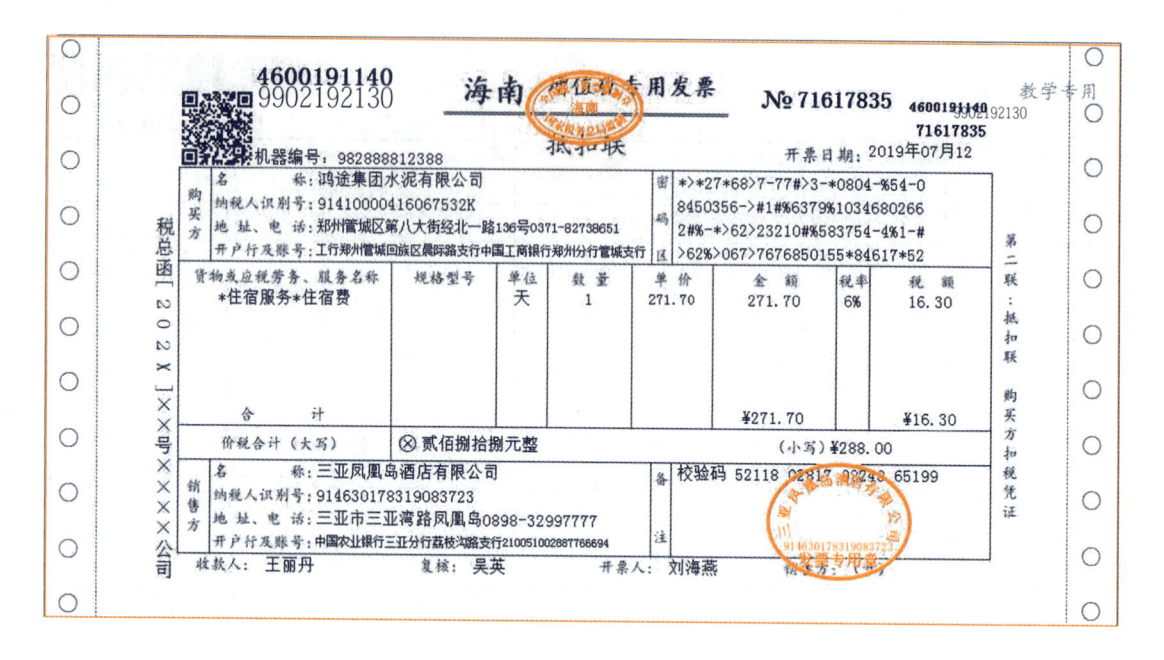

凭证 2–15

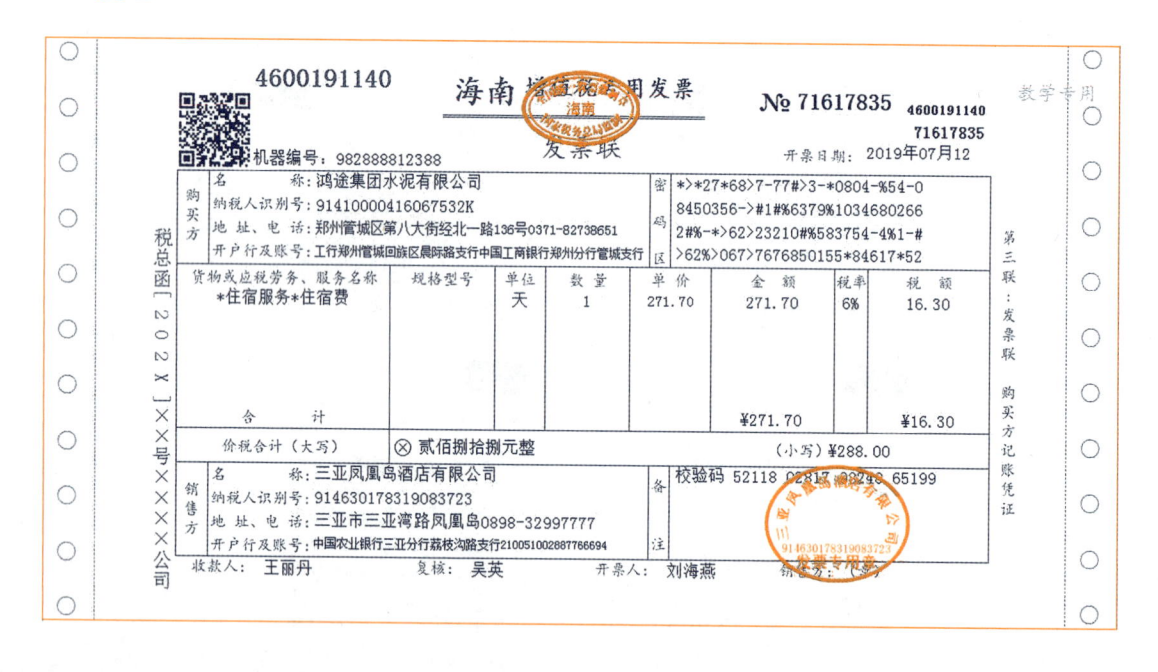

### 知识准备

企业内部资金管理变革和外部新技术发展带动商旅管理的模式创新：
（1）企业内部资金管理变革。

随着员工出差前预借现金（借款）的场景在很多企业越来越少，员工出差垫资问题在很多企业非常普遍。员工垫资向企业垫资转化，企业垫资又进一步向服务商垫资转化的趋势，催生

微课视频：
智能商旅
服务

86

了很多由第三方平台提供智能商旅服务。

（2）外部新技术发展。

人工智能、云计算、大数据、移动互联网等现代信息新技术带动企业商业模式创新，连接协同共享促进社会化商业，数据驱动数字企业，共享经济催生平台型企业，交易平台化，金融泛在化。

### 一、智能商旅服务的模式

商旅服务管理又称差旅服务管理。智能商旅服务管理公司（travel management company，TMC）有如下这些模式：

（1）个人预订＋报销：个人预订、事后报销。

（2）TMC线下模式：单一TMC，电话预订、统一结算。

（3）TMC线上模式：单一TMC，TMC APP预订、统一结算。

（4）自建商旅平台：自建、外购第三方平台，整合多方资源，与内部系统打通，实现全流程商旅管理与服务。

智能商旅服务提供公司及服务如图2－32所示。

图2－32　智能商旅服务提供公司及服务

【拓展阅读】

**滴滴企业版和滴滴个人版的区别**

- 滴滴企业版集合了滴滴出行个人服务（快车、专车、豪华车、代驾），如无特殊说明，费用与个人服务一致。
- 滴滴企业版提供结合企业场景（加班、办公地点通勤、接送机、差旅）的用车管理系统，为员工出行设定用车规则，实时了解员工因公出行的路线、费用，确保员工出行符合公司规定并实现用车费用管控。
- 滴滴企业版提供完整的财务流程，通过充值、企业支付、企业开票，解决贴票烦琐的报销问题。

### 二、智能商旅服务价值分析

智能商旅服务采用前和采用后对企业及不同层级员工的影响如表2－1所示。

表 2-1 智能商旅服务对企业不同层级员工的影响

| 层级 | 采用前 | 采用后 |
|---|---|---|
| 企业 | 企业差旅费用居高不下,费用管控力度低<br>企业的差旅报销制度不能很好落实<br>企业的报销流程烦琐,员工满意度低 | 移动互联网时代的智能商旅及报账服务连接社会化服务资源,企业可以自行设置差旅规则,对差旅申请、审批、预订、支付和报销等差旅全流程进行自动化管理 |
| 员工 | 报销差旅费用时,每次都要填写厚厚一沓的报销单据<br>完成一次费用报销,需要拿着单据逐个找领导审批,审批领导经常出差、会议中<br>个人垫付资金,报销不及时 | 员工管理个人商务旅行,随时随地进行出差申请、商旅及出行预订、差旅费用报销等全线上应用,提高工作效率<br>员工免除垫付资金,不需要贴票报销、商旅报账方便快捷,提高员工满意度 |
| 部门经理 | 不能及时了解费用预算执行情况及剩余额度<br>审核费用时,不能及时获得合法数据或相关材料支持 | 及时审批员工差旅申请,实时掌握费用预算达成情况<br>提升管理水平,提高部门管理满意度,实现管理升级 |
| 财务人员 | 员工单据填写不规范<br>报销审核工作占用大量时间,票据审核困难<br>无法掌控各项目、各部门以及异地分公司的费用发生情况<br>企业财务制度难以落实,员工出差商旅预订五花八门,缺少费用报销制度的监管 | 简化财务核算,极大提升财务效率<br>有效管理员工差旅行为和差旅费用<br>帮助企业优化差旅管理规范和流程,将差旅管理规范化、信息化,提高企业的专业形象<br>提高差旅透明度和合规性,更好地进行预算规划、费用管控 |
| CEO | 不清楚公司的费用支出是否合理,是否带来相匹配的效益<br>费用管理中肯定有疏漏现象,费用居高不下,成本难以降低<br>不能按照企业内部管理的要求获取准确的费用分析数据 | 能有效地了解员工差旅行为、企业费用支出情况<br>为企业优化差旅制度、预算规划、员工行为管理、费用控制等提供决策依据 |

### 三、智能商旅服务建设方向

智能商旅服务建设方向,是打通企业商旅报账全流程、实现费用可视可控,如图 2-33 所示。

差旅申请
- 多端接入
- 预算控制前置
- 审批效率提升

行程预订
- 差旅标准嵌入服务预订过程
- 管控行程预订过程
- 自动甄别价格最低供应商

自动报账
- 自动传回消费记录
- 自动读取发票信息,作为报账依据
- 自动识别发票真伪

对账开票
- 线上实时对账
- 月末集中开票

付款结算
- 日常供应商垫付
- 月末统一结算
- 员工免垫付

核算
- 多维度核算
- 自动生成凭证

报告
- 月/季/年度报告
- 内部管理分析

图 2-33 智能商旅服务建设方向

## 任务实施

### 一、现状分析

#### (一)传统模式下的费用管控业务流程

在传统报销系统模式下,费用管控在员工满意度、财务处理和分析等方面已无法满足管理需求。传统模式下的费用管控业务流程如图 2-34 所示。

图 2-34 传统模式下的费用管控业务流程

**(二) 传统模式下企业费用管控的问题**

传统报销系统模式下,企业费用管控存在的问题有:

(1) 费用报销慢,效率低。填报不规范、报销不及时;审批环节多、审批周期长;审批责任不明确;单据人工校验,手工凭证。

(2) 费用管控落后,管控弱。费用管控依靠人工,预算无法实现事前管控。

(3) 数据信息不对称,风险高。业务数据真实性难以验证,增加财务风险;报表数据不及时、不准确,增加管理风险。

(4) 信息不完整,难以及时管理。无法及时准确了解费用具体支出细节,难以对费用发生过程进行管控。

**(三) 企业差旅管理现状**

(1) 差旅申请:重事项,轻管控。员工差旅申请只重事项的审批,不太看重费用预算以及费用标准的管控。

(2) 商旅预订:重结果,轻过程。商旅部分预订大部分由员工完成,在报账后才审核结果,对差旅预订过程无管控。

(3) 差旅报账:重控制,轻服务。差旅报销单缺少住宿水单驳回,开票信息不准确单据驳回,报销填写不规范驳回。

【研讨分析】

小组讨论:企业如何有效提高差旅费用共享服务,降低企业资金占用。

## 二、规划设计

根据鸿途集团差旅费用报销的流程现状,设计一个统一的共享后智能商旅报销流程。可使用 Microsoft Visio 等工具软件完成共享后智能商旅报销业务流程设计,该流程将在用友 NCC 中构建测试和运行。鸿途集团共享后智能商旅服务报销参考流程如图 2-35,其中业务审批子流程如图 2-36 所示。

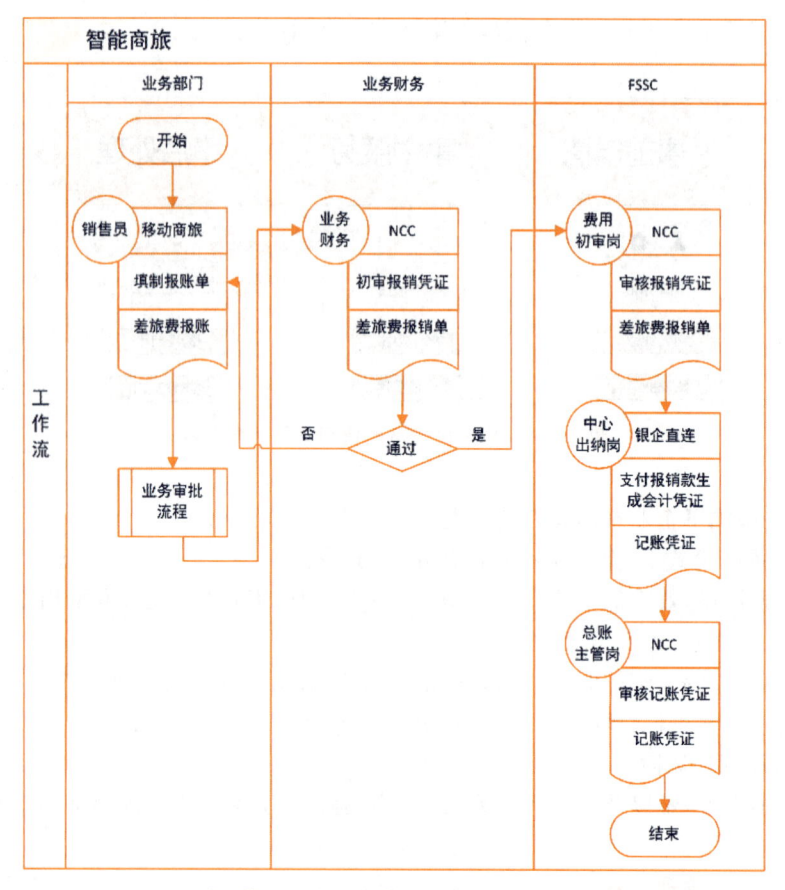

图 2-35　鸿途集团共享后智能商旅报销流程业务审批子流程

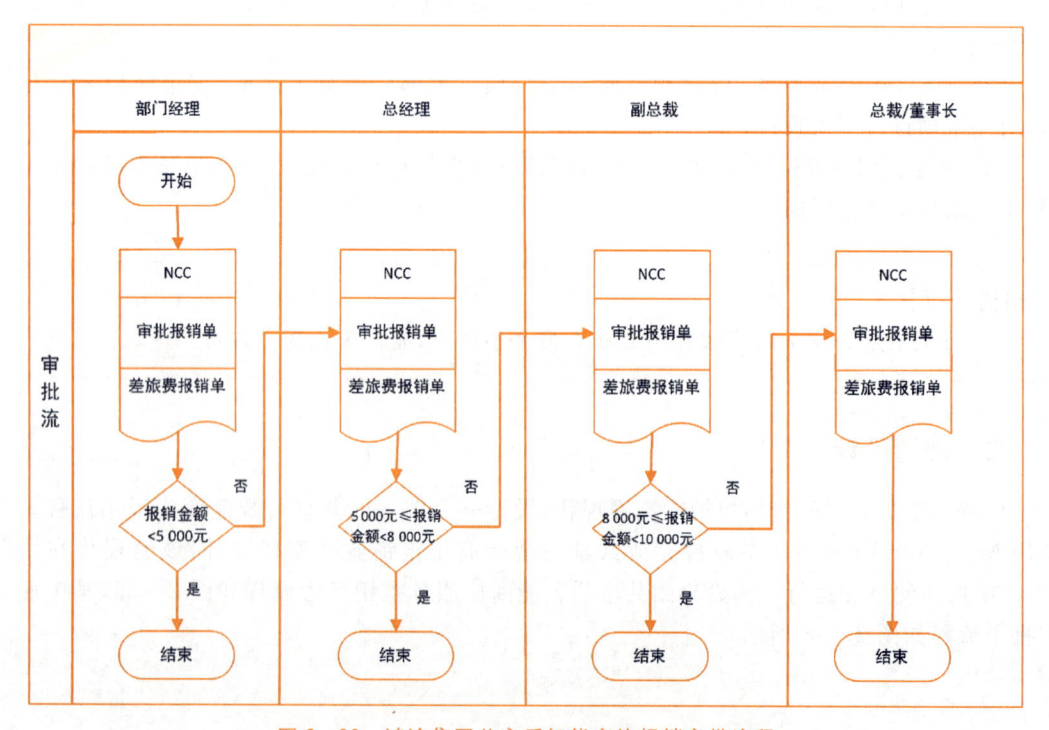

图 2-36　鸿途集团共享后智能商旅报销审批流程

【研讨分析】
小组汇报智能商旅报销业务共享方案。

### 三、业务实操

案例预设销售员出差,发起操作,体验商旅服务;小组长在本次构建操作结束后调整角色,其他组员仍可发起体验商旅服务。

#### (一)角色分配

报销业务共享方案,由组长完成分配角色。将"费用初审岗、销售经理、总账主管岗、业务财务"等岗位角色拖曳分配给小组成员,点击"完成设置"按钮后岗位角色分配生效,如图2-37所示。

操作录屏:
商旅费用
角色分配

图2-37 角色分配

#### (二)商旅服务

利用手机扫二维码(图2-38)进入财务共享商旅服务平台订购机票、预订酒店、滴滴打车等商旅服务。

操作录屏:
商旅费
流程启用

图2-38 财务共享商旅服务二维码

91

点击"订购机票",订购 1 张 2019 年 7 月 11 日郑州—三亚的去程机票和 1 张 2019 年 7 月 12 日的返程机票,如图 2-39 所示。

图 2-39　机票订购

点击"预订酒店",预订一间 2019 年 7 月 11 日入住,2019 年 7 月 12 日离店的房间,并取得增值税专用发票,如图 2-40 所示。

图 2-40　酒店预订

点击"差旅费报账",打开差旅费报账界面(图 2-41)。
点击添加报销明细,打开可选明细界面(图 2-42)。
点击右上角"添加"按钮,添加住宿费和交通费明细,添加完成后点击左下角全选按钮,然后确定进入差旅费报账界面(图 2-43)。
确定报销金额无误后,点击提交。

### (三) 协作处理

进入财务共享服务平台,在已经启用差旅费报销工作流的前提下,选择相应岗位角色进行商旅服务业务处理,如图 2-44 所示。

操作录屏:
智能商旅
协作处理

图 2-41　差旅费报账　　　图 2-42　添加机票费用　　　图 2-43　添加住宿费和交通费

图 2-44　差旅费报销业务流程

**1. 填制报销单，上传扫描件（岗位角色：销售员）**

以销售员岗位角色进入 NCC 财务共享服务平台，点击选择报账平台下的"待提交"，打开我的报账单，如图 2-45 所示。

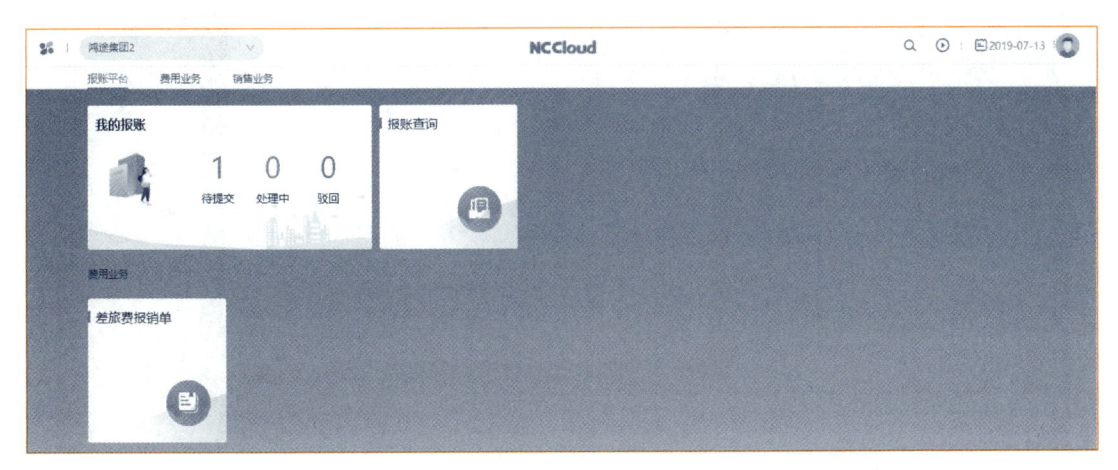

图 2-45　打开报账单

点击单据编号，查看当前待提交报销单具体内容，如图2-46和图2-47所示。

图2-46 查看报销单1

图2-47 查看报销单2

点击"更多—影像扫描"扫描原始单据，核对当前单据与在智能商旅平台中提交的单据是否一致，核对无误后点击"提交"按钮，如图2-48所示。

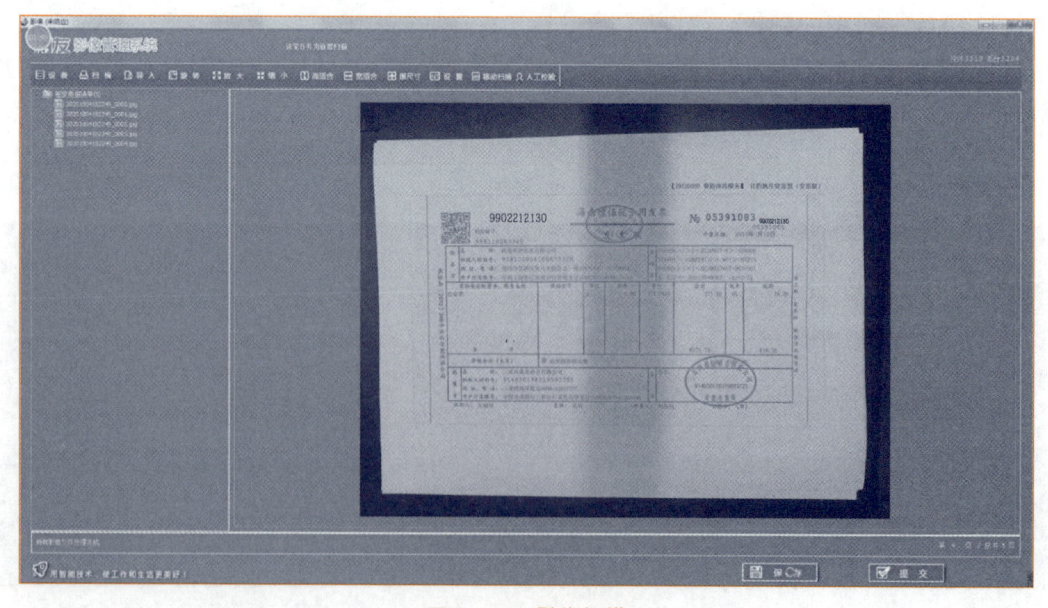

图2-48 影像扫描

## 2. 业务部门审批（岗位角色：销售经理）

以销售经理岗位角色进入审批中心，打开传递过来的差旅费报销单，点击"销售经理角色"完成审批工作，如图2-49所示。

图2-49 业务部门审批

## 3. 业务财务初审（岗位角色：业务财务）

以业务财务角色进入审批中心，打开传递过来的差旅费报销单，点击"业务财务角色"完成审批工作，如图2-50所示。

图2-50 业务财务初审

## 4. 共享中心费用审核，自动生成记账凭证（岗位角色：费用初审）

以费用初审岗角色进入财务共享服务平台，进入作业平台，点击"我的作业"，通过"任务提取"的方式找到差旅费报销单。可以采用双屏方式进行审核，一个屏幕审核业务单据，另一个屏幕可用"影像查看"来联查相关影像资料，审核无误后点击"批准"按钮完成费用初审，系统自动生产费用报销的记账凭证，如图2-51所示。

## 5. 支付报销款，自动生成记账凭证（岗位角色：共享中心出纳）

以共享中心出纳角色进入财务共享服务平台，进入资金管理系统，点击"结算"，选择单位，查询相应待结算单据，通过"支付—网上转账"的方式支付报销款，显示支付成功，如图2-52所示。

网上转账成功后，可以进入到网银系统，以刚才支付的账号登录，点击"查询业务"按钮可查询相关银行转账记录。

## 6. 审核记账凭证（岗位角色：总账主管）

以总账主管岗位角色进入财务共享服务中心平台，选择"凭证审核"，选择核算账簿，查询差旅费报销的相关记账凭证，对相关记账进行凭证审核。选择"凭证记账"可将相关凭证登记账簿，如图2-53所示。

图 2-51 费用初审

图 2-52 支付报销款

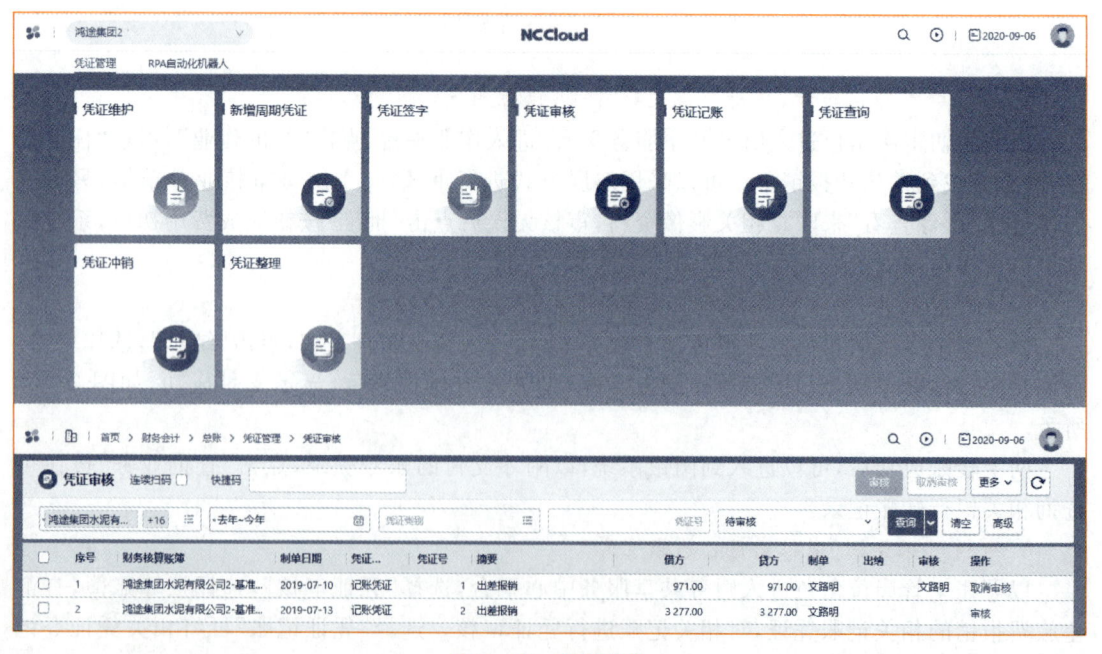

图 2-53 凭证审核

【研讨分析】

讨论设计社会化服务产品。

# 任务三　专项费用报销

## 任务描述

**案例 2-3**　接案例[2-1]、案例[2-2],完成以下要求。

要求:
(1) 绘制集团共享前和共享后的专项费用报销流程图。
(2) 根据资料四,用友 NCC 完成申请审批、专项费用报销与分摊的完整流程。

资　料　四

水泥协会 2019 年 7 月 15 日在大连举办 2019 年水泥技术及装备展览会,鸿途集团水泥有限公司组织大连属地的子公司参加,会务费 2 万元,由鸿途集团水泥有限公司统一支付,但具体由大连鸿途水泥有限公司等 5 家子公司承担。专项费用发生前需进行申请审批。

2019 年 7 月 5 日,鸿途集团水泥有限公司综合办公室专员发起费用申请,费用承担部门是各家单位的销售服务办公室,经鸿途集团水泥有限公司综合办公室经理、总经理和业务财务审批,通过后生效。

2019 年 7 月 16 日,鸿途集团水泥有限公司综合办公室专员发起会务费支付,支付给会展承办方白云国际会议中心。由五家公司的销售服务办公室承担各家公司的会务费,具体公司及分摊比例如表 2-2 所示。相关支付凭证见凭证 2-16、凭证 2-17。

表 2-2　会议费分摊表

| 公　　　司 | 分 摊 比 例 |
| --- | --- |
| 大连鸿途水泥有限公司 | 30% |
| 鸿途集团京北水泥有限公司 | 15% |
| 鸿途集团金州水泥有限公司 | 46% |
| 大连金海建材集团有限公司 | 3% |
| 海城市水泥有限公司 | 6% |

制单人:谭定珍　　　　　　　　　　批准人:杨天波
日　　期:2019.7.7　　　　　　　　日　　期:2019.7.8

凭证 2-16

凭证 2-17

## 任务实施

### 一、现状分析

#### (一)专项费用的管理

专项费用适用于因经营管理或工作需要发生的广告、宣传、印刷、咨询、会议、培训等费用。专项费用实行的是预算单项控制,报销时必须对应正确的预算项目。超过1万元(含)的市场活动、培训等所有的费用必须事前进行专项预算审批。鸿途集团的专项费用标准如表2-3所示。

表2-3 专项费用标准

| 业务审批人 | 财务审批人 | 交通费、通信费 | 招待费 | 差旅费 | 其他支出借款 |
|---|---|---|---|---|---|
| 部门经理 | 分管财务会计（财务经理） | 400元（不含）以下 | 1 000人（不含）以下 | 5 000元（不含）以下 | 10 000元（不含）以下 |
| 总经理 | | 400~600元（不含） | 1 000~2 000元（不含） | 5 000~8 000元（不含） | 10 000~30 000元（不含） |
| 副总裁 | | 600~1 000元（不含） | 2 000~3 000元（不含） | 8 000~10 000元（不含） | 30 000~50 000元（不含） |
| 公司总裁、董事长 | | ≥1 000元 | ≥3 000元 | ≥10 000元 | ≥50 000元 |

（二）专项费用报销的现状流程

1. 集团、部分分（子）公司专项费用报销的现状流程（图2-54、图2-55）
2. 部分分（子）公司（B公司）专项费用报销的现状流程（图2-56、图2-57）

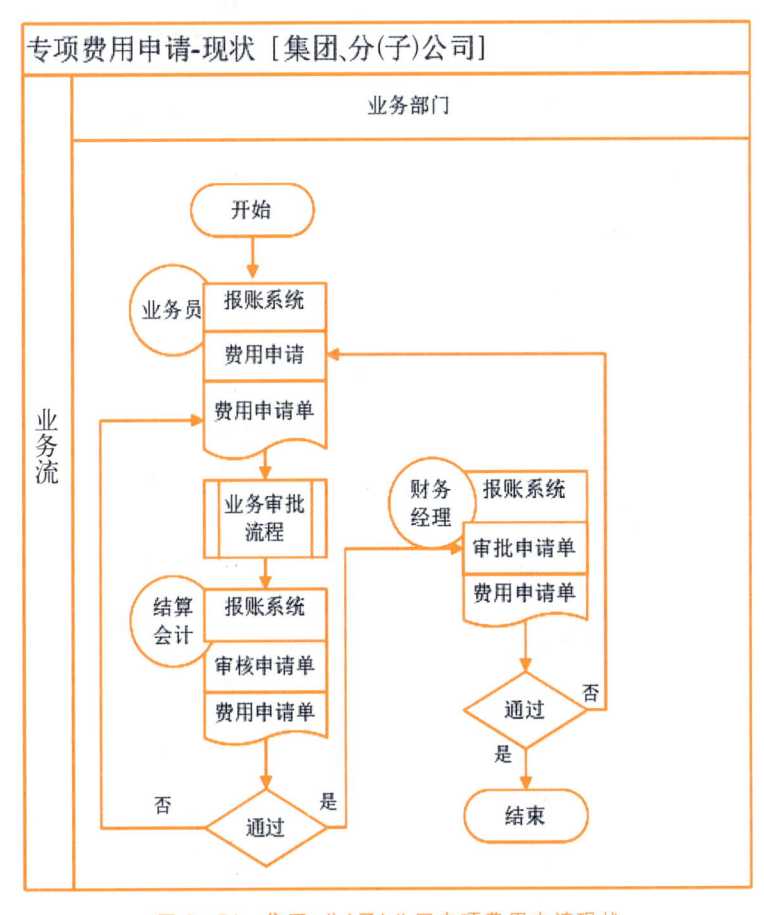

图2-54 集团、分（子）公司专项费用申请现状

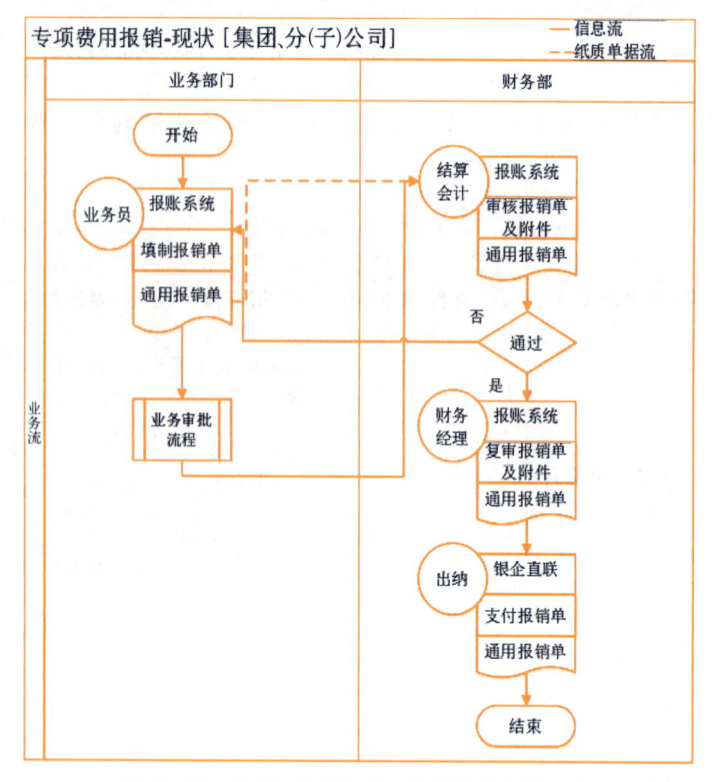

图 2-55　集团、分(子)公司专项费用报销现状

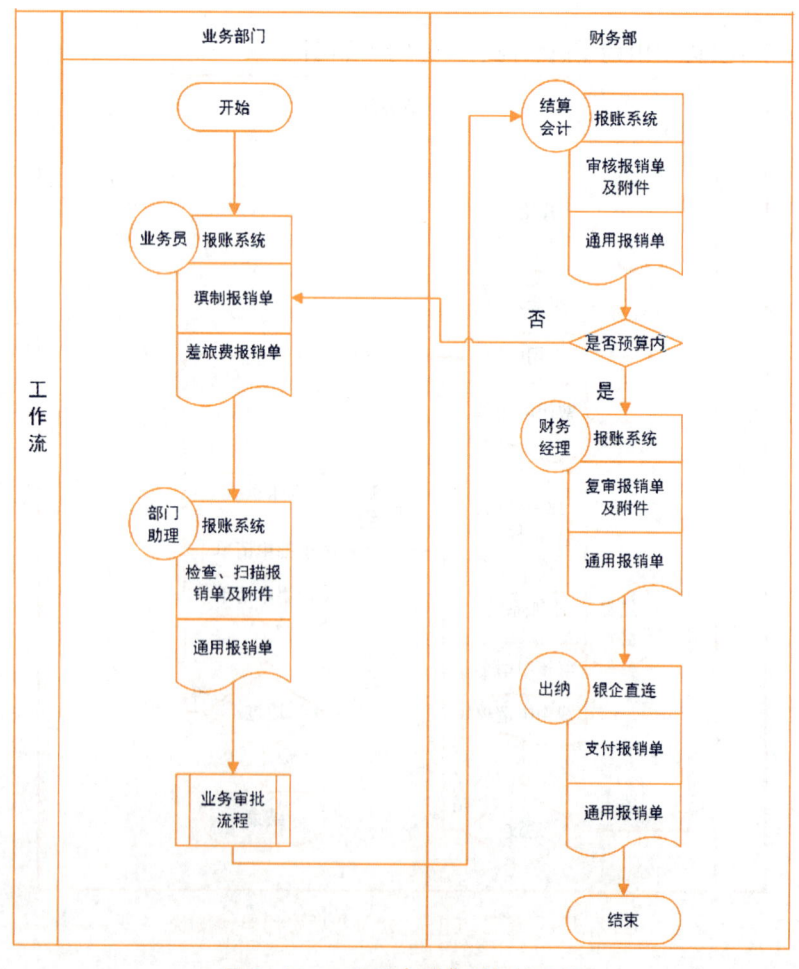

图 2-56　B 公司专项费用报销现状

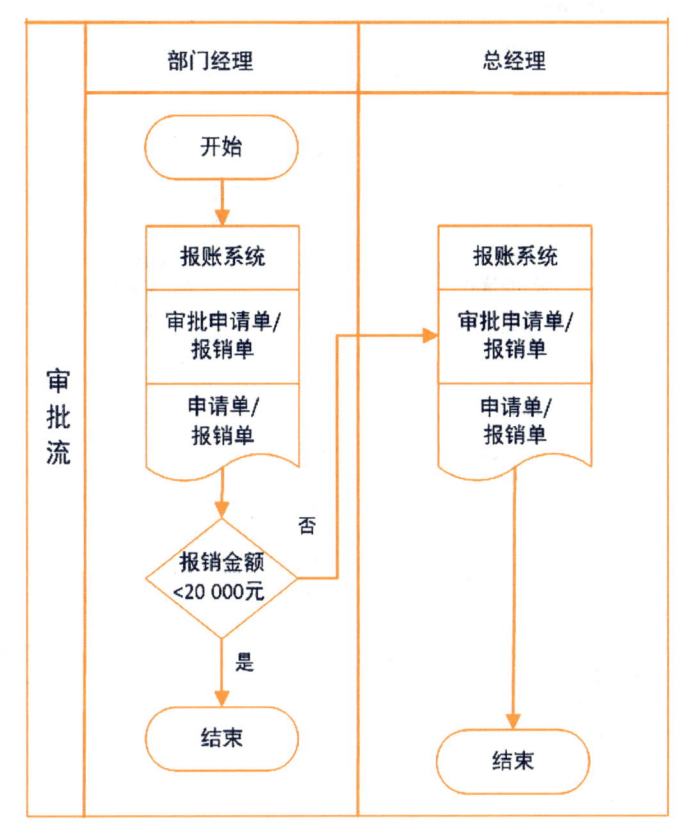

图 2-57　B 公司专项费用报销现状业务审批流程

## 二、规划设计

(一) 规划财务共享服务业务单据(表 2-4)

表 2-4　财务共享服务业务单据规划

| 序号 | 名　称 | 是否进财务共享服务中心 | 是否属于作业组工作 | 流程设计工具 |
| --- | --- | --- | --- | --- |
| 1 | 费用申请单 | N | — | 工作流 |
| 2 | 通用报销单 | Y | Y | 工作流 |

(二) 共享后流程设计

根据鸿途集团专项费用报销的流程现状,设计一个统一的共享后专项费用报销流程。可使用 Microsoft Visio 等工具软件完成共享后专项费用报销业务流程设计,该流程将在用友 NCC 中构建测试和运行,如图 2-58 至图 2-60 所示。

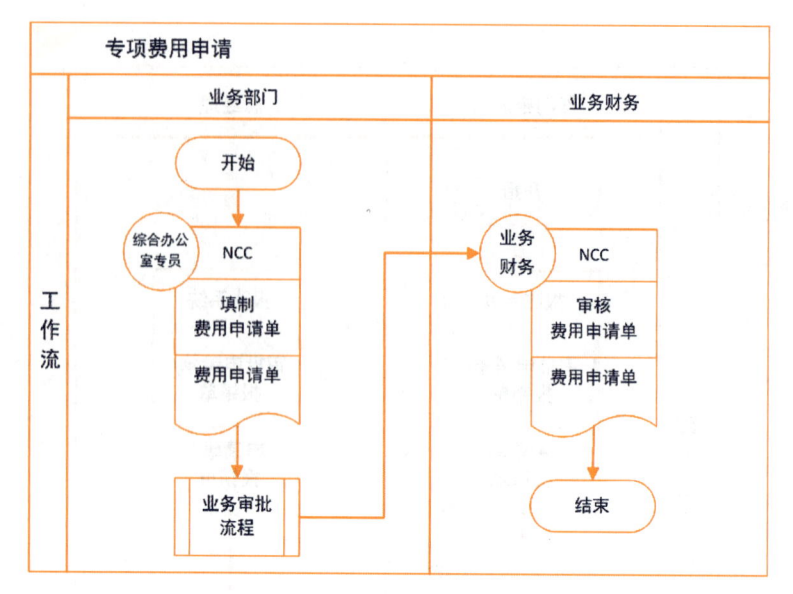

图 2-58　专项费用申请单工作流程

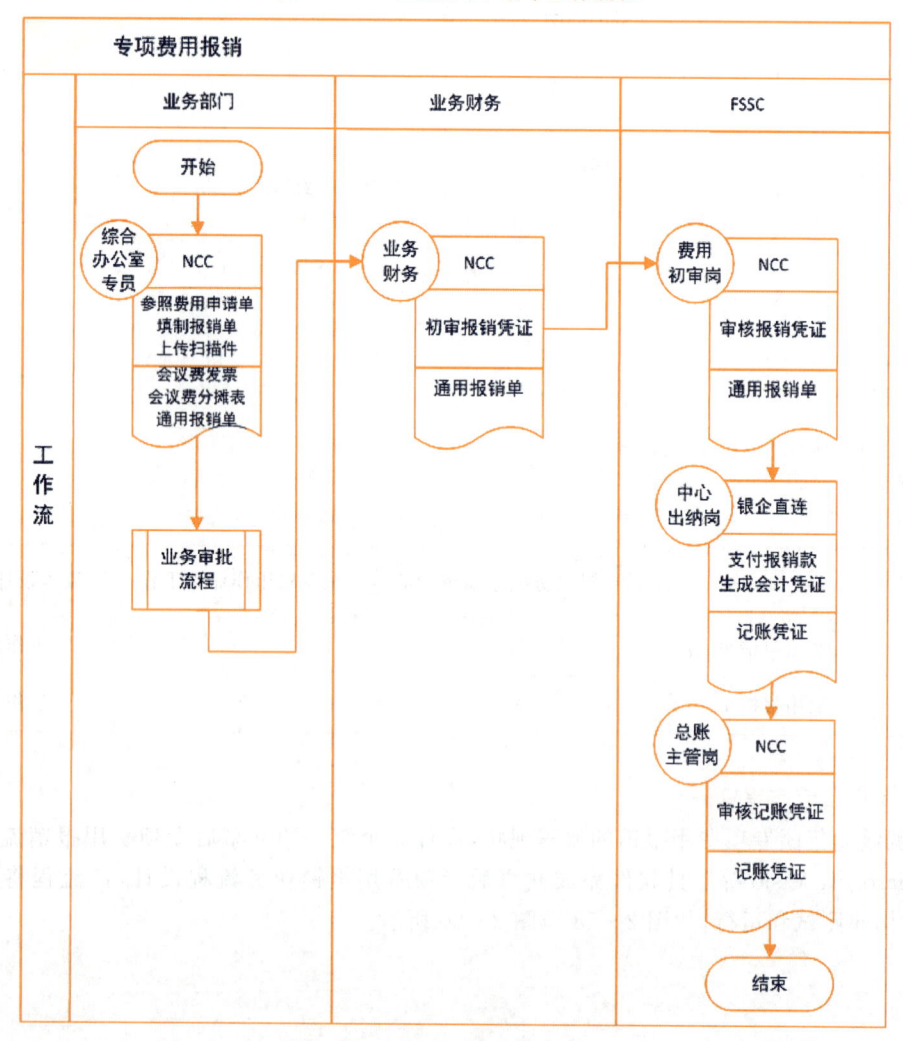

图 2-59　专项费用报销工作流程

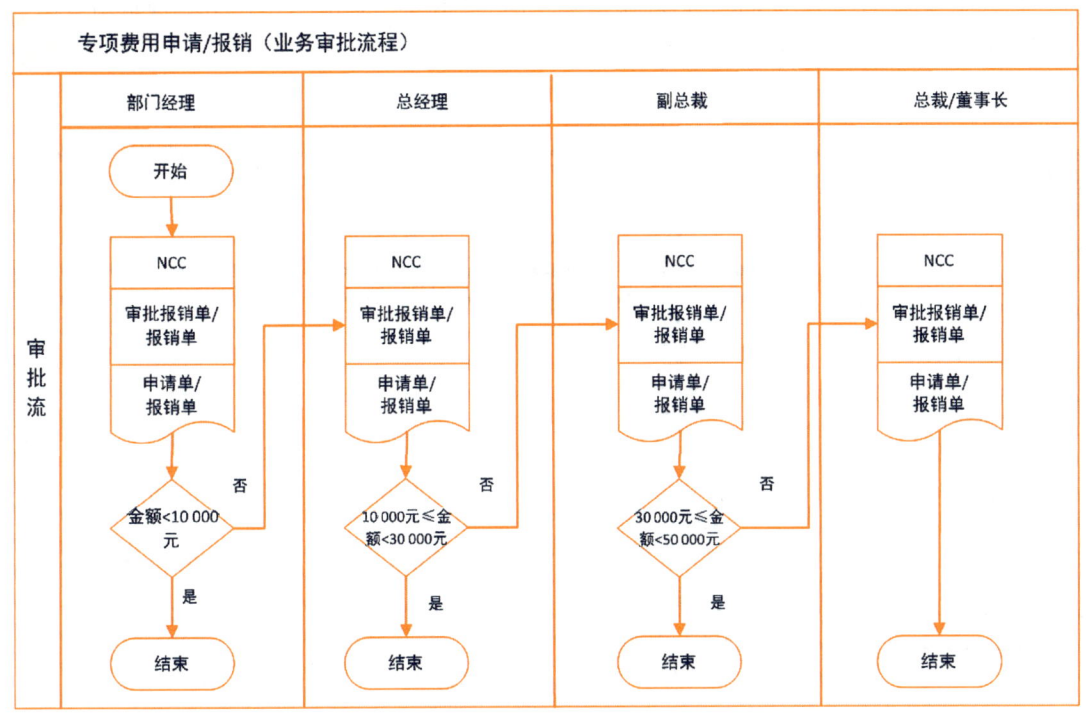

图 2-60　专项费用审批流程

## 三、业务实操

### （一）系统配置

以系统管理员身份进入 NCC 平台，选择"动态建模平台—流程管理—工作流定义（集团）/审批流定义（集团）"进行相关设置。工作流定义中设定 FSSC 共享审核、复核，确定影像采集点以及根据案例企业的费用管理制度设定审批权限，如图 2-61 所示。

操作录屏：
专项费用
系统配置

图 2-61　工作流定义

进入工作流定义-集团窗口,选择"友报账—费用申请单—费用申请单"。选中费用申请单工作主流程,点击启用,如图2-62所示。

图2-62 启用费用申请单

进入工作流定义(集团)窗口,选择"友报账—主报销单—通用报销单"。选中通用报销单工作主流程,点击启用,如图2-63所示。

图2-63 启用通用报销单

### (二)角色分配

角色分配工作由组长完成,将岗位清单中"综合办公室专员、综合办公室经理、销售经理、总账主管岗、业务财务、总经理、系统管理员"等岗位角色分配给小组成员,小组成员点击"任务上岗"后即可选择自己对应的岗位上岗,如图2-64所示。

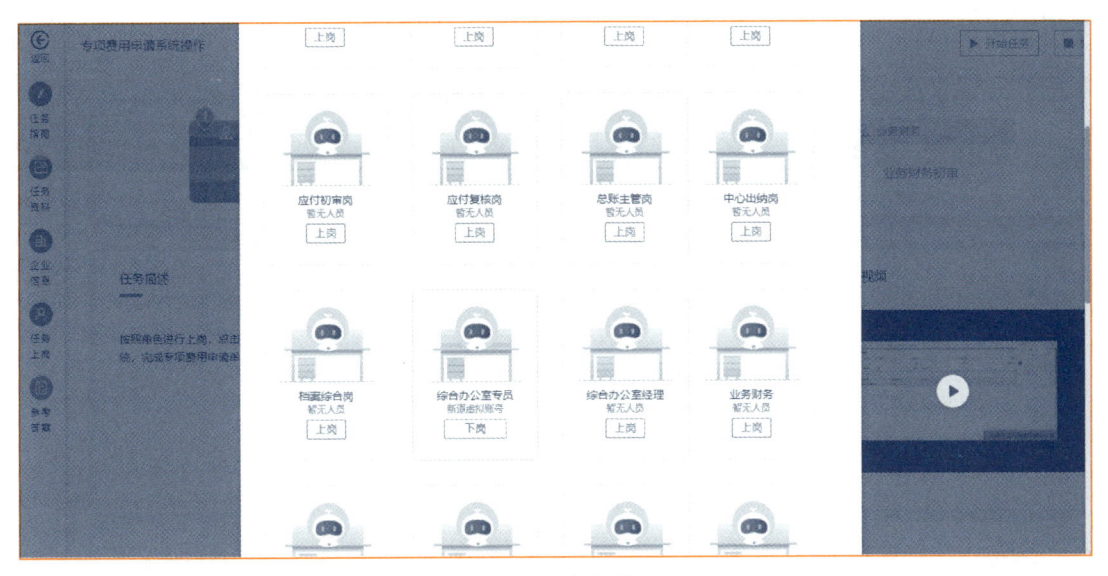

图 2-64 角色分配

### (三) 协作处理

进入财务共享服务平台，在已经启用费用报销工作流的前提下，选择相应岗位角色进行费用申请单和专项费用报销业务处理，如图 2-65、图 2-66 所示。

操作录屏：
专项费用
协作处理

图 2-65 费用申请单角色

图 2-66 专项费用报销角色

**1. 填写费用申请单（岗位角色：综合办公室专员）**

以综合办公室专员角色进入 NCC，点击"财务会计—费用管理—费用申请单"，如

图2-67所示。

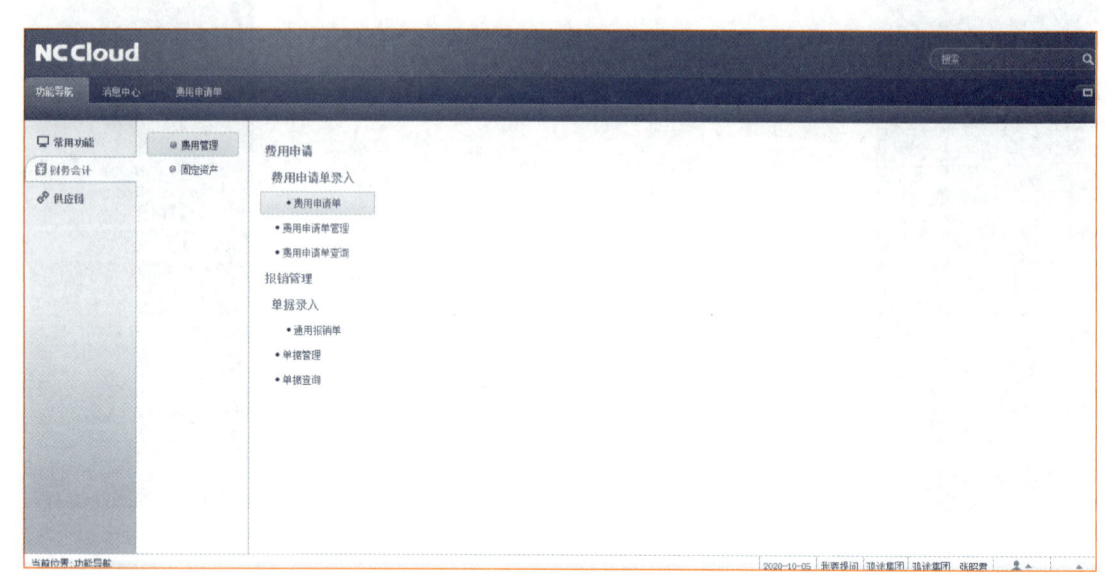

图2-67 录入费用申请单

点击"新增",单据日期选择"2019-07-05"、事由输入"会务费申请",表体金额输入"20 000.00",点击"快速分摊",分摊规则选择系统预置的01编码规则,点击"确定","费用承担部门"选择"销售服务办公室","收支项目"选择"销售费用—会务费",点击"保存提交",如图2-68所示。

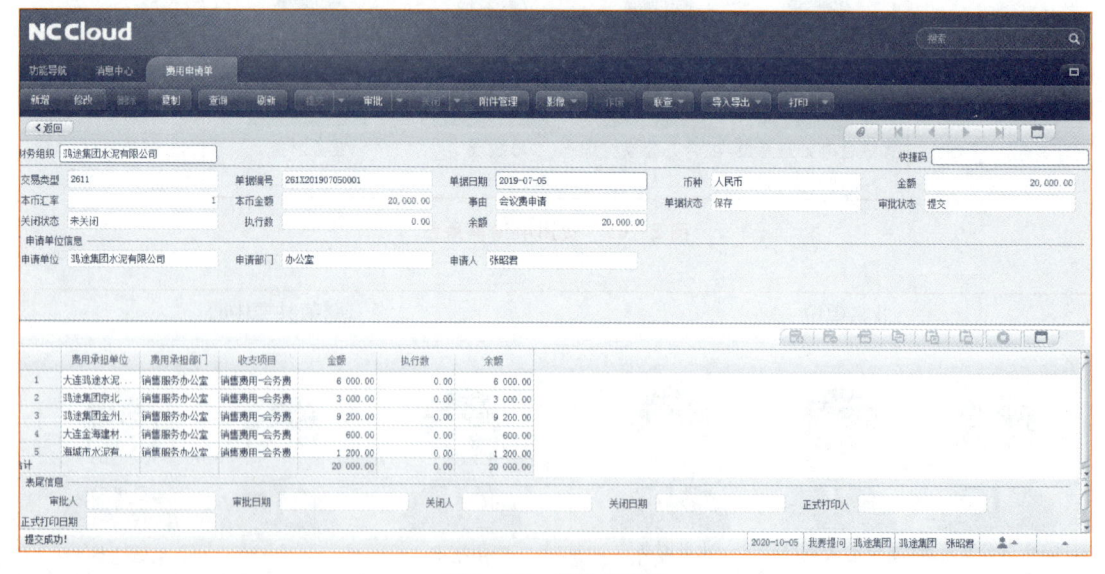

图2-68 费用申请单

**2. 业务部门审批(岗位角色:综合办公室经理)**

以综合办公室经理岗位角色进入NCC,点击"财务会计—费用管理—费用申请单管理",如图2-69所示。

图2-69　业务部门审批

点击"查询",系统弹出查询条件对话框,修改单据日期,点击"确定",如图2-70所示。

图2-70　修改单据日期

选择对应费用申请单,点击"审批"下方的"审批",系统出现执行工作任务对话框,点击"确定",系统提示审批成功,如图2-71所示。

3. 业务部门审批(岗位角色：总经理)

以总经理岗位角色进入NCC,点击"财务会计—费用管理—费用申请单管理",如图2-72所示。

项目二　费用共享业务处理

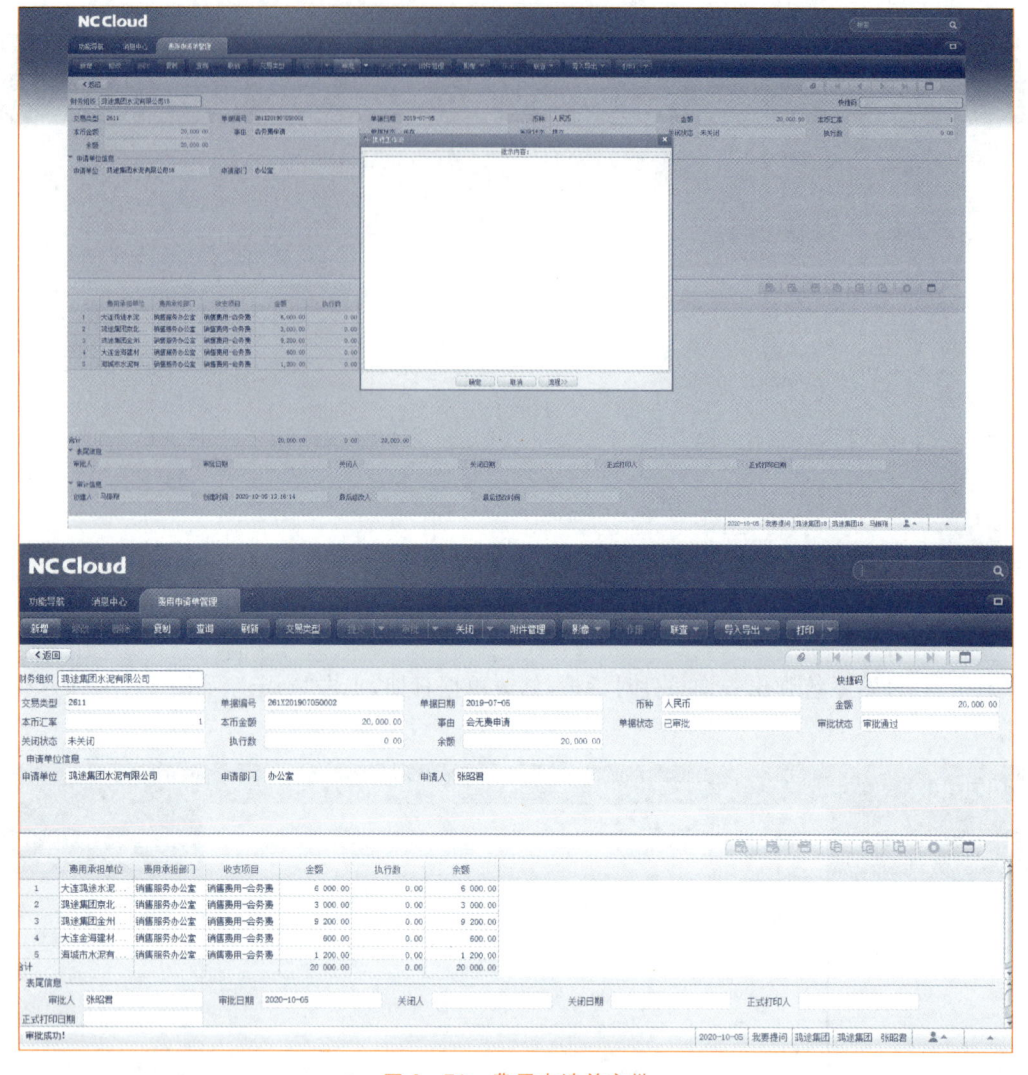

图 2-71　费用申请单审批

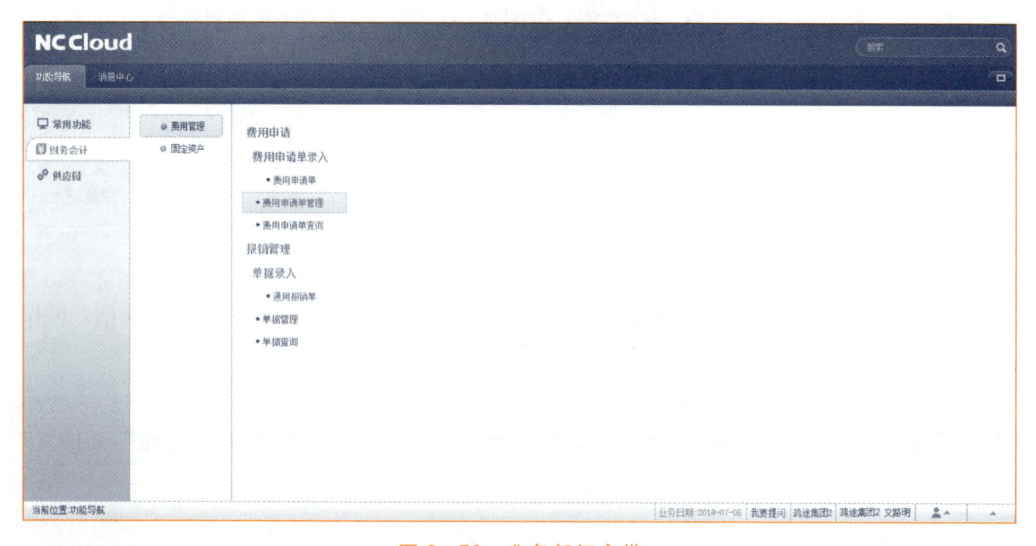

图 2-72　业务部门审批

108

点击"查询",系统弹出查询条件对话框,修改单据日期,点击"确定",如图2-73所示。

图2-73 查询条件

选择对应费用申请单,点击"审批"下方的"审批",系统出现执行工作任务对话框,点击"确定",系统提示审批成功,如图2-74所示。

图2-74 费用申请单审批

### 4. 业务财务初审(岗位角色：业务财务)

以业务财务岗位角色进入 NCC,点击"财务会计——费用管理——费用申请单管理",如图 2-75 所示。

图 2-75　费用申请单管理

点击"查询",系统出现查询条件对话框,修改单据日期,点击"确定",如图 2-76 和图 2-77 所示。

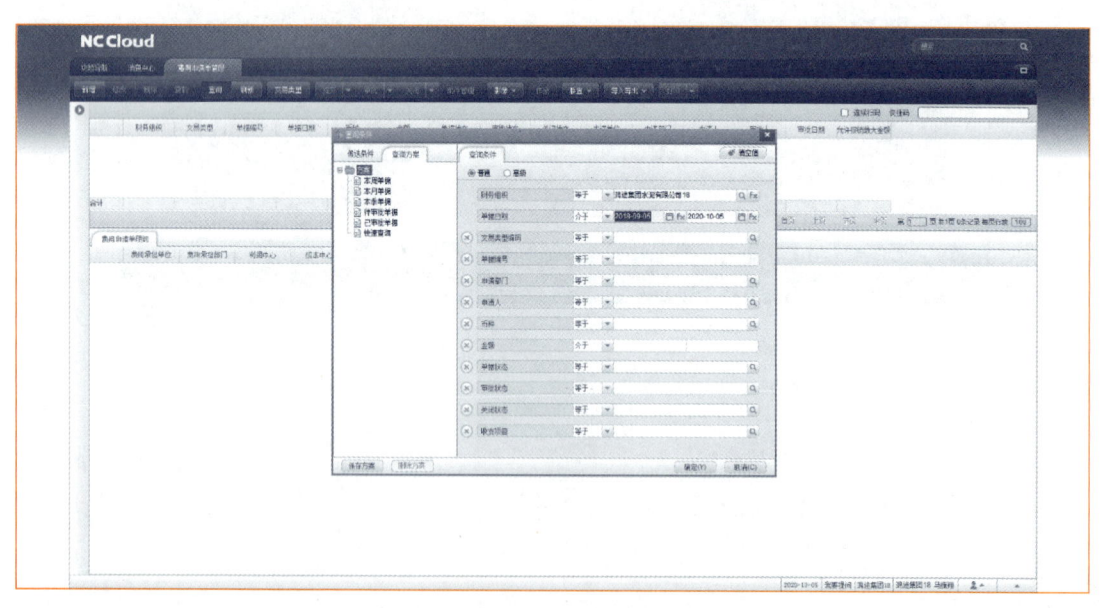

图 2-76　查询条件

点击"单据编号"进入单据,点击"审批"下方的"审批",出现审批对话框,点击"确定",如图 2-78 和图 2-79 所示。

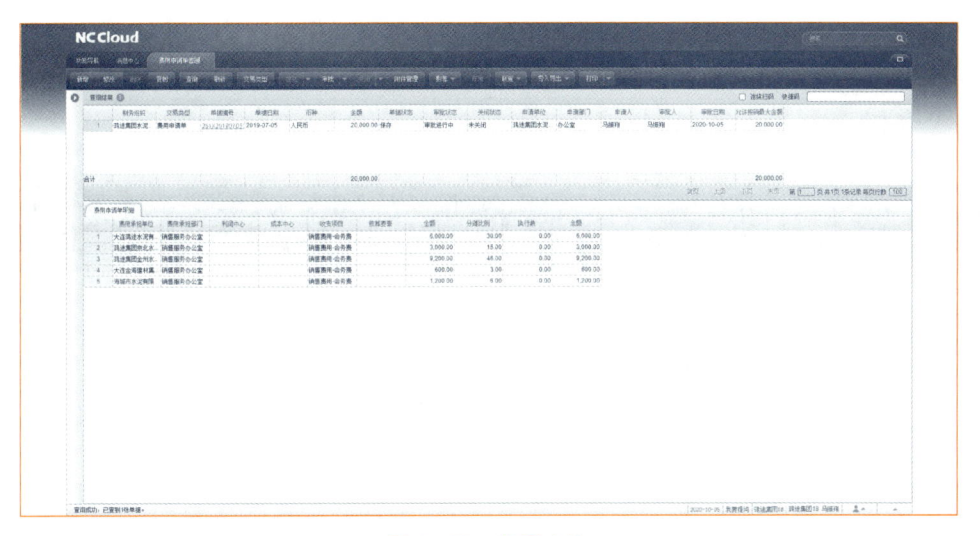

图 2-77　费用查询

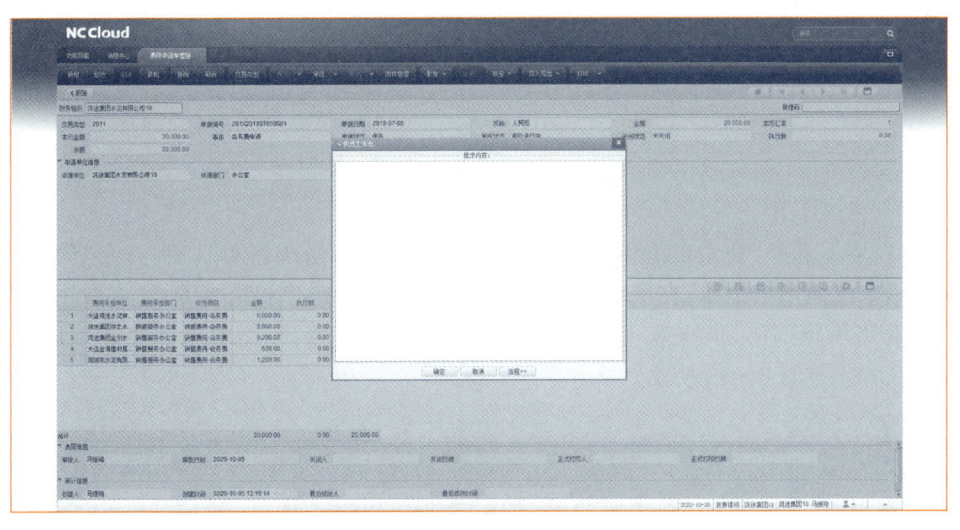

图 2-78　费用单审批

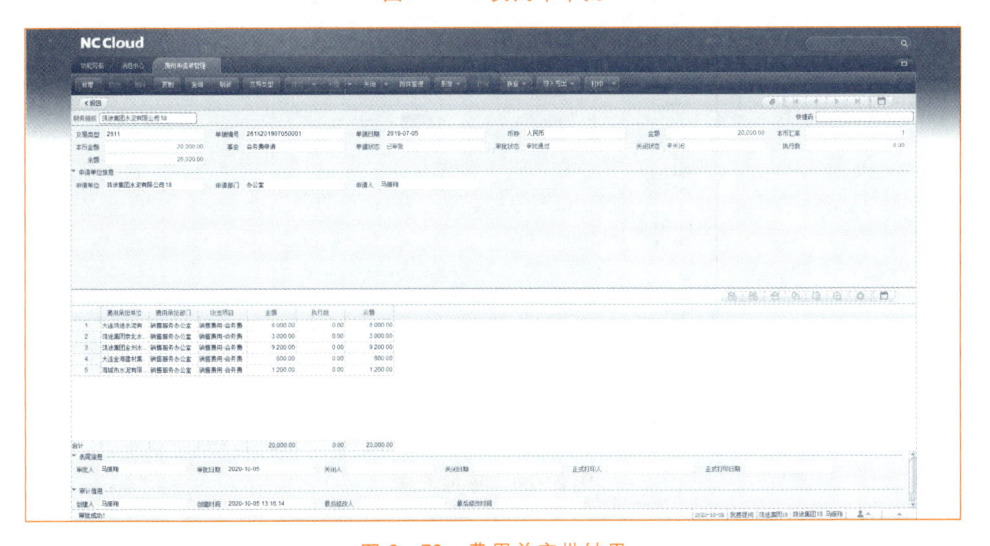

图 2-79　费用单审批结果

**5. 填制通用报销单,上传扫描件(岗位角色:综合办公室专员)**

以综合办公室专员岗位角色进入 NCC,点击"财务会计—费用管理—通用报销单",如图 2-80 所示。

图 2-80 选择通用报销单

点击"新增",选择"费用申请单",出现查询条件对话框,修改制单日期,点击"确定",参照费用申请单生成通用报销单,在支付单位信息录入单位银行账户和结算方式,在费用承担单位信息录入费用承担部门、供应商,在收款信息录入客商银行账户,全部录入完成以后点击"保存",如图 2-81 至图 2-83 所示。

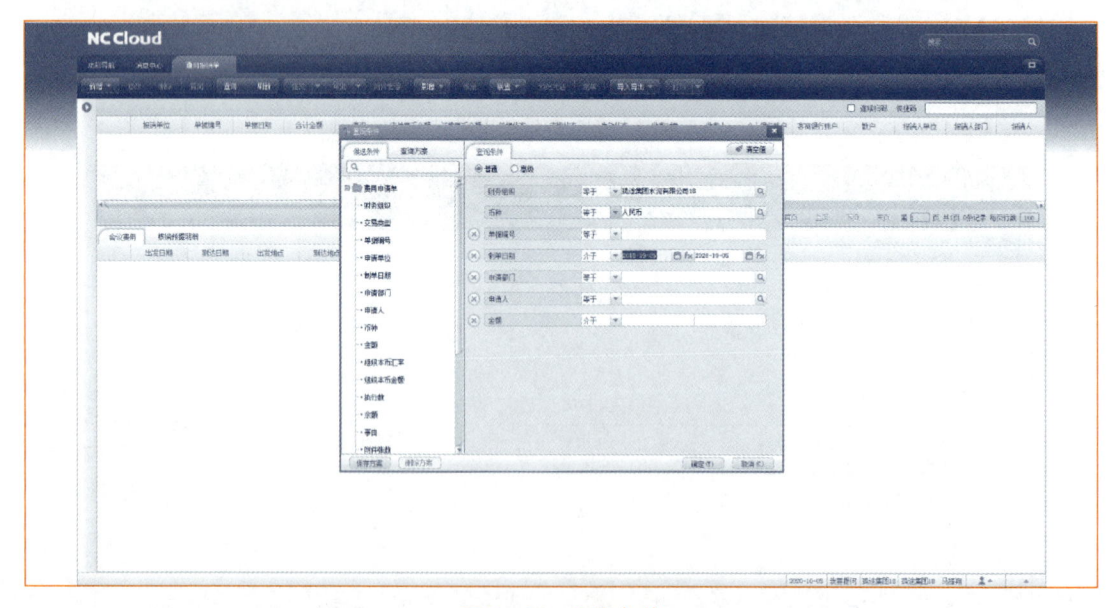

图 2-81 查询条件

点击"影像—影像扫描",扫描原始凭证,如图 2-84 所示。

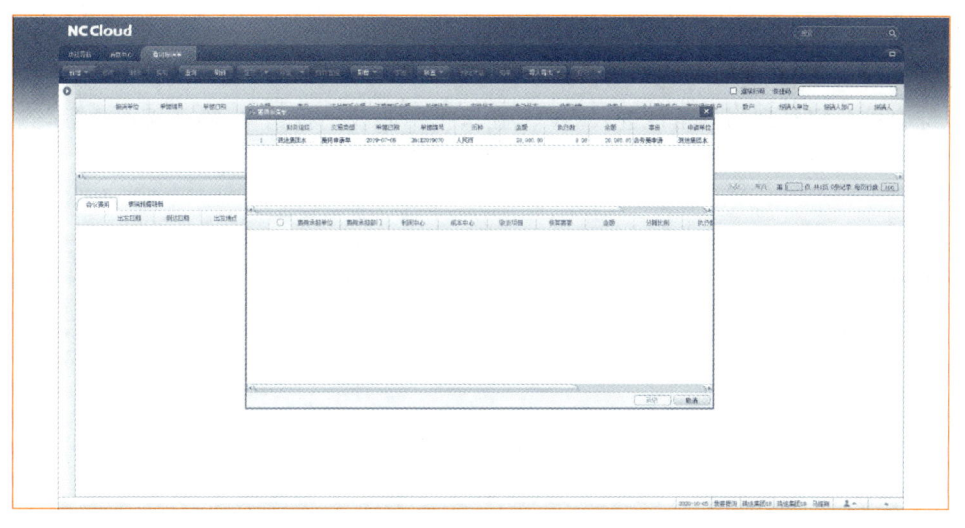

图 2-82 参照费用申请单

图 2-83 报销单信息录入

图 2-84 影像扫描

扫描完成以后,点击"提交"。

**6. 业务部门审批(岗位角色:综合办公室经理)**

以综合办公室经理岗位角色进入 NCC,在审批中心找到报销单,确认无误之后,点击"综合办公室经理角色〈批准〉"完成审批工作,如图 2-85 所示。

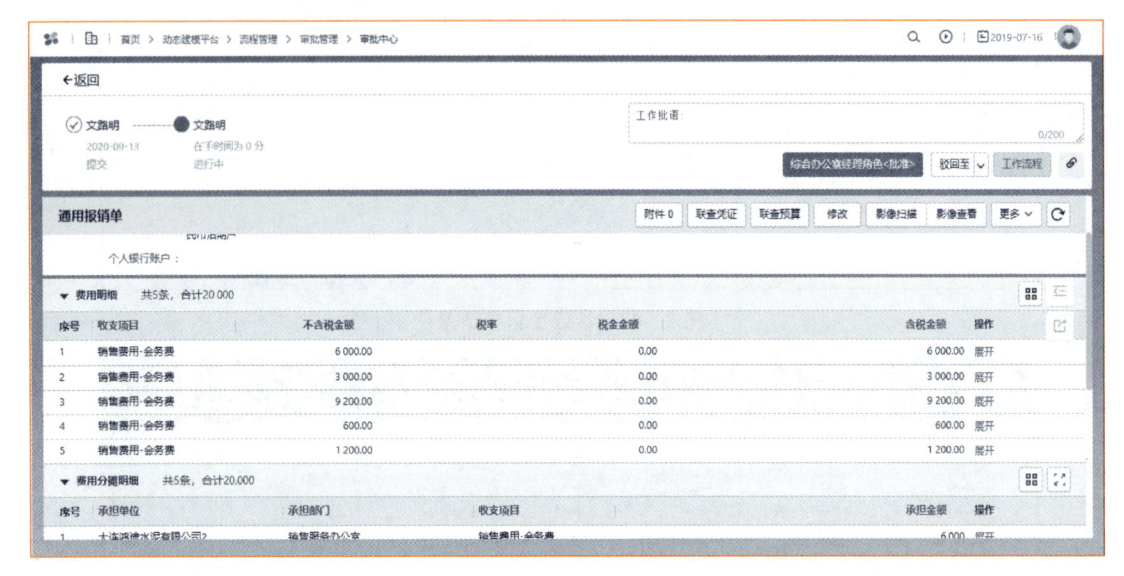

图 2-85 业务部门审批

**7. 业务财务初审(岗位角色:业务财务)**

以业务财务岗位角色登录 NCC 进入审批中心,打开传递过来的通用报销单,确认无误后,点击"业务财务角色〈批准〉"完成审批工作,如图 2-86 所示。

图 2-86 业务账务初审

### 8. 共享中心费用审核，自动生成记账凭证（岗位角色：费用初审）

以费用初审岗角色进入 NCC，进入作业平台，点击"我的作业"，通过"任务提取"的方式找到通用报销单。可以采用双屏方式进行审核，一个屏幕审核业务单据，另一个屏幕可用"影像查看"来联查相关影像资料，审核无误后点击"批准"按钮完成费用初审，系统自动生成费用报销的记账凭证，如图 2-87 所示。

图 2-87 费用初审

### 9. 支付报销款，自动生成记账凭证（岗位角色：中心出纳）

以中心出纳岗角色进入 NCC，进入资金管理系统，点击结算，进入到财务共享资金结算界面，如图 2-88 所示。

图 2-88 财务共享中心资金结算

选择对应财务组织,单据业务日期,点击查询,找到对应待结算的单据,选择"网上转账"进行支付,如图 2-89 所示。

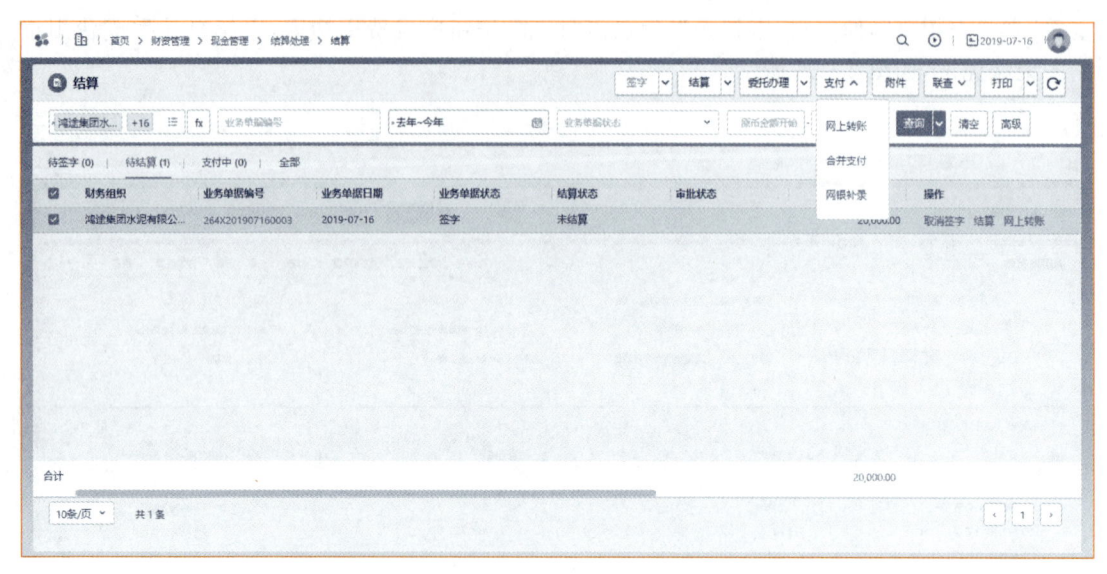

图 2-89 网上转账支付

### 10. 审核记账凭证(岗位角色:总账主管)

以总账主管岗位角色进入财务共享服务中心平台,选择"凭证审核",选择核算账簿,查询报销的相关记账凭证,进相关记账凭证进行审核。选择"凭证记账"可将相关凭证登记账簿,如图 2-90 和图 2-91 所示。

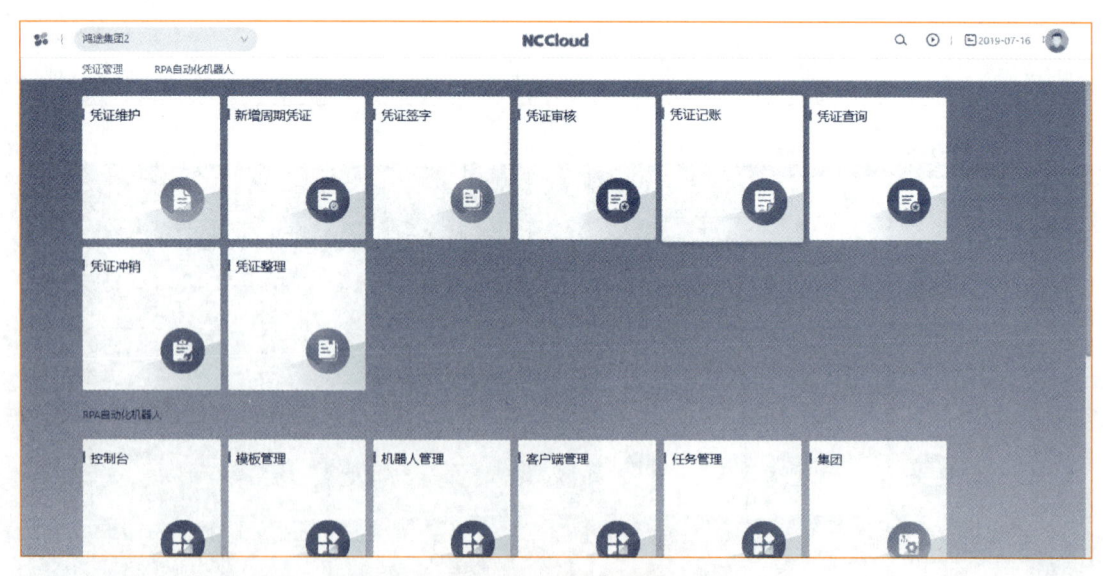

图 2-90 选择凭证审核

图 2-91 凭证审核

## 同步训练

同步训练：
项目二

同步训练：
项目二参考答案

# 项目三 采购管理与应付共享业务处理

## 学习目标

1. 熟悉采购到付款业务的一般概念、应用场景、共性流程。
2. 能够在财务共享服务平台中完成企业备品备件采购、大宗原燃料采购的采购管理与应付共享业务。
3. 能够绘制共享前后备品备件采购、大宗原燃料采购的端到端流程图。
4. 具有爱岗敬业、诚实守信的会计职业道德,精益求精的工匠精神,团队协作和沟通协调能力。

## 知识点与技能点

| 任 务 | 知 识 点 | 技 能 点 |
| --- | --- | --- |
| 任务一 备品备件采购与付款 | 常见采购业务物资分类<br>通用采购业务环节<br>集团统管的采购业务<br>分子公司的采购业务 | 备品备件采购流程现状概述<br>NCC 工作流与审批流配置<br>共享后备品备件采购业务流程设计<br>备品备件采购共享业务处理 |
| 任务二 原燃料采购与付款 | 原燃料采购业务流程设计<br>原燃料采购共享业务处理 | |
| 任务三 付款结算 | 收付款合同结算与管理的含义<br>收付款合同结算应用场景<br>收付款合同结算的现状 | 共享后付款业务流程设计<br>付款业务共享业务处理 |

## 任务一 备品备件采购与付款

### 任务描述

**案例 3-1** 鸿途集团水泥有限公司采用单共享中心模式,该集团公司所有收付款均以网银(银企直联)方式完成。为了让共享中心审核有据,所有进入 FSSC 审核的业务单据,必须随附外部原始凭证的影像。走作业组的业务单据,用影像上传的方法随附影像;不走作业组的业务单据,用拍照后添加附件的方法随附影像。

要求:

(1)绘制共享前后的备品备件采购流程图。

(2) 根据资料一和资料二,用友 NCC 完成采购订货、订货入库、应付挂账与应付付款的完整流程。

## 资 料 一

2019 年 7 月 1 日鸿途集团水泥有限公司提出物资采购需求,请购信息如下(表 3-1、表 3-2)。

表 3-1 请 购 单

| 物 料 名 称 | 需求数量 | 单价(含税) | 供 应 商 |
|---|---|---|---|
| 公制深沟球轴承 | 100 个 | 1 130 元 | 东莞市大朗昌顺五金加工厂 |

表 3-2 东莞市大朗昌顺五金加工厂送货单

出货日:2019.7.6
客　户:鸿途集团水泥有限公司
地　址:郑州市管城区第八大街经北一路 136 号
电　话:0371-82738651
联络人:范海亮

金额单位:元

| 品　名 | 规格 | 数量 | 单价 | 金额 | 发票号码 | 备注 |
|---|---|---|---|---|---|---|
| 公制深沟球轴承 | 个 | 100 | 1 130.00 | 113 000.00 | 2974371 | |

附注:如有问题请于收货三日内,电洽业务单位

| 单位主管 | 业务人员 |
|---|---|
| 袁世军 | 于俊轩 |
| 送货员 | 签收人 |
| 叶赫雯 | 罗 成 |

## 资 料 二

2019 年 7 月 10 日"公制深沟球轴承"到货并检验入库,采购发票随货同到(凭证 3-1、凭证 3-2)。

凭证 3-1

**凭证3-2**

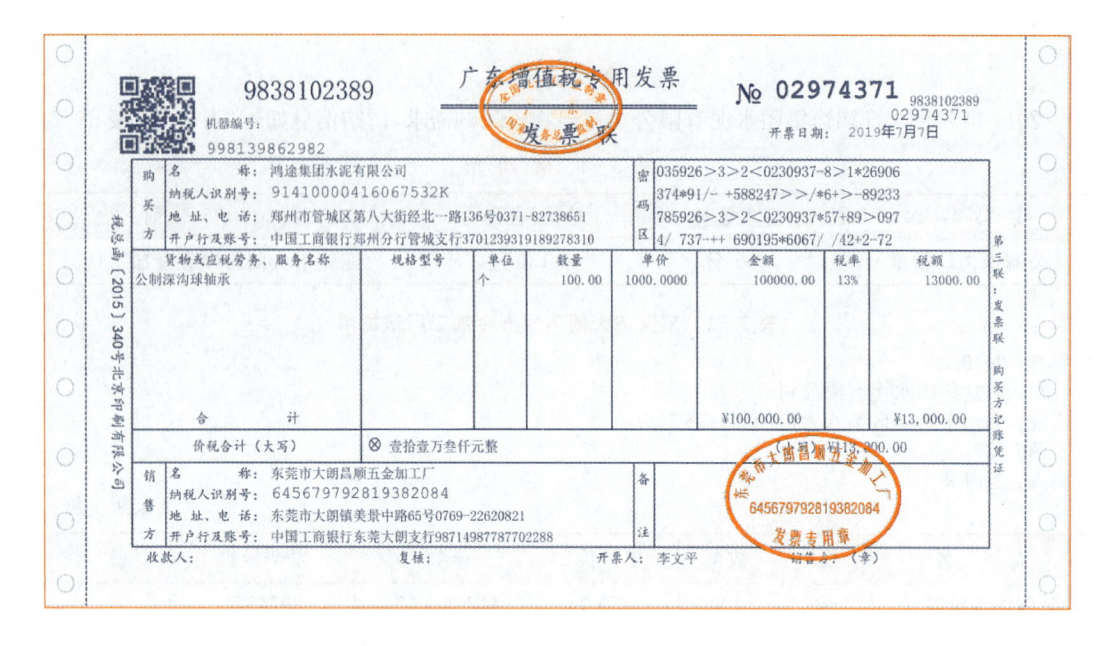

| | | | | | | | |
|---|---|---|---|---|---|---|---|
| 9838102389 | | 广东增值税专用发票 | | No. 02974371 | 9838102389 02974371 | | |
| 机器编号: 998139862982 | | | | 开票日期：2019年7月7日 | | | |

| 购买方 | 名　称：鸿途集团水泥有限公司 | 密码区 | 035926>3>2<0230937-8>1*26906 374*91/- +588247>>/*6+>-89233 785926>3>2<0230937*57+89>097 4/ 737-++ 690195*6067/ /42+2-72 |
|---|---|---|---|
| | 纳税人识别号：91410000416067532K | | |
| | 地　址、电　话：郑州市管城区第八大街经北一路136号0371-82738651 | | |
| | 开户行及账号：中国工商银行郑州分行管城支行3701239319189278310 | | |

| 货物或应税劳务、服务名称 | 规格型号 | 单位 | 数量 | 单价 | 金额 | 税率 | 税额 |
|---|---|---|---|---|---|---|---|
| 公制深沟球轴承 | | 个 | 100.00 | 1000.0000 | 100000.00 | 13% | 13000.00 |
| 合　　计 | | | | | ¥100,000.00 | | ¥13,000.00 |
| 价税合计（大写） | ⊗ 壹拾壹万叁仟元整 | | | | | | |

| 销售方 | 名　称：东莞市大朗昌顺五金加工厂 |
|---|---|
| | 纳税人识别号：645679792819382084 |
| | 地　址、电　话：东莞市大朗镇美景中路65号0769-22620821 |
| | 开户行及账号：中国工商银行东莞大朗支行98714987787702288 |

收款人： 　复核： 　开票人：李文平 　销售方：（章）

2019年7月15日，公司完成该笔款项支付。

## 知识准备

*微课视频：备品备件采购与付款*

### 一、采购业务介绍

#### （一）常见采购业务物资分类

不同物资类别，业务特征不同，采购业务控制关键点有所不同：

（1）工业企业的物资，一般分为生产主要原材料、辅材、资产设备、备品备件与工具、办公劳保等低值易耗品。

（2）商业企业的物资一般为商品。

（3）服务型行业的物资，可以分为资产设备、项目物资、运维物资等。

#### （二）通用采购业务环节

通用采购业务环节包括合同、订单、收货、入库、发票、付款等，具体如图3-1所示。

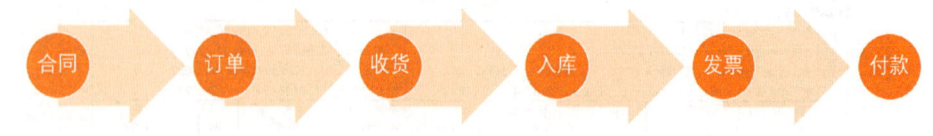

合同 → 订单 → 收货 → 入库 → 发票 → 付款

图3-1 通用采购业务环节

### 二、鸿途集团采购业务

#### （一）鸿途集团物资类别及其特征

（1）大宗原材料类物资：一般种类少，采购数量大，金额较高，通常按合同采购。

（2）备品备件类物资：数量少，品类多，易产生库存。

(3) 消耗性物资：办公、劳保等低值易耗品，通常计入企业经营或管理费用。

(4) 设备资产类物资：单件价值高，全生命周期管理。

**(二) 集团统管的采购业务**

(1) 原煤的采购由商贸公司统一管理，分别通过中原裕阔商贸有限公司和大连宇阔商贸有限公司为河南区域和东北区域水泥公司提供原煤供应，一般采取议价模式签订合同，供应价格不会高于市场价；水泥公司将中原裕阔商贸有限公司和大连宇阔商贸有限公司视为供应商。

(2) 统管物资包括天然石膏、水泥包装袋、耐火砖、火浇注料、铸钢高铬球钢锻、耐热钢件(含锚固钉)、收尘滤袋、喷码机油墨清洗剂、破碎机锤头、输送胶带、斜槽帆布、球磨机衬板、复合耐磨板、链条、料斗、皮带机托辊、余热发电水处理药剂、润滑油脂、轴承、工作服等，由水泥公司物资部通过招标进行采购。

(3) 工程装备部统管一部分物资，如维修、小型电器等，由工程装备部直接招标购买。

(4) 集团采购合同与分(子)公司自采，采购合同没有使用 NCC 系统进行控制与管理，手工操作，因此不能对合同条款、合同执行、合同监控等各方面进行有效管理与控制。

**(三) 分(子)公司的采购业务**

*1. 供应商管理制度*

在招标的过程中对供应商的资质进行审查，审核标准参照准入规则和管理办法。对供应商的考核指标包括：价格、质量、信誉度、售后服务、交货能力。统管的供应商考核需要打分，自采的没有考核打分，只进行评价。

*2. 采购日常业务*

总部与分(子)公司之间无法实现采购数据、供应商、采购价格的共享。采购一般都没经济批量，采购数量的控制比较严格，不允许超请购计划采购；采购计划的跟踪，只关注库存数量，不关注采购计划执行后是否使用，长时间不使用的物资计划不进行考核。

*3. 采购效率现状*

采购计划的平衡分配到多个部门，流程烦琐、效率不高；采购过程通过比质比价、优质优价的原则。平均每个月的采购资金 4 000 万元，在大修的情况下采购资金会更高。

**(四) 分(子)物资统管分类(表 3-3)**

表 3-3 分(子)物资统管分类

| 类　　别 | 物　资　名　称 |
| --- | --- |
| A 类物资 | 原煤、熟料(只针对粉磨站)、石膏、粉煤灰、其他混合材、水泥助磨剂、水泥包装袋、耐火材料、耐磨材料 |
| B 类物资 | 汽油、柴油、电器材料、轴承螺栓、篷布、橡胶制品、油脂化工、钢材、木材、量刃工具、建筑五金水暖等 |
| C 类物资 | 低值易耗品、劳动保护用品、办公用品等 |
| D 类物资 | 大型、通用设备备品备件 |

# 三、集团企业集中采购业务场景

**(一) 集中采购**

集团企业集中采购的典型流程如图 3-2 所示。

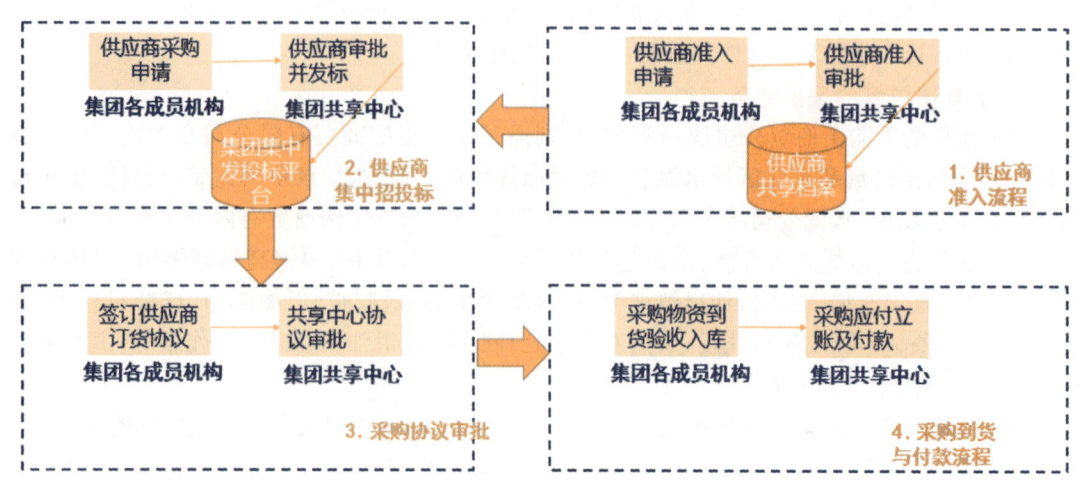

图 3-2 集团企业集中采购的典型流程

**（二）电子招投标**

集团企业电子招投标的典型流程如图 3-3 所示。

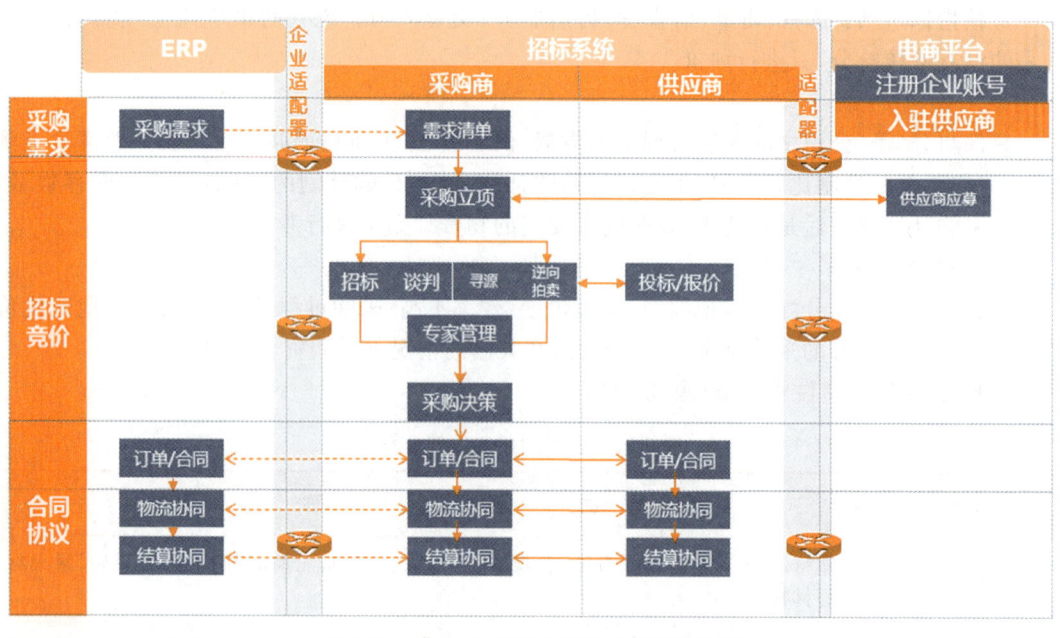

图 3-3 集团企业电子招投标的典型流程

## 任务实施

### 一、现状分析

**（一）备品备件结算**

备品备件结算包括对购进的经仓库验收、发放的备品备件、机物料消耗、办公用品等进行结算。备品备件需使用部门派人质检后才能验收入库，如立磨配件、铲车配件、挖掘机配件、减速机配件、轴承、电机、电极、抛丸磨光片等,供应商开具增值税专用发票,按供应处领导签批意见入账同时冲预付款、扣除质保金。

(二) 流程现状概述

鸿途集团备品备件采购需要经过以下 4 个步骤:

(1) 采购订货。对于备品备件的采购,由各子公司的供应处直接向供应商下达订单、启动采购流程。

(2) 订货入库。收到供应商发来的采购货物后,进行验货、质检并登记入库。

(3) 应付挂账。收到供应商的采购发票后,根据双方约定的付款条件延后付款,鸿途集团确认对供应商的应付账款。

(4) 应付付款。达到对供应商付款条件后,发起支付流程、冲销应付账款。

(三) 详细现状流程图

1. 采购订货流程(图 3-4)
2. 订货入库流程(图 3-5)

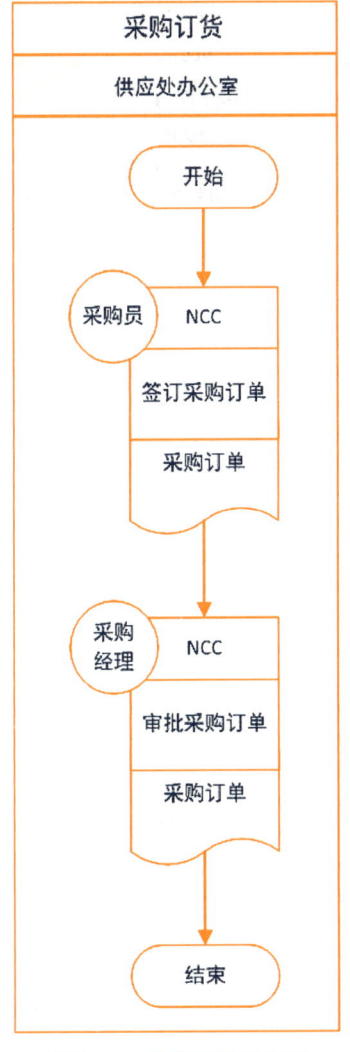

图 3-4 采购订货流程图

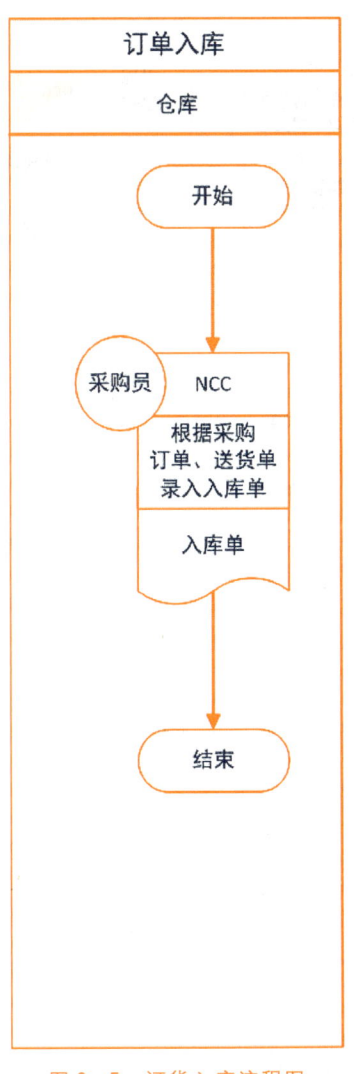

图 3-5 订货入库流程图

3. 应付账款确认流程(图 3-6)
4. 支付应付账款流程(图 3-7)

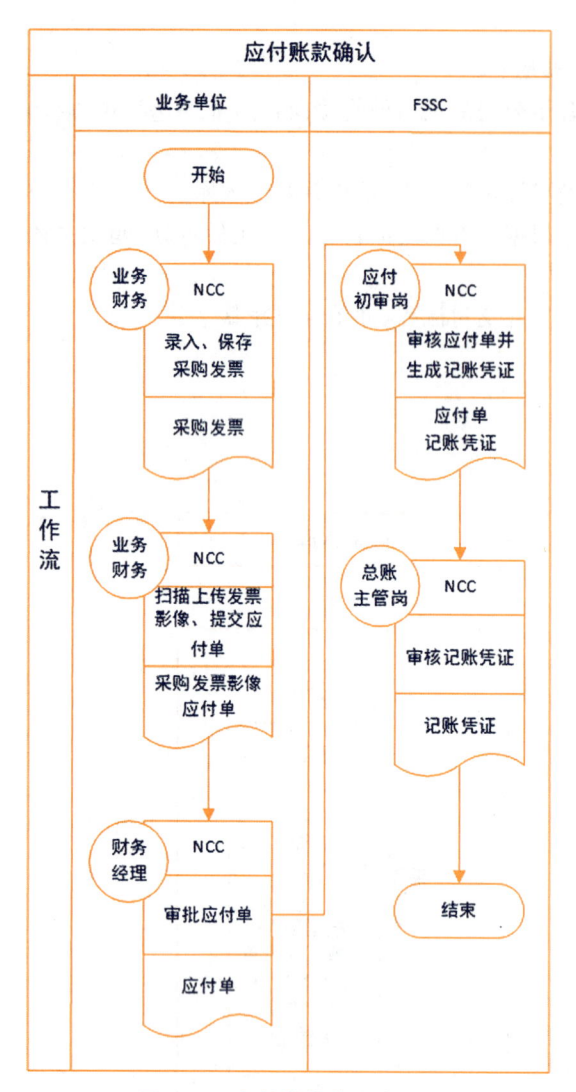

图 3-6　应付账款确认流程图

图 3-7　支付应付账款流程图

## 二、规划设计

规划财务共享服务业务单据如表 3-4 所示。

表 3-4　财务共享服务业务单据

| 序号 | 名称 | 是否进 FSSC | 是否属于作业组工作 | 流程设计工具 | 是否需启动 |
| --- | --- | --- | --- | --- | --- |
| 1 | 采购订单 | N | — | 审批流 | Y |
| 2 | 入库单 | N | — | 审批流 | N |
| 3 | 采购发票 | N | — | 审批流 | N |
| 4 | 应付单 | Y | Y | 工作流 | Y |
| 5 | 付款单 | Y | Y | 工作流 | Y |

【小贴士】
◇ 是否进 FSSC：表示该业务单据的处理过程是否需要财务共享服务中心参与。Y 表示需要，N 表示不需要。
◇ 是否属于作业组工作：表示是否需要分配到某个 FSSC 作业组、必须由该组成员从作业平台上提取进行处理。Y 表示属于，N 表示不属于。只有进 FSSC 的业务单据才有这个选择。
◇ 流程设计工具：是指用 NCC 的哪一个流程平台来对该业务单据进行流程建模。NCC 中有"业务流""工作流""审批流"三种流程建模平台，在本课程实训环节，业务流部分已经预置到教学平台中，因此只需要进行工作流或审批流的建模。

## 三、业务实操

### （一）NCC 工作流与审批流配置

被组长分配了系统管理员角色的学生，进入 NCC，进行工作流和审批流的配置。

【注意】
◇ 本课程配置工作流或审批流时，都可直接配置在集团上，即使用 NCC 的"动态建模平台—流程管理—审批流定义—集团"菜单或"动态建模平台—流程管理—工作流定义—集团"菜单。
◇ 给指定单据配置工作流或审批流时，可以直接在单据上配置（图 3-8）。但是，如果不同采购流程下的工作流或审批流有差异，如"采购订单"的审批流在本节"备品备件采购"业务场景下与本课程后续内容"固定资产采购"业务场景下有差异时，就必须配置在单据的下一级上（图 3-9）。NCC 系统先找下一级的工作流或审批流执行，下一级没有适用的则再找上一级的工作流或审批流执行。

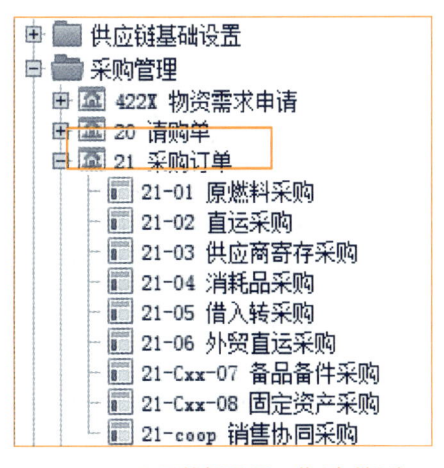

图 3-8　配置单据通用工作(审批)流 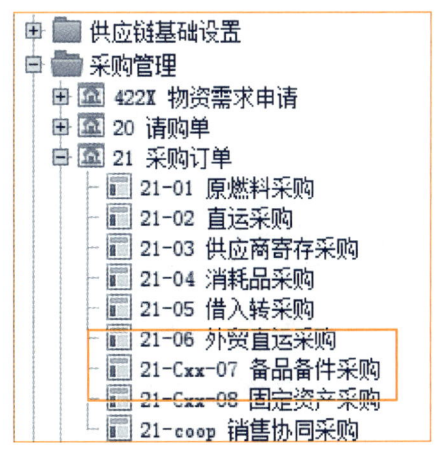　　图 3-9　配置单据特殊工作(审批)流

项目三　采购管理与应付共享业务处理

**(二) 业务处理**
**1. 采购订货**

(1) 以"采购员"的角色进入 NCC 平台。选择采购订单维护,如图 3-10 所示。

图 3-10　选择采购订单维护

(2) 采购订单维护。

启用审批流、工作流时,点击查询,启用与采购订单业务有关的流程,如图 3-11 和图 3-12 所示。

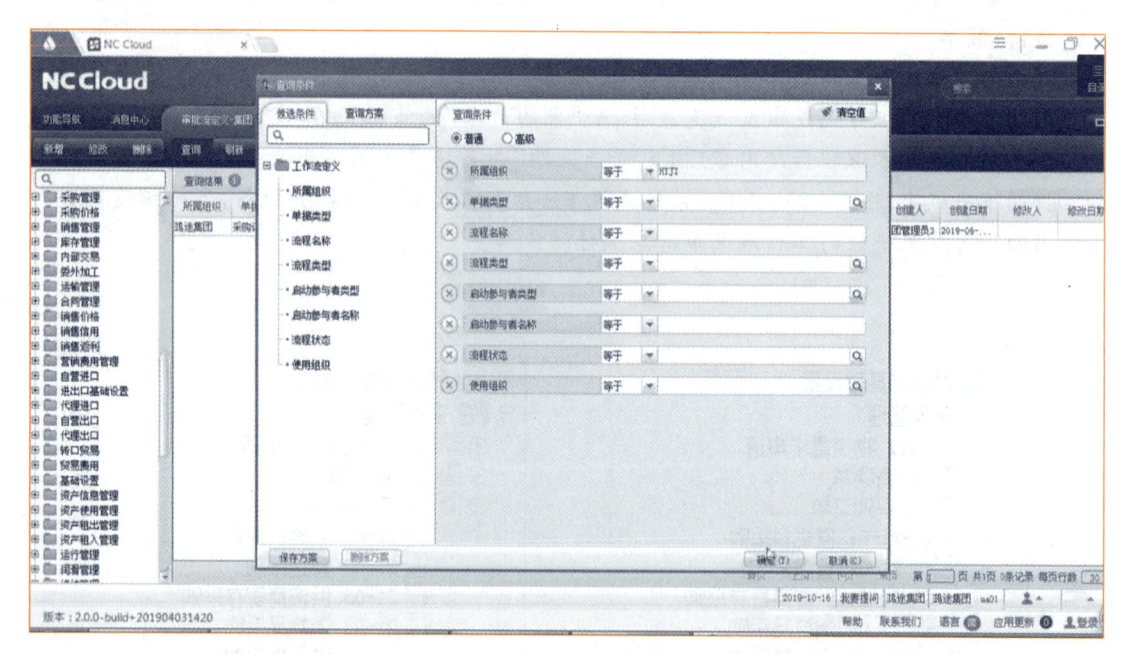

图 3-11　查询条件

(3) 录制采购订单,选择订单维护—新增(录之前切换日期),先选择备品备件采购,如图 3-13 所示。

(4) 选择供应商—外部供应商,物料编码—采购原材料—选择轴承,如图 3-14 和图 3-15 所示。

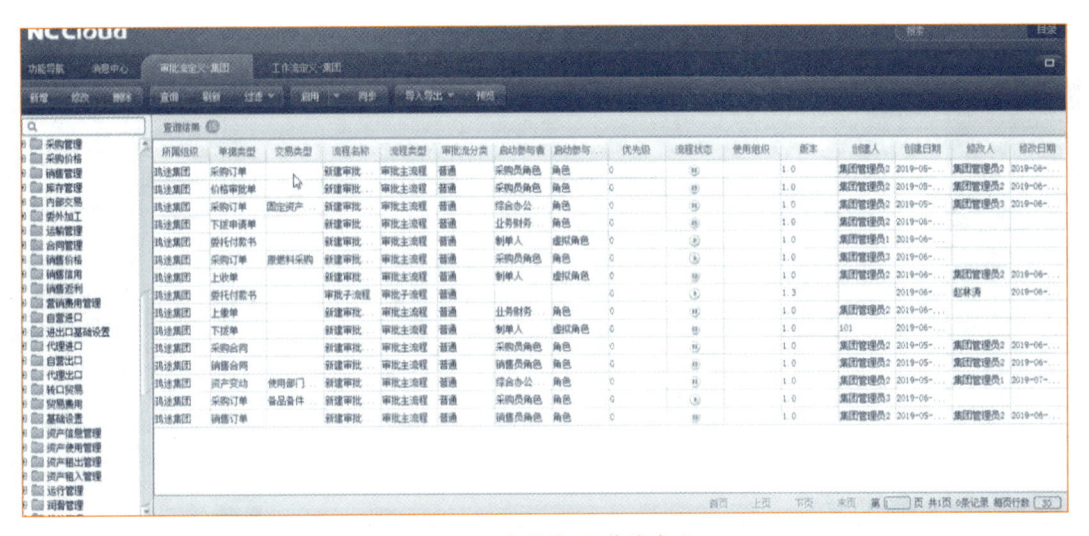

图 3-12　审批流、工作流定义

图 3-13　选择备品备件采购

图 3-14　选择外部供应商

图 3-15 选择流动轴承

(5) 信息无误后,点击"保存"按钮进行提交,如图 3-16 所示。

图 3-16 保存订单

### 2. 审批采购订单

(1) 以"采购经理"的角色进入系统,打开待审批采购订单,如图 3-17 所示。

图 3-17 打开待审批订单

(2) 进行采购订单审批,双击查看采购订单的详情页面,核对基本信息后,点击批准,采购经理审批,如图 3-18 所示。

图 3-18  采购订单审批

### 3. 订货入库

（1）以"仓管员"的身份进入系统，如图 3-19 所示。

图 3-19  仓管员角色进入

（2）点击采购入库，切换日期到 7 月 10 日，如图 3-20 和图 3-21 所示。

图 3-20  选择采购入库单

图 3-21 切换日期

(3) 选择"新增—采购业务入库",如图 3-22 所示。

图 3-22 新增采购业务入库

(4) 筛选组织、日期,查询采购订单,如图 3-23 所示。

图 3-23 查询采购订单

(5) 生成入库单,选择仓库,为"备品备件库",如图 3-24 所示。

图 3-24 选择仓库

(6) 单击"自动取数",系统对实收数量自动取数,如图 3-25 所示。

图 3-25 自动取数

(7) 保存并签字。

单击"签字"按钮,进行保存签字,如图 3-26 所示。

图 3-26 保存签字

4. 应付账款确认

(1) 以业务财务角色进入 NCC 系统,如图 3-27 所示。

图 3-27 业务财务角色进入

(2) 切换日期到 7 月 10 日,点击采购发票维护,新增收票,如图 3-28 所示。

项目三　采购管理与应付共享业务处理

图3-28　新增收票

（3）选择组织、日期并查询入库单，如图3-29所示。

图3-29　查询入库单

（4）生成发票。

填写发票信息后，点击"保存"按钮并提交，如图3-30所示。

图3-30　生成发票

5. 支付应付账款

（1）选择应付管理，如图3-31所示。

图3-31　选择应付单管理

132

(2) 双击选择审批状态为"自由"的应付单,如图 3-32 所示。

图 3-32　应付单查询

(3) 点击"更多",进行影像扫描,如图 3-33 所示。

图 3-33　影像扫描

(4) 扫描后,进行提交,如图 3-34 所示。

图 3-34　影像提交

6. 审批付款单(财务经理)

(1) 以财务经理角色进入 NCC 系统,如图 3-35 所示。
(2) 进入审批中心,选择待审批单据,如图 3-36 所示。
(3) 在应付单详情页面,确认信息无误后,点击审批,如图 3-37 所示。

图 3-35 财务经理角色进入

图 3-36 选择待审应付单

图 3-37 应付单审批

7. 审批付款单（应付初审）

（1）以应付初审角色进入 NCC 系统，如图 3-38 所示。

图 3-38　应付初审角色进入

（2）点击待提取的单据，如图 3-39 所示。

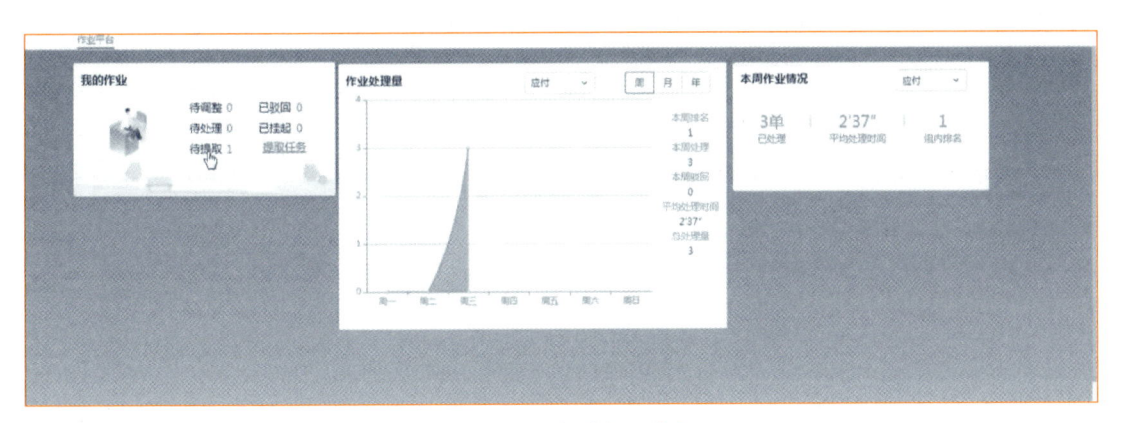

图 3-39　选择待提取单据

（3）双击任务提取，基本信息确认无误后，点击"批准"按钮，如图 3-40 所示。

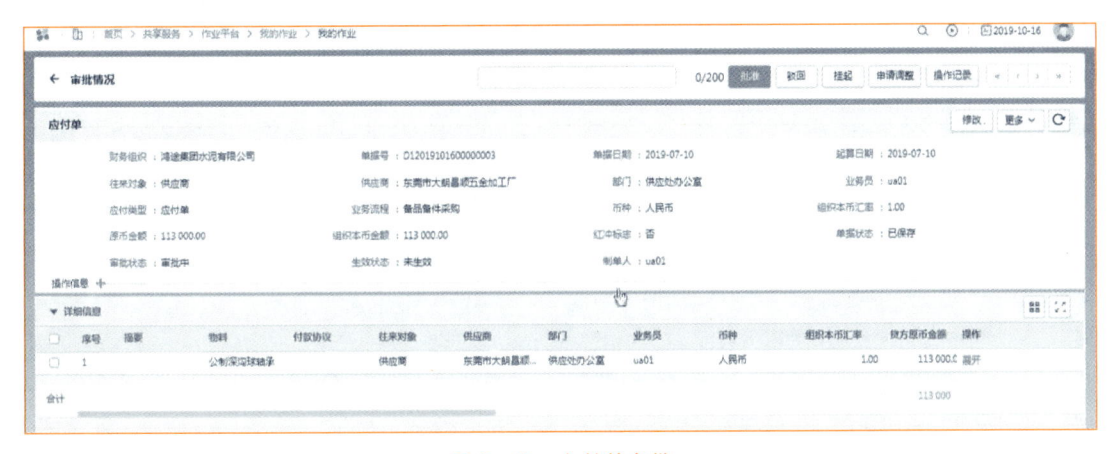

图 3-40　应付单审批

### 8. 审核记账凭证

(1) 以总账主管角色进入 NCC 系统，如图 3-41 所示。

图 3-41　总账主管角色登录

(2) 点击凭证审核，进行组织、日期筛选并查询凭证，进行审核，如图 3-42 和图 3-43 所示。

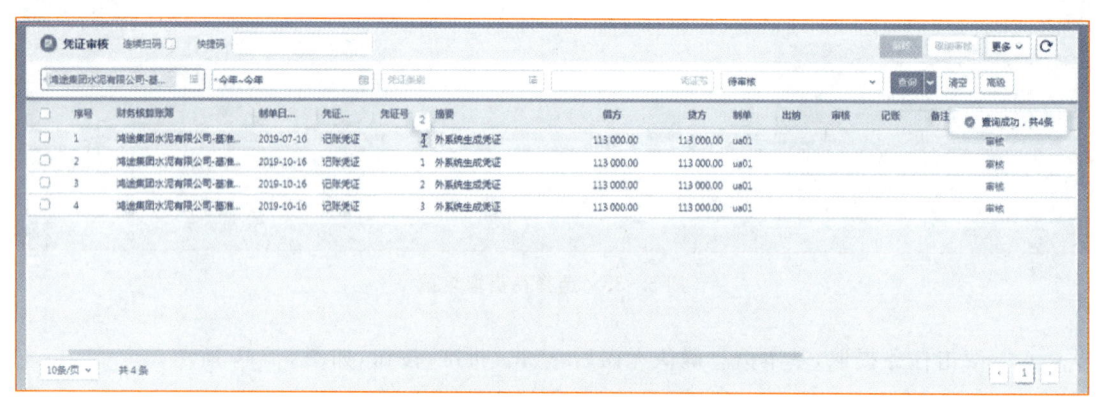

图 3-42　凭证审核查询

图 3-43　凭证审核

## 任务二　原燃料采购与付款

### 任务描述

**案例 3-2**　接[案例 3-1],完成如下要求。

**要求:**

(1) 绘制共享前和共享后的原燃料采购流程图。

(2) 根据资料三,用友 NCC 完成供应商准入、询价、签订采购合同、采购到货入库、应付挂账与应付付款的完整流程。

资　料　三

◇ 供应商准入

2019 年 7 月 3 日,鸿途集团水泥有限公司根据业务需要,申请新增一家石膏供应商:郑州瑞龙有限公司(联系人:刘捷;职位:销售代表;手机联系方式:18255674432),连带此供应商的营业执照副本复印件(凭证 3-3)提交提批。经过审定,决定将此供应商纳入公司正式供应商名录(供应商准入目的组织为集团;供应商编码:G300550),有效期截至 2019 年 12 月 31 日。

凭证 3-3

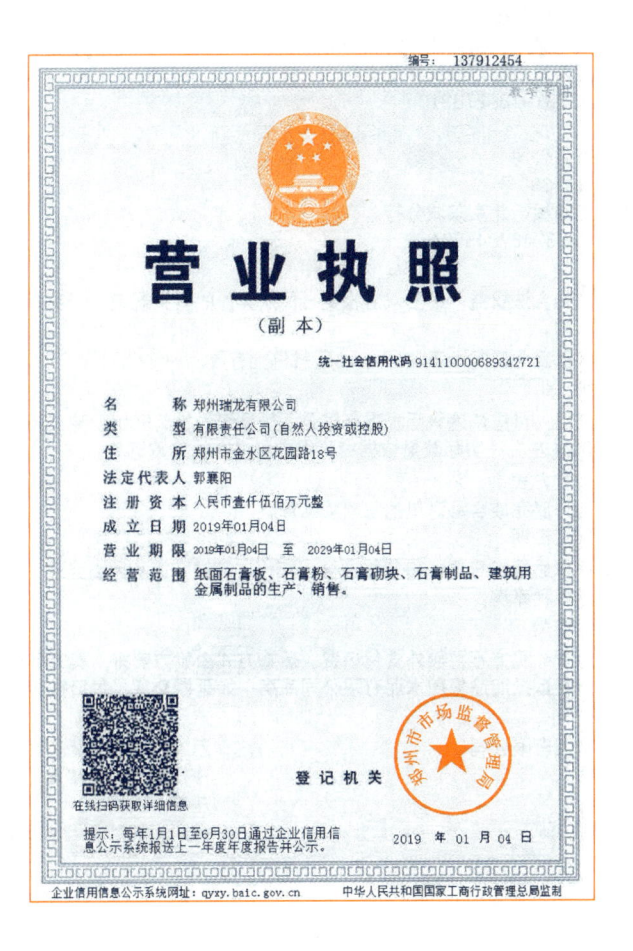

营业执照(副本)

编号:137912454
统一社会信用代码 914110000689342721
名　称　郑州瑞龙有限公司
类　型　有限责任公司(自然人投资或控股)
住　所　郑州市金水区花园路18号
法定代表人　郭襄阳
注册资本　人民币壹仟伍佰万元整
成立日期　2019年01月04日
营业期限　2019年01月04日 至 2029年01月04日
经营范围　纸面石膏板、石膏粉、石膏砌块、石膏制品、建筑用金属制品的生产、销售。

登记机关　郑州市市场监督管理局
2019 年 01 月 04 日

提示:每年1月1日至6月30日通过企业信用信息公示系统报送上一年度年度报告并公示。

企业信用信息公示系统网址:qyxy.baic.gov.cn　中华人民共和国国家工商行政管理总局监制

◇ 询价

2019年7月5日,公司进行下半年原煤价格评估,并在找煤网上进行询价,有三家供应商发来价格信息,询价表如表3-5所示。

表3-5 询价表

| 供应商 | 含税单价/(元/吨) |
| --- | --- |
| 陕西黑龙沟矿业有限责任公司 | 553.70 |
| 中煤集团有限公司 | 565 |
| 神华乌海能源有限公司 | 621.50 |

最后经过综合评估,将下半年的原煤价格确定为565元/吨(含税,增值税税率13%),由中煤集团有限公司负责供应,并签订原煤供应合同。

◇ 签订采购合同

2019年7月10日鸿途集团水泥有限公司与中煤集团有限公司签署《采购合同(合同编码:PC20190100)》,签约信息详见纸质合同(凭证3-4)。

**凭证3-4**

## 原煤采购合同

合同编号:PC20190100

甲方:鸿途集团水泥有限公司
地址:郑州市管城区第八大街经北一路136号
开户银行:中国工商银行郑州分行城管支行
银行账号:37012393191189278310

乙方:中煤集团有限公司
地址:北京市二环路390号
开户银行:中国工商银行北京东城分行
银行账号:6000240324878452341

为了保护甲乙双方的合法权益,甲乙双方根据《民法典》的有关规定,经友好协商,一致同意签订本合同。
本合同自双方签字盖章之日起,至2019年12月31日止有效。
一、采购合同明细
乙方为甲方提供原煤,供应鸿途集团水泥有限公司的原煤价格为500元/吨(不含增值税),月供应数量为1000吨左右,实际数量依据每月甲方所提交的采购订单。
二、付款时间与付款方式
发票随货,并于当月底完成当月订单的总款项结算。
三、交货地址及到货日期
乙方在发出采购订单后的10日内,将货物送至:郑州市管城区第八大街经北一路136号鸿途集团水泥有限公司原燃料库房。
四、运输方式与运输费
合同金额已包含运费,买方不再额外支付运费。运输方式由卖方安排,卖方务必确保按合同的"到货日期"将货物运抵鸿途集团水泥有限公司库房;如延期交货,每日按该笔货物金额的2%收取。

甲方:鸿途集团水泥有限公司
授权代表:范海鬼
盖章
日期:2019年7月10日

乙方:中煤集团有限公司
授权代表:王富国
盖章
日期:2019年7月10日

◇ 采购到货入库

(1) 2019 年 7 月 15 日鸿途集团水泥有限公司提出物资采购订单需求，订单信息如下：

表 3-6 采购订单需求

| 项目名称 | 需求数量 | 供应商 |
| --- | --- | --- |
| 原煤 | 1 000 吨 | 中煤集团有限公司 |

(2) 2019 年 7 月 21 日"原煤"过磅，到货并检验入库，发票随货同到。

表 3-7 发票信息

| 项目名称 | 需求数量 | 含税单价 | 价税合计 | 税率 | 税额 | 供应商 |
| --- | --- | --- | --- | --- | --- | --- |
| 原煤 | 1 000 吨 | 565.00 元 | 565 000.00 元 | 13% | 65 000.00 元 | 中煤集团有限公司 |

凭证 3-5

**中煤集团有限公司送货单**

出货日：2019.7.6
客户：鸿途集团水泥有限公司
地址：郑州市管城区第八大街经北一路136号
电话：0371-82738651
联络人：范海亮

| 品名 | 规格 | 数量 | 单价 | 金额 | 发票号码 | 备注 |
| --- | --- | --- | --- | --- | --- | --- |
| 原煤 | 吨 | 1000 | 565.00 | 565 000.00 | 78332165 | |

附注：如有问题请于收货三日内，电洽业务单位

| 单位主管 | 业务人员 |
| --- | --- |
| 李将豪 | 吴宇 |
| 送货员 | 签收人 |
| 王伟 | 罗成 |

◇ 应付挂账

2019 年 7 月 29 日，公司确认应付账款。

◇ 应付付款

2019 年 7 月 31 日，公司完成付款。付款信息如表 3-8 所示。

表 3-8 付款信息

| 供应商名称 | 付款金额 | 收款账户 |
| --- | --- | --- |
| 中煤集团有限公司 | 565 000.00 元 | 中国工商银行股份有限公司东城支行 |

### 凭证 3-6

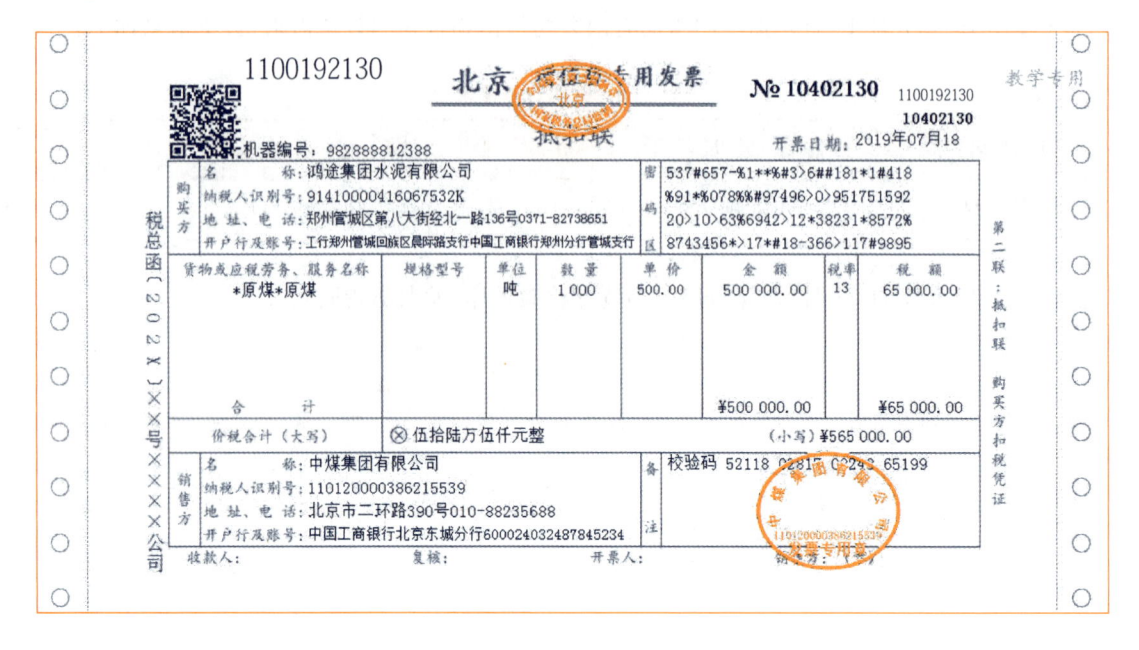

| | | | | | |
|---|---|---|---|---|---|
| 购买方 | 名　称：鸿途集团水泥有限公司<br>纳税人识别号：914100004160675832K<br>地　址、电　话：郑州管城区第八大街经北一路136号0371-82738651<br>开户行及账号：工行郑州管城回族区晨际路支行中国工商银行郑州分行管城支行 | | | 密码区 | 537#657-%1**%#3>6##181*1#418<br>%91*%078%%#97496>0>951751592<br>20>10>63%6942>12*38231#8572%<br>8743456*>17*#18-366>117#9895 |
| 货物或应税劳务、服务名称 | 规格型号 | 单位 | 数量 | 单价 | 金额 | 税率 | 税额 |
| *原煤*原煤 | | 吨 | 1 000 | 500.00 | 500 000.00 | 13 | 65 000.00 |
| 合　计 | | | | | ¥500 000.00 | | ¥65 000.00 |
| 价税合计（大写） | ⊗ 伍拾陆万伍仟元整 | | | | （小写）¥565 000.00 | | |
| 销售方 | 名　称：中煤集团有限公司<br>纳税人识别号：110120000386215539<br>地　址、电　话：北京市二环路390号010-88235688<br>开户行及账号：中国工商银行北京东城分行600024032487845234 | | | 备注 | 校验码 52118 02817 02243 65199 |

北京增值税专用发票　№10402130<br>1100192130<br>机器编号：982888812388<br>开票日期：2019年07月18日<br>第二联：抵扣联　购买方扣税凭证

### 凭证 3-7

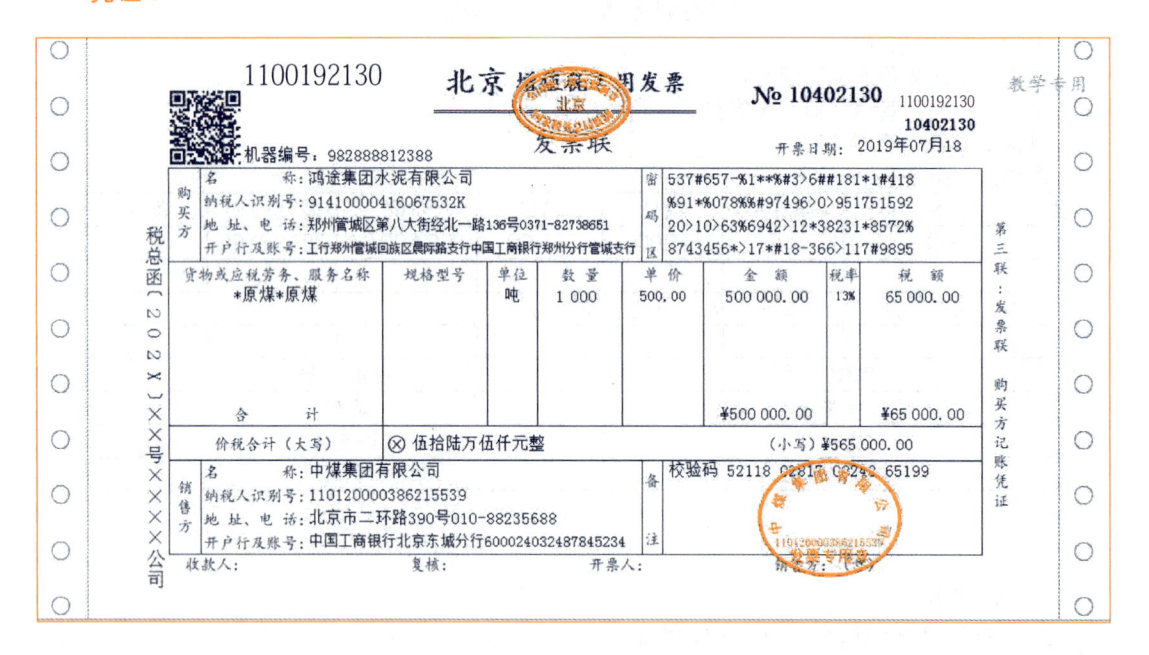

| | | | | | |
|---|---|---|---|---|---|
| 购买方 | 名　称：鸿途集团水泥有限公司<br>纳税人识别号：914100004160675832K<br>地　址、电　话：郑州管城区第八大街经北一路136号0371-82738651<br>开户行及账号：工行郑州管城回族区晨际路支行中国工商银行郑州分行管城支行 | | | 密码区 | 537#657-%1**%#3>6##181*1#418<br>%91*%078%%#97496>0>951751592<br>20>10>63%6942>12*38231#8572%<br>8743456*>17*#18-366>117#9895 |
| 货物或应税劳务、服务名称 | 规格型号 | 单位 | 数量 | 单价 | 金额 | 税率 | 税额 |
| *原煤*原煤 | | 吨 | 1 000 | 500.00 | 500 000.00 | 13% | 65 000.00 |
| 合　计 | | | | | ¥500 000.00 | | ¥65 000.00 |
| 价税合计（大写） | ⊗ 伍拾陆万伍仟元整 | | | | （小写）¥565 000.00 | | |
| 销售方 | 名　称：中煤集团有限公司<br>纳税人识别号：110120000386215539<br>地　址、电　话：北京市二环路390号010-88235688<br>开户行及账号：中国工商银行北京东城分行600024032487845234 | | | 备注 | 校验码 52118 02817 02243 65199 |

北京增值税专用发票　№10402130<br>1100192130<br>机器编号：982888812388<br>开票日期：2019年07月18日<br>第三联：发票联　购买方记账凭证

## 任务实施

### 一、现状分析

#### （一）原燃料结算

每月根据上月供应商应付账款余额，由供应处领导拟定本月付款金额，供应商开具收据，公司领导签批付款的流程。

采购付款周期较长,在一定程度上影响了供应商供货积极性,增加了采购成本。采购付款周期长的原因是历史形成的,任何采购付款都需要有采购发票、合同、到货验收单,三者缺一不可。

(二)流程现状概述

鸿途集团原燃料采购需要经过以下6个步骤:

(1)供应商准入。对于拟发生采购交易的、新的供应商需要审批。

(2)询价。在已经准入的、可用的多家供应商之间进行询价、比价,最终确定拟进行交易的供应商。

(3)签订采购合同。对于原燃料这样的大宗原材料,鸿途集团要求与供应商按年度签订合同、按需要时向供应商下达采购订单。

(4)采购到货入库。向供应商下达采购订单且收到采购货物后,进行验货、质检并登记入库。

(5)应付挂账。收到供应商的采购发票后,根据双方约定的付款条件延后付款,鸿途集团确认对供应商的应付账款。

(6)应付付款。达到对供应商付款条件后,发起支付流程、冲销应付账款。

(三)详细现状流程图

1. 供应商准入(图3-44)

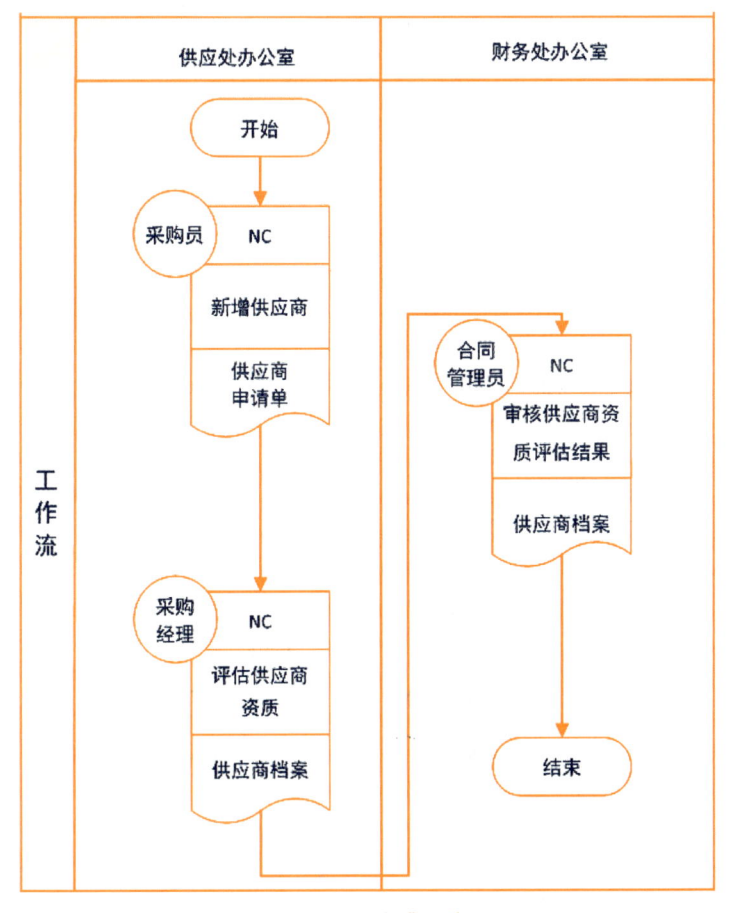

图3-44 供应商准入流程图

## 2. 询价(图3-45)

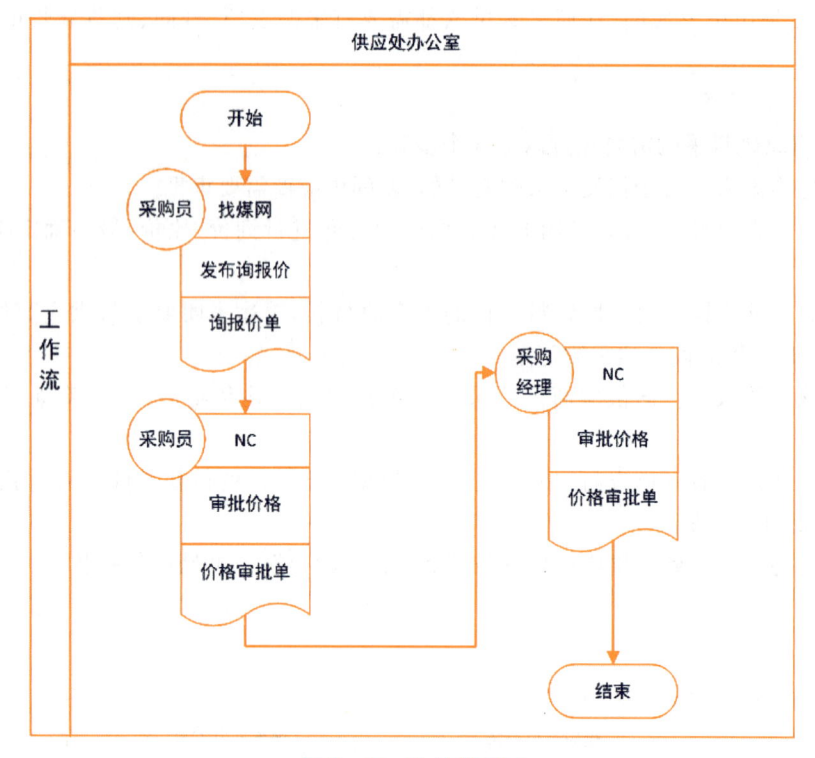

图3-45 询价流程图

## 3. 签订采购合同(图3-46)

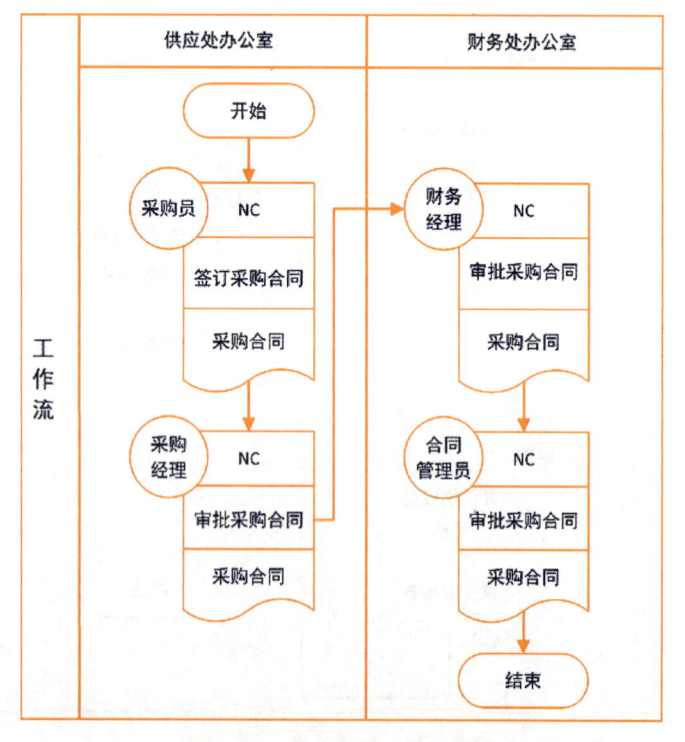

图3-46 签订采购合同流程图

4. 采购到货入库(图 3-47)

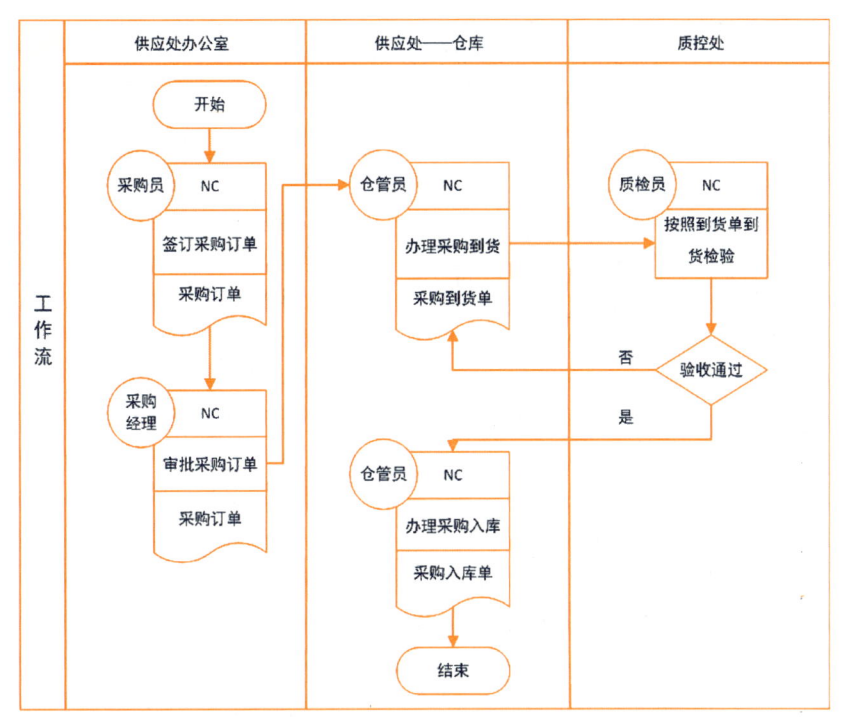

图 3-47　采购到货入库流程图

5. 应付账款确认(图 3-48)

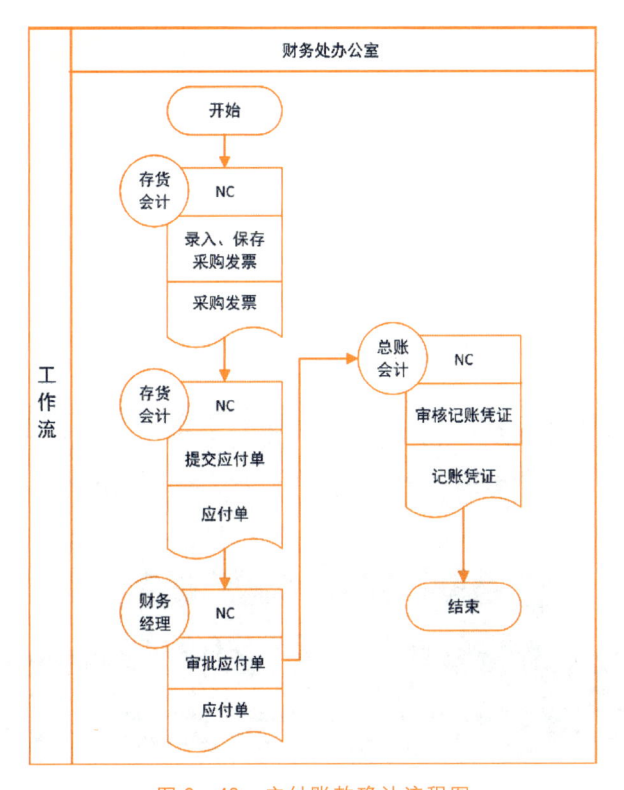

图 3-48　应付账款确认流程图

6. 支付应付账款(图3-49)

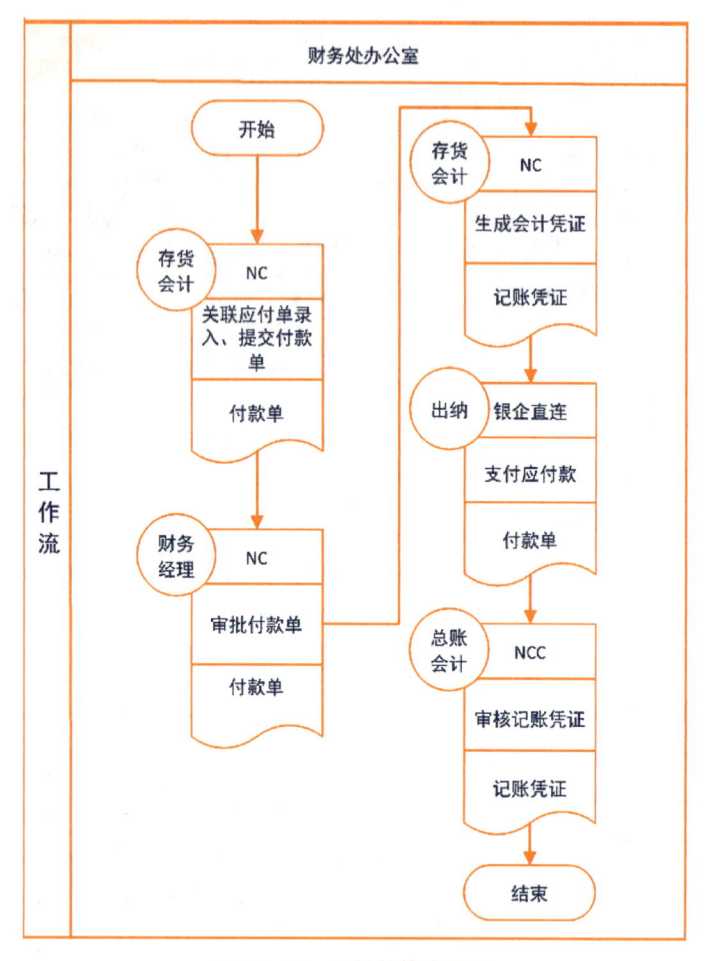

图3-49 应付付款流程图

(四)过磅系统

过磅系统主要分为以下4个环节。

1. 自助领卡

自助领卡的场景如图3-50所示,其主要的控制点如下:

图3-50 大宗原燃料过磅系统的自助领卡实地场景

(1) 司机刷二代身份证系统自动制卡。
(2) 无日(送货)计划或计划未审核不能发卡。
(3) 可选择使用二维码识别车辆发卡。

### 2. 门禁管理

门禁管理系统的设计原理如图3-51,实景如图3-52所示。门禁管理的主要管控点为:车辆过磅未完成禁止出场、车卡不符禁止出厂。

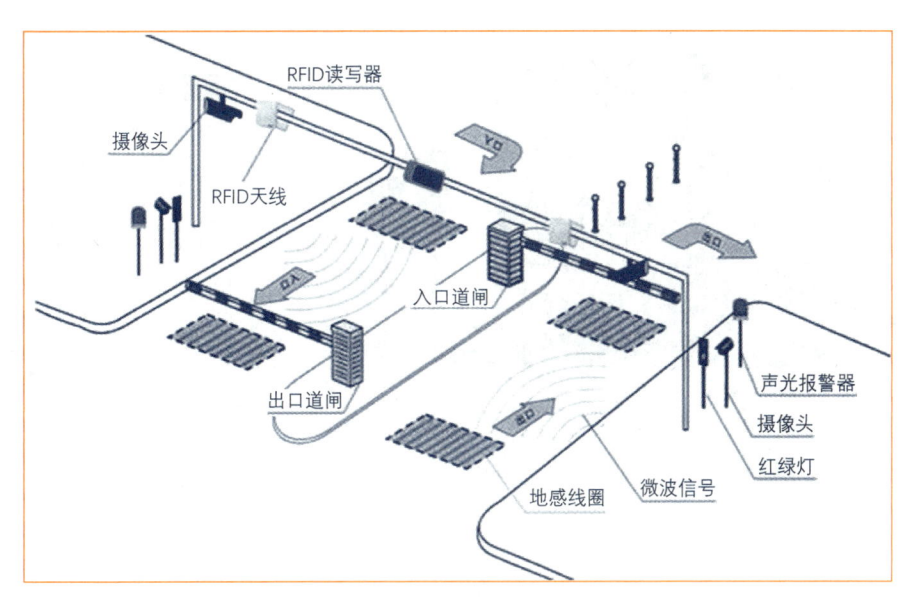

图3-51 门禁管理系统的设计原理图

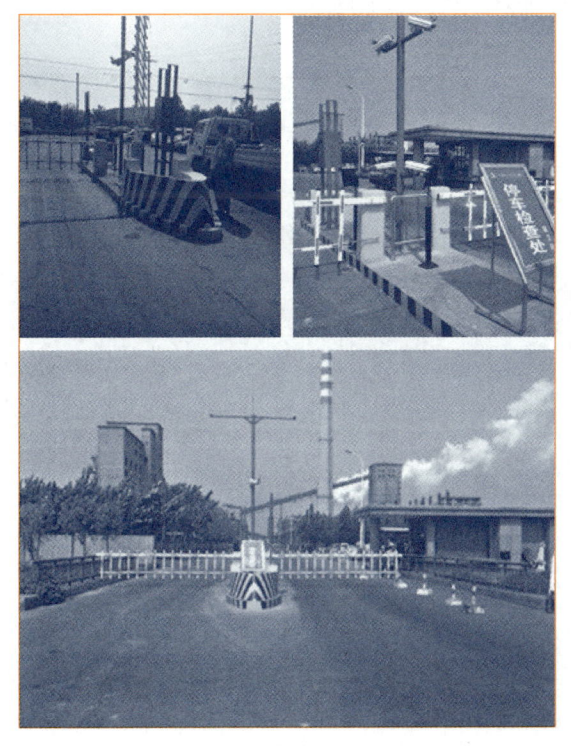

图3-52 门禁管理系统的实景图

**3. 计量质检**

计量质检系统的设计如图3-53所示。

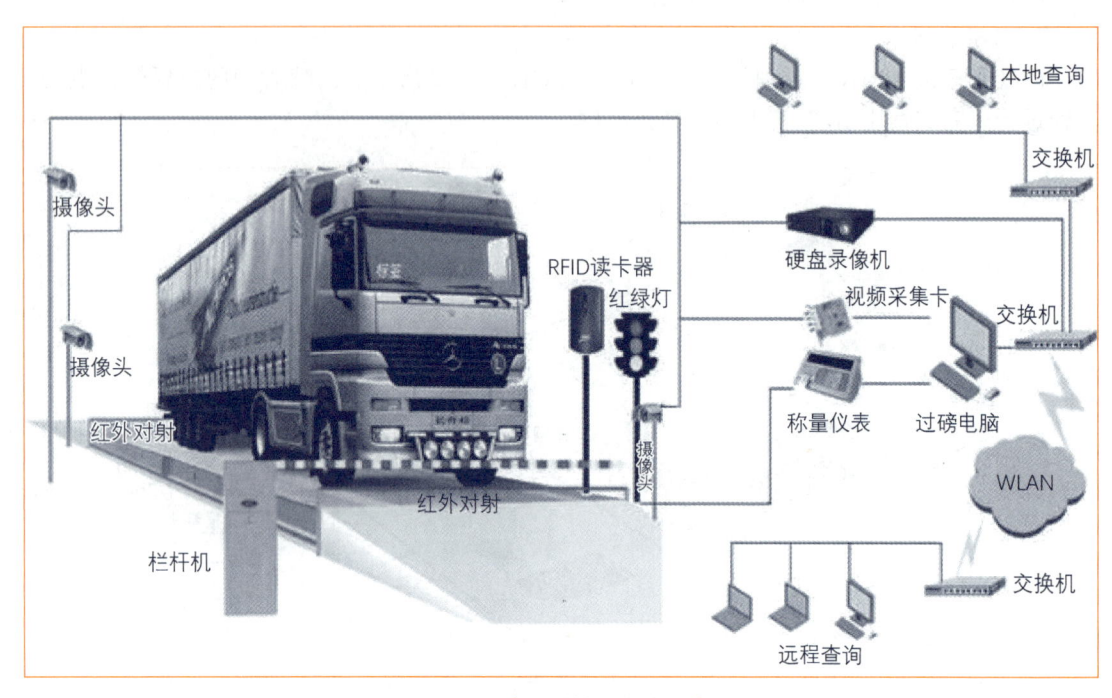

图3-53 计量质检系统的设计图

计量质检的计量(称重)环节实景,如图3-54所示。

图3-54 计量质检的计量(称重)环节实景图

计量质检环节的采样人员利用类似图 3-55 所示的设备进行采样:
(1) 采样人员根据过磅磅卡生成采样卡。
(2) 采样卡与样品进行绑定。
(3) 把样品放到样品箱中。

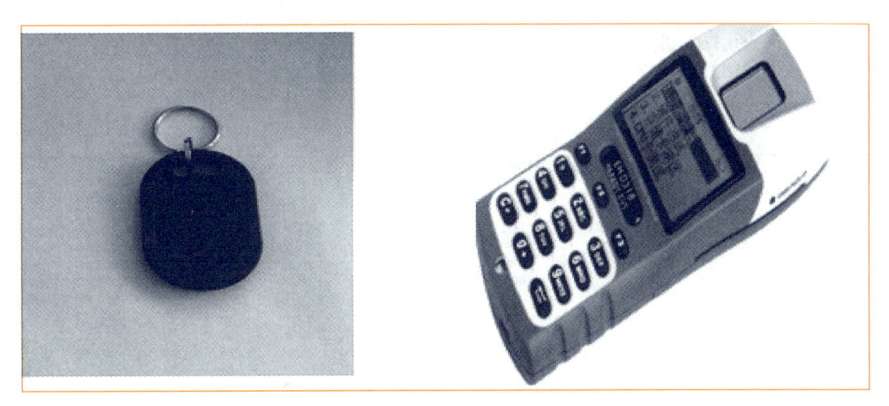

图 3-55 计量质检的采样环节所用设备

采样化验的完整流程如图 3-56 所示。

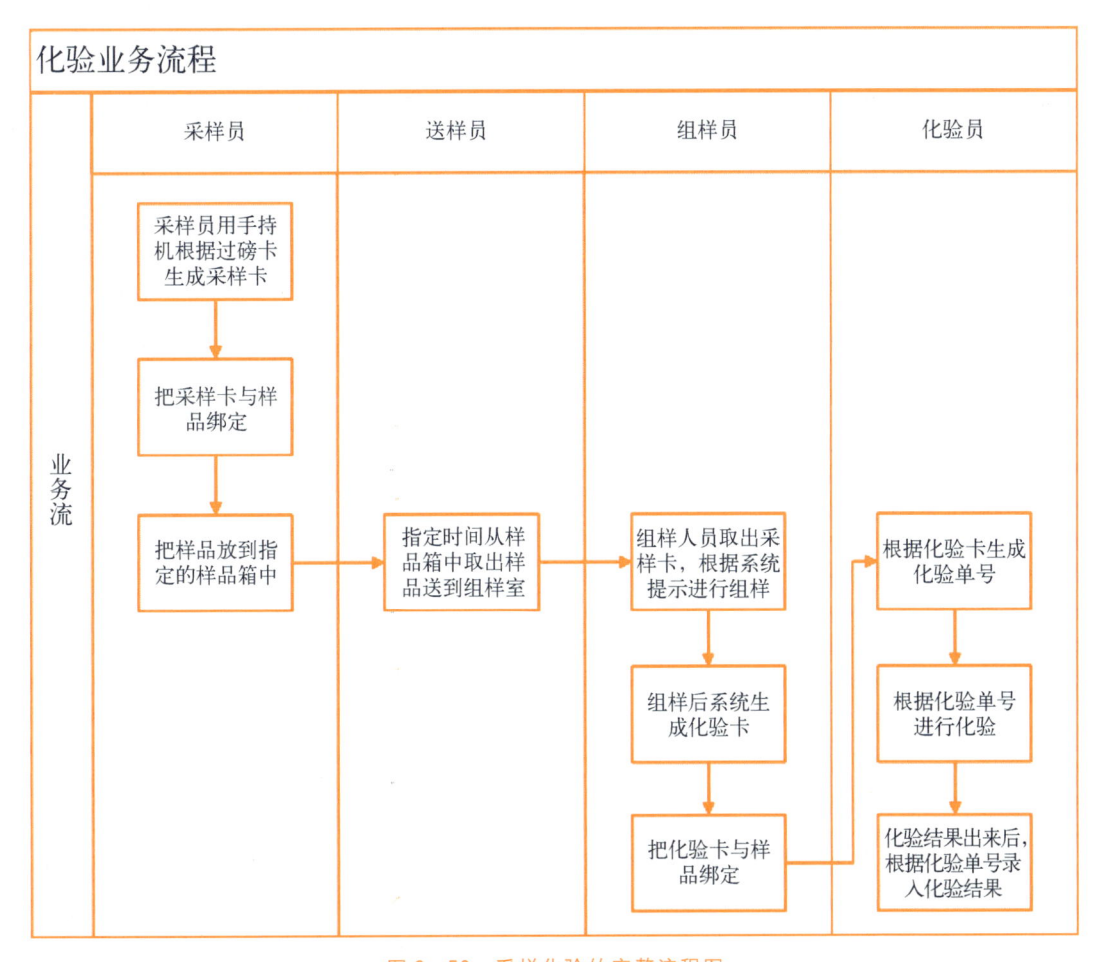

图 3-56 采样化验的完整流程图

### (五)划价结算

划价结算,是指信息系统中根据合同、过磅单、化验单自动计算结算结果。划价结算的信息系统界面如图3-57所示。

图3-57 采购划价结算的信息系统界面

## 二、规划设计

### (一)规划财务共享服务业务单据(表3-9)

表3-9 财务共享服务业务单据规划

| 序号 | 名称 | 是否进FSSC | 是否属于作业组工作 | 流程设计工具 |
|---|---|---|---|---|
| 1 | 供应商申请单 | Y | Y | 工作流 |
| 2 | 询报价单 | N | — | 审批流 |
| 3 | 价格审批单 | N | — | 审批流 |
| 4 | 采购合同 | Y | N | 审批流 |
| 5 | 采购订单 | N | — | 审批流 |
| 6 | 采购到货单 | N | — | 审批流 |
| 7 | 采购入库单 | N | — | 审批流 |
| 8 | 采购发票 | N | — | 审批流 |
| 9 | 应付单 | Y | Y | 工作流 |
| 10 | 付款单 | Y | Y | 工作流 |

【小贴士】
◇ 是否进FSSC,表示该业务单据的处理过程是否需要财务共享服务中心参与。Y表示需要,N表示不需要。

◇ 是否属于作业组工作,表示是否需要分配到某个FSSC作业组、必须由该组成员从作业平台上提取进行处理。Y表示属于、N表示不属于。只有进FSSC的业务单据才有这个问题。
◇ 流程设计工具,是指用NCC的哪一个流程平台来对该业务单据进行流程建模。NCC中有"业务流""工作流""审批流"三种流程建模平台,在本课程实训环节,业务流部分已经预置到教学平台中,学生需要进行工作流或审批流的建模。

(二) 共享后流程设计

根据鸿途集团原燃料采购的流程现状,结合上述需求假设,设计一个统一的共享后原燃料采购流程。

1. 供应商准入(图3-58)

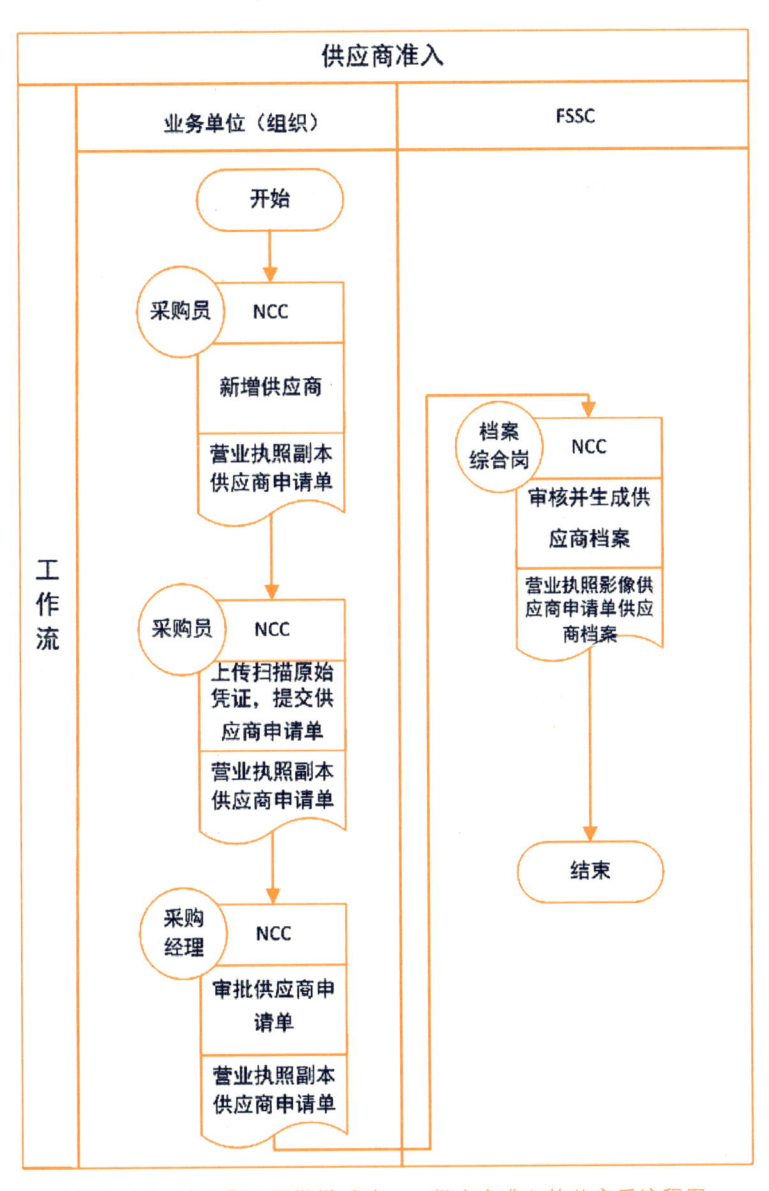

图3-58 鸿途集团原燃煤采购——供应商准入的共享后流程图

2. 询价（图 3-59）

**原燃煤采购——询价**

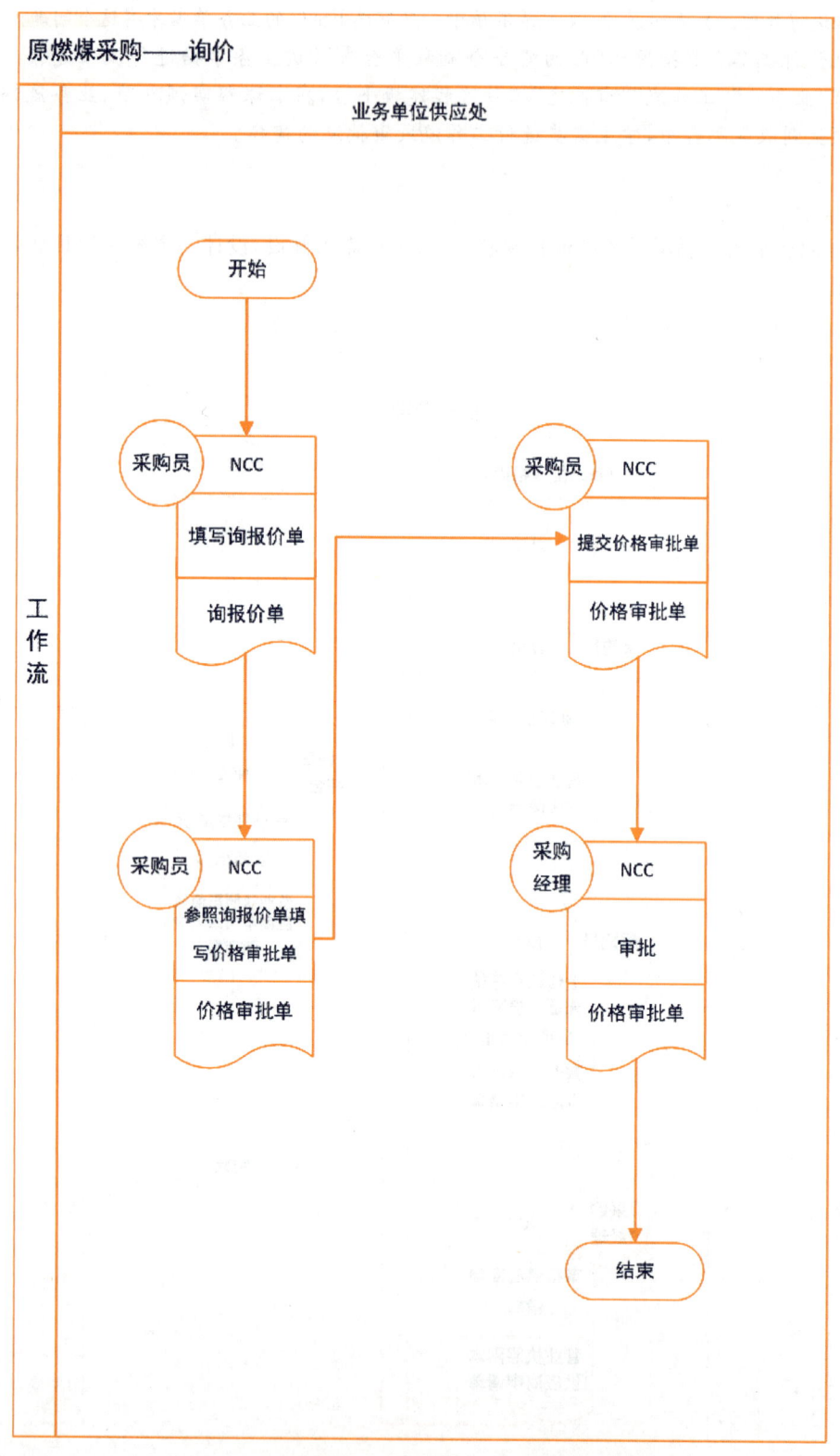

业务单位供应处

工作流：

开始 → 采购员(NCC) 填写询报价单 → 询报价单 → 采购员(NCC) 参照询报价单填写价格审批单 → 价格审批单 → 采购员(NCC) 提交价格审批单 → 价格审批单 → 采购经理(NCC) 审批 → 价格审批单 → 结束

图 3-59 鸿途集团原燃煤采购——询价的共享后流程图

3. 签订采购合同(图 3-60)

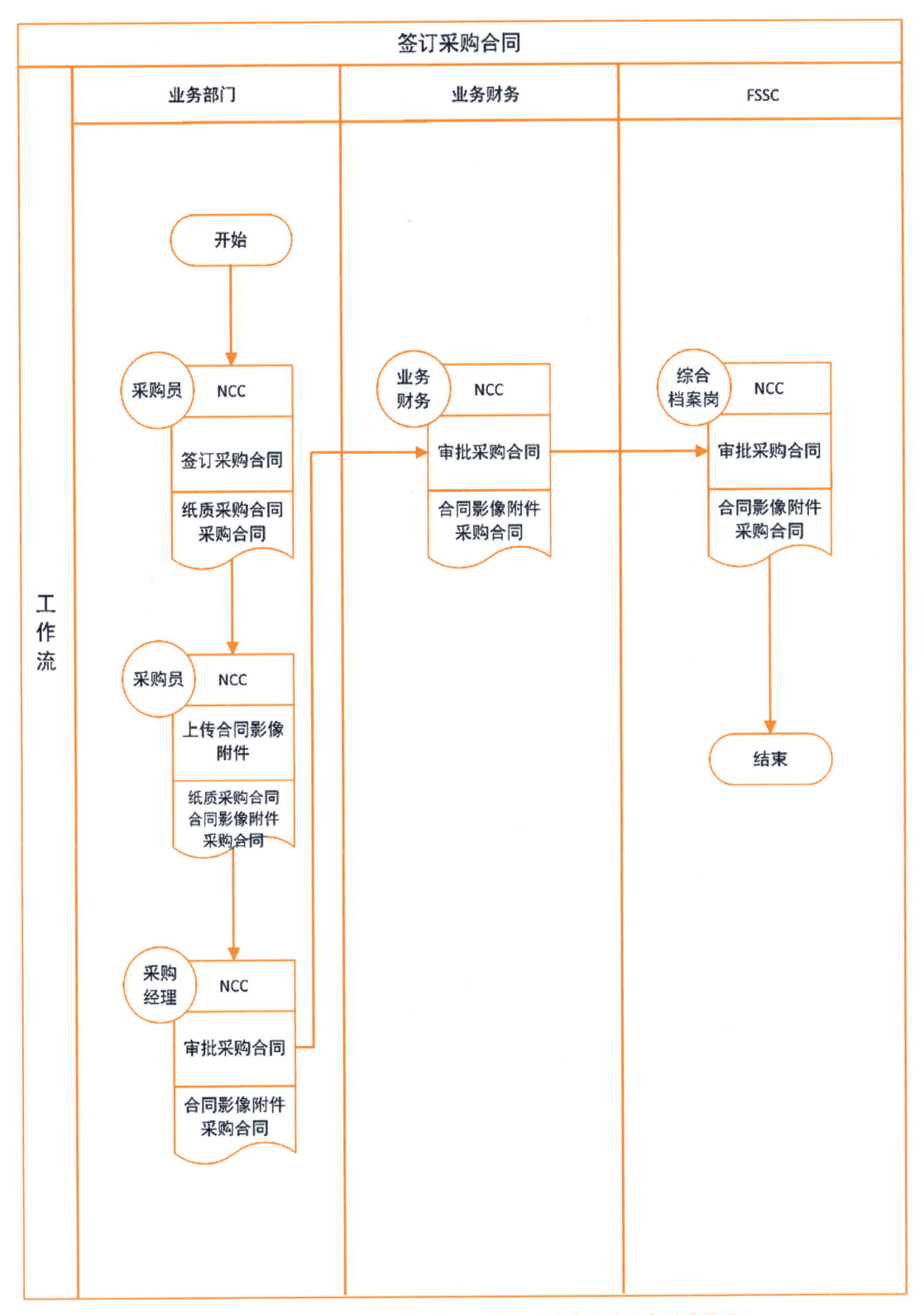

图 3-60 鸿途集团原燃煤采购——签订采购合同的共享后流程图

#### 4. 采购到货入库（图3-61）

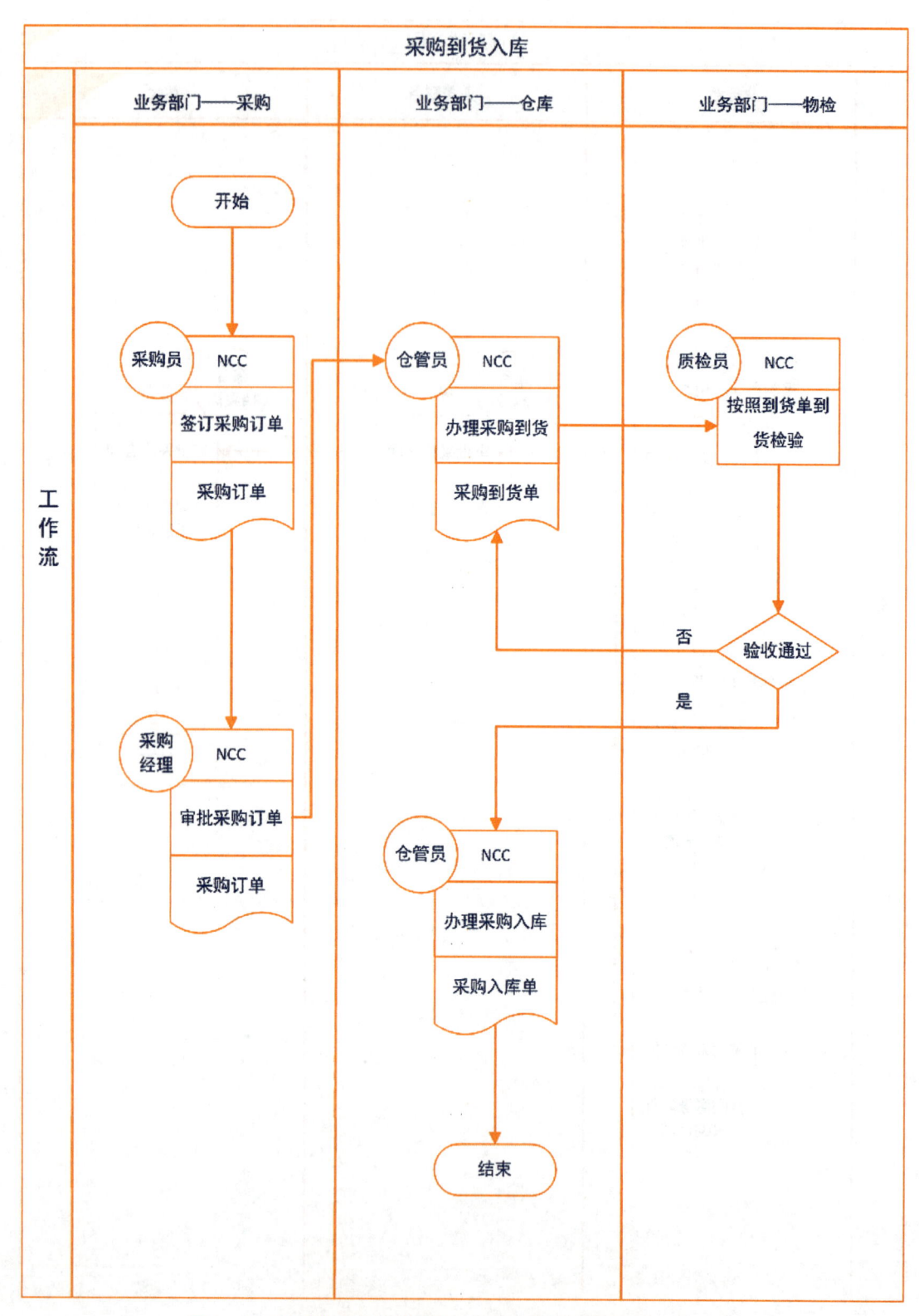

图3-61　鸿途集团原燃煤采购——采购到货入库的共享后流程图

5. 应付账款确认（图3-62）

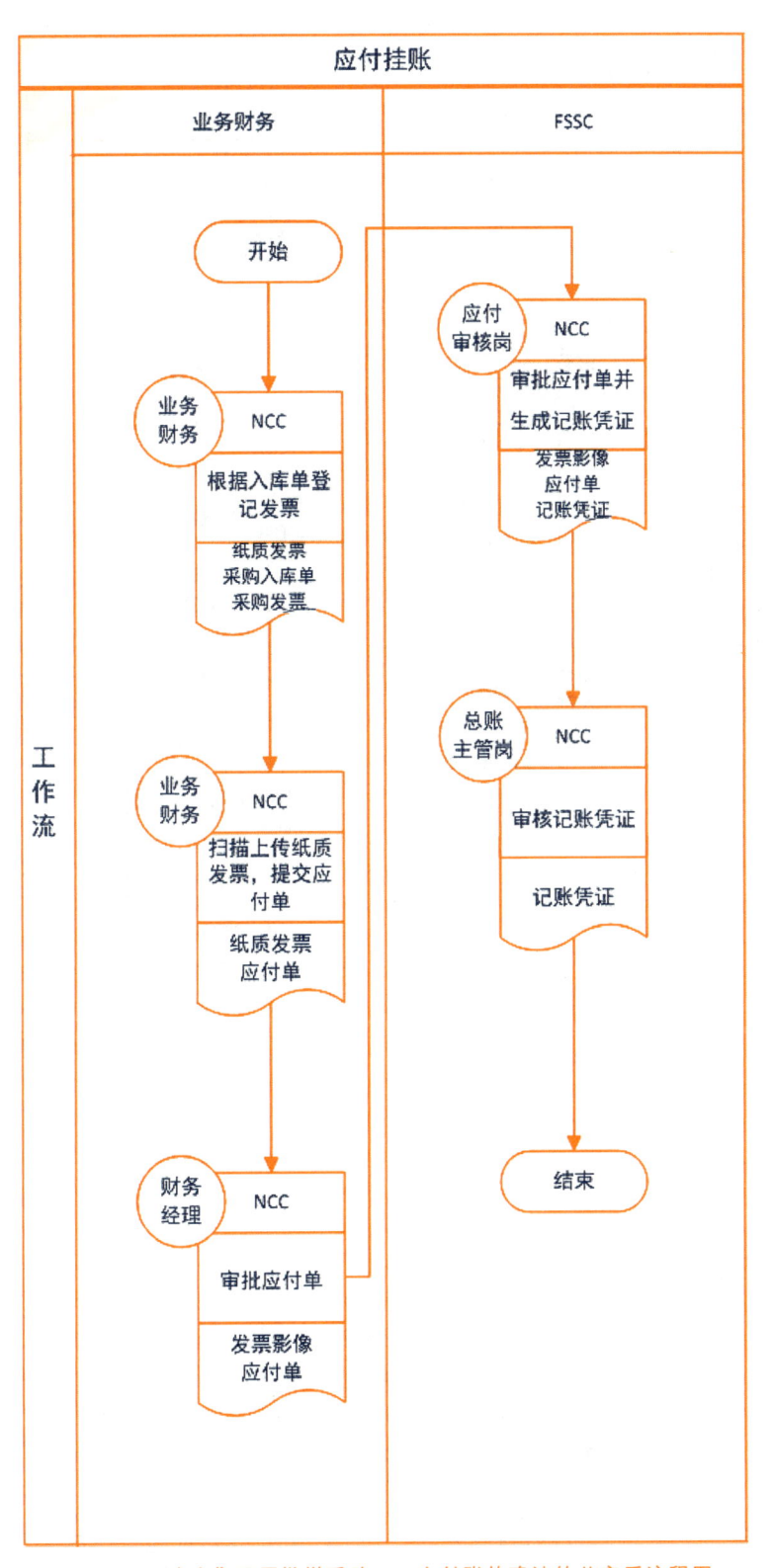

图3-62 鸿途集团原燃煤采购——应付账款确认的共享后流程图

## 6. 支付应付账款（图3-63）

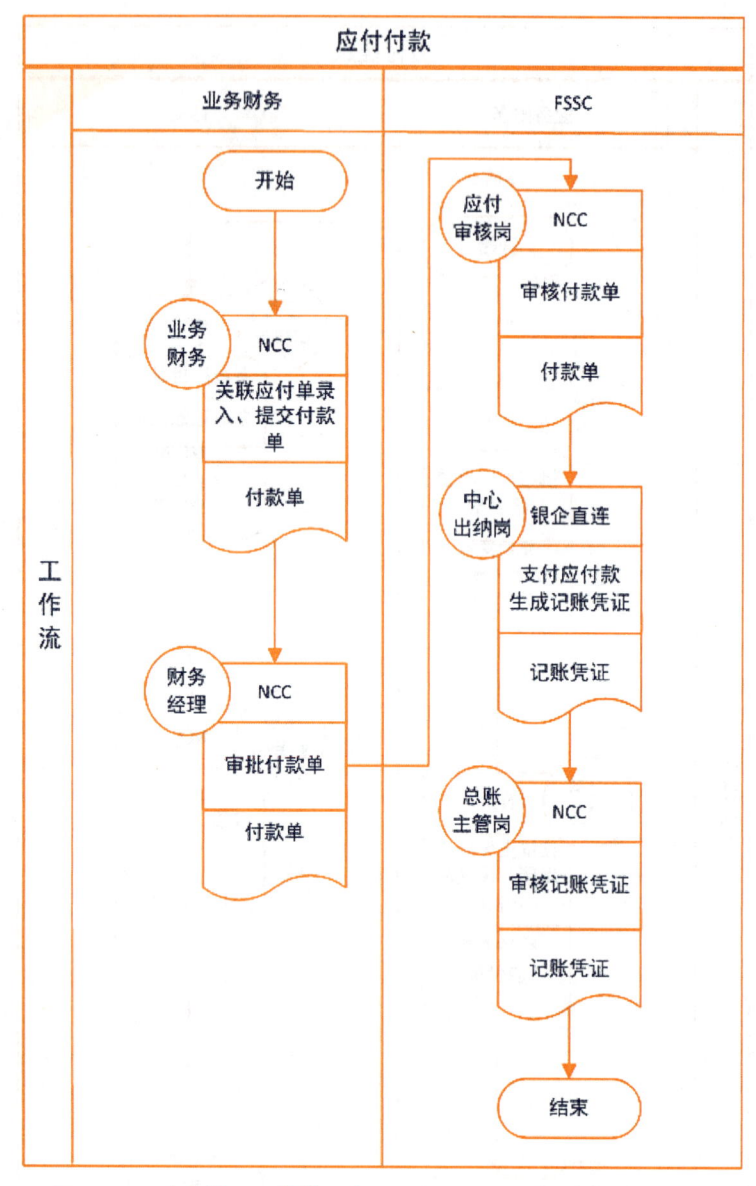

图3-63 鸿途集团原燃煤采购——支付应付账款的共享后流程图

### 三、业务实操

#### 1. 供应商准入

（1）用"采购员"的权限进入系统，新增单据类型，如图3-64所示。

（2）单据类型改为供应商申请单，流转到共享中心，如图3-65和图3-66所示。

（3）应付单，付款单都属于作业组，所以在委托关系中对应岗位分配职责，如图3-67所示。

（4）在单据类型中勾选付款，应付单复选框，确保可以处理这个单据类型，如图3-68所示。

图 3-64 新增单据类型

图 3-65 新增供应商申请单

图 3-66 确定单据类型

图 3-67 配置作业组工作

图 3-68 选择单据类型

（5）系统启用供应商申请单，在 NCC 中的原燃料采购中点击构建测试，管理员分配给指定的组员，由组员登录 NCC，跳转界面后，在工作流定义中找到供应商申请单，如图 3-69 所示。

（6）启用流程，启用后流程状态如下，在系统中启用价格审批单，在审批流定义中完成操作，如图 3-70 和图 3-71 所示。

（7）采购合同也属于审批流，所以在合同管理中选择并启用，在采购管理中，启用采购订单涉及明细，如图 3-72 所示。

（8）应付单，付款单都流转到财务共享中心，并且属于作业组，在工作流中配置，从应付管理中分别启用付款单和应付单，如图 3-73 所示。

（9）小组长将本任务中的岗位分别分配至组员，组员点击"任务上岗"按钮选择对应的岗位，如图 3-74 所示。

图 3-69 工作流定义

图 3-70 选择审批流定义

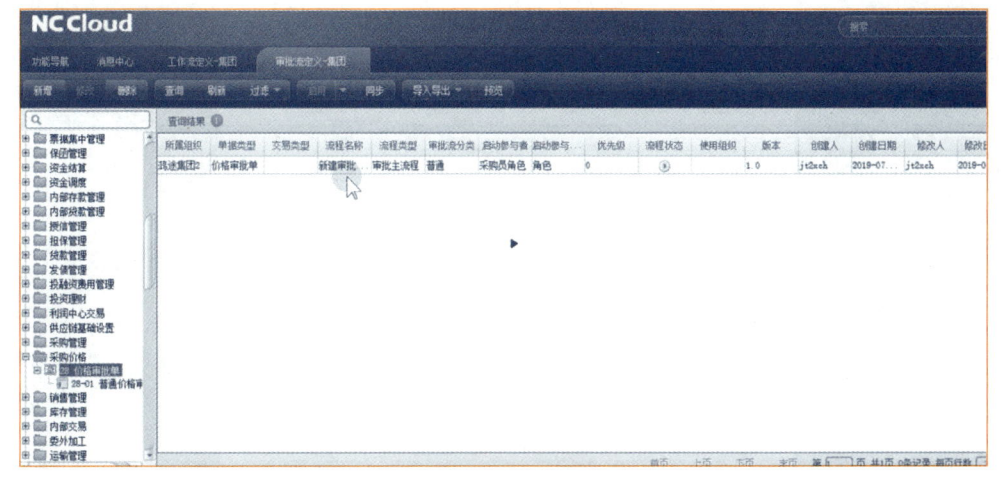

图 3-71 启用价格审批单

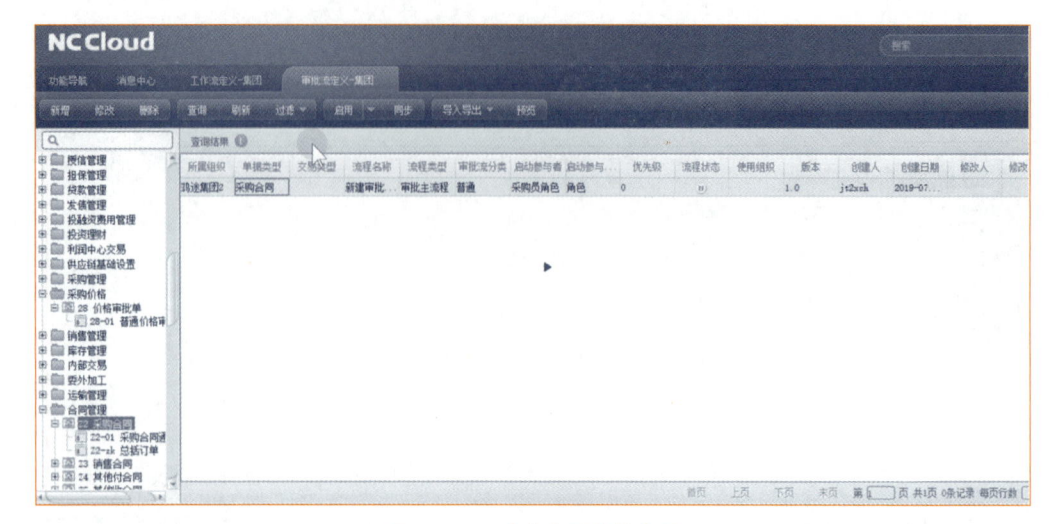

图 3-72 采购合同审核启用

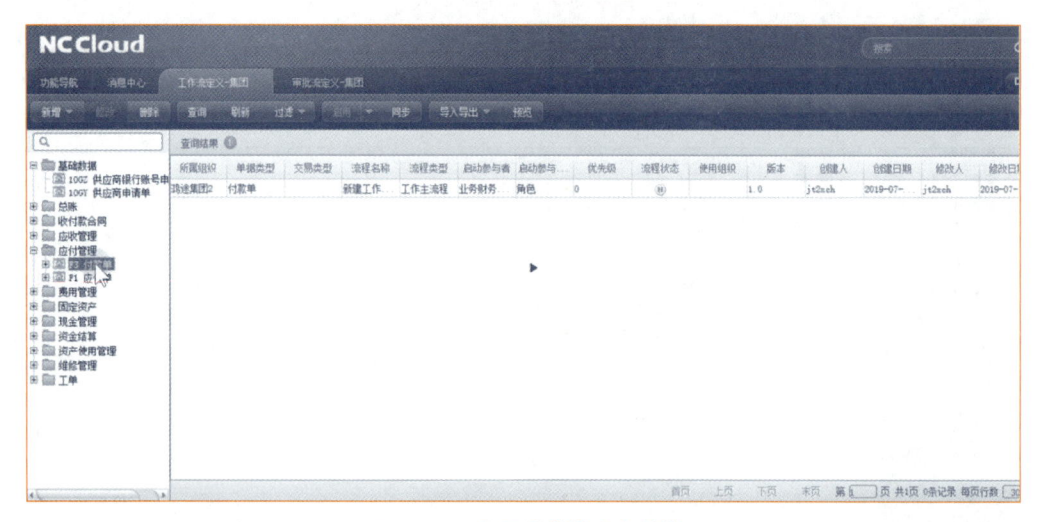

图 3-73 启用付款单和应付单

图 3-74 分配角色

(10) 以采购员身份进入到 NCC,新增供应商申请单,根据测试用例,填入信息,如图 3-75 所示。

图 3-75　新增供应商申请单

若需要影像扫描,在提交之前完成操作,原始单据都要上传到系统中,并且由制单人扫描,如图 3-76 所示。

图 3-76　影像上传

(11) 以采购经理的身份进入到 NCC,若有影像,先进行查看再点击审批,如图 3-77 所示。
(12) 以档案综合岗角色进入到 NCC,进行审核供应商申请单,如图 3-78 所示。
(13) 在"我的作业"中进行审批(图 3-79)。
(14) 任务提取后进行核对,核对无误后进行批准,如图 3-80 所示。

图 3-77 影像查看与审批

图 3-78 档案综合岗角色登录

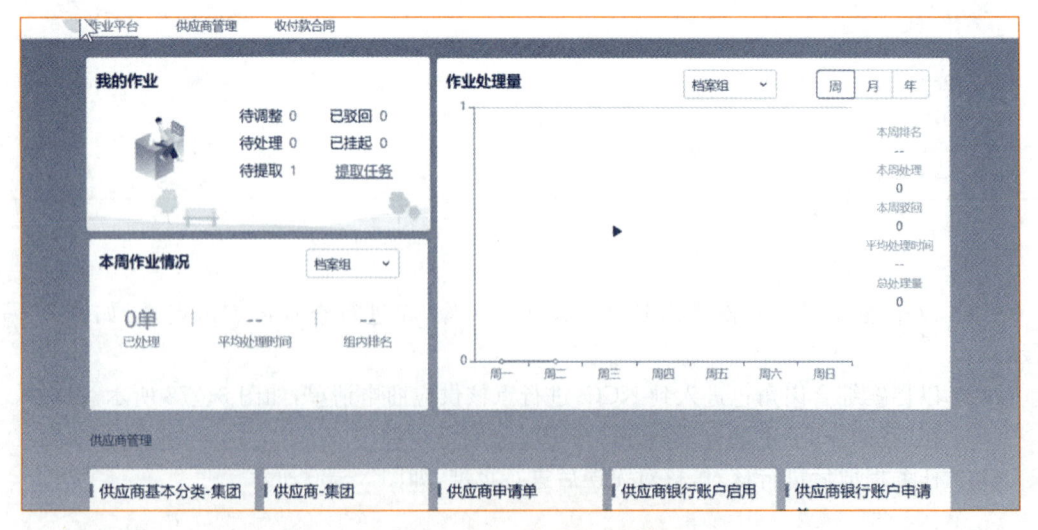

图 3-79 供应商申请单任务提取

图 3-80　供应商申请单审批

### 2. 询价

（1）以采购员的身份进入 NCC，进行询报价，如图 3-81 所示。

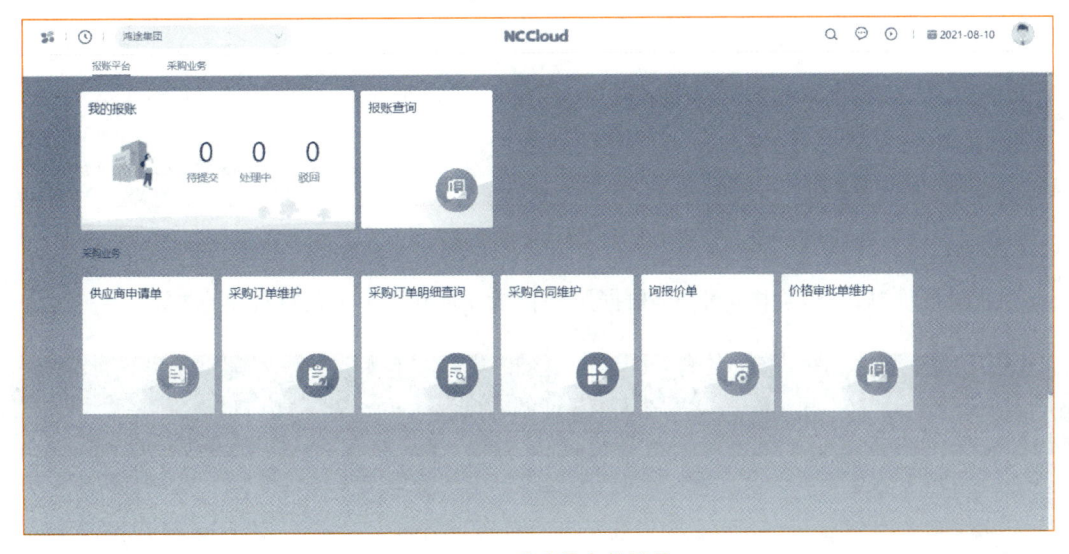

图 3-81　采购员身份登录

（2）点击询报价单，如图 3-82 所示。

图 3-82　选择询报价单

(3) 根据用例，新增并自制一个报价单，填完后进行保存，如图3-83所示。

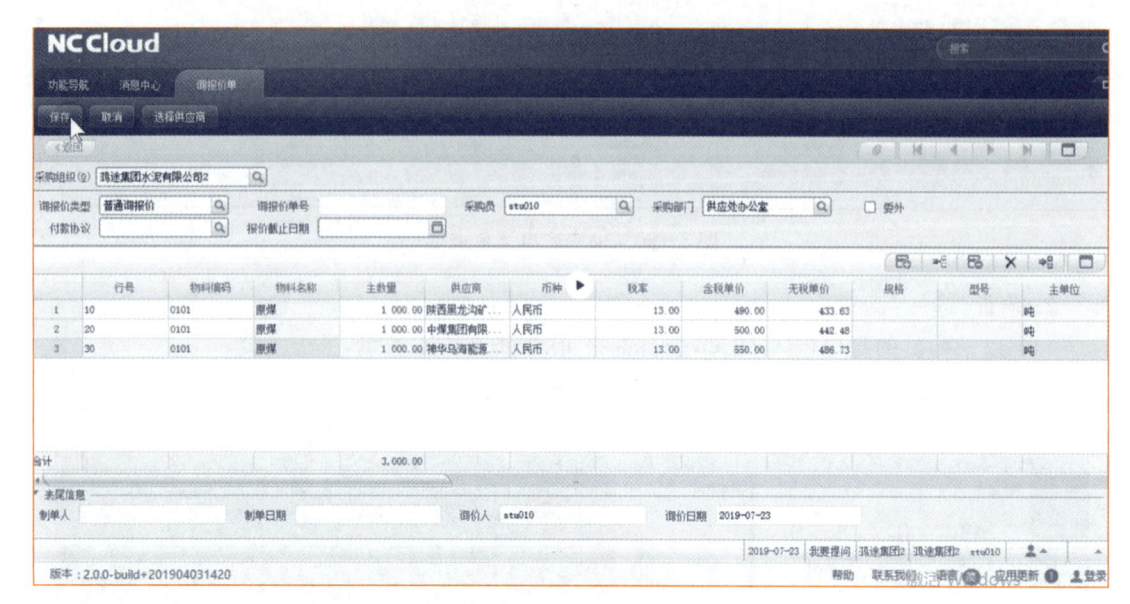

图3-83 报价单录入

(4) 同报价单，点击价格审批单，根据用例新增并自制一个价格审批单，如图3-84所示。

图3-84 价格审批单

(5) 提交成功后，查看审批意见，查看一下它的流程状态，如图3-85所示。

3. 签订采购合同

(1) 以"采购经理"进行查询价格审批单，如图3-86所示。

(2) 在采购合同中，参照价格审批单进行审核，如图3-87所示。

(3) 提交后，查看流程状态，如图3-88所示。

(4) 以采购经理身份进入NCC，进行采购合同审批，如图3-89所示。

(5) 以业务财务身份进行审核，如图3-90所示。

图 3-85　查看审批意见

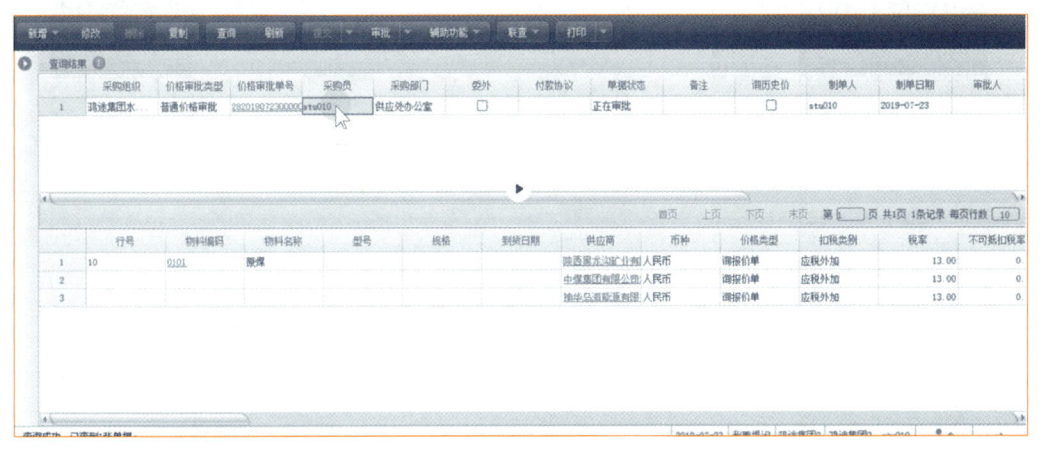

图 3-86　查询价格审批单

图 3-87　合同审核

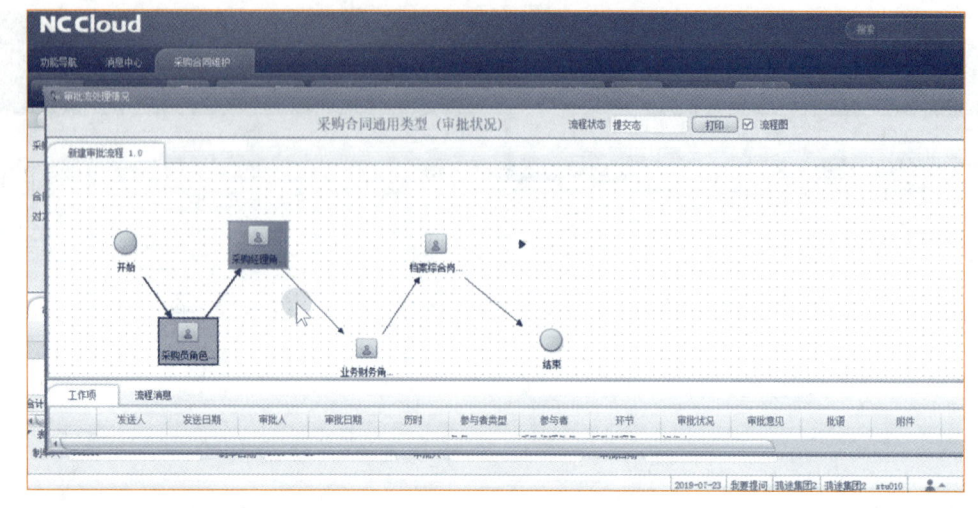

图 3-88 采购合同流程状态查询

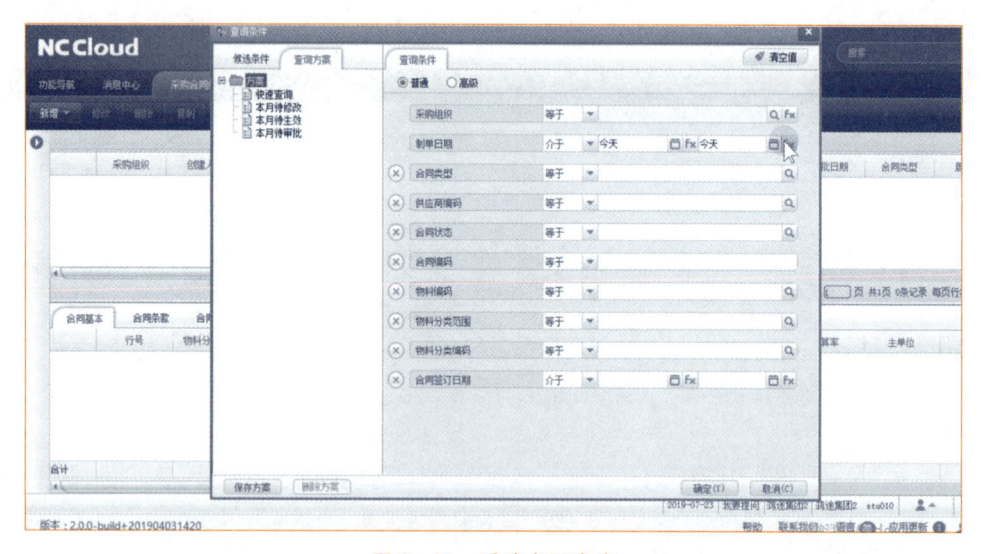

图 3-89 采购合同查询

图 3-90 采购合同审批(业务财务)

(6) 以档案综合岗身份进行审核,如图 3-91 所示。

图 3-91 采购合同审批(档案综合)

(7) 流程完成后进行执行,合同生效,如图 3-92 和图 3-93 所示。

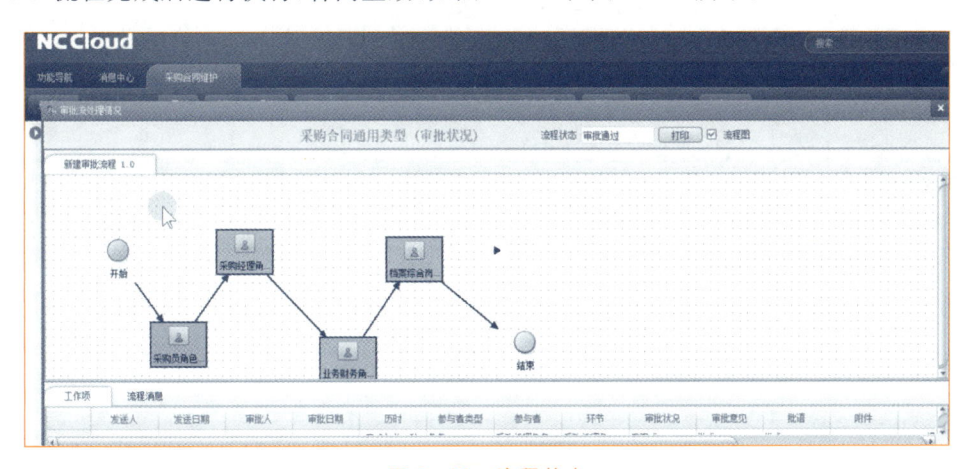

图 3-92 流程状态

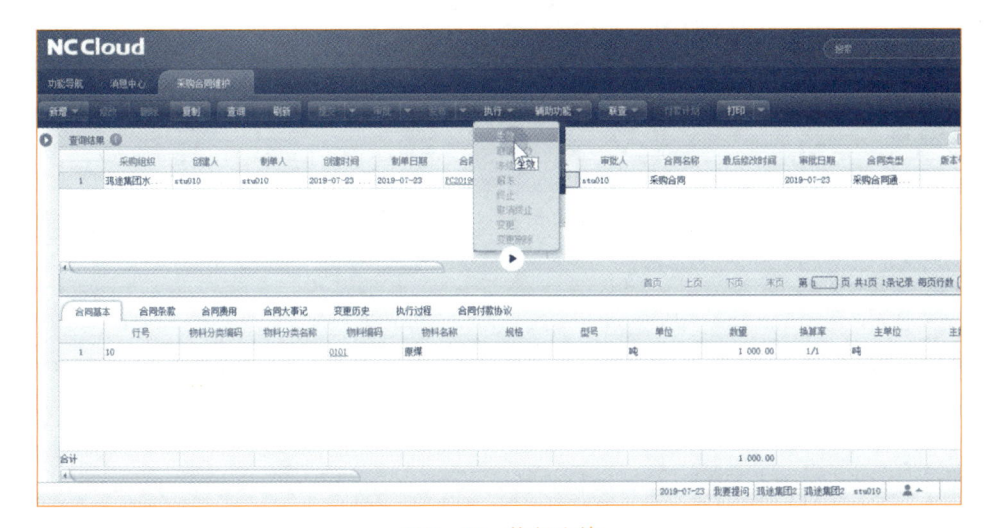

图 3-93 执行生效

### 4. 采购到货入库

（1）以采购员身份进入 NCC，点击采购订单维护，在采购合同中生成订单，如图 3-94 所示。

图 3-94　选择采购合同生成订单

（2）根据用例，查询合同进行填写，然后点击保存，如图 3-95 和图 3-96 所示。

图 3-95　选择采购合同

图 3-96　生成采购订单

(3) 以采购经理身份进入 NCC,在审批中心中查看订单,如图 3-97 所示。

图 3-97　查询采购订单

(4) 以仓管员身份进入 NCC,进行到货单维护,如图 3-98 所示。

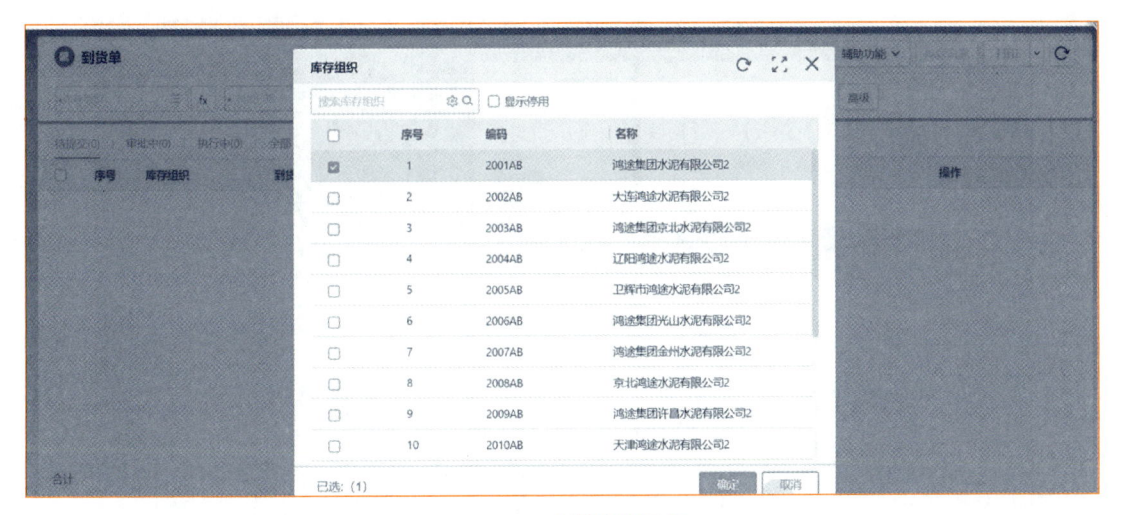

图 3-98　选择库存组织

(5) 生成到货单,进行信息填写后,点击保存按钮提交,如图 3-99 所示。

图 3-99　生成到货单

(6) 以质检员身份进入 NCC，进行到货单检验，如图 3-100 所示。

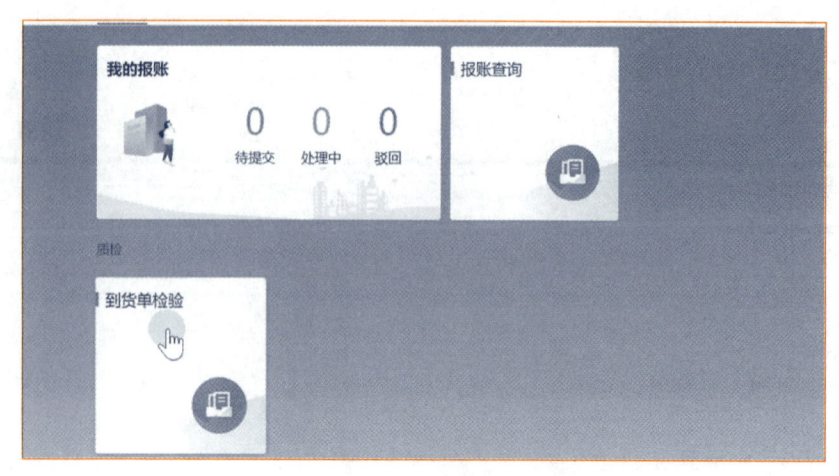

图 3-100　选择到货单检验

(7) 以仓管员身份进入 NCC，进行采购入库，如图 3-101 所示。

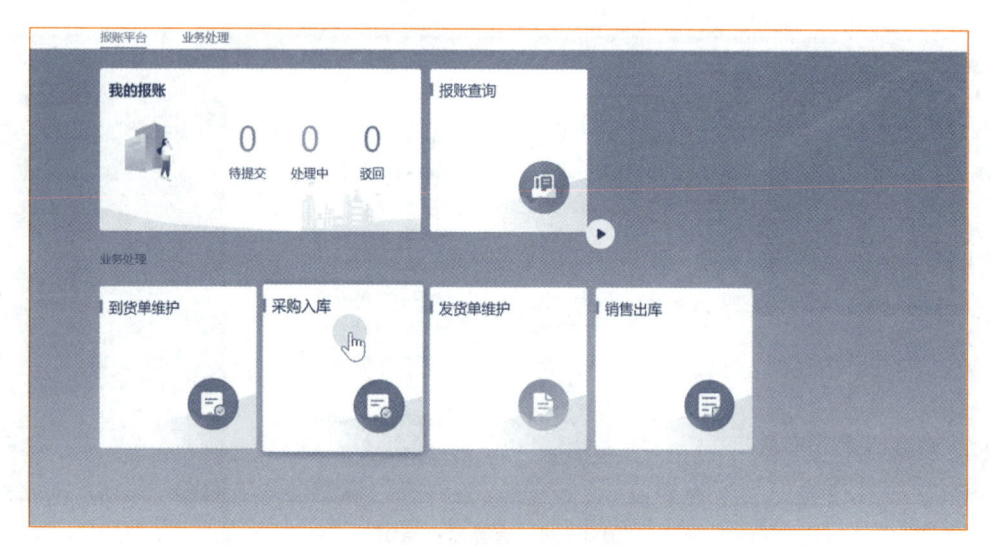

图 3-101　选择采购入库

(8) 进行采购入库单信息填写，点击自动取数，然后保存并签字，如图 3-102 所示。

图 3-102　录入采购入库单

## 5. 应付挂账

(1) 以业务财务身份进入 NCC,进行采购发票维护,新增收票,保存并提交,如图 3-103 所示。

图 3-103　录入采购发票

(2) 应付单管理中,查询信息后填入,在单据保存的状态下,进行影像上传,如图 3-104 所示。

图 3-104　影像上传

(3) 以财务经理身份进入 NCC,进行审批,如图 3-105 所示。

图 3-105　财务经理角色登录审批

（4）以应付初审岗位角色进入 NCC 系统，进行提取单据，审批，如图 3-106 所示。

图 3-106　应付初审

（5）以总账主管身份进入 NCC 系统，进行凭证审核，如图 3-107 所示。

图 3-107　凭证审核

## 6. 应付付款

（1）以业务财务身份进入 NCC 系统，在付款单中，新增付款单，根据信息填写，如图 3-108 和图 3-109 所示。

图 3-108　选择应付单

（2）以财务经理身份进行付款单审批，如图 3-110 所示。
（3）以应付初审身份进入 NCC，进行付款单审批，如图 3-111 所示。

图 3-109　新增付款单

图 3-110　付款单审批

图 3-111　应付初审

(4) 以中心出纳身份进行网上支付,如图 3-112 所示。

图 3-112 网上支付

(5) 在现金管理中点击银行存款日记账进行查询,如图 3-113 和图 3-114 所示。

图 3-113 选择现金管理

图 3-114 银行存款日记账

(6) 在网银中查看是否支付完成,如图 3-115 所示。

图 3-115　网银查询

(7) 以总账主管身份进行凭证审核,如图 3-116 所示。

图 3-116　凭证审核

# 任务三　付款结算

## 任务描述

**案例 3-3**　接[案例 3-1][案例 3-2],完成以下要求。
**要求:**
(1) 绘制共享前后的付款结算流程图。
(2) 根据资料四与资料五,在用友 NCC 系统中完成付款合同签订、付款合同应付挂账、付款合同付款结算的完整流程。

资　料　四

◇ 付款合同签订

鸿途集团水泥有限公司销售处拟聘请广东万昌印刷包装有限公司为服务方,为本公司设计新产品广告文案,双方签订了设计服务合同。

**凭证3-8**

## 设计服务合同

合同编号：FK-201907012

甲方：鸿途集团水泥有限公司
地址：郑州市管城区第八大街经北一路136号
开户银行：中国工商银行郑州分行管城支行
银行账号：3701239319189278310

乙方：广东万昌印刷包装有限公司
地址：广东省佛山市顺德区从镇细海工业区横溪路
开户银行：中国工商银行佛山顺德德富支行
银行账号：500923099456012345

为了保护甲乙双方的合法权益，甲乙双方根据《民法典》的有关规定，经友好协商，一致同意签订本合同。本合同自双方签字盖章之日起，至2019年9月30日止。

一、委托合同明细

甲方委托乙方制作新产品广告文案设计服务，乙方将在本合同签署后10日内完成制作并交付甲方。

二、付款时间与付款方式

乙方交付的文案设计结果得到甲方认可后的5日内，甲方需通过网上银行预付全部服务费价税合计人民币伍万元整（￥50 000.00元）。

三、特别约定

1、乙方有权在版面上标注设计单位名称，未经许可甲方不可修改。
2、甲方对乙方提供服务过程中使用的技术、软件、设备等所涉及的包括知识产权在内的一切法律问题不承担任何责任。

甲方：鸿途集团水泥有限公司　　　　　　乙方：广东万昌印刷包装有限公司
授权代表：李军　　　　　　　　　　　　授权代表：张泰骅
盖章　　　　　　　　　　　　　　　　　盖章
日期：2019年7月1日　　　　　　　　　　日期：2019年7月1日

**凭证3-9**

| | |
|---|---|
| 4400191140 | 广东增值税专用发票　No 39515973　4400191140 39515973 |
| | 开票日期：2019年07月13日 |

机器编号：982888812388

| 购买方 | 名称：鸿途集团水泥有限公司 |
|---|---|
| | 纳税人识别号：91410000416067532K |
| | 地址、电话：郑州管城区第八大街经北一路136号 0371-82738651 |
| | 开户行及账号：工行郑州管城回旗区晨际路支行 中国工商银行郑州分行管城支行 |

密码区：346*6*10>7035190>55-467#>8-%9>00%91>>2#-081%*8362601*>65 01920415>#>8>*773%1**6743%** 67344*10>78365*37*07#6*88-69

| 货物或应税劳务、服务名称 | 规格型号 | 单位 | 数量 | 单价 | 金额 | 税率 | 税额 |
|---|---|---|---|---|---|---|---|
| *服务*设计服务费 | | 项 | 1 | 50,000.00 | 50,000.00 | 6% | 3,000.00 |
| 合　计 | | | | | ￥50,000.00 | | ￥3,000.00 |

价税合计（大写）　⊗伍万叁仟元整　　（小写）￥53,000.00

| 销售方 | 名称：广东万昌印刷包装有限公司 |
|---|---|
| | 纳税人识别号：91470000883027657E |
| | 地址、电话：广东省佛山市顺德区乐从镇细海工业区横溪路 0757-28915888 |
| | 开户行及账号：中国工商银行佛山顺德德富支行 500923099456012345 |

备注：校验码 52118 02817 08248 65199

收款人：刘敏　　复核：李斌　　开票人：张天

**凭证 3-10**

[广东增值税专用发票，发票号 39515973，代码 4400191140，开票日期 2019年07月13日。购买方：鸿途集团水泥有限公司，纳税人识别号 91410000416067532K。货物或应税劳务、服务名称：*服务*设计服务费，单位：项，数量 1，单价 50,000.00，金额 50,000.00，税率 6%，税额 3,000.00。价税合计（大写）：伍万叁仟元整 （小写）¥53,000.00。销售方：广东万昌印刷包装有限公司，纳税人识别号 91470000883027657E。收款人：刘敏，复核：李斌，开票人：张天。]

## 资料五

◇ 付款合同结算

在 NCC 中测试完成付款的流程。

签订合同时间：2019-7-1。

设计方案通过验收并收到发票时间：2019-7-15。

付款时间：2019-7-20。

## 知识准备

### 一、收付款合同结算与管理的含义

收付款合同，是指企业签署的、具有收款或付款条款的、不属于销售合同、采购合同、项目合同等的合同。收付款合同结算，是指企业依据收付款合同的收款或付款条款进行结算的行为。

收付款合同管理是以合同为主线，帮助企业财务部门加强合同收付款业务的过程管理与控制。它支持企业对以自身为当事人的合同依法进行录入登记、审批、履约、变更、冻结、终止等一系列活动，有助于降低企业资金风险，提高部门协作效率。

### 二、收付款合同结算应用场景

收付款合同结算，通常会经过三个业务阶段：

（1）收付款合同签订。企业的业务部门与客户或供应商经过协商、谈判并达成一致后，拟定收款或付款合同，合同在按照企业合同审批流程通过后正式生效，同时合同进入履行状态。

（2）收付款合同立账（应收、应付挂账）。当企业与合同中指定的客户或供应商发生应收或应付业务时，财务部参照合同进行应收或应付账款的确认。

（3）收付款结算。合同执行人可根据相应收付款计划或按照企业结算审批流程通过后，进行收款或付款。

## 任务实施

### 一、现状分析

#### (一)鸿途集团业务系统合同管理现状

鸿途集团在业务系统部署了多个合同管理模块,包括销售合同、采购合同、项目合同等。在结算环节,需要整合业务表单,实现合同控制,在供应链、项目管理录入的合同,在结算时单据根据客户、供应商名称自动带出同一客户、供应商的系统合同(合同订单)供制单人选择。各级审核人员根据合同编号查询系统合同,结算时不再需要业务人员上传合同复印件。

#### (二)鸿途集团收付款合同管理现状

未实行业务系统录入的合同,如总部管理的合同、下属公司的服务合同,由各级财务人员在收付款合同模块录入合同,自动控制结算。

财务系统(收付款)合同执行中的相关岗位如表 3-10 所示。

表 3-10 财务系统合同执行中相关岗位

| 岗 位 名 称 | 工 作 内 容 |
|---|---|
| 总账会计 | 总账管理,审核记账,月末结账 |
| 结算会计 | 票据审核、费用结算及统计 |
| 出　　纳 | 资金系统管理及银行对账、融资等业务 |

#### (三)鸿途集团收付款合同结算痛点

目前,鸿途集团收付款合同结算有以下几点痛点:
(1)收付款合同的签订流程,各子公司各自为政、流程不统一。
(2)集团无法及时获得准确的收付款合同执行情况。
(3)对于超合同金额的收付款控制,集团没有统一的控制点,增加了合同执行风险。

#### (四)鸿途集团收款、付款结算的现状流程图

**1. 付款合同签订(图 3-117)**

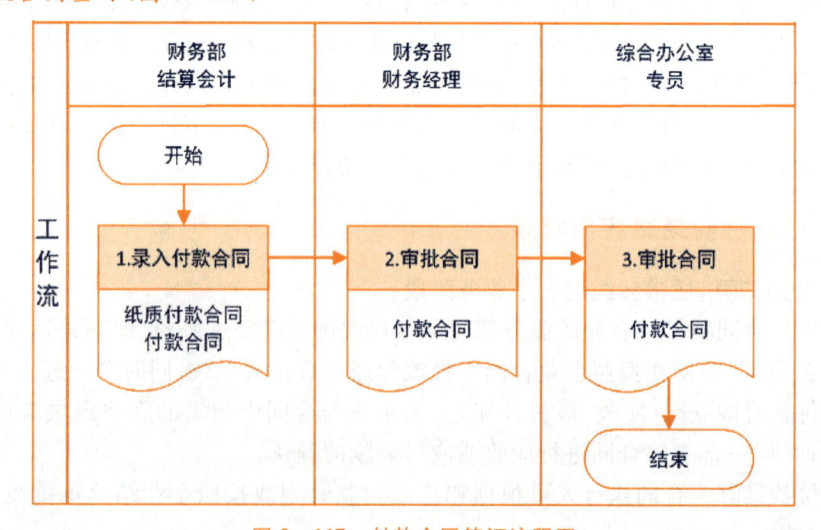

图 3-117 付款合同签订流程图

## 2. 付款合同应付挂账（图 3-118）

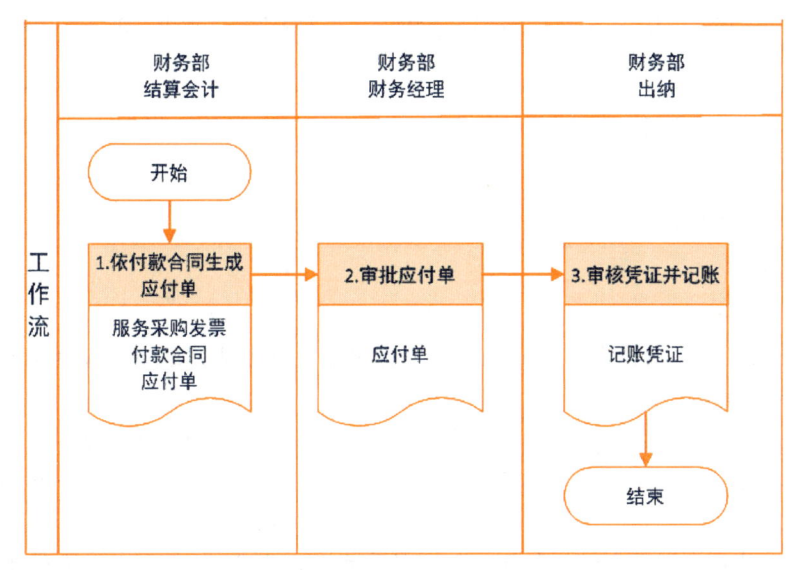

图 3-118　付款合同应付挂账流程图

## 3. 付款合同付款结算（图 3-119）

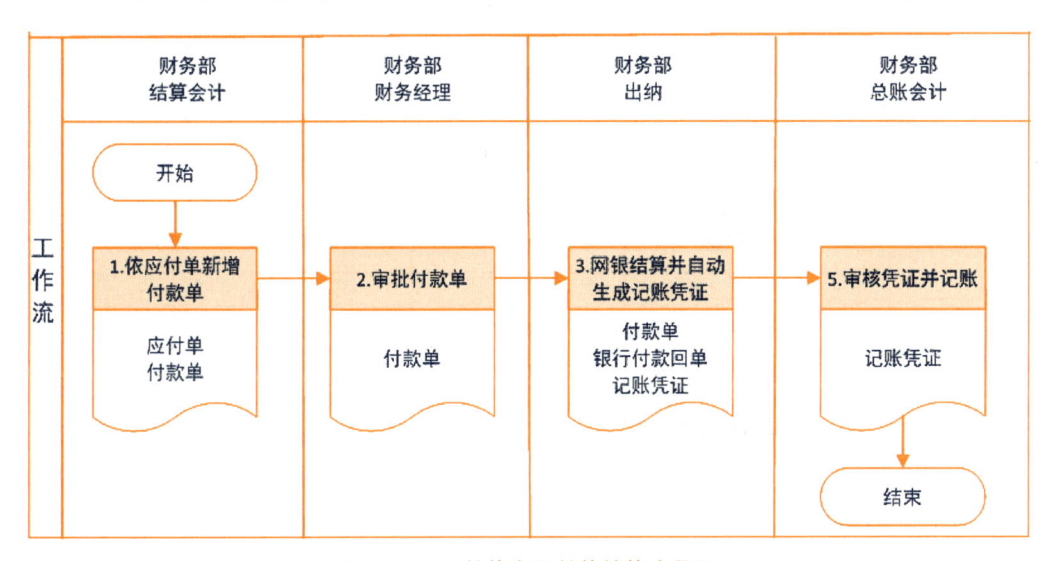

图 3-119　付款合同付款结算流程图

## 二、规划设计

### （一）规划财务共享服务业务单据（表 3-11）

表 3-11　财务共享服务业务单据规划

| 序号 | 名　　称 | 是否进 FSSC | 是否属于作业组工作 | 流程设计工具 |
|---|---|---|---|---|
| 1 | 付款合同 | Y | Y | 工作流 |
| 2 | 应付单 | Y | Y | 工作流 |

续 表

| 序 号 | 名 称 | 是否进 FSSC | 是否属于作业组工作 | 流程设计工具 |
|---|---|---|---|---|
| 3 | 付款单 | Y | Y | 工作流 |
| 4 | 收款合同 | Y | Y | 工作流 |
| 5 | 应收单 | Y | Y | 工作流 |
| 6 | 收款单 | Y | Y | 工作流 |

> 【注意】
> ◇ 是否进 FSSC：表示该业务单据的处理过程是否需要财务共享服务中心参与。Y 表示需要，N 表示不需要。
> ◇ 是否属于作业组工作：表示是否需要分配到某个 FSSC 作业组、必须由该组成员从作业平台上提取进行处理。Y 表示属于，N 表示不属于。只有进 FSSC 的业务单据才有这个选择。
> ◇ 流程设计工具：是指用 NCC 的哪一个流程平台来对该业务单据进行流程建模。NCC 中有"业务流""工作流""审批流"三种流程建模平台，在本课程实训环节，业务流部分已经预置到教学平台中，因此只需要进行工作流或审批流的建模。

### (二) 共享后流程设计

#### 1. 付款合同结算

(1) 付款合同签订 (图 3-120)。

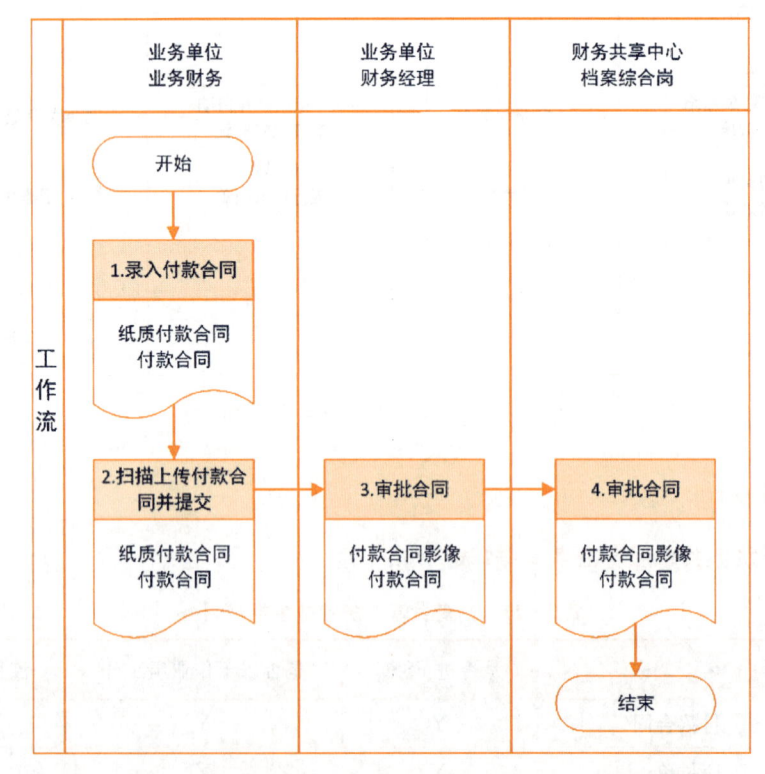

图 3-120　鸿途集团付款合同结算共享后流程——付款合同签订

(2) 付款合同应付挂账(图 3-121)。

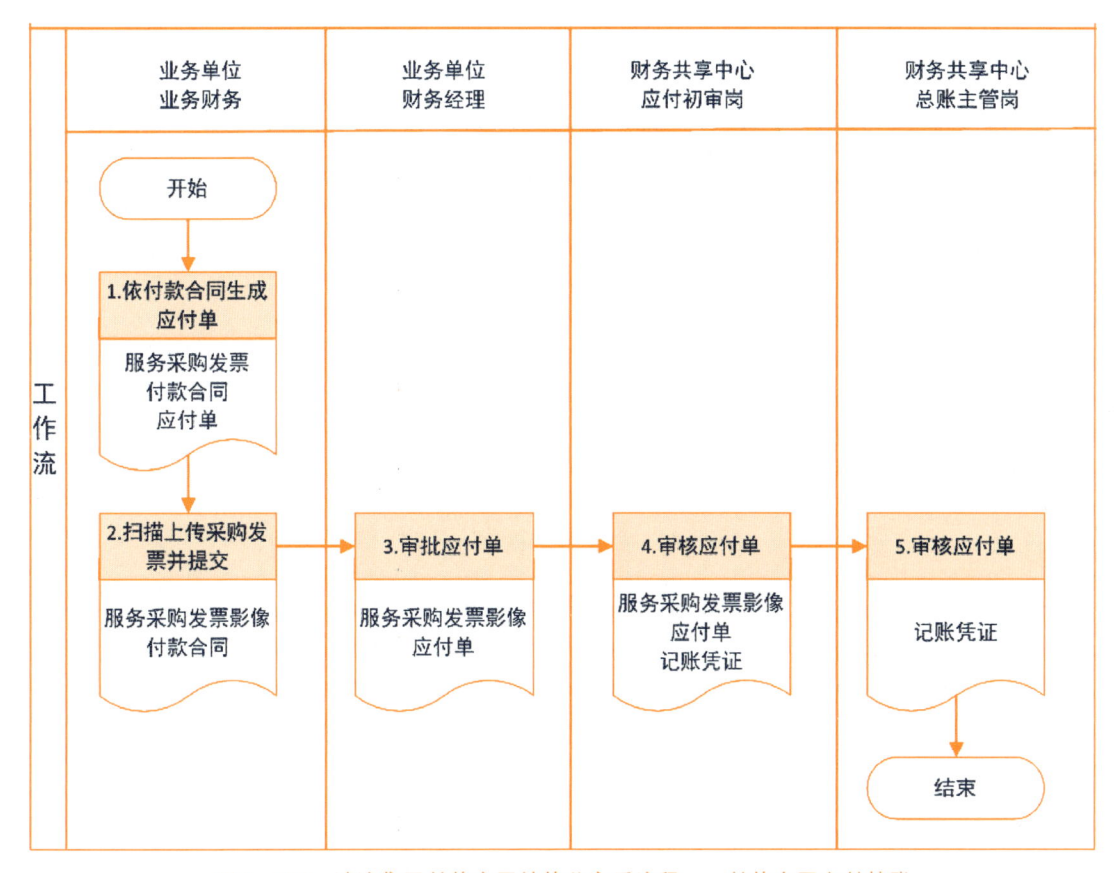

图 3-121 鸿途集团付款合同结算共享后流程——付款合同应付挂账

(3) 付款合同付款结算(图 3-122)。

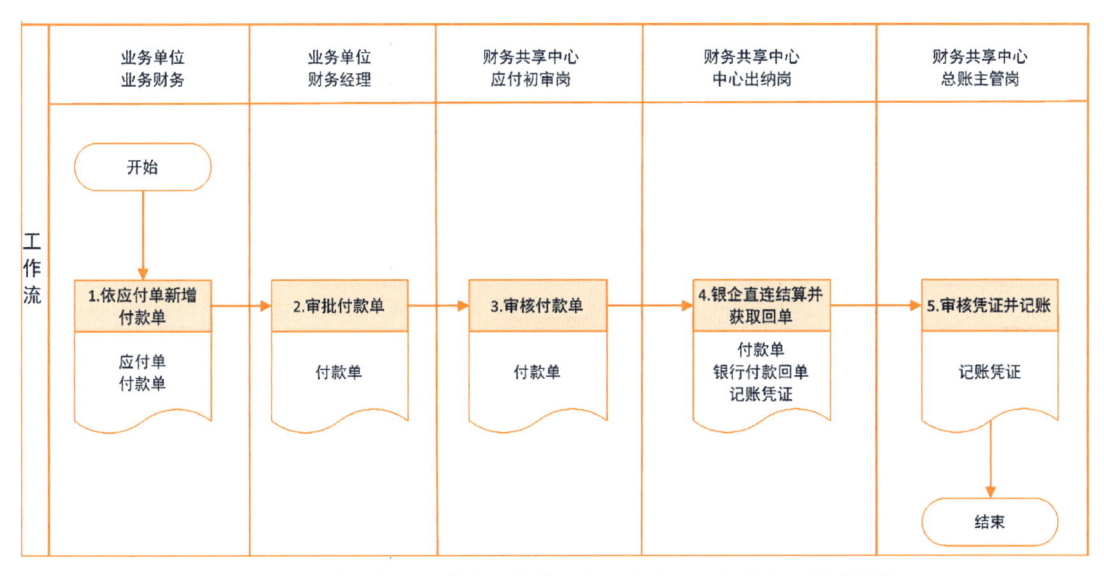

图 3-122 鸿途集团付款合同结算共享后流程——付款合同付款结算

## 三、业务实操

**1. 作业组分配权限（图3-123）**

图3-123 作业组配置

**2. 在工作流中启用"付款合同"流程（图3-124）**

图3-124 启用付款合同流程

### 3. 确认应付单是否启用(图 3-125)

图 3-125 应付单工作流启用

### 4. 新增付款合同

新增一个"付款合同"并根据用例填入信息,填完后保存并提交。若需要影像扫描则进行扫描,如图 3-126 所示。

图 3-126 付款合同管理

### 5. 查看工作流程

显示流程状态为工作流已启动,如图 3-127 所示。

### 6. 付款合同审批

(1) 以财务经理岗位角色进入到 NCC,进行付款合同审批,如图 3-128 所示。

(2) 以档案综合管理员岗位角色进入到 NCC,在"我的作业"中进行付款合同的审核,确认原始单据,信息无误后点击批准,如图 3-129 和图 3-130 所示。

图 3-127 工作流状态查询

图 3-128 付款合同审批(财务经理)

图 3-129 付款合同审批(档案综合管理员)

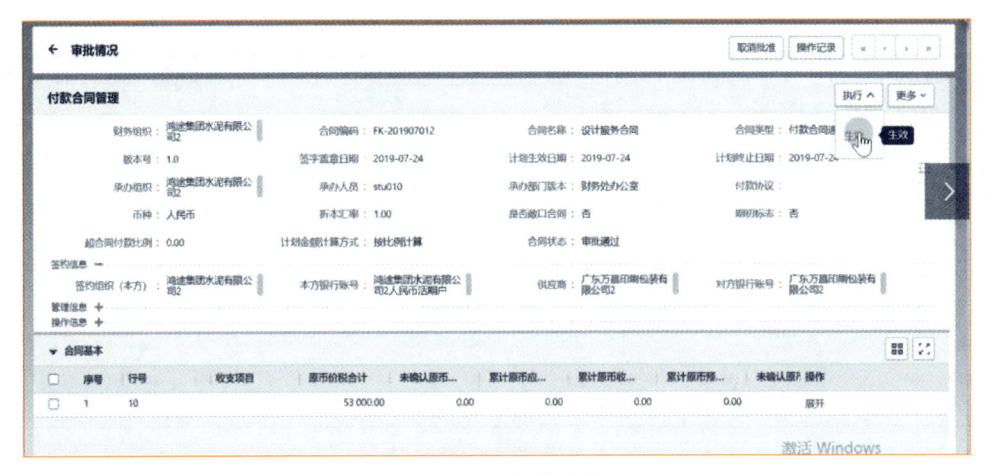

图 3-130 审批生效

### 7. 新增付款合同

以财务经理岗位角色进入 NCC,新增处点击付款合同,查询单据并生成单据,然后核对信息后进行保存并提交,若有影像先保存后提交,如图 3-131 至图 3-133 所示。

图 3-131 新增付款合同

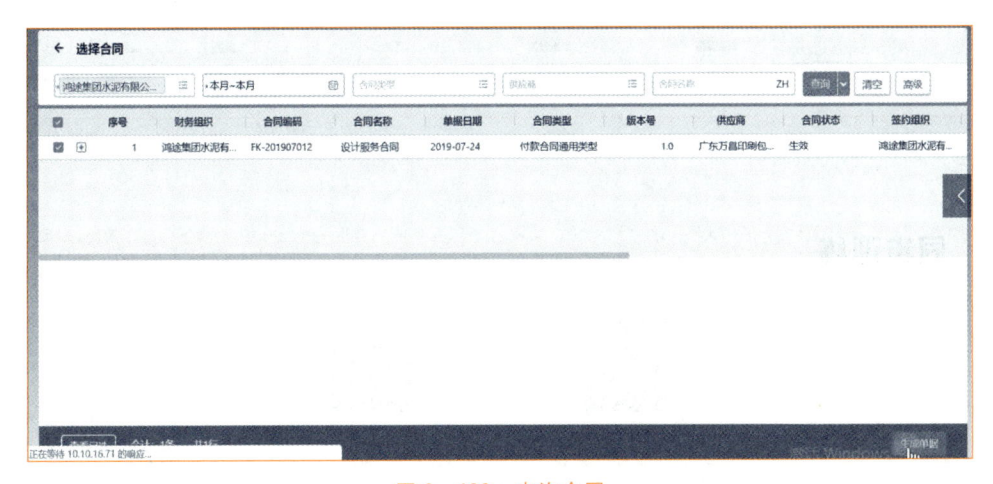

图 3-132 查询合同

图 3-133　生成应付单

**8. 应付单据审批**

（1）以财务经理岗位角色进入 NCC，进行应付单据的审批，如图 3-134 所示。

图 3-134　应付单审批

（2）以应付初审岗位角色进入 NCC，点击任务提取，如图 3-135 所示。

图 3-135　应付初审

## 同步训练

同步训练：
项目三

同步训练：
项目三参考答案

# 项目四　销售管理与应收共享业务处理

## 学习目标

1. 理解销售到收款业务的一般概念及不同销售场景和共性流程。
2. 熟悉产成品销售和其他商品销售的详细业务场景。
3. 能够绘制集团共享前后产成品销售、其他商品销售的端到端流程图。
4. 能够在财务共享服务平台中完成集团产成品销售、其他商品销售业务。
5. 熟悉电子发票的概念,能够模拟开票界面进行电子普通发票开具、邮箱邮寄操作。
6. 具有严谨的工作态度,具备书面和口头的沟通与表达能力、自我学习的能力、集体荣誉感和团队协作能力、分析与总结能力、岗位竞争意识与抗压能力树立绩效导向意识。

## 知识点与技能点

| 任　务 | 知　识　点 | 技　能　点 |
| --- | --- | --- |
| 任务一　产成品销售 | 销售业务的一般概念<br>销售管理现状分析<br>签订销售合同<br>销售发货出库 | 电子发票开具确认应收账款业务<br>共享后财务共享服务业务单据<br>共享后产成品销售管理流程设计<br>产成品销售收款共享业务处理 |
| 任务二　其他商品销售 | 其他商品销售的详细业务场景<br>其他商品销售流程现状分析<br>赊销过程中的信用问题 | 共享后其他商品销售业务流程设计<br>其他商品销售业务处理<br>信用管理与电子发票业务规划 |
| 任务三　收款结算 | 收款结算现状分析<br>规划收款结算共享业务单据 | 收款结算业务处理<br>共享后收款结算流程设计 |

## 任务一　产成品销售

### 任务描述

**案例 4—1**　鸿途集团为多元化经营的企业集团,主营水泥及熟料销售,兼营生产领域铸造、焦化、发电等业务,在旅游板块有旅游景点、酒店及娱乐业务。其主营销售应收业务包括:水泥销售、熟料销售、铸件销售、酒店客房销售、景点门票销售等。业务、财务人员根据 NCC 销售发票

项目四　销售管理与应收共享业务处理

在报账平台推送销售应收单,根据销售员上传的相关扫描资料,共享中心审核相关结算信息。

**要求:**

(1) 了解企业销售管理现状及相关规定,绘制集团共享前后的产成品销售业务流程图。

(2) 根据资料一至资料四,在用友 NCC 中完成产成品销售的完整流程。

资　料　一

2019 年 7 月 1 日鸿途集团水泥有限公司与天海集团总公司签署《销售合同(合同编码:SC20190182)》,签约信息如下(凭证 4-1)。

(1) 合同甲方:天海集团总公司。

(2) 合同乙方:鸿途集团水泥有限公司。

(3) 乙方为甲方提供通用水泥产品,供应天海集团的袋装 PC32.5 水泥价格为 300 元/吨,月供应数量为 1 000 吨左右,实际数量依据每月的要货申请。

(4) 发票随货,并于当月底完成收款结算。

(5) 此合同有效期 2019 年 7 月 1 日—12 月 31 日。

**凭证 4-1**

---

**水泥销售合同**

合同编号:SC20190182

甲方:天海集团总公司
地址:河北省张家口市尚义县平安街15号
开户银行:中国工商银行尚义县支行
银行账号:500194209456782103

乙方:鸿途集团水泥有限公司
地址:郑州市管城区第八大街经北一路136号
开户银行:中国工商银行郑州分行管城支行
银行账号:3701239319189278309

为了保护甲乙双方的合法权益,甲乙双方根据《中华人民共和国民法典》的有关规定,经友好协商,一致同意签订本合同。本合同自双方签字盖章之日起,至2019年12月31日止有效。

一、销售合同明细

乙方为甲方提供袋装PC32.5水泥,鸿途集团水泥有限公司的 PC32.5水泥价格为300元/吨(含增值税), 月供应数量为1000吨左右,实际数量依据每月甲方所提交的采购订单。

二、付款时间与付款方式

发票随货,并与当月底完成当月订单的总款项结算。

三、交货地址及到货日期

乙方在发出销售订单后的10日内,将货物送至:河北省张家口市尚义县平安街15号 天海集团总公司库房。

四、运输方式与运输费

合同金额已包含运费,买方不再额外支付运费。运输方式由卖方安排,卖方务必确保按合同的"到货日期"将货物运抵天海集团总公司库房;如延期交货,每日按该笔货物金额的2%收取。

甲方:天海集团总公司　　　　　　　乙方:鸿途集团水泥有限公司
授权代表:马建国　　　　　　　　　授权代表:李军
盖章　　　　　　　　　　　　　　　盖章
日期:2019年7月1日　　　　　　　日期:2019年7月1日

## 资 料 二

2019年7月5日,鸿途集团水泥有限公司与天海集团总公司签订一笔销售订单并录入系统。销售订单审批通过后,2019年7月6日,办理"PC32.5水泥"出库,并通过公路运输发货。

相关信息如表4-1所示。

表4-1 销售订单信息

| 项目名称 | 需求数量 | 单价 | 客户 |
| --- | --- | --- | --- |
| PC32.5水泥 | 1 000吨 | 300元 | 天海集团总公司 |

## 资 料 三

2019年7月6日,针对"PC32.5水泥"发货,鸿途集团水泥有限公司开具增值税专用发票,票随货走。开票相关信息,如表4-2和凭证4-2所示。

表4-2 开票相关信息

| 项目名称 | 需求数量 | 含税单位 | 价税合计 | 税率 | 税额 | 客户 |
| --- | --- | --- | --- | --- | --- | --- |
| PC32.5水泥 | 1 000 | 300 | 300 000 | 13% | 34 513.27 | 天海集团总公司 |

**凭证4-2**

| 购买方 | 名称：天海集团总公司<br>纳税人识别号：91110109163452134Y<br>地址、电话：河北省尚义县102号45329834<br>开户行及账号：中国工商银行尚义县支行5001942094567821103 | 密码区 | 035926>3>2<0230937-8>1*26906<br>374*91/- +588247>>/*6+>-89233<br>785926>3>2<0230937*57+89>097<br>4/ 737-++ 690195*6067/ /42+2-72 |
| --- | --- | --- | --- |
| 货物或应税劳务、服务名称 | 规格型号 | 单位 | 数量 | 单价 | 金额 | 税率 | 税额 |
| PC32.5水泥 |  | 吨 | 1 000 | 265.49 | 265 486.73 | 13% | 34 513.27 |
| 合　　计 |  |  |  |  | ¥265 486.73 |  | ¥34 513.27 |
| 价税合计（大写） | ⊗叁拾万元整 |  |  |  | (小写) ¥300 000.00 |  |  |
| 销售方 | 名称：鸿途集团水泥有限公司<br>纳税人识别号：9141000041606 7532K<br>地址、电话：郑州市管城区第八大街经北一路136号0371-82738651<br>开户行及账号：中国工商银行郑州分行管城支行3701239319189278309 | 备注 |  |

河南增值税专用发票　№ 44775834
开票日期：2019年7月6日

收款人：王丽丹　复核：吴英　开票人：刘海燕　销售方：(章)

开具发票的同日,鸿途集团水泥有限公司完成了应收挂账流程。

## 资 料 四

2019年7月31日,收到客户付款30万元,相关付款凭证如凭证4-3所示。

**凭证 4-3**

| | | | | | | |
|---|---|---|---|---|---|---|
| **中国工商银行 ICBC** | | 电子回单（收款） | | | | 金融@家 |

入账日期：2019-07-31　　　　　　　　　　　　　　电子回单号：　20190731002895

| 付款单位 | 户名 | 天海集团总公司 | 收款单位 | 户名 | 鸿途集团水泥有限公司 |
|---|---|---|---|---|---|
| | 账号 | 500194209456782103 | | 账号 | 3701239319189278309 |
| | 开户行 | 中国工商银行尚义县支行 | | 开户行 | 中国工商银行郑州分行管城支行 |
| 金额（大写） | | 叁拾万圆整 | 金额（小写） | | ¥300 000.00 |
| 转账用途 | | | 201907水泥款 | | |

制单人：lg0002　　　流水号：000098　　　银行签章

*微课视频：产成品销售*

## 知识准备

### 一、销售类型

一般来说，销售类型有以下几种：

（1）直销与分销。直销是指生产者不经过中间环节，把自己的产品直接卖给消费者；分销是指有中间组织代理生产者/品牌商的产品，中间组织有经销商（视同买断）、代理商（不买断）。

（2）单组织销售与跨组织销售。单组织销售是指票货属于同一组织的销售模式，如 A 公司接单向甲客户卖自己的货、开自己的票、自己收钱；跨组织销售是指票货不属于同一财务组织的销售模式，如某集团的 A 销售中心向甲客户卖集团内 B 工厂的货，由 B 工厂发货，但由 A 销售中心开票、收款。

（3）接单销售与销售补货。接单销售是指先有明确的客户采购订单再销售；销售补货是指先补货后销售，如沃尔玛的自动补货系统能使供应商自动跟踪补充各个销售点的货源。

（4）现销与赊销。现销是指先全额收款再进行后续开票和出库活动；赊销是指以信用为基础的销售，卖方与买方签订购货协议后，卖方让买方取走货物，而买方按照协议在规定日期付款或分期付款形式付清货款。

### 二、接单销售（赊销）总体流程

销售总体流程为：① 签订合同或订单；② 销售发货安排；③ 销售开票；④ 销售出库或发票立账；⑤ 销售收款。

## 任务实施

### 一、现状分析

（一）产成品销售业务处理的痛点

鸿途集团销售业务结构如图 4-1 所示。其主营销售应收业务包括：水泥销售、熟料销售、铸件销售、酒店客房销售、景点门票销售等。

图 4-1 鸿途集团销售业务结构图

销售管理业务主要存在以下痛点：① 销售业务流程基本一致，业务关键控制点略有不同（如图 4-2 所示）；② 销售价格多样化，审批、执行及监管不便捷；③ 手工工作量大，较易出现错误（客户余额计算、返利计算）；④ 工厂布局、硬件不同，发货流程无固定形式、单据格式不同、流转不统一，不便于统一化和精细化管理；⑤ 统计报表以手工为主，工作量大，及时性较差。

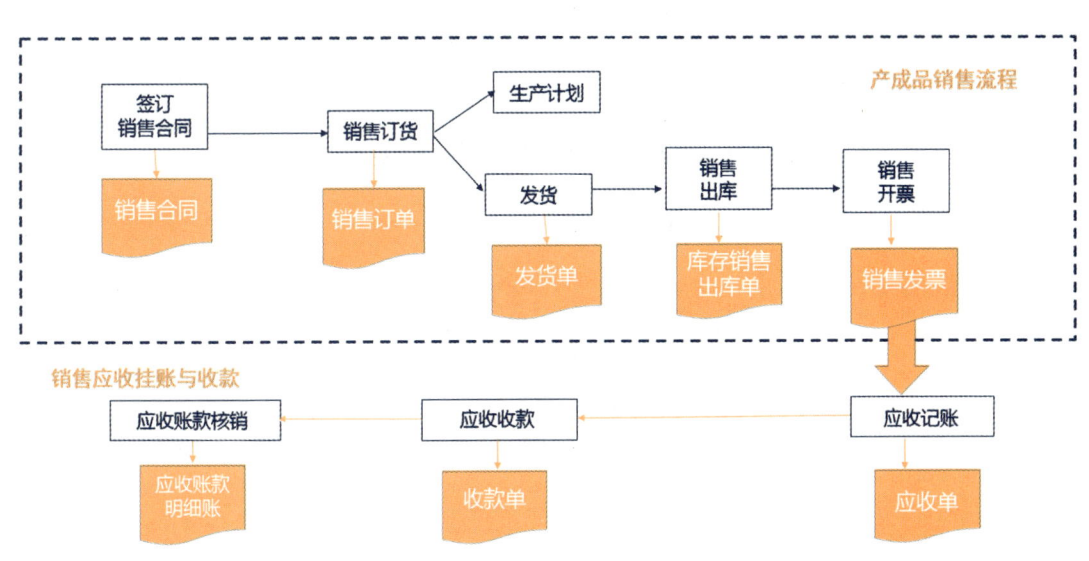

图 4-2 鸿途集团总体销售流程图

### (二) 产成品销售业务流程现状

鸿途集团共享前产成品销售现有工作流程如图 4-3 所示。

图 4-3 鸿途集团产成品销售现有工作流程

## 1. 签订销售合同（图4-4）

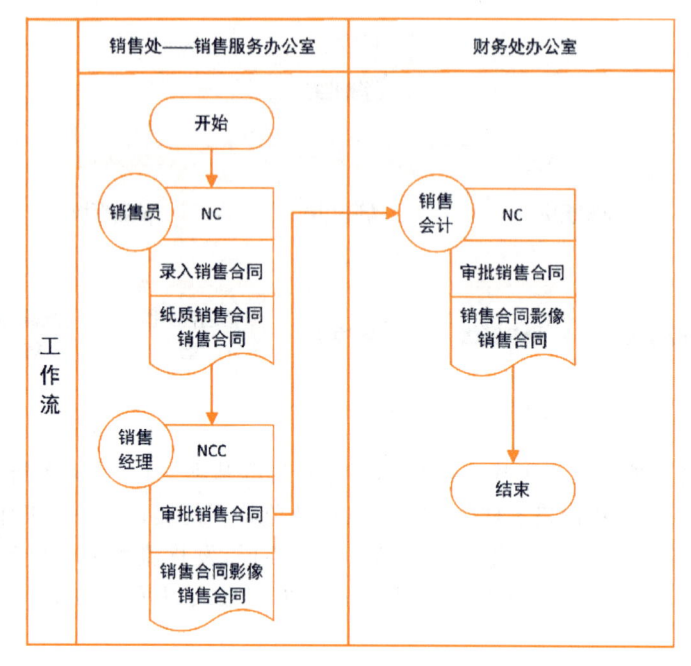

图4-4 签订销售合同共享前流程

## 2. 销售发货出库（图4-5）

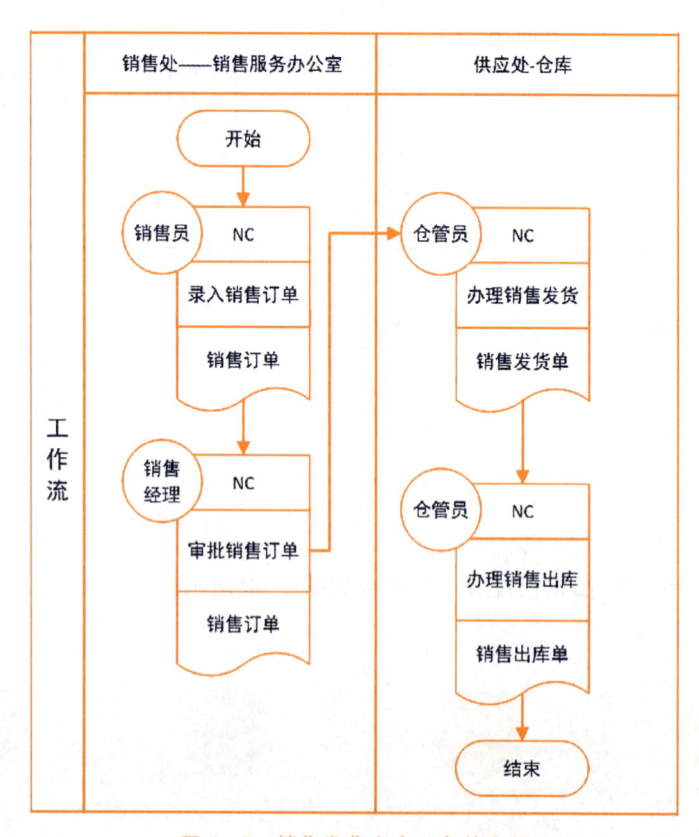

图4-5 销售发货出库共享前流程

3. 应收挂账（图4-6）

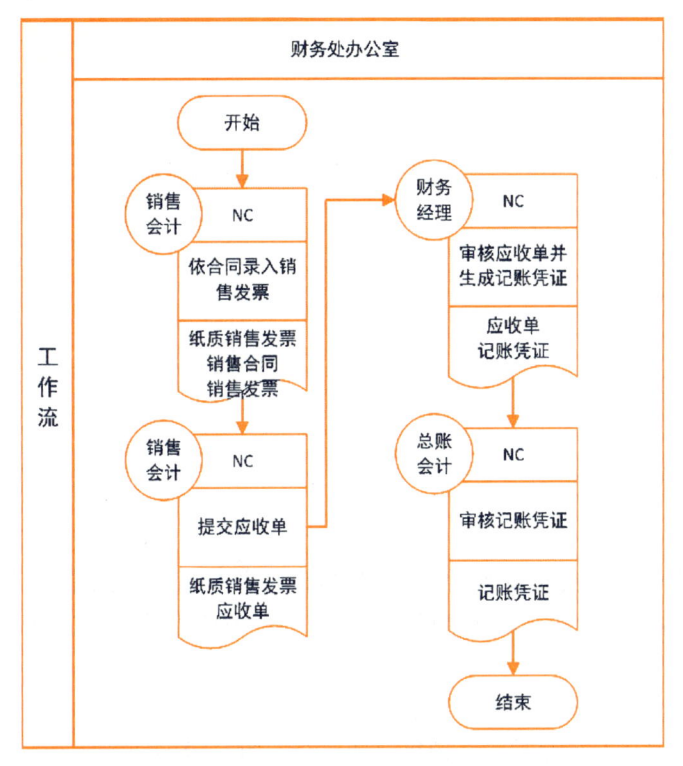

图4-6 应收挂账共享前流程

4. 应收收款（图4-7）

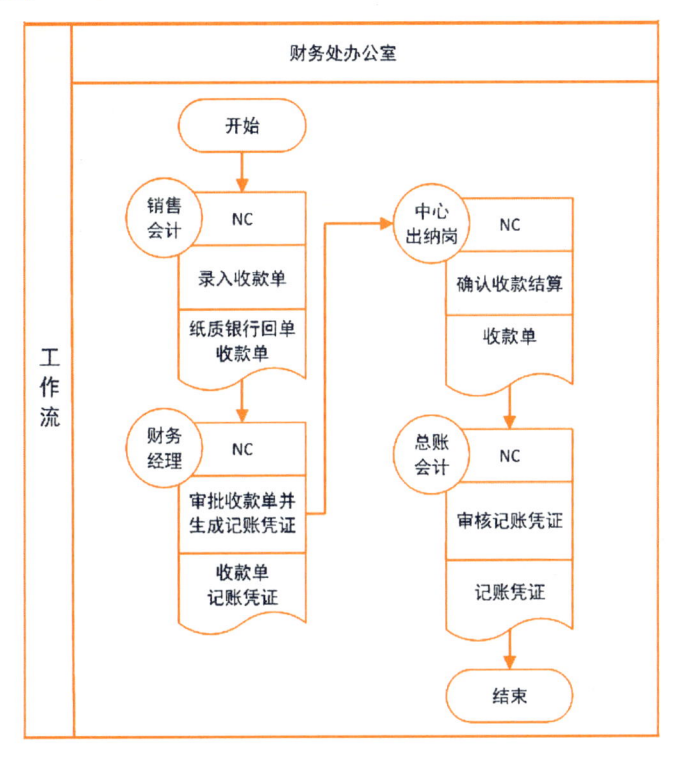

图4-7 签应收账款共享前流程

## 二、规划设计

### (一) 规划财务共享服务业务单据(表 4-3)

表 4-3 财务共享服务业务单据

| 序 号 | 名 称 | 是否进 FSSC | 是否属于作业组工作 | 流程设计工具 |
|---|---|---|---|---|
| 1 | 销售合同 | Y | N | 审批流 |
| 2 | 销售订单 | N | — | 审批流 |
| 3 | 销售发货单 | N | — | 审批流 |
| 4 | 销售出库单 | N | — | 审批流 |
| 5 | 销售发票 | N | — | 审批流 |
| 6 | 应收单 | Y | Y | 工作流 |
| 7 | 收款单 | Y | Y | 工作流 |

### (二) 共享后流程设计

根据鸿途集团产成品销售业务的流程现状，设计共享后产成品销售业务流程。可使用 Miscrosoft Visio 等工具软件完成共享后产成品销售业务流程设计，该流程将在用友 NCC 中成功构建和运行。

#### 1. 签订销售合同

鸿途集团产成品销售共享后签订销售合同运程如图 4-8 所示。

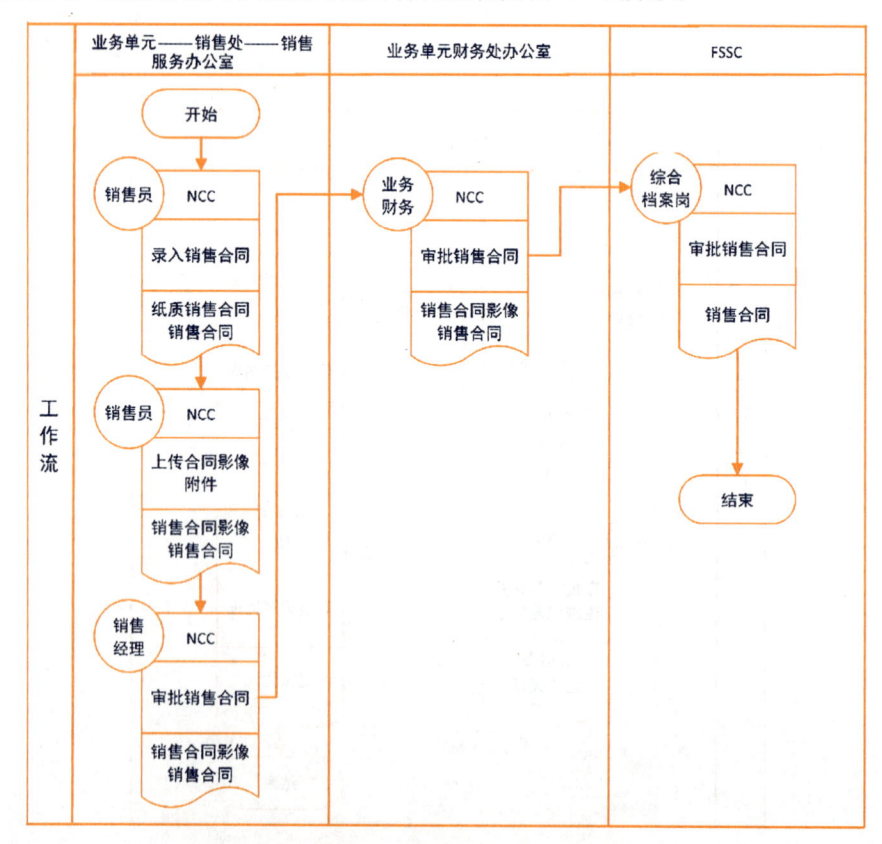

图 4-8 鸿途集团产成品销售共享后签订销售合同流程

## 2. 销售发货出库

鸿途集团产成品销售共享后销售发货出库流程如图4-9所示。

## 3. 应收挂账

鸿途集团产成品销售共享后应收挂账流程如图4-10所示。

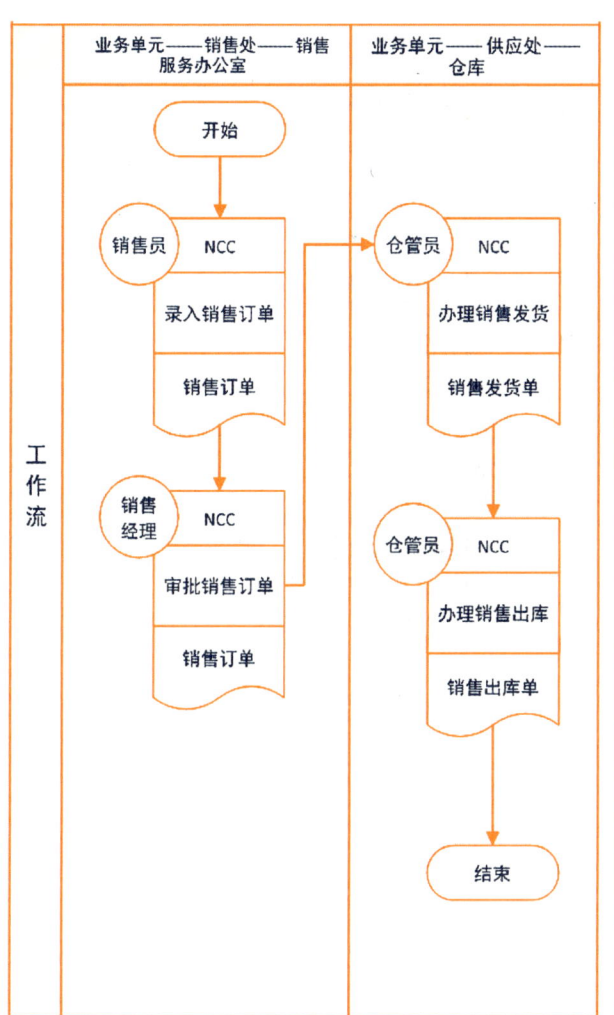

图4-9　鸿途集团产成品销售共享后销售发货出库流程

图4-10　鸿途集团产成品销售共享后应收挂账流程

## 4. 应收收款

鸿途集团产成品销售共享后应收收款流程如图4-11所示。

### 三、业务实操

#### (一) 工作流与审批流配置

系统管理员点击"系统配置"进入"NCC系统操作界面"。

#### 1. 审批流配置

点击"动态建模平台—流程管理—审批流定义—集团"。如图4-12所示。

操作录屏：
审批流配置
（销售订单）

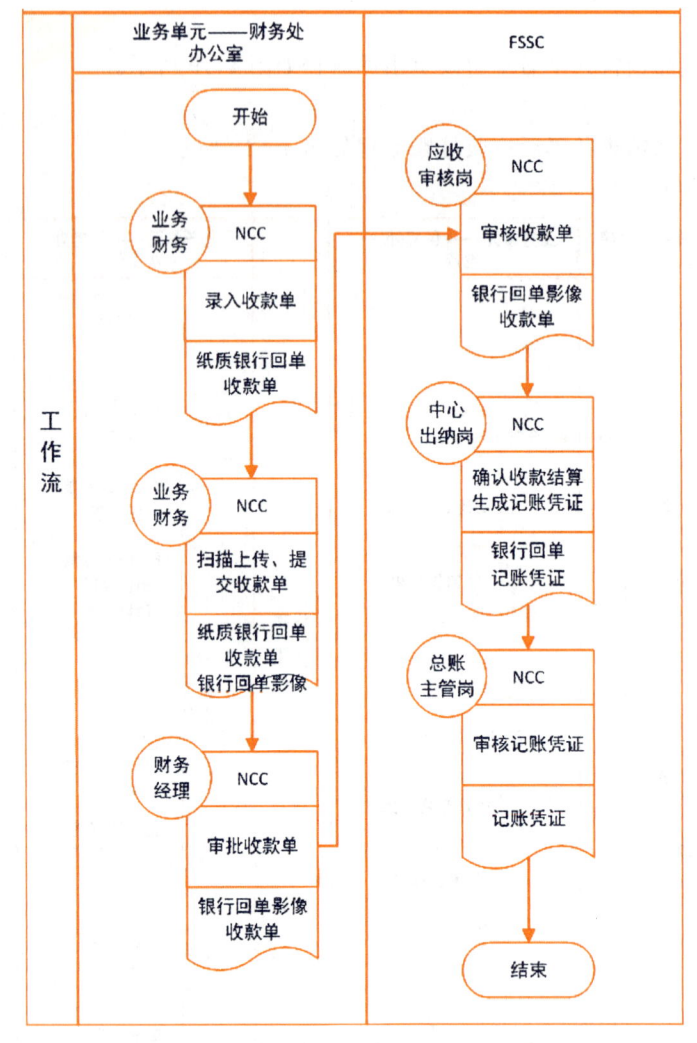

图4-11 鸿途集团产成品销售共享后应收收款流程

图4-12 选择审批流定义

进入"审批流定义"界面后,左上方搜索栏输入"销售合同"进行"销售合同审批流定义",选中后单击"启用",如图4-13所示。

图4-13 销售合同审批流启用

**【注意】**

仅以"销售合同"审批流定义为例,此任务中"销售订单""销售发货单""销售出库单""销售发票"的审批流定义参照完成。其中"销售发货单""销售出库单""销售发票"学生可进行审批流的自主设置。

2. 工作流配置

点击"动态建模平台—流程管理—工作流定义—集团",如图4-14所示。

图4-14 工作流定义

操作录屏:
工作流配置
(应收单)

进入"工作流定义"界面后,选择左侧"应收管理—应收单",选中后单击"启用",如图4-15所示。

"收款单"工作流设置参考以上"应收单"设置进行。

(二)产成品销售业务处理

1. 销售合同处理

(1)以销售员角色,进入NCC。选择"供应链—销售合同维护",如图4-16所示。

操作录屏:
销售合同
处理

图 4-15　应收单启用

图 4-16　选择销售合同维护

（2）双击标注处，切换系统日期为业务日期。调整日期为"2019 年 7 月 1 日"。单击左上角"新增—自制"，进行销售合同的自制，如图 4-17 所示。

图 4-17　销售合同自制

（3）设置表头信息。销售组织选择"宏图集团水泥有限公司"，合同编码根据原始单据输入"sc20190182"（为了避免误操作后重新操作统一编码不能重复录入的问题可在合同编号后加入 01 或 02，方便进行二次操作）；合同类型选择"销售合同通用类型"；计划生效日期为"2019 年 7 月 1 日"；计划终止日期为"2019 年 12 月 31 日"；客户为"天海集团总公司"，如图 4-18 所示。

图 4-18 销售合同维护

（4）设置物料。点击物料编码处可进行选择，选择"060101 复合硅酸盐水泥—PC32.5H 袋装"，如图 4-19 所示。

图 4-19 设置物料

（5）销售数量"1 000"，根据发票无税单价是"265.49"，如图 4-20 所示。

图 4-20 录入数量单价

（6）填制完成后单击左上角，由销售员"保存"。进行"提交"。

（7）销售经理进入 NCC 进行审核。选择"供应链—合同管理—销售合同维护"，如图 4-21 所示。

图 4-21 选择销售合同维护

（8）进行"查询"，查询到合同检查无误后，单击"审批"，如图 4－22 所示。

图 4－22　销售经理审批

审批后即可以查询审批意见及后续的审批流程，发现下一步的流程到达业务员财务角色，如图 4－23 所示。

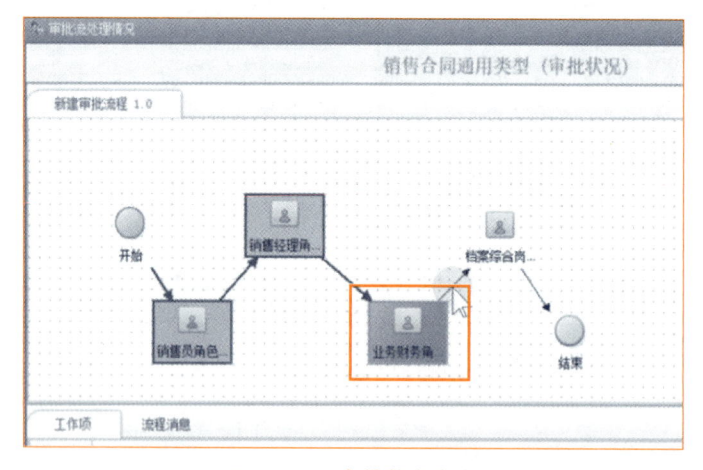

图 4－23　审批状态查询

（9）以业务财务角色登录 NCC。选择"供应链—合同管理—销售合同维护—查询到销售合同—审批"。在审批流程的查询中发现下一步为档案综合岗，如图 4－24 所示。

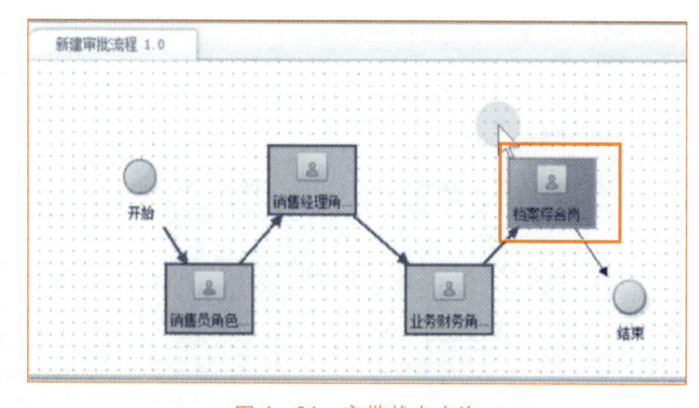

图 4－24　审批状态查询

(10) 以档案综合岗角色登录 NCC。选择"供应链—合同管理—销售合同维护—查询到销售合同—审批"。审批完成后单击"执行—是"使之生效,如图 4-25 所示。

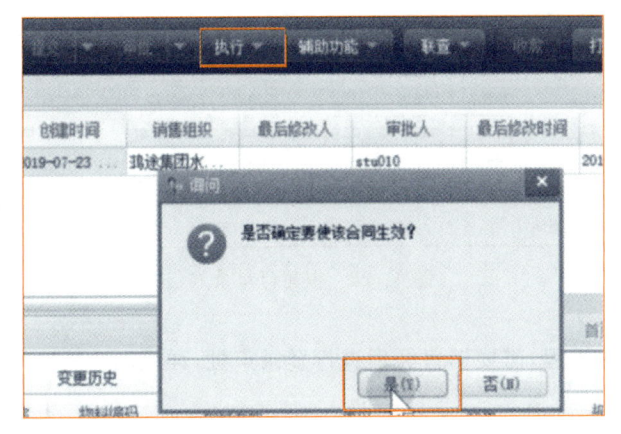

图 4-25　合同生效

(11) 以销售员角色登录 NCC 填制销售订单。进入销售订单维护界面,单击"新增",选择"销售合同生成订单",如图 4-26 所示。

操作录屏:
销售订单
处理

图 4-26　选择销售合同生成订单

(12) 通过查询功能找到销售订单,勾选销售合同,单击"生成销售订单",如图 4-27 所示。

图 4-27　销售合同勾选

(13)生成后将信息补充完整,部门为"销售服务办公室",单击保存(或直接保存提交),如图4-28所示。

图4-28 销售订单录入

查询下一步,审核流程,需要销售经理进行登录审批,详见图4-29。

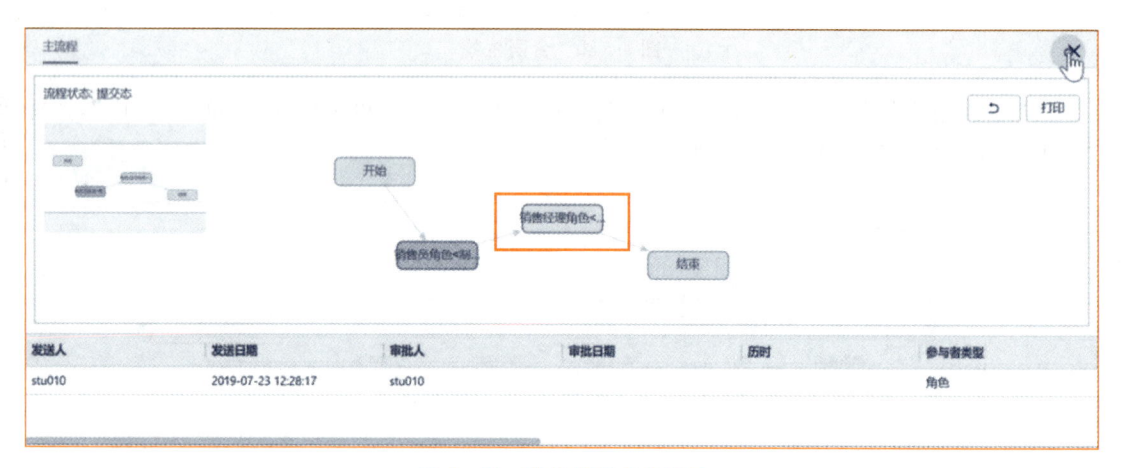

图4-29 销售经理角色登录

(14)以销售经理角色进入。进入"审批中心",选择需要审批的订单,确认无误,单击"批准",如图4-30所示。

图4-30 销售经理审批

**2. 销售发货出库**

(1)以仓管岗位登录 NCC。进入"发货单维护",单击"发货",如图4-31所示。
(2)选择订单,在查询结果中勾选,点击"生成发货单",如图4-32所示。
(3)发货单生成后,确认相关信息填写完整,点击"保存提交",如图4-33所示。

图 4-31　发货单维护

图 4-32　选择销售订单

图 4-33　生成发货单

（4）进入销售出库，单击"新增"，选择"销售业务出库"。选择公司后，单击"查询"，勾选中所需订单，单击"生成出库单"，如图 4-34 所示。

图 4-34　选择销售订单

（5）注意实发数量是空的，选择仓库"产成品库"，出入库类型"普通销售出库"，单击"自动取数"，再单击"保存"，保存后单击"签字"即可，如图4-35所示。

图4-35 生成销售出库单

### 3. 应收账款确认

（1）参照出库单，生成销售发票。以业务财务角色登录NCC，进入"销售发票管理"。点击"开票"，选择公司后进行查询，勾选相应出库单，单击"生成销售发票"，如图4-36所示。

图4-36 勾选出库单

（2）发票类型选择"增值税专用发票"，信息补充完整后，单击"保存提交"，如图4-37所示。

（3）以业务财务角色，进入"应收单管理"。进入界面后，如需要上传原始单据，则需要单击"更多"，进行"影像扫描"，完成后单击"提交"，如图4-38所示。

（4）下一步需要财务经理角色进行处理，如图4-39所示。

图4-37 销售发票保存提交

图4-38 影像扫描

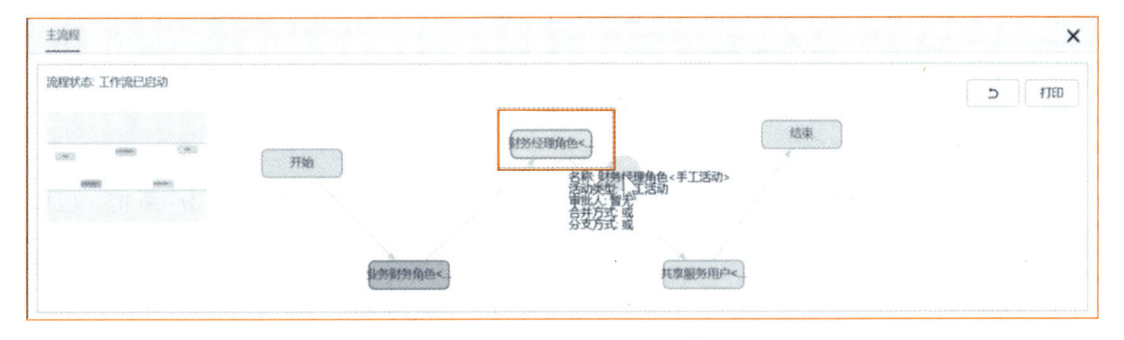

图4-39 财务经理角色登录

(5)以财务经理角色登录NCC。进入审批中心,审批应收单。

(6)以应收审核岗角色登录NCC。进入"我的作业",单击"任务提取"。此时共享中心的审核岗是要进行双屏作业的,一方面查看提交的单据,另一方面还要查看提交的原始凭证,进行审核,如图4-40所示。

图4-40 任务提取

核对无误后,单击"批准",如图4-41所示。

图4-41 应收单审批

(7)以总账主管岗角色NCC登录,进入"凭证审核"进行审核。找到所需应收单,确认无误后,单击"审核",如图4-42所示。

图4-42 凭证审核

**4. 应收账款结算**

(1)收款流程处理,以业务财务角色登录NCC。进入"收款单管理",单击"新增—应收单",如图4-43所示。

图4-43 新增应收单

(2)选择好组织进行查询,勾选相应应收单,单击生成下游单据,如图4-44所示。

图4-44 勾选应收单

(3)补充信息,结算方式选择"网银",依次选择"收款银行账户""付款银行账户"等。补充完成后如需上传原始单据,单击"保存",在"更多"处,进行"影像扫描"上传,并提交,如图4-45所示。

图4-45 影像扫描

(4)分别由"财务经理岗""应收审核岗"进行审批。
(5)以中心出纳岗登录NCC。进入"结算",选择好组织,在待结算中找到收款单,如图4-46所示。

图4-46 选择待结算收款单

确认无误后单击"结算",如图 4-47 所示。

图 4-47　收款单结算

(6) 在财物管理中找到"现金管理",选择"银行存款日记账",如图 4-48 所示。

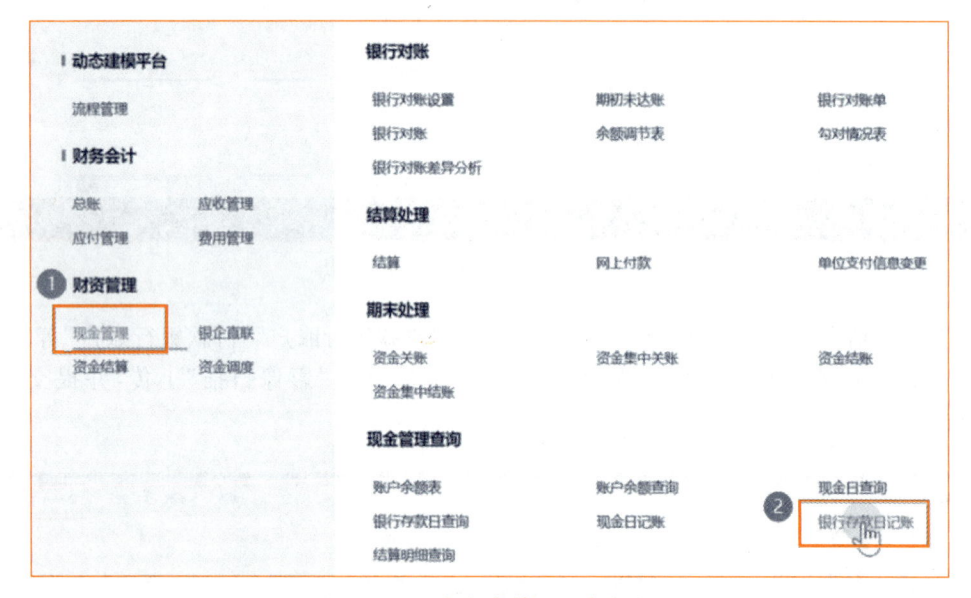

图 4-48　银行存款日记账查询

(7) 查询后,在"快速入口",进入"网银端",如图 4-49 所示。

图 4-49　网银查询

同样可以查询到刚刚收到的款项,如图 4-50 所示。
(8) 以总账主管岗角色登录 NCC,确认无误后单击"审核",如图 4-51 所示。

图 4-50 银行转账记录

图 4-51 凭证审核

## 任务二　其他商品销售

### 任务描述

**案例 4-2**　其他商品销售业务,是指鸿途集团除了产成品外的普通商品销售,其总体流程如图 4-52 所示。非主营产品的销售,可直接采用销售订单。业务财务根据 NCC 销售发票

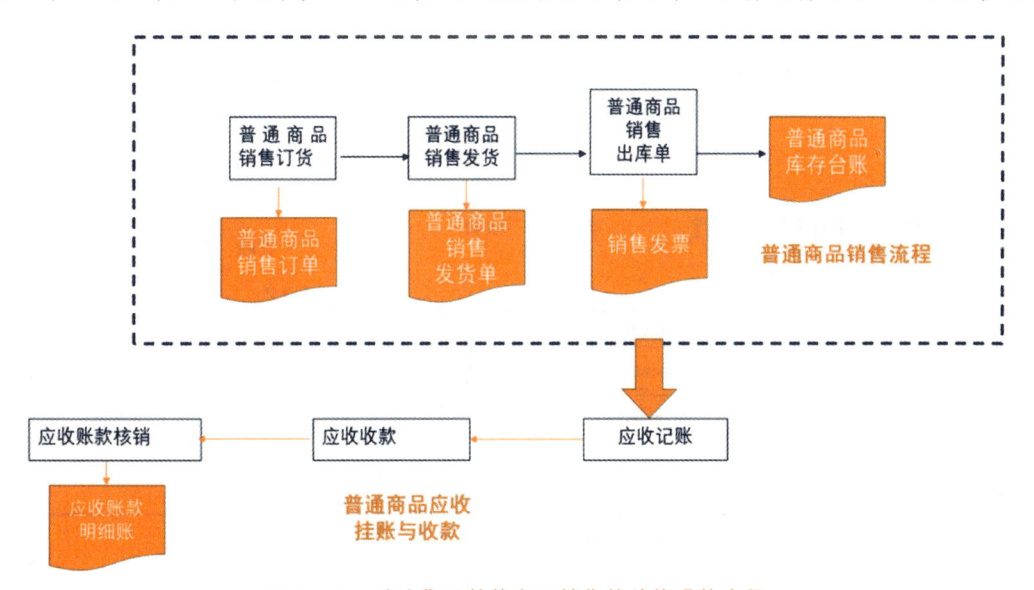

图 4-52　鸿途集团其他商品销售的总体现状流程

207

在报账平台推送销售应收单，根据销售员上传的相关扫描资料，共享中心审核相关结算信息。鸿途集团的所有收款，均以网银（银企直联）方式完成，最终选择的是单共享中心模式。为了让共享中心审核有据，所有进入 FSSC 审核的业务单据，必须随附外部原始凭证的影像。为简化构建工作，共享后流程中审批环节最高只设计到子公司总经理。

**要求**：绘制集团共享前后企业其他商品销售流程图，根据资料五至资料七，在用友 NCC 完成其他商品销售的完整流程。

### 资 料 五

2019 年 7 月 5 日，鸿途集团水泥有限公司与天海中天精细化工有限公司签订一笔材料销售订单，信息如下：发货时间为 7 月 11 日，价格为 226 元/吨（含增值税），并生成销售发货单，如表 4-4 所示。2019 年 7 月 11 日，天然石膏发货出库。

表 4-4 发货信息

| 项目名称 | 需求数量 | 客　户 |
| --- | --- | --- |
| 天然石膏 | 1 000 吨 | 天海中天精细化工有限公司 |

### 资 料 六

2019 年 7 月 11 日，天然石膏发货，开具增值税专用发票，票随货走，当日完成了后续的应收挂账流程，发票信息如表 4-5 所示。

表 4-5 发票信息

| 项目名称 | 需求数量 | 含税单价 | 价税合计 | 税 率 | 税 额 | 客　户 |
| --- | --- | --- | --- | --- | --- | --- |
| 天然石膏 | 1 000 | 226 元 | 226 000 元 | 13% | 26 000 元 | 天海中天精细化工有限公司 |

### 资 料 七

2019 年 7 月 31 日，收到客户付款。收到客户通知并从网银系统获得银行收款电子回单的打印件后，在系统里录入该笔收款单，收款信息如表 4-6 所示。相应凭证见凭证 4-4、凭证 4-5。

表 4-6 收款信息

| 客　户　名　称 | 收款金额 |
| --- | --- |
| 天海中天精细化工有限公司 | 226 000 元 |

**凭证 4-4**

ICBC 中国工商银行　电子回单（收款）　金融@家

入账日期：2019-07-31　　　　　电子回单号：20190731005120

| 付款单位 | 户名 | 天海中天精细化工有限公司 | 收款单位 | 户名 | 鸿途集团水泥有限公司 |
| --- | --- | --- | --- | --- | --- |
| | 账号 | 40033902304942123 | | 账号 | 3701239319189278309 |
| | 开户行 | 中国工商银行冀城县支行 | | 开户行 | 中国工商银行郑州分行管城支行 |
| 金额（大写） | | 贰拾贰万陆仟圆整 | 金额（小写） | | ¥226 000.00 |
| 转账用途 | | 201907天然石膏款 | | | |
| 制单人：lg0005 | | 流水号：008361 | 银行签章 | | |

**凭证 4-5**

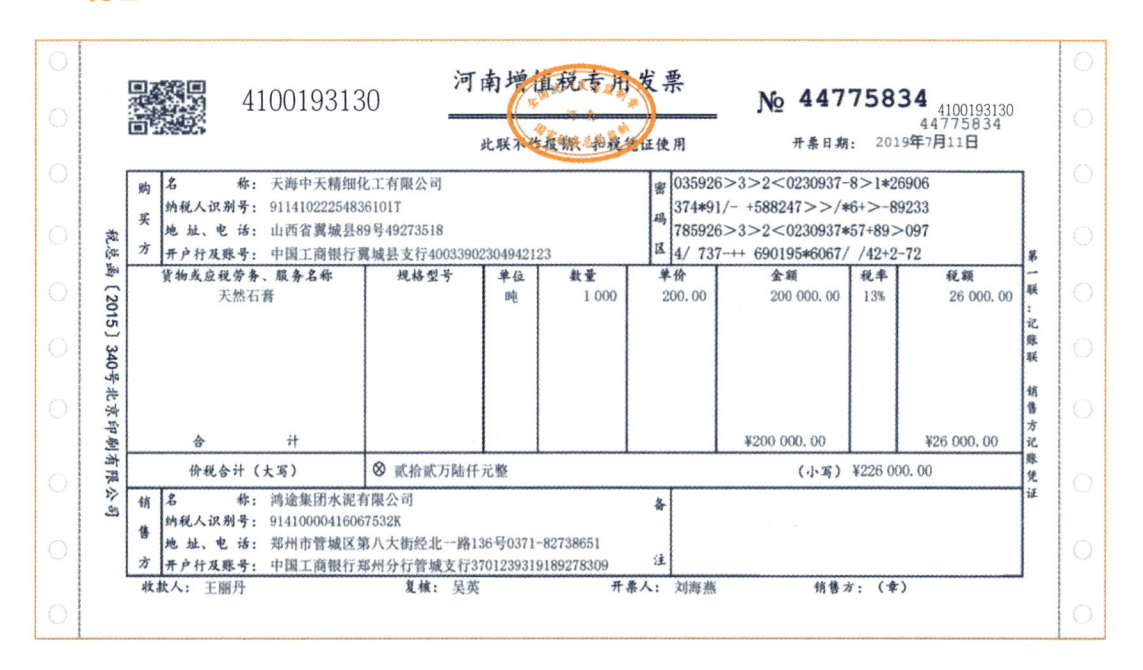

河南增值税专用发票　№ 44775834

4100193130　　　　　　　　　　　　　　　　　　4100193130
　　　　　　　　此联不作报销 抵扣税凭证使用　　　　44775834
　　　　　　　　　　　　　　　　　　　　　　开票日期：2019年7月11日

| 购买方 | 名　称： | 天海中天精细化工有限公司 | 密码区 | 035926>3>2<0230937-8>1*26906<br>374*91/- +588247>>/*6+>-89233<br>785926>3>2<0230937*57+89>097<br>4/ 737-++ 690195*6067/ /42+2-72 |
|---|---|---|---|---|
| | 纳税人识别号： | 91141022254836101T | | |
| | 地　址、电　话： | 山西省翼城县89号49273518 | | |
| | 开户行及账号： | 中国工商银行翼城县支行40033902304942123 | | |

| 货物或应税劳务、服务名称 | 规格型号 | 单位 | 数量 | 单价 | 金额 | 税率 | 税额 |
|---|---|---|---|---|---|---|---|
| 天然石膏 | | 吨 | 1 000 | 200.00 | 200 000.00 | 13% | 26 000.00 |
| 合　　　　计 | | | | | ¥200 000.00 | | ¥26 000.00 |

价税合计（大写）　⊗ 贰拾贰万陆仟元整　　　　　　　（小写）¥226 000.00

| 销售方 | 名　称： | 鸿途集团水泥有限公司 | 备注 | |
|---|---|---|---|---|
| | 纳税人识别号： | 91410000416067532K | | |
| | 地　址、电　话： | 郑州市管城区第八大街经北一路136号0371-82738651 | | |
| | 开户行及账号： | 中国工商银行郑州分行管城支行3701239319189278309 | | |

收款人：王丽丹　　复核：吴英　　开票人：刘海燕　　销售方：（章）

## 知识准备

### 一、销售信用在销售流程中的控制点

**1. 赊销（信用）销售典型流程**

赊销（信用）销售的典型流程如图 4-53 所示。

微课视频：
其他商品
销售

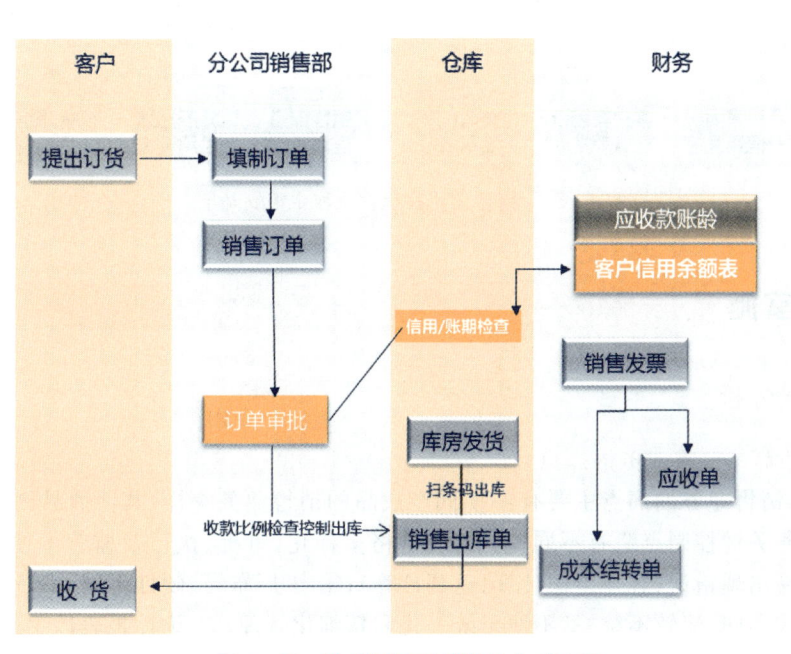

图 4-53　赊销（信用）销售的典型流程

## 2. 赊销(信用)销售流程中的关键业务控制点(表4-7)

表4-7 赊销(信用)销售流程中的关键业务控制点

| 销售流程 | 关键业务控制点 |
| --- | --- |
| 订单审批 | 价格：询价、最低售价<br>信用检查 |
| 信用检查内容 | 小于信用额度<br>应收账期 |
| 资金相关内容 | 资金占用<br>资金计息 |
| 发货流程可配置 | 订单直接出库<br>发运日计划出库<br>发运单出库 |
| 应收管理 | 基于业务应收的催款<br>账龄分析 |

## 二、销售信用在销售流程中控制环节(图4-54)

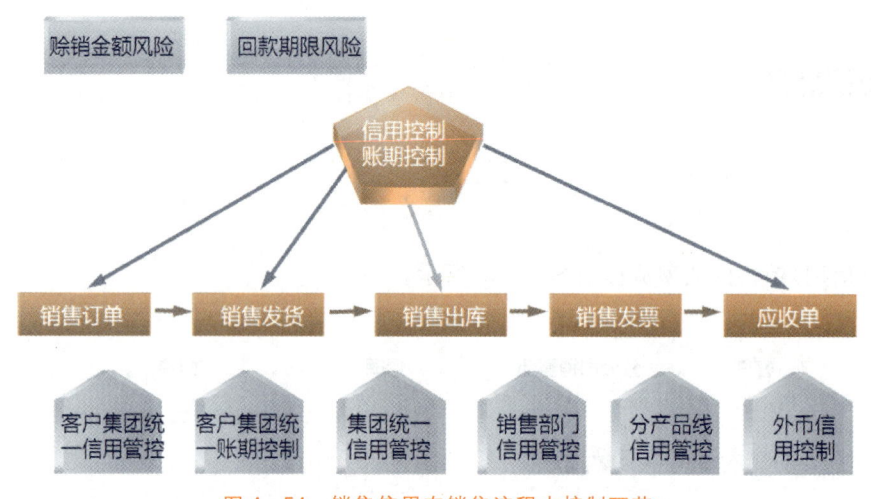

图4-54 销售信用在销售流程中控制环节

## 任务实施

### 一、现状分析

**(一)其他商品销售业务的痛点**

其他商品销售业务的痛点主要有：① 同产成品的销售业务一样，其他商品销售业务流程基本一致，业务关键控制点略有不同；② 销售价格多样化，审批、执行及监管不便捷；③ 手工工作量大，较易出现错误(客户余额计算、返利计算)；④ 工厂布局、硬件不同，发货流程无固定形式、单据格式不同、流转不统一，不便于统一化和精细化管理；⑤ 统计报表以手工为主，工作量大，及时性较差。

## (二) 其他商品销售业务流程现状

### 1. 销售订货合同业务处理现状（图 4-55）

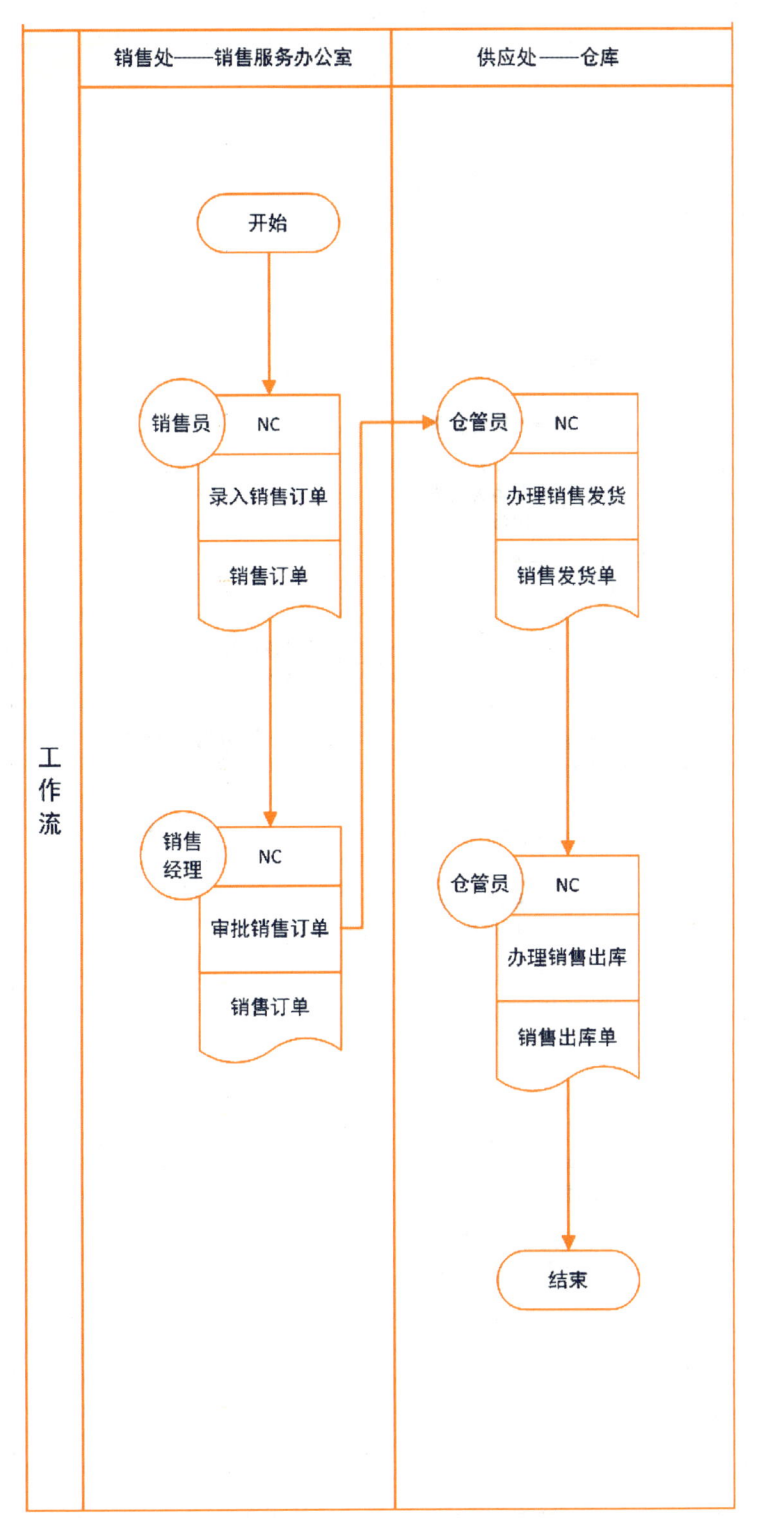

图 4-55 销售订货合同业务处理现状

**2. 应收账款确认业务处理现状(图4-56)**

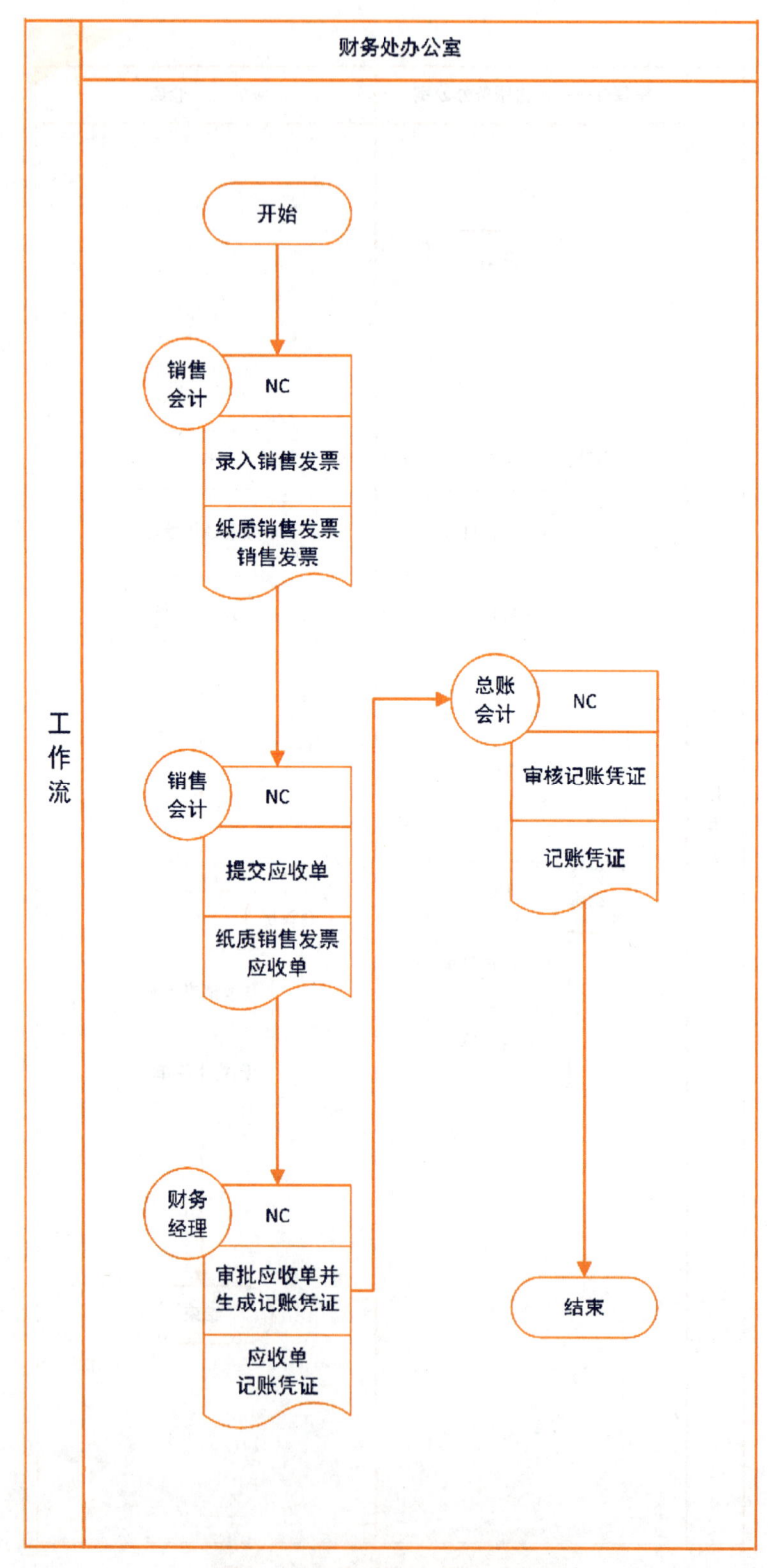

图4-56 应收挂账业务处理现状

3. 应收账款收款处理现状(图 4-57)

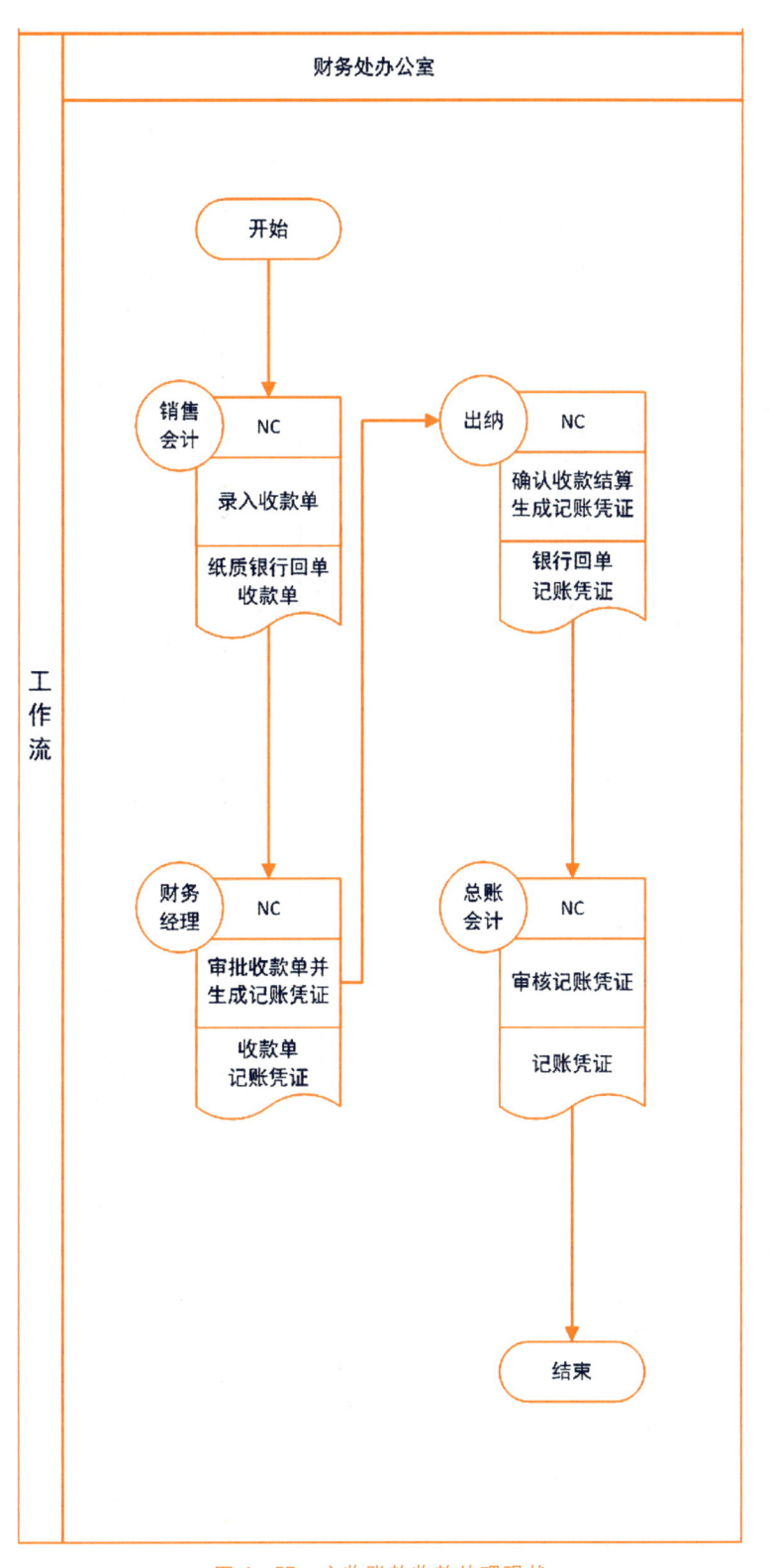

图 4-57 应收账款收款处理现状

### (三)门票销售业务流程现状

门票销售业务现有的工作流程为:确认应收账款、应收账款收款。

1. 门票销售业务应收挂账处理现状(图 4-48)
2. 门票销售业务应收账款处理现状(图 4-59)

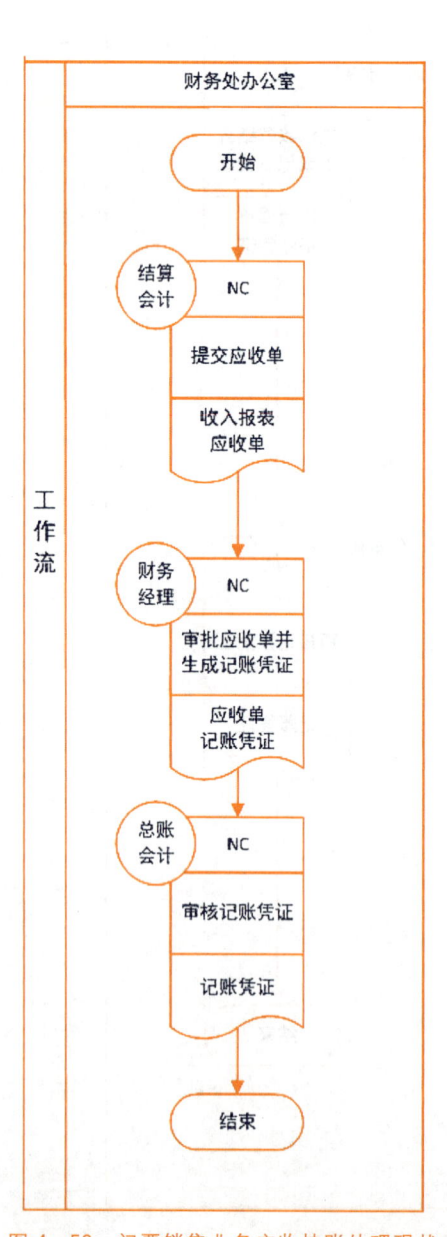

图 4-58　门票销售业务应收挂账处理现状　　图 4-59　门票销售业务应收账款处理现状

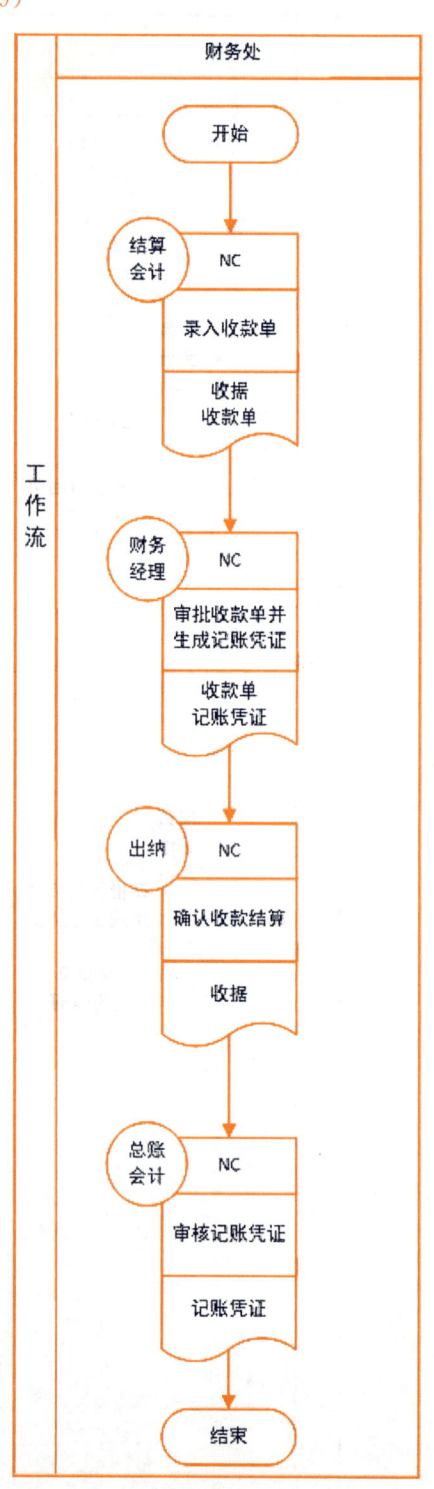

## 二、规划设计

### (一) 规划财务共享服务业务单据(表 4-8)

表 4-8 账务共享服务业务单据规划

| 序号 | 名称 | 是否进 FSSC | 是否属于作业组工作 | 流程设计工具 |
|---|---|---|---|---|
| 1 | 销售订单 | N | — | 审批流 |
| 2 | 销售发货单 | N | — | 审批流 |
| 3 | 销售出库单 | N | — | 审批流 |
| 4 | 销售发票 | N | — | 审批流 |
| 5 | 应收单 | Y | Y | 工作流 |
| 6 | 收款单 | Y | Y | 工作流 |

### (二) 规划后流程设计

以下是共享后其他商品销售业务流程,该流程将在 NCC 中成功构建和运行。

**1. 共享后销售订货出库流程(图 4-60)**

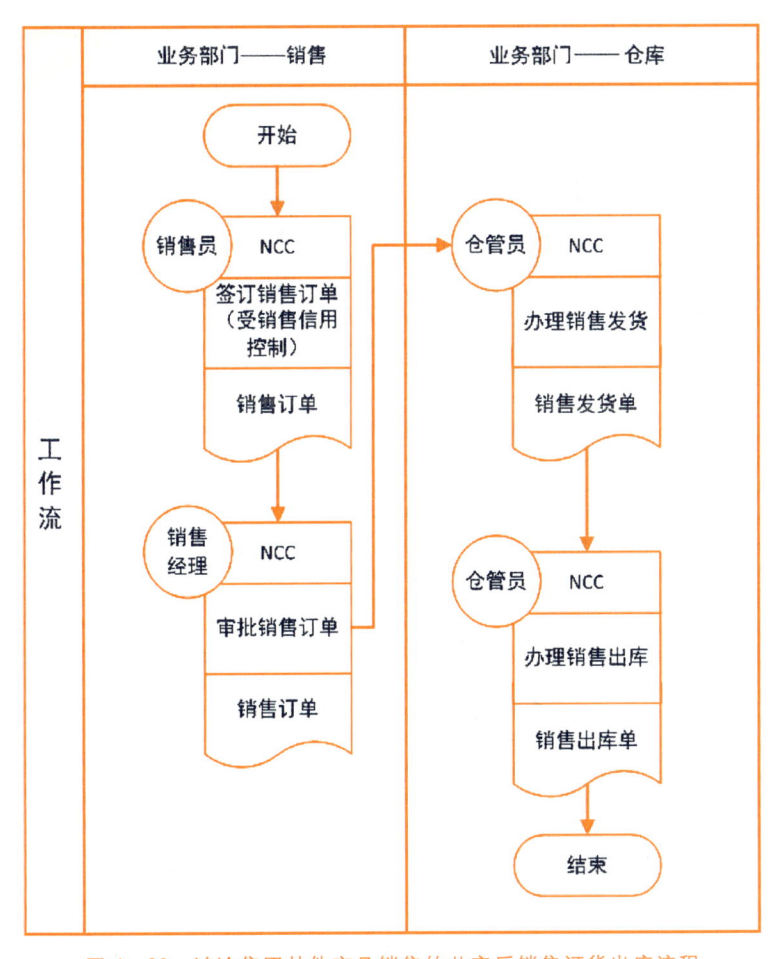

图 4-60 鸿途集团其他商品销售的共享后销售订货出库流程

## 2. 共享后应收账款确认流程(图4-61、图4-62)

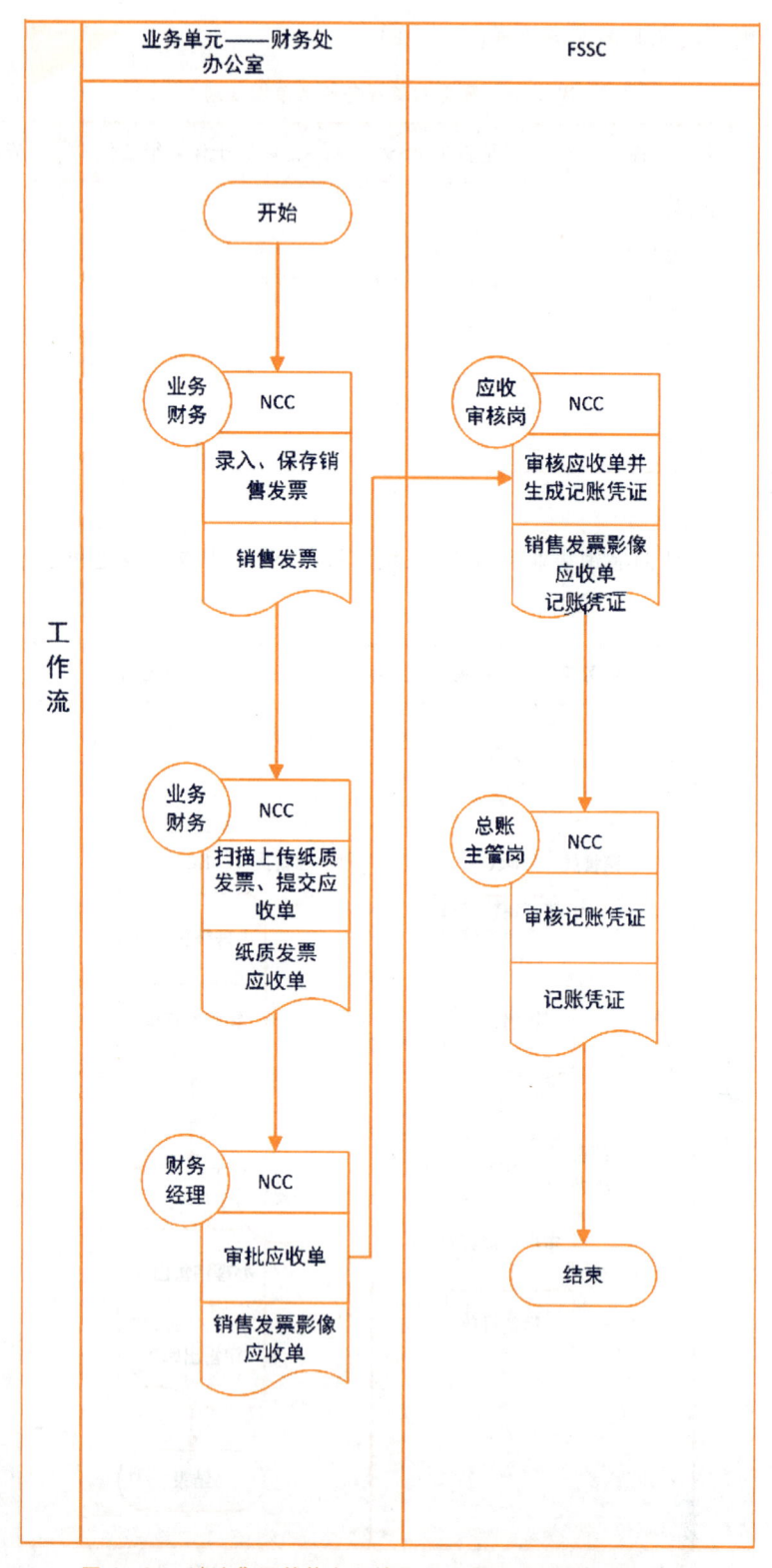

图4-61 鸿途集团其他商品销售的共享后应收账款确认流程

3. 共享后应收账款结算流程(图 4-62)

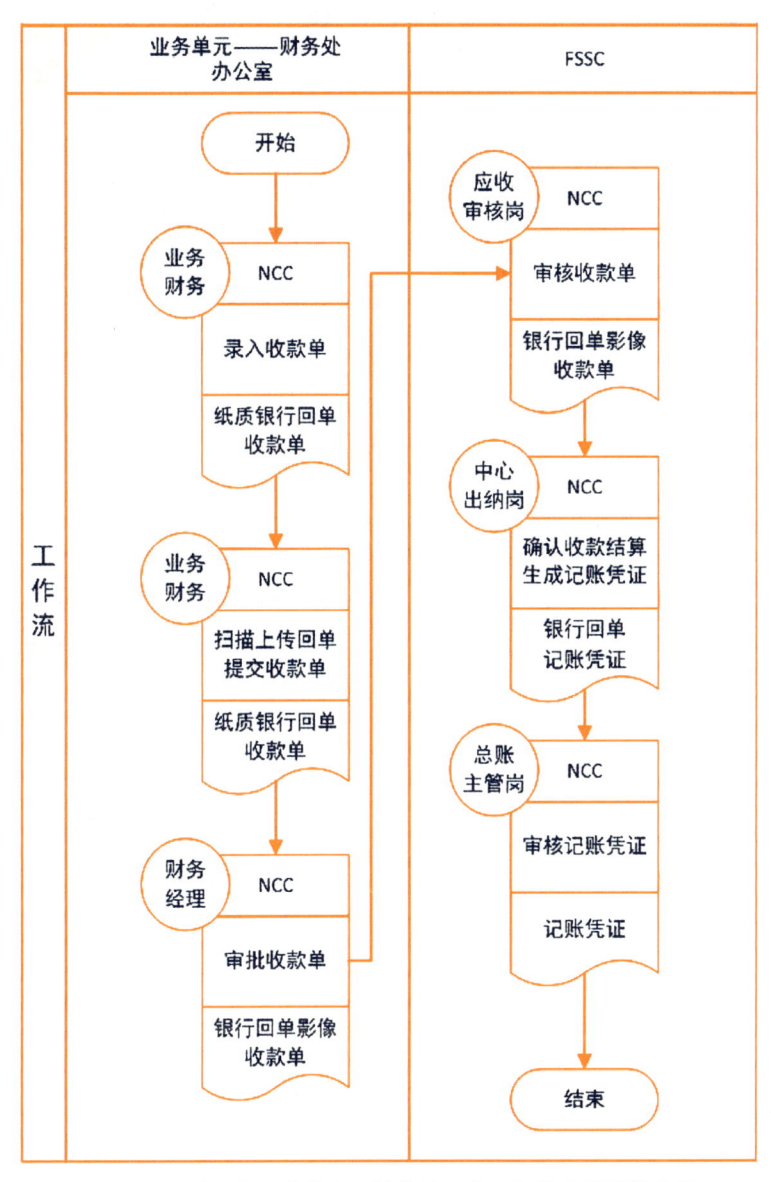

图 4-62　鸿途集团其他商品销售的共享后应收账款结算流程

## 三、业务操作

(一) 工作流与审批流配置

参照产成品销售的工作流配置方法进行其他商品销售业务工作流配置。

(二) 其他商品销售业务处理

1. 销售发货出库

(1) 以销售员角色登录 NCC,点击进入销售订单维护,如图 4-63 所示。

(2) 单击"新增",依次录入订单信息,如图 4-64 所示。

(3) 以仓管员角色登录 NCC,单击进入"发货单维护",如图 4-65 所示。

图 4-63 选择销售订单维护

图 4-64 销售订单录入

图 4-65 选择发货单维护

(4) 点击"发货",选择好机构,单击"查询"查看所需订单,如图4-66所示。

图4-66 查询订单

(5) 勾选订单信息,单击"生成发货单",如图4-67所示。

图4-67 选择销售订单

(6) 核对信息无误后,单击"提交",如图4-68所示。

图4-68 提交发货单

(7) 单击进入"销售出库",如图4-69所示。
(8) 单击"新增",选择"销售业务出库",如图4-70所示。

图4-69  选择销售出库

图4-70  销售业务出库新增

输入机构查询到相应发货单,单击"生成出库单",如图4-71所示。

图4-71  生成出库单

核对出库单内容,无误后进行保存,如图4-72所示。

图4-72 销售出库单保存

(9)再次确认无误后单击"签字",如图4-73所示。

图4-73 销售出库单签字

2. 应收账款确认

(1)以业务财务角色登录NCC,进入销售业务中的销售发票维护,如图4-74所示。

图4-74 选择销售发票维护

(2) 设置机构,利用查询功能查询到销售出库单,点击"生成销售发票",如图4-75所示。

图4-75 选择销售出库单

(3) 录入销售发票相关信息,单击保存,如图4-76所示。

图4-76 录入销售发票

(4) 在"辅助功能"中上传影像资料,如图4-77所示。

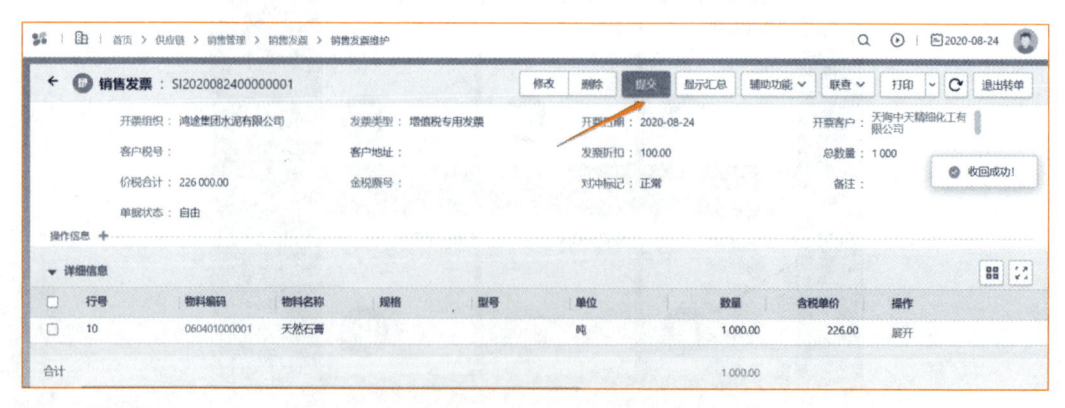

图4-77 影像上传

(5) 进入销售业务,应收单管理,如图4-78所示。

图4-78 选择应收单管理

(6) 查询到当笔业务的应收单,核对单据信息,确认无误点击"提交",如图4-79所示。

图4-79 应收单提交

(7) 以财务经理角色登录NCC,在审批管理中查看未处理单据,如图4-80所示。

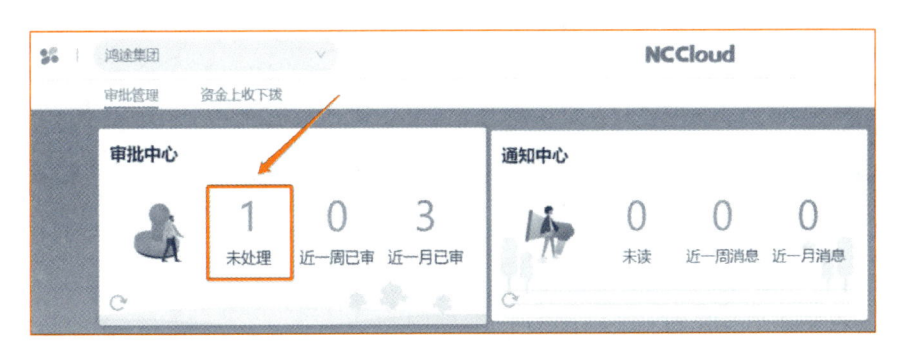

图4-80 查看未处理单据

审核无误单击财务经理角色进行批准,如图4-81所示。

图4-81　财务经理角色审批

(8)以应收审核岗角色登录NCC,在我的作业中提取任务,如图4-82所示。

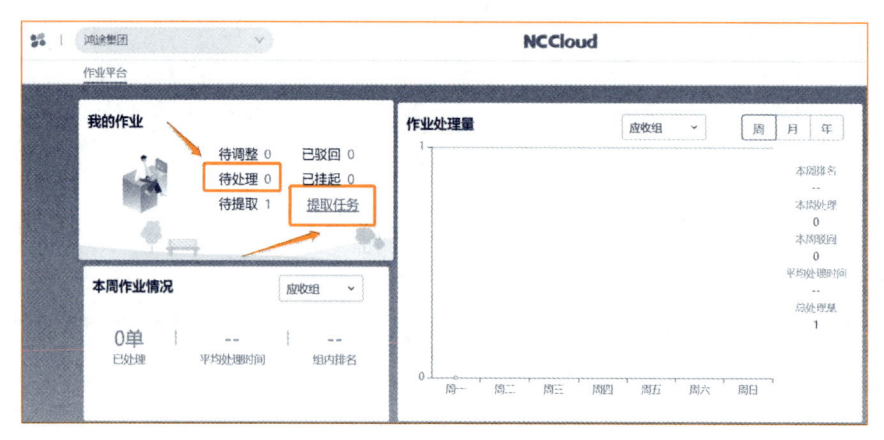

图4-82　提取任务

注意:先提取任务,再点击待处理进入单据处理界面

任务提取后查看应收单内容,核对无误单击"批准",如图4-83所示。

图4-83　应收单审批

### 3.应收账款结算

(1)以业务财务角色登录NCC,进入"销售业务——收款单管理",如图4-84所示。

图 4-84 选择收款单管理

（2）单击"新增"，选择应收单，如图 4-85 所示。

图 4-85 新增应收单

利用查询功能，查询出应收单信息，单击"生成下游单据"，如图 4-86 所示。

图 4-86 选择应收单

（3）在收款单中，进行相关信息的填写，填写完成保存，如图 4-87 所示。

图 4-87　填制收款单

（4）以财务经理角色登录 NCC，在审批中心中单击查看"未处理"单据，如图 4-88 所示。

图 4-88　审批中心查看"未处理"单据

审核无误后，单击财务经理角色进行批准，如图 4-89 所示。

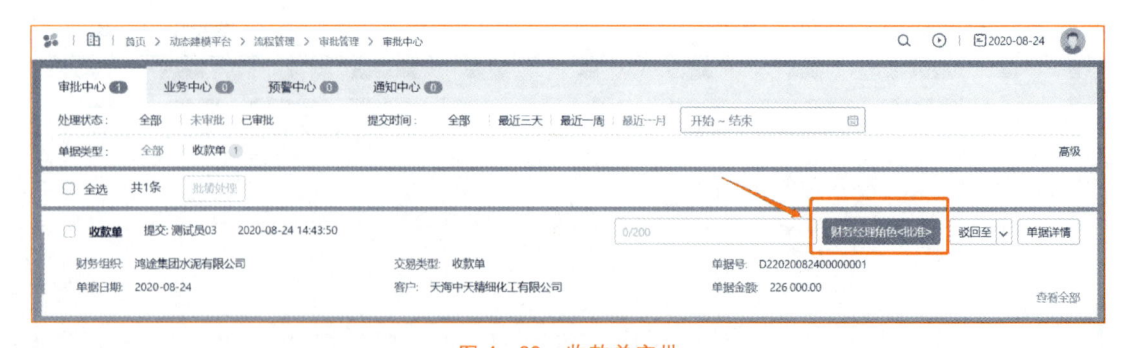

图 4-89　收款单审批

（5）以应收审核岗角色登录 NCC，在"我的作业"中提取任务，如图 4-90 所示。
"任务提取"后，审核信息内容无误后单击"批准"，如图 4-91 所示。

图 4-90 提取任务

图 4-91 收款单审批

【注意】

先提取任务,再点击待处理进入单据处理界面。

(6)以财务共享服务中心出纳岗角色登录 NCC,在结算处理中,进入"结算",如图 4-92 所示。

图 4-92 进入"结算"

查询到信息确认后单击"结算",如图4-93所示。

图4-93 收款单结算

(7) 以总账主管岗角色登录NCC,在凭证管理中进入"凭证审核",如图4-94所示。

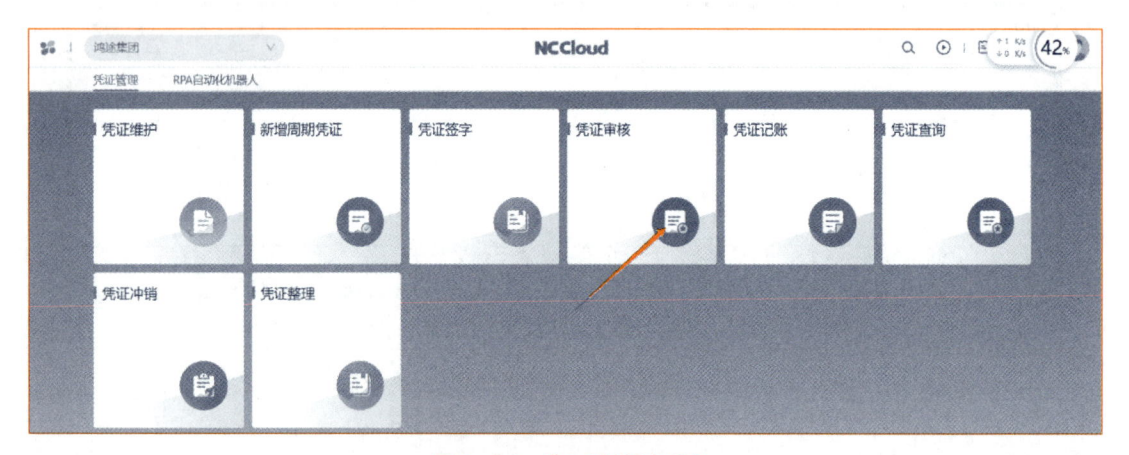

图4-94 进入"凭证审核"

审核无误后单击"审核",如图4-95所示。

图4-95 凭证审核

# 任务三　收款结算

## 任务描述

**案例 4-3**　根据鸿途集团及各分(子)公司的实际情况,鸿途集团资金实行"收支两条线"的集中管理模式,即由原来的各分子公司自行结算转化为由鸿途集团资金结算中心统一结算。收款合同结算适用于不涉及供应链销售的收款业务,由业务人员与财务人员操作完成。收款结算单主要用于处理不涉及往来的资金流入业务(如利息收入、罚款收入),由业务财务与财务共享服务中心人员操作完成。建立财务共享服务中心后,尽量保持现状业务流程的稳定性。集团的所有收付款,均以网银(银企直联)方式完成。鸿途集团最终选择的是单共享中心模式,为了让共享中心审核有据,所有进入 FSSC 审核的业务单据,必须随附外部原始凭证的影像。为了简化构建工作,共享后流程中审批环节最高只设计到子公司总经理。

**要求**：绘制集团共享前后收款结算业务流程图,根据资料八与资料九,在用友 NCC 完成收款结算的完整流程。

### 资 料 八

天海中天精细化工有限公司要设计和试制一种新型水泥石,特聘请鸿途集团水泥有限公司为其提供水泥石研制方法培训,合同金额 4.24 万元(其中增值税税率 6%、增值税税额 0.24 万元),期限一周。合同详细信息参见原始凭证。

◇ 合同信息

合同名称：培训服务合同。

合同编码：SK-201907005。

合同甲方：天海中天精细化工有限公司。

合同乙方：鸿途集团水泥有限公司。

◇ 合同标的与金额

乙方为甲方提供水泥石研制方法培训,培训结束后收取合同含税金额 4.24 万元。

◇ 收款方式

培训结束后 10 日内一次性收取。

**凭证 4-6**

### 培训服务合同

合同编号：SK-201907005

甲方：天海中天精细化工有限公司
地址：山西省临汾市翼城县红旗街28号
开户银行：中国工商银行翼城县支行
银行账号：40033902304942123

乙方：鸿途集团水泥有限公司
地址：郑州市管城区第八大街经北一路136号
开户银行：中国工商银行郑州分行管城支行
银行账号：3701239319189278309

为了保护甲乙双方的合法权益，甲乙双方根据《民法典》的有关规定，经友好协商，一致同意签订本合同。本合同自双方签字盖章之日起，至2019年9月30日止有效。

一、委托合同明细

　　2019年7月15日至2019年7月17日，乙方为甲方提供3天的水泥石研制方法培训课程，甲方参训人员不超过30人。经双方协商一致后，具体培训时间在本合同有效期内可适当延后，但培训内容、课时量和参训人数保持不变。

二、付款时间与付款方式

　　本合同的合计金额（包括增值税额）为人民币 肆万贰仟肆佰元整（￥42 400.00元），培训结束后10日内，乙方向甲方开具增值税专用发票、甲方向乙方全额支付本合同的款项。

三、双方约定

　　本次培训所使用到的全部教学资源（含纸质、电子）其版权均归乙方所有。

甲方：天海中天精细化工有限公司　　　　　乙方：鸿途集团水泥有限公司
授权代表：李伟如　　　　　　　　　　　　授权代表：贺李军
盖章：合同专用章　　　　　　　　　　　　盖章：合同专用章
日期：2019年7月5日　　　　　　　　　　日期：2019年7月5日

## 凭证 4-7

河南省增值税专用发票

4100193130　　№ 44775834　　4100193130 44775834

开票日期：2019年7月22日

购买方：
名称：天海中天精细化工有限公司
纳税人识别号：91141022254836101T
地址、电话：山西省翼城县89号49273518
开户行及账号：中国工商银行翼城县支行400339023049421 23

密码区：
035926>3>2<0230937-8>1*26906
374*91/- +588247>/*6+>-89233
785926>3>2<0230937*57+89>097
4/ 737-++ 690195*6067/ /42+2-72

| 货物或应税劳务、服务名称 | 规格型号 | 单位 | 数量 | 单价 | 金额 | 税率 | 税额 |
|---|---|---|---|---|---|---|---|
| 培训费 |  |  | 1 | 40 000.00 | 40 000.00 | 6% | 2 400.00 |
| 合　计 |  |  |  |  | ￥40 000.00 |  | ￥2 400.00 |

价税合计（大写）：肆万贰仟肆佰元整　　（小写）￥42 400.00

销售方：
名称：鸿途集团水泥有限公司
纳税人识别号：91410000416067532K
地址、电话：郑州市管城区第八大街经北一路136号0371-82738651
开户行及账号：中国工商银行郑州分行管城支行3701239319189278309

收款人：王丽丹　　复核：吴英　　开票人：刘海燕　　销售方：（发票专用章）

## 凭证 4-8

中国工商银行　电子回单（收款）　@金融家

入账日期：2019-07-30　　　　　　　　电子回单号：20190730031896

| 付款单位 | 户名 | 天海中天精细化工有限公司 | 收款单位 | 户名 | 鸿途集团水泥有限公司 |
|---|---|---|---|---|---|
|  | 账号 | 5001942094567 82103 |  | 账号 | 3701239319189278309 |
|  | 开户行 | 中国工商银行尚义县支行 |  | 开户行 | 中国工商银行郑州分行管城支行 |
| 金额（大写） | 肆万贰仟肆佰圆整 |  | 金额（小写） | ￥42 400.00 |  |
| 转账用途 |  |  | 培训费 |  |  |

制单人：lg0008　　流水号：005892　　银行签章：电子回单专用章

#### 资　料　九

在 NCC 中测试完成"案例款合同签订测试用例"中"（3）收款方式"条款进行收款的流程，具体时间信息如下：

◇ 合同登记日：2019 年 7 月 8 日。
◇ 开票确立应收日：2019 年 7 月 22 日。
◇ 收款日：2019 年 7 月 30 日。

## 知识准备

### 一、收款合同结算与管理的含义

收款合同，是指企业签署的、具有收款条款的、不属于销售合同的合同。

收款合同结算，是指企业依据收款合同的收款条款进行结算的行为。

收款合同管理是以合同为主线，帮助企业财务部门加强合同收款业务的过程管理与控制。它支持企业对以自身为当事人的合同依法进行录入登记、审批、履约、变更、冻结、终止等一系列活动，有助于降低企业资金风险，提高部门协作效率。

### 二、收款合同结算应用场景

收款合同结算，通常会经过三个业务阶段，其流程如图 4-96 所示。

（1）收款合同签订。企业的业务部门与客户经过谈判、协商并达成一致意见后，拟定收款合同，合同在按照企业合同审批流程通过后正式生效，同时合同进入履行状态。

（2）收款合同立账（应收挂账）。当企业与合同中指定的客户发生应收业务时，财务部参照合同进行应收账款的确认。

（3）收款结算。合同执行人可根据相应收款计划或按照企业结算审批流程通过后，进行收款。

微课视频：
收款结算

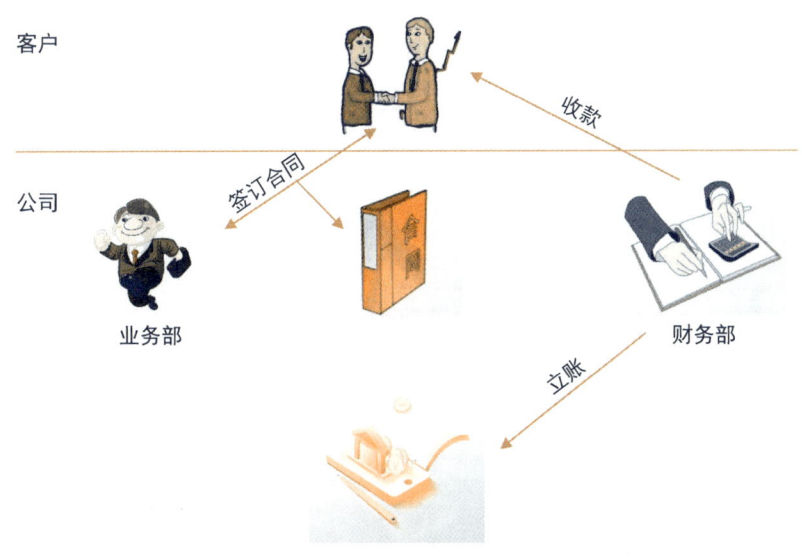

图 4-96　收款合同结算流程

# 任务实施

## 一、现状分析

### (一) 鸿途集团业务系统合同管理现状

鸿途集团在业务系统部署了多个合同管理模块,包括销售合同、采购合同、项目合同等。在结算环节,需要整合业务表单,实现合同控制,在供应链、项目管理录入的合同,在结算时单据根据客户供制单人选择。各级审核人员根据合同编号查询系统合同,结算时不再需要业务人员上传合同复印件。

### (二) 鸿图集团收款合同管理现状

未实行业务系统录入的合同,如总部管理的合同、下属公司的服务合同,由各级财务人员在收款合同模块录入合同,自动控制结算。

财务系统收款合同执行中的相关岗位如表4-9所示。

表4-9 收款合同管理相关岗位

| 岗 位 名 称 | 工 作 内 容 |
| --- | --- |
| 总账会计 | 总账管理,审核记账,月末结账 |
| 结算会计 | 票据审核、费用结算及统计 |
| 出　　纳 | 资金系统管理及银行对账、融资等业务 |

### (三) 收款合同结算痛点

收款合同结算的痛点有如下几个:① 收款合同的签订流程,各(子)公司各自为政、流程不统一;② 集团无法及时获得准确的收款合同执行情况;③ 对于超合同金额的收款控制,集团没有统一的控制点,增加了合同执行风险。

### (四) 产成品销售业务流程现状

产成品销售业务现有的工作流程为:收款合同签订、收款合同应收挂账、收款合同收款结算。

**1. 收款合同签订流程(图4-97)**

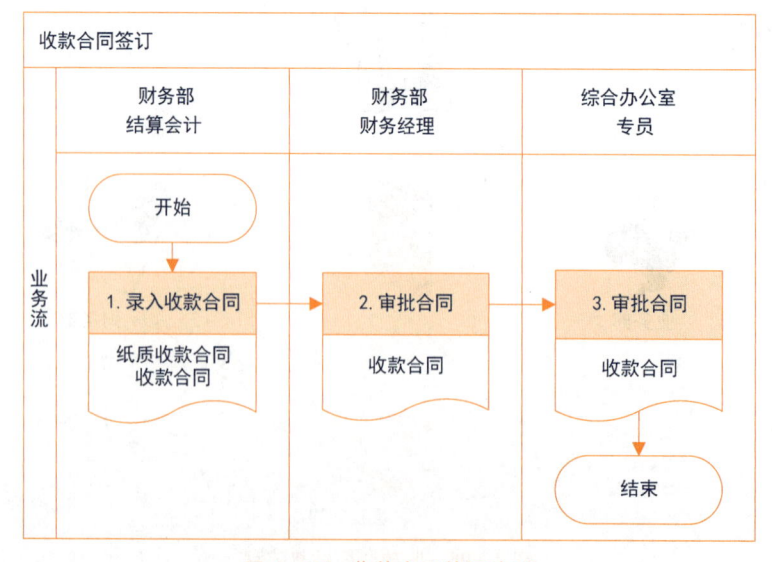

图4-97 收款合同签订流程

## 2. 收款合同应收挂账流程（图 4-98）

**收款合同应收挂账(As-Is)**

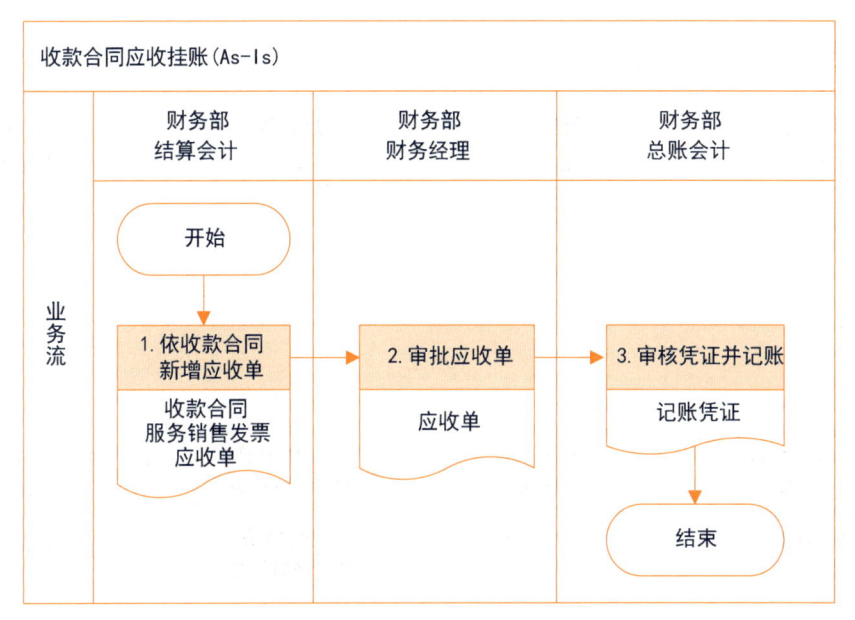

| | 财务部<br>结算会计 | 财务部<br>财务经理 | 财务部<br>总账会计 |
|---|---|---|---|
| 业务流 | 开始 → 1.依收款合同新增应收单<br>（收款合同、服务销售发票、应收单） | 2.审批应收单<br>（应收单） | 3.审核凭证并记账<br>（记账凭证）→ 结束 |

图 4-98 收款合同应收挂账流程

## 3. 收款合同收款结算流程（图 4-99）

**收款合同收款结算(As-Is)**

| | 财务部<br>结算会计 | 财务部<br>财务经理 | 财务部<br>出纳 | 财务部<br>总账会计 |
|---|---|---|---|---|
| 业务流 | 开始 → 1.依应收单新增收款单<br>（银行收款回单、应收单、收款单） | 2.审批收款单<br>（收款单） | 3.确认收款结算<br>（收款单） | 6.审核凭证并记账<br>（记账凭证）→ 结束 |

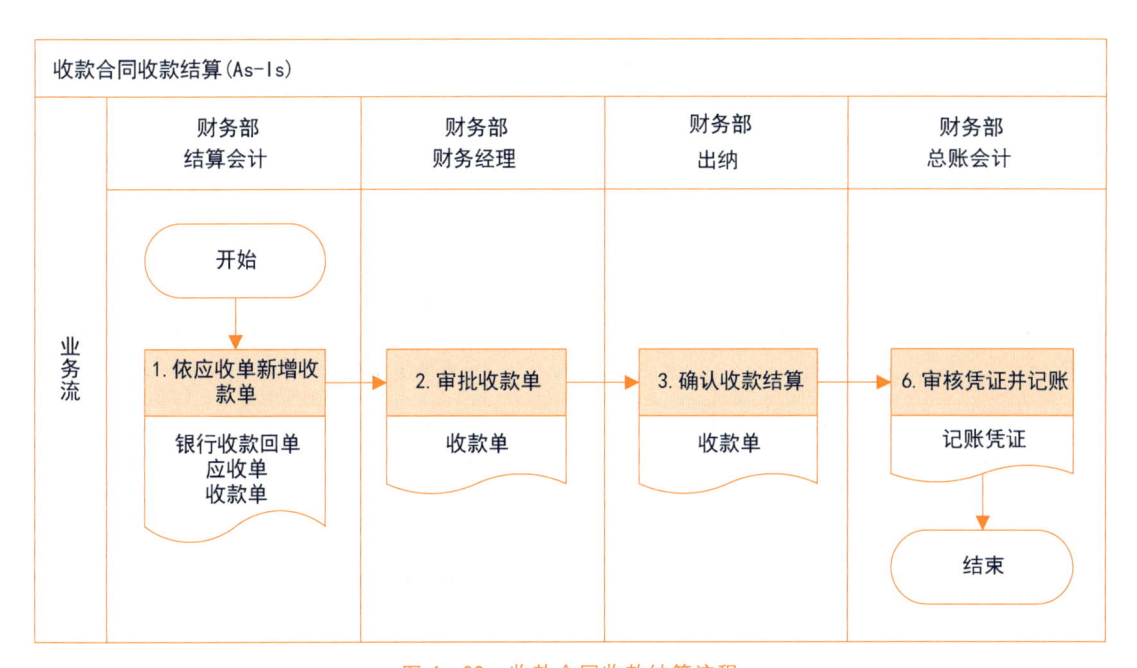

图 4-99 收款合同收款结算流程

### 4. 收款结算流程(图 4-100)

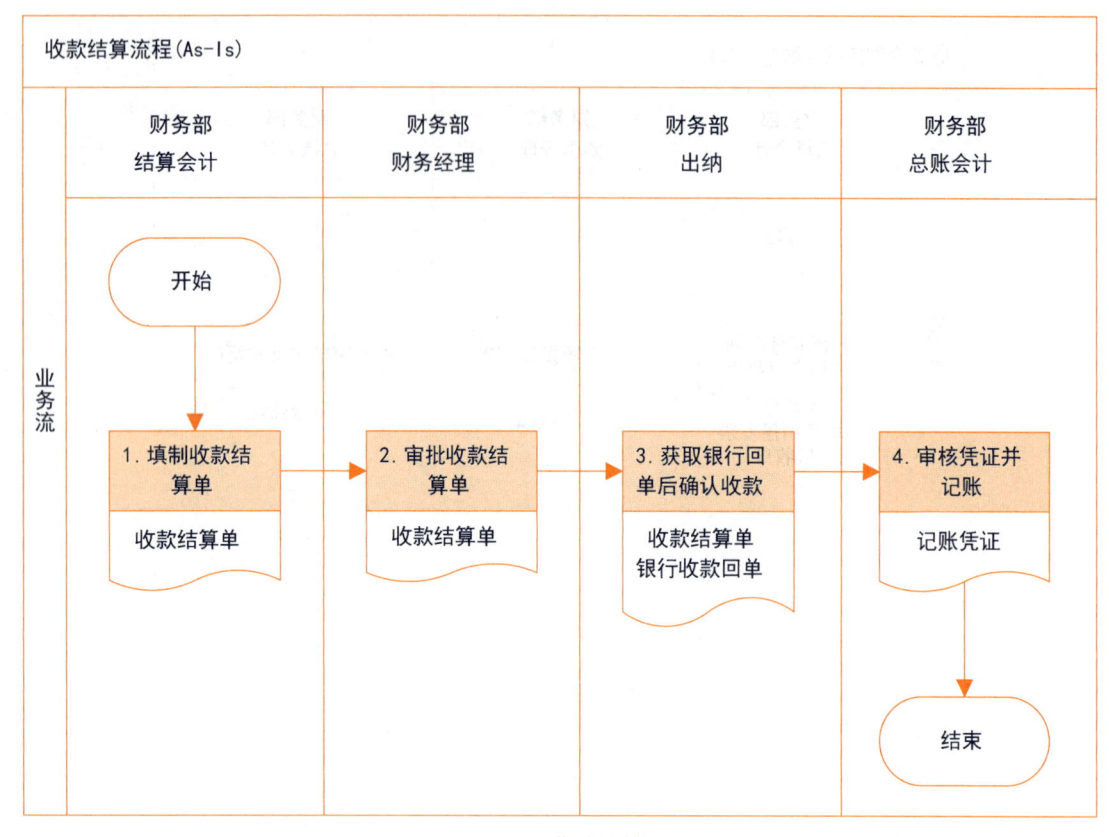

**收款结算流程(As-Is)**

| | 财务部<br>结算会计 | 财务部<br>财务经理 | 财务部<br>出纳 | 财务部<br>总账会计 |
|---|---|---|---|---|
| 业务流 | 开始 → 1.填制收款结算单<br>(收款结算单) | 2.审批收款结算单<br>(收款结算单) | 3.获取银行回单后确认收款<br>(收款结算单<br>银行收款回单) | 4.审核凭证并记账<br>(记账凭证) → 结束 |

图 4-100 收款结算流程

## 二、规划设计

### (一)规划财务共享服务业务单据(表 4-10)

表 4-10 财务共享服务业务单据

| 序 号 | 名 称 | 是否进 FSSC | 是否属于作业组工作 | 流程设计工具 |
|---|---|---|---|---|
| 1 | 收款合同 | Y | Y | 工作流 |
| 2 | 应收单 | Y | Y | 工作流 |
| 3 | 收款单 | Y | Y | 工作流 |

### (二)共享后流程设计

以下是共享后收款结算业务流程,该流程将在 NCC 中成功构建和运行。

1. 共享后收款合同签订流程(图4-101)

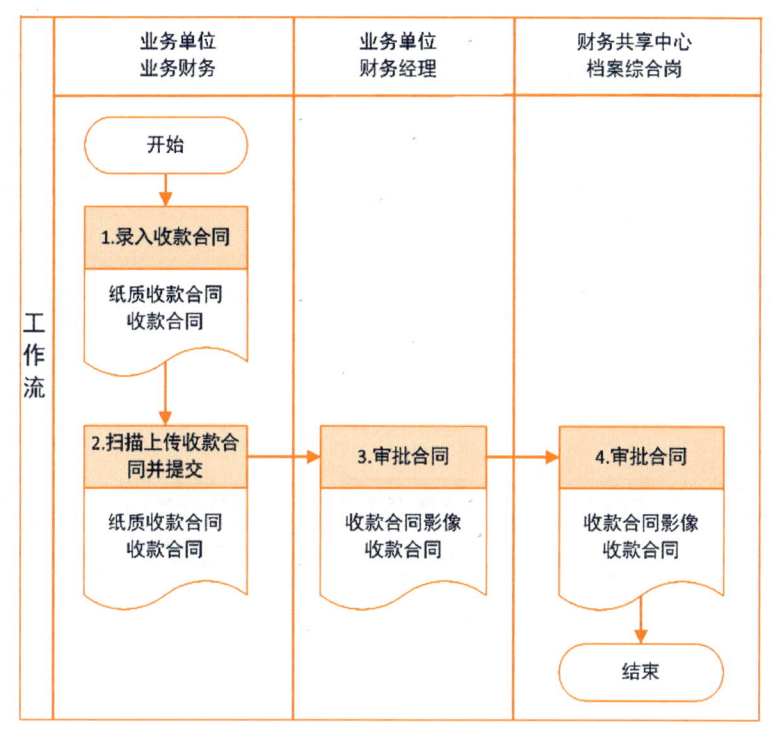

图4-101 鸿途集团收款合同结算共享后收款合同签订流程

2. 共享后收款合同应收账款确认流程(图4-102)

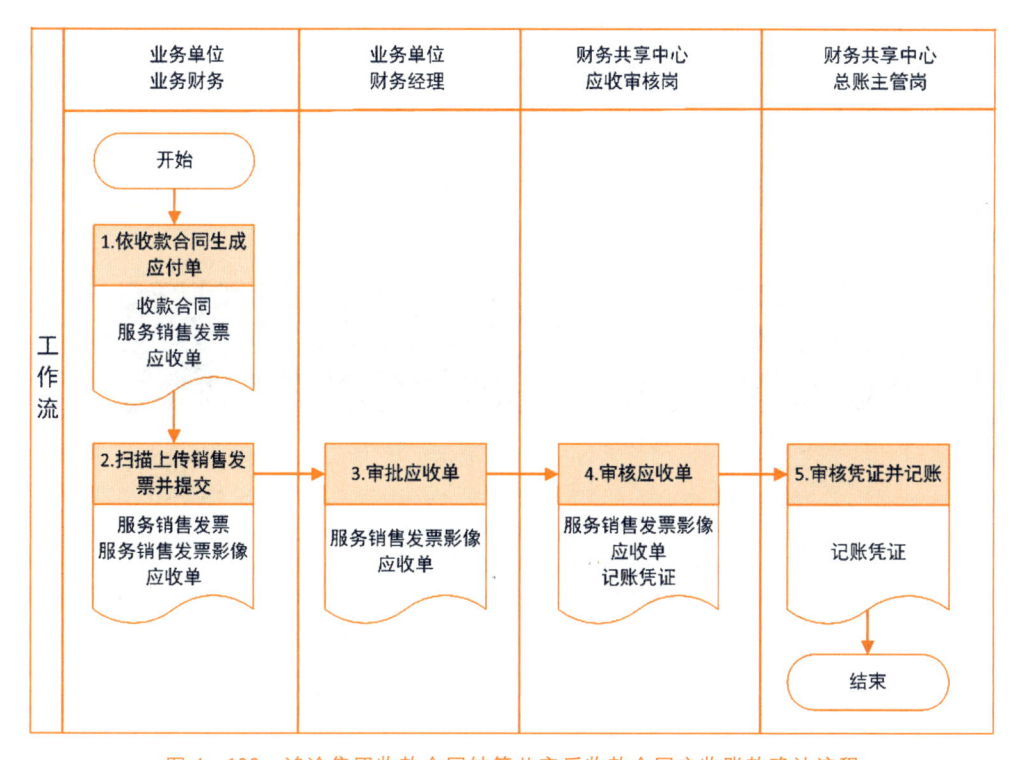

图4-102 鸿途集团收款合同结算共享后收款合同应收账款确认流程

项目四 销售管理与应收共享业务处理

### 3. 共享后收款合同收款结算流程(图4-103)

图4-103 鸿途集团收款合同结算共享后收款合同收款结算流程

## 三、业务实操

### (一)工作流配置

**1. 选择工作流定义**

以系统管理员身份登录NCC。在"动态建模平台"中选择"流程管理",在流程设计中选择"工作流定义—集团",如图4-104所示。

图4-104 选择"工作流定义"

## 2. 启用收款合同工作流

（1）在左侧收付款合同中选择"收款合同"，选中后点击"启用"，如图4-105所示。

图4-105　启用收款合同工作流

（2）同时，确认应收管理中"收款单"是否也已经启用，如图4-106所示。

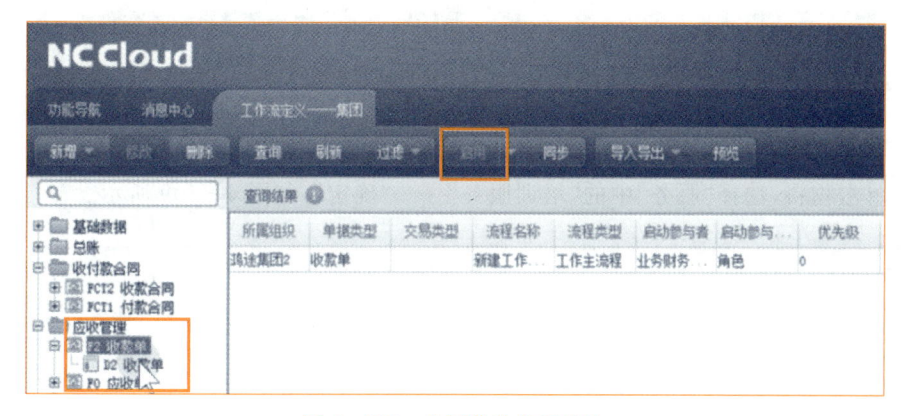

图4-106　启用收款单工作流

## （二）收款结算业务处理

### 1. 收款合同签订

（1）以业务财务角色登录NCC，调整系统时间到2019年7月1日，选择"收款合同管理"，如图4-107所示。

图4-107　选择"收款合同管理"

（2）在"收款合同管理"中单击"新增"，根据案例资料录入相关信息。财务组织选择"鸿途集团"，合同编号为"合同号＋组号"的形式进行编辑（鸿途集团后面的编号即为组号），如"SK－20190700501"。培训名称为"培训服务合同"，合同类型为"收款合同通用类型"，客户选择"天海中天精细化工有限公司"，如图4－108所示。

图4－108 收款合同管理

（3）单击物料，选择"服务"中的"培训服务"——"确定"，如图4－109所示。

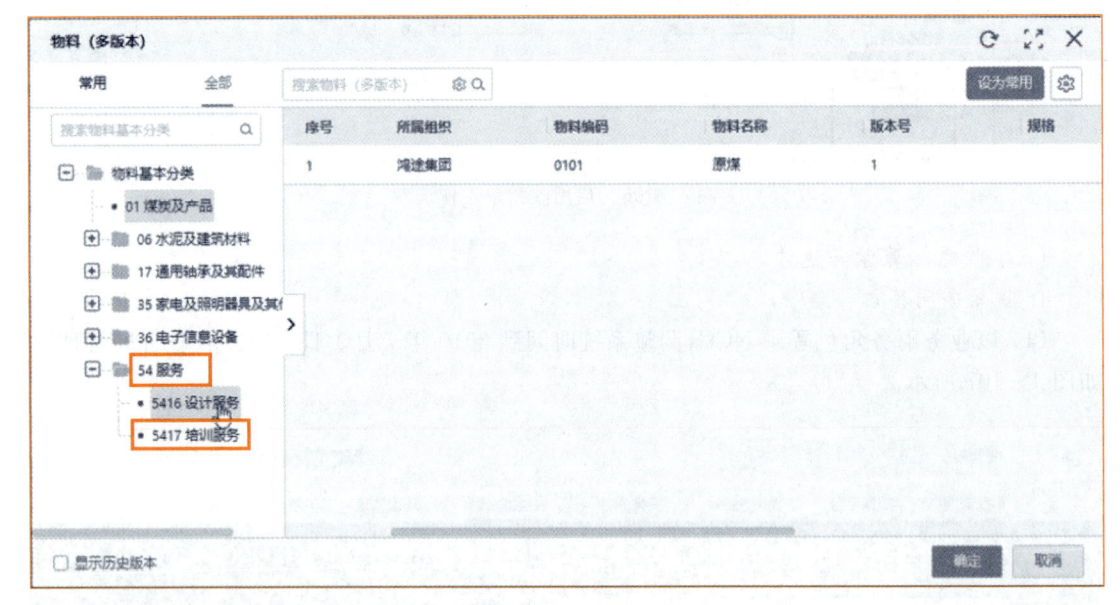

图4－109 选择"培训服务"

（4）选择"税率"，选择"CN07 一般纳税货品增值税6％—确认"，如图4－110所示。

（5）"原币价税合计"金额录入"42 400元"，确认信息全部录入无误后单击"保存"。

（6）需要上传收款合同，单击更多，选择"影像扫描"，如图4－111所示。

（7）上传完成后，单击"提交—确认"。

（8）在"联查"中，查看审批流程，下一步需要财务经理进行审批。以财务经理角色登录NCC，如图4－112所示。

图 4－110　选择税率

图 4－111　选择影像扫描

图 4－112　审批中心

（9）点击待审核，查看需审核的收款合同，核对无误后，单击财务经理角色进行批准，如图4-113所示。

图4-113 收款合同审批

（10）以档案综合岗角色登录NCC，在"待提取"中，单击"任务提取"，可查看合同信息，并与扫描件进行核对，经过检查无问题后，点击"批准"，如图4-114至图4-116所示。

图4-114 提取任务

【注意】
　　先提取任务，再点击待处理进入单据处理界面。

图4-115 选择单据

图 4-116　收款合同审批

(11) 批准后,单击"执行—生效",合同才能够生效,如图 4-117 所示。

图 4-117　合同生效

【注意】

　　合同审批完成后,业务财务找到该合同,将合同生效。

2. 收款合同应收挂账

(1) 以业务财务角色登录 NCC,进入"应收单管理",如图 4-118 所示。

图 4-118　选择"应收单管理"

(2) 在"应收单管理"中，单击"查询"选择"收款合同"，如图 4-119 所示。

图 4-119 查询收款合同

(3) 在"选择合同"界面，选择"鸿途集团"，单击"查询"，勾选中相应单据后，点击"生成单据"，如图 4-120 所示。

图 4-120 勾选收款合同

(4) 应收单生成后，查看并核对信息，核对无误后单击"保存"，如图 4-121 所示。

图 4-121 生成单据

(5) 由于需要上传销售发票，因此单击"更多"，选择"影像描"，进行添加，完成后单击"提交"。

(6) 通过联查功能，了解到下一步的审批是由财务经理角色进行的，同时可以看到后续还将有两步财务共享中的审批。

(7) 以财务经理角色登录 NCC,点击"未处理—应收单",检查并核对系统信息与上传的发票信息是否一致,无误后进行审批,如图 4-122 和图 4-123 所示。

图 4-122　审批中心

图 4-123　审批应收单

(8) 以应收审核岗角色登录 NCC。进入"待处理",单击"提取任务",查看信息与影像的一致性,如图 4-124 所示。

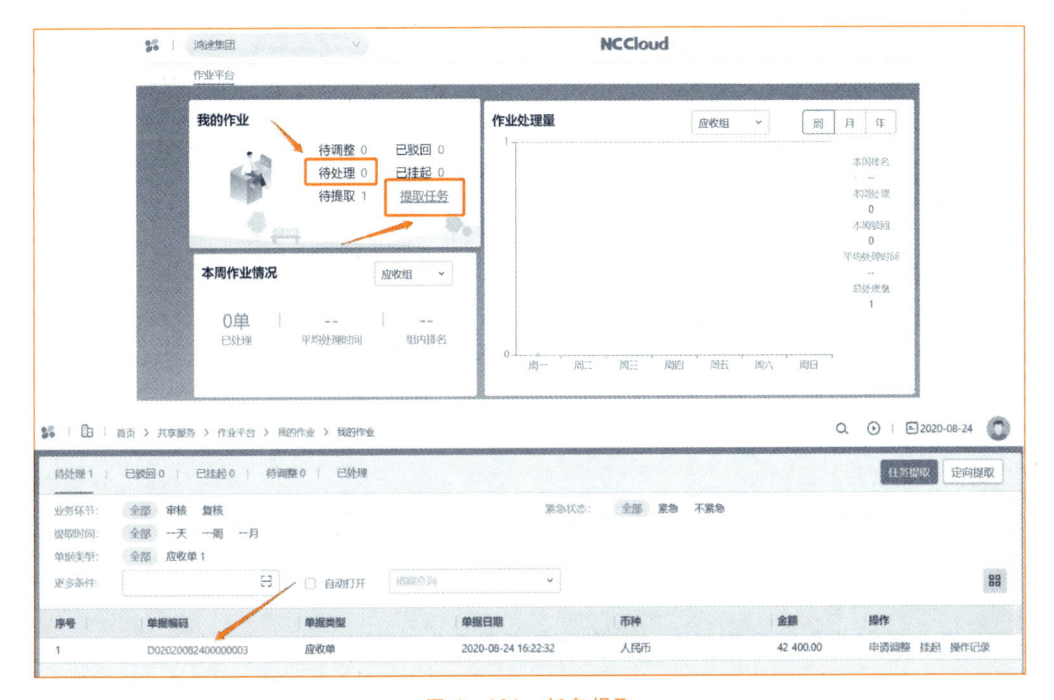

图 4-124　任务提取

243

【注意】
先提取任务,再点击待处理进入单据处理界面。

可在"更多"中选择"影像查看",如图4-125所示。

图4-125 影像查看

审核无误后进行批准,如图4-126所示。

图4-126 应收单审核

(9)以总账主管岗角色登录NCC,单击"凭证审核",如图4-127所示。
审核无误后,单击"审核",如图4-128所示。

3.收款合同收款结算
(1)以业务财务角色登录NCC,找到"收款单管理",如图4-129所示。

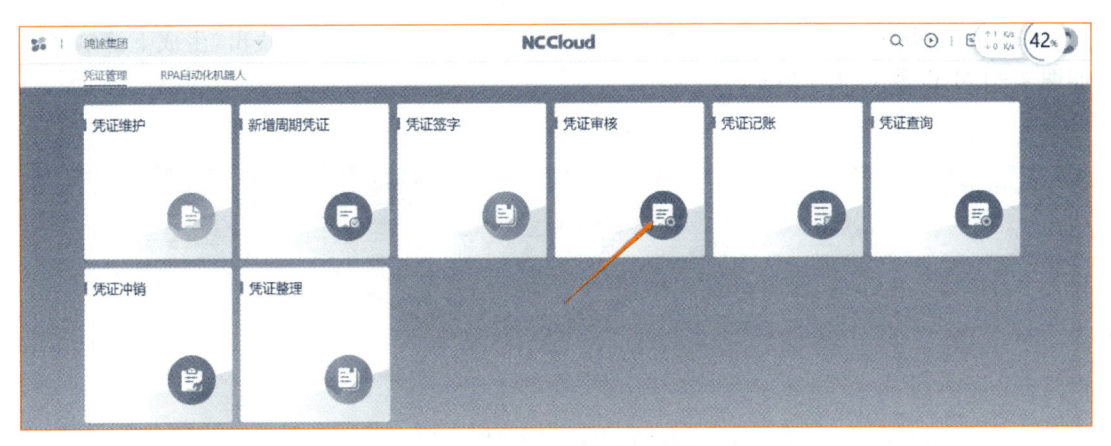

图 4-127　选择"凭证审核"

图 4-128　凭证审核

图 4-129　选择"收款单管理"

(2) 在"收款单管理"中选择"新增—应收单"。通过查询将应收单找出"生成下游单据",如图4-130和图4-131所示。

图4-130 新增应收单

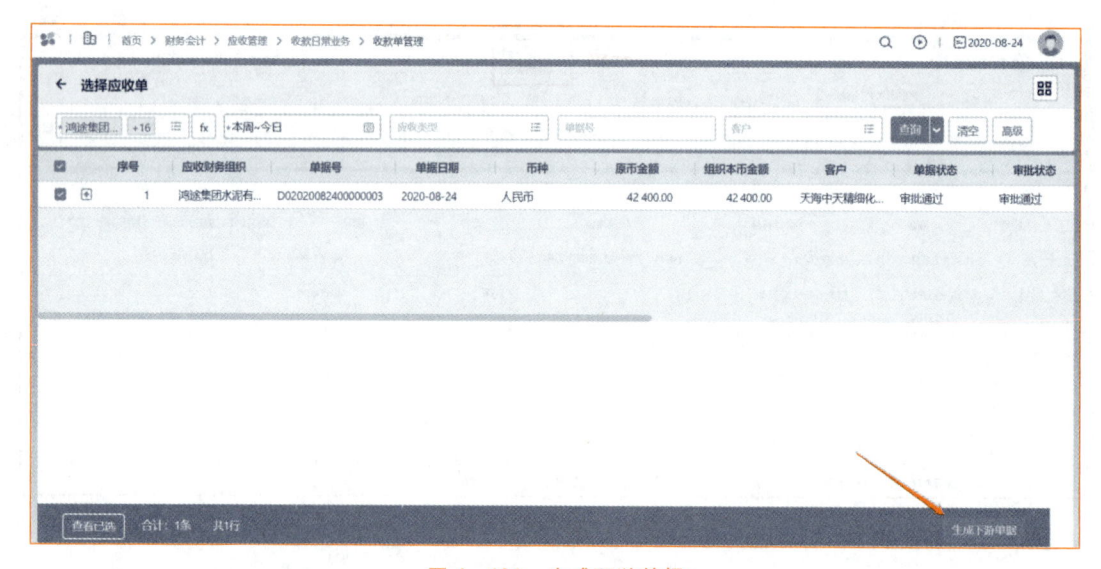

图4-131 生成下游单据

(3) 录入相关信息,单击"保存—提交",如图4-132所示。

图4-132 收款单录入

（4）以财务经理岗角色登录 NCC，在"审批中心"，点击"未处理"进行查看，如图 4–133 所示。

图 4–133　审批中心

（5）审核无误后单击"财务经理角色＜批准＞"，如图 4–134 所示。

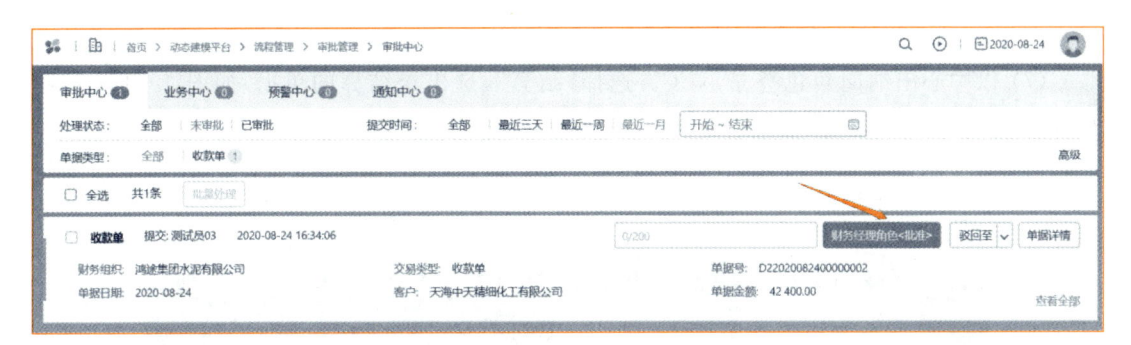

图 4–134　收款单审批

（6）以应收审核岗角色登录 NCC，在"待提取"中进行"任务提取"，没有问题即可批准，如图 4–135 和图 4–136 所示。

图 4–135　提取任务

【注意】
先提取任务，再点击待处理进入单据处理界面。

图 4-136 收款单审批

（7）以中心出纳岗角色登录 NCC。选择"结算"，选出未结算的单据，如图 4-137 和图 4-138 所示。

图 4-137 选择"结算"

图 4-138 收款单结算

（8）以总账主管岗角色登录 NCC。单击"凭证审核"，进行查看审核，无误后点击"审核"，如图 4-139 和图 4-140 所示。

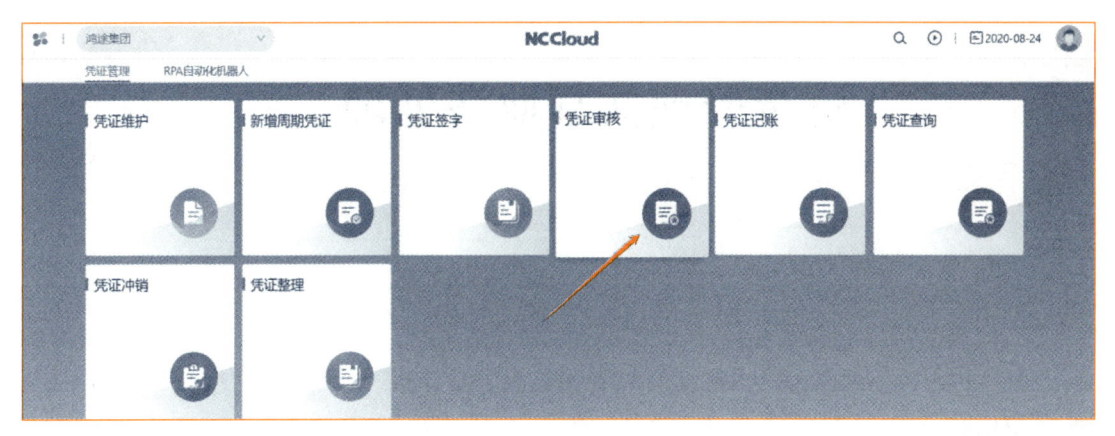

图4-139 选择"凭证审核"

图4-140 凭证审核

## 同步训练

同步训练：
项目四

同步训练：
项目四参考答案

# 项目五　资金管理共享业务处理

## 🔸 学习目标

1. 熟悉资金管理的基本概念，了解常见的资金管理模式。
2. 理解结算中心模式的银行账户体系，理解结算中心的职责。
3. 理解资金计划、资金上收、资金下拨、外部委托付款的概念。
4. 能够绘制集团共享前后资金上收、资金下拨、外部委托付款业务的流程图。
5. 能够在财务共享服务平台中完成集团资金计划录入、资金上收、资金下拨、外部委托付款业务。
6. 具有爱岗敬业、诚实守信的会计职业道德，精益求精的工匠精神，团队协作和沟通协调能力。

## 🔸 知识点与技能点

| 任　务 | 知　识　点 | 技　能　点 |
|---|---|---|
| 任务一　资金上收 | 资金管理的概念与职能<br>资金集中管理模式<br>资金计划、资金上收的概念<br>资金管理现状分析 | 资金上收业务流程设计<br>资金计划共享业务处理<br>资金上收共享业务处理 |
| 任务二　资金下拨 | 资金下拨的概念<br>传统模式资金下拨现状分析 | 资金下拨业务流程设计<br>资金下拨共享业务处理 |
| 任务三　外部委托付款 | 外部委托付款的概念<br>传统模式外部委托付款现状分析 | 外部委托付款业务流程设计<br>外部委托付款共享业务处理 |

## 任务一　资金上收

### 任务描述

**案例 5 - 1**　鸿途集团水泥有限公司采用单中心共享模式，该集团公司所有收付款均以网银（银企直联）方式完成。不久前集团考核了同行业、类似规模的标杆企业状况，拟建立结算中心来进行资金的集中管理。

**要求：**

（1）绘制集团共享前后的资金上收业务流程图；

（2）根据资料一与资料二，在用友 NCC 中完成资金计划编制和资金上收业务的完整流程。

资 料 一

鸿途集团水泥有限公司 2019 年 7 月份的资金计划如表 5-1 所示。

表 5-1 资金计划表

| 计 划 项 目 | 计划支出金额/元 |
| --- | --- |
| 薪酬支出 | 3 000 000.00 |
| 费用支出 | 500 000.00 |

资 料 二

2019 年 7 月 10 日，鸿途集团各成员公司收到客户回款明细如表 5-2 所示，各公司收到客户款项后，按照集团资金管理规定，将全部款项归集到各公司在结算中心的总账户。

表 5-2 客户回款明细表

| 客 户 名 称 | 天海销售有限责任公司 |
| --- | --- |
| 收到货款 | 5 231 500.00 元 |
| 上缴资金 | 5 231 500.00 元 |

**凭证 5-1**

**ICBC 中国工商银行  电子回单（收款）  金融@家**

入账日期：2019-07-10　　　　　　　　　　　电子回单号：20190710052638

| 付款单位 | 户名 | 天海销售有限责任公司 | 收款单位 | 户名 | 鸿途集团水泥有限公司 |
| --- | --- | --- | --- | --- | --- |
| | 账号 | 300219803214980001 | | 账号 | 3701239319189278309 |
| | 开户行 | 中国工商银行太原柳南支行 | | 开户行 | 中国工商银行郑州分行管城支行 |
| 金额（大写） | 伍佰贰拾叁万壹仟伍佰圆整 | | 金额（小写） | ¥5 231 500.00 | |
| 转账用途 | 水泥销售收入款 | | | | |
| 制单人：lg0003 | 流水号：023816 | | 银行签章 | | |

## 知识准备

### 一、资金管理的概念

在企业生产经营过程中，企业管理者利用各种管理工具与方法，实现对"人、财、物"的有效控制与管理。其中"财"即"资金"，既是企业生存所需的资源，也是企业的经营成果，贯穿于企业整个生产经营活动过程中，是企业管理活动的核心。

资金管理是企业财务管理的重要组成部分，是通过精确的组织、计划、控制、信息和考核等管理手段，对企业资金运动的全过程进行有效的管理，包括合理地筹集资金，高效率地运用资金，有效地控制资金、降低资金成本，进而帮助企业获得竞争优势、实现企业价值最大化。

### 二、资金管理的职能

资金管理的职能包括基础管理、日常结算、资金平衡和报告分析等，其内容如图5-1所示。

| 职能 | 内容 |||||
| --- | --- | --- | --- | --- | --- |
| 基础管理 | 账户管理 | 数据设置 | 银企直联 | 档案管理 ||
| 日常结算 | 付款管理 | 收款管理 | 票据管理 | 现金管理 ||
| 资金平衡 | 资金计划 | 融资管理 | 付款排程 | 头寸管理 ||
| 报告分析 | 预警报告 | 统计报告 | 流量分析 | 存量分析 ||

图5-1 企业资金管理的职能

集团资金管理职能及其在财务职能体系中的定位，如图5-2所示。

### 三、常见的资金集中管理模式

常见的资金集中管理模式有统收统支、收支两条线、拨付备用、结算中心、内部银行、财务公司、资金池等。

#### （一）统收统支模式

在统收统支模式下，企业的现金收付活动集中在集团或某一主体的财务部和统一的银行账户，各分支机构或子公司不单独设立账户，所有的收款全部归入统一的银行账户，所有的现金支出都通过财务部指定的账户支出，现金收支完全集中在集团总部。

#### （二）收支两条线模式

在收支两条线模式下，企业的资金收入和资金支出分别使用互相分离的流程、组织或资金流动路径，以达到保证资金安全、有效监控现金流动的目的。收支两条线模式要求收到的资金直接进入回款账户，对外支付时需要经过审批，不得"坐收坐支"。

#### （三）拨付备用模式

在拨付备用模式下，企业按照一定的期限或金额，拨给所属分支机构和子公司一定数额的资金，备其使用。各分支机构或子公司发生实际资金支出后，持有关凭证到企业财务部报销以补足备用金。

#### （四）结算中心模式

在结算中心模式下，通常在集团财务部门设立结算中心，专门办理集团内部各成员公司的资金收付及往来结算业务。各成员公司根据结算中心预核定的资金存量限额，必须将高于限额的资金转入结算中心的银行账户，结算中心集中管理集团和各成员公司的资金。结算中心核定各成员公司日常所需资金后，统一拨付至各成员公司，监控货币资金的使用。为了获得更

# 财务职能体系

## 管理会计

### 成本管理
- 成本战略
- 成本核算准则
- 成本激励制度
- 设计成本控制
- 项目成本控制
- 生产成本控制
- 费用控制
- 成本核算
- 成本报表

### 预算管理
- 预算流程及规则
- 战略目标设定
- 预算模型设计
- 集团预算组织
- 预算编制申报
- 预算执行控制
- 预算分析考核
- 预算数据加工
- 预算执行报表
- 费用分析报表

### 绩效管理
- 管报体系
- 考核规则/流程/指标
- 激励政策
- 业绩评价
- 业绩预测
- 业绩推动
- 业绩分析
- 全程利润报表
- 责任现金流报表
- 出入库报表
- 存货周转报表

## 财务会计

### 税务管理
- 集团税务规划
- 税务合规性政策
- 税务知识库
- 商业模式
- 税务合规性
- 税务核算
- 税务遵从
- 税务检查

### 资金管理
- 集团资金筹划
- 集团资金调拨
- 资金统一支付
- 资金解决方案
- 现金流平衡
- 资金风险控制
- 汇率控制
- 银行对账
- 支付指令

### 报告披露
- 合并报表
- 财务披露
- 外部审计
- 财务报表合规性
- 本地财务报表合规性
- 本地财务报表检查
- 本地财务报表调整
- 账期管理
- 财务报表编制
- 内部往来
- 报告自查

### 财务核算
- 集团会计政策
- 集团会计流程
- 会计审核与批准
- 会计核算稽核
- 授权及权限管理
- 财务运营协调
- 本地财务制度
- 销售及应收流程
- 采购及应付款流程
- 工资流程
- 费用报销流程
- 项目流程
- 特殊事项流程

战略层 · 控制层 · 执行层

图 5-2 集团资金管理职能及其在财务职能体系中的定位

253

好的银行服务与融资,结算中心需统一对外协调银行关系和筹措资金,办理各成员公司之间的往来结算,以减少资金沉淀,提高资金利用效率和效益。另外,各成员公司都有自己的财务部门,有独立的账号(通常是二级账号)进行独立核算,因此结算中心模式并不意味着将各成员公司的全部资金完全集中到集团总部,而是资金流动、投资和融资、关联结算等事项的决策集中化,各成员公司依然拥有较大的资金经营权和决策权。

> **【小贴士】**
> **结算中心模式下的内外部账户**
> ◇ 结算中心外部账户是指在集团外部商业银行开立的、结算中心用来统收成员单位资金的总账户,初始金额为零。
> ◇ 成员单位外部账户是指成员单位在集团外部商业银行开立的、用以对外部进行资金收付的账户。
> ◇ 成员单位内部账户是指成员单位在结算中心开立的、用以记录成员单位存放于结算中心的资金变动的账户,初始金额为零。
> ◇ 恒等式:
> (1) 成员单位的银行存款余额＝其外部账户和内部账户余额之和。
> (2) 结算中心外部账户资金余额＝各成员单位的内部账户资金余额之和。
> (3) 成员单位委托结算中心进行的外部收支:二者等额增加或等额减少。
> (4) 上收下拨:二者等额增加或等额减少。
> ◇ 成员单位间通过内部账户进行的结算或调拨:结算中心外部账户资金余额不变,不同成员单位的内部账户等额增减。

### (五) 内部银行模式

内部银行模式是企业集团下属子公司常用的资金集中管理模式,是较结算中心更为完善的内部资金管理机构。内部银行引进商业银行的信贷、结算、监督、调控、信息反馈职能,发挥计划、组织、协调作用,并成为企业和下属单位的经济往来结算中心、信贷管理中心、货币资金的信息反馈中心。各分子公司与集团实行相对独立核算、自负盈亏。另外,各成员公司无权对外融资,必须由内部银行统一对外筹措资金,并根据集团公司为各成员公司核定的资金和费用定额,结合其实际需要发放贷款,进行统一运作,合理调度资金。

### (六) 财务公司模式

财务公司模式是指集团公司通过设立财务公司对各成员公司进行管理的模式。财务公司,是专门从事集团公司内部资金融通业务的非银行性金融机构,须由政府监管机构批准,是大型企业集团或跨国公司投资设立的一个独立的子公司法人实体。财务公司经营的金融业务,大体上可以分为融资、投资和中介三部分。融资业务包括经批准发行财务公司债券、从事同业拆借等;投资业务包括承销成员单位的企业债券、对金融机构的股权投资,成员单位的消费信贷、买方信贷、融资租赁、贷款等;中介业务包括对成员单位交易款项的收付、对成员单位提供担保、办理票据承兑与贴现、办理成员单位之间的内部转账结算等。

### (七) 资金池模式

资金池模式,又称现金池模式,是由跨国公司的财务部门与国际银行合作开发的资金管理模式,统一调拨集团的全球资金,以最大限度地降低集团持有的净头寸。资金池管理模式,根据是否实际划拨资金分为实体资金池和名义或虚拟资金池两种。在实体资金池结构中,企业在同一家银行设立一个母账户和若干个子账户。银行每日定时将子账户的资金余额上划到母账户中,资金上划后,子公司账户上保持零余额或目标余额。这个限额的设定,通常是由企业根据自身资金管理的需求和现金存量的额度,与银行协商确定。名义或虚拟资金池是集团内部或是成员单位银行账户现金虚拟集中到一起,不发生资金物理转移,由集团总部管理者对集中的现金进行统一管理。

几种常见的资金集中管理模式比较如表 5-3 所示。

表 5-3 常见的资金集中管理模式比较

| 管理模式 | 模式特点 | 优点 | 缺点 | 适用场景 |
| --- | --- | --- | --- | --- |
| 统收统支 | 结算活动在某一主体设统一账户<br>分支机构不设账户 | 有助于实现资金平衡<br>提升资金使用效率<br>减少资金沉淀<br>防范控制风险 | 管理方式不够灵活<br>影响分支机构业务运作 | 分支机构少<br>业务简单<br>资金流向规律 |
| 收支两条线 | 收入和支出使用不同的账户<br>收入户只收不付,支出户只付不收,不得坐支 | 收支分离,便于资金监控,保证资金安全 | 账户开立数量增多<br>账户管理成本增加 | 业务相对复杂,收付业务量较大 |
| 拨付备用 | 按照一定期限或金额拨付分支机构定额资金供其使用<br>资金使用后持凭证进行报销补充备用金<br>分支机构一般不独立设置财务部门 | 方便支取使用<br>管理相对规范 | 资金使用存在上限<br>容易产生较大沉淀 | 个人、部门、办事处、简单分公司<br>复杂分公司和子公司不适用 |
| 结算中心 | 在公司内部建立<br>统一进行账户管理<br>统一资金调度(根据情况本地可保留必要的收付职能)<br>统一协调银行关系,筹集资金<br>各成员企业保留财务部门<br>成员企业拥有较大决策和自主权 | 统一支付结算,提高结算效率<br>集中资金监控,确保资金安全<br>资金集中管理,降低资金沉淀 | 组建和管理成本相对较高<br>账户体系和资金运转复杂<br>复杂资金业务难以处理<br>作为成本中心不易评价结算中心效益 | 适用于集团具有大量分子公司,账户数量多,结算量大,复杂投融资业务较少的集团公司<br>不适用投融资活动频繁、业务特殊的大型集团公司 |
| 内部银行 | 引入商业银行职能和管理方式<br>具备结算、信贷、外汇管理等职能(统一结算、统一信贷、统一融通)<br>独立考核内部银行的效益 | 统一信贷管理,降低融资成本<br>引入商业银行模式,管理更为科学高效<br>独立核算自负盈亏,便于考核 | 目前无相关法律法规进行明确,存在政策和法律风险<br>引入商业银行运作模式,运行成本较高 | 一般而言,企业内部银行适用于具有较多责任中心的企事业单位,特别是无法建立财务公司而通过结算中心无法满足企业管理需要时 |
| 财务公司 | 依法成立的非银行金融机构,具备独立法人资格<br>可以从事融资、投资、金融中介等服务内容<br>将资金管理、金融服务市场化,机制更加健康 | 可以进行资金整合控制,加强资金监管<br>承担集团资金理财职责,丰富理财手段<br>加速内部资金结算和周转速度<br>提供担保、资信、咨询等更全面的金融服务 | 成立难度大,成本高<br>管理难度大,专业性强<br>需要接受金融监管机构的监管 | 大型集团公司,大量分子公司等责任主体<br>公司业务复杂,投融资事务较多<br>具备成立的资质和条件 |

续　表

| 管理模式 | 模式特点 | 优　点 | 缺　点 | 适用场景 |
|---|---|---|---|---|
| 资金池 | 基于委托贷款模式<br>最大限度地归集资金，降低资金头寸<br>满足设定账户余额，并及时补充，维持在设定的余额水平 | 最大限度的降低资金头寸，高效利用资金<br>通过自动归集，补充（归还）余额，降低资金管理成本和资金沉淀成本 | 账户体系要求较高<br>较多地依赖大型商业银行的服务 | 大型跨国集团公司<br>资金管理需要跨国（区域）进行集中管理 |

## 四、资金计划与资金上收下拨

### （一）资金计划

资金计划，是对未来一定时期内的资金结存、流入、流出、盈缺、筹措进行统筹安排。编制资金计划，可以形成资金的事前控制。在计划执行过程中，根据事先核准的支出对资金流出进行提示或控制，形成事中控制。计划执行后，将执行结果与计划进行对比分析，找出差异和原因。

### （二）资金上收下拨

资金上收，也称为资金归集，是指资金组织或上级组织，将成员单位或下级组织外部银行账户的资金，归集到本组织外部银行账户的业务处理。

资金下拨是指资金组织或上级组织，将本组织外部银行账户的资金，划拨到成员单位或下级组织外部银行账户的业务处理。资金下拨时，可以按照资金计划的金额下拨，也可以由业务单位在资金计划范围内申请下拨。

资金上收和下拨是集团资金管理中进行资金调度的重要手段。

资金上收下拨有以下几种不同业务场景：

（1）按资金计划下拨。结算中心根据资金计划下拨资金到成员单位。

（2）按付款排程下拨。结算中心根据成员单位已批准的付款排程进行资金下拨。

（3）自动下拨资金业务。结算中心设置自动下拨规则，系统定时自动下拨资金到成员单位，保证成员单位的资金需求。

（4）单位申请下拨资金业务。成员单位需要资金时，可通过下拨申请提交到结算中心，结算中心核准、审批后将资金下拨到成员单位。这种场景可解决成员单位的临时资金需要。

（5）委托付款回拨支付下拨资金业务。结算中心先将中心账户的款项下拨到单位账户，同时将下拨到单位账户的资金再支付给单位的客商，既解决了客商款项及时支付问题、又避免了资金在成员单位长期停留甚至被挪用的问题。

## 任务实施

### 一、现状分析

#### （一）集团公司费用报销的痛点

集团公司费用报销主要存在以下痛点：① 各公司报销标准不统一，各自为政；② 整个业务审批与财务处理信息共享性差；③ 手工处理核算量大，差错频出，耗用大量精力，核算质量有待提升;④ 核算由人工进行处理,自动化程度低,核算标准化有待加强;⑤ 同一业务不同人员、不同时间,可能出现处理方式的不一致。

### (二) 集团账户情况

集团及下属单位的银行账户分散在多家银行,开户行分别在农业银行、建设银行、交通银行、工商银行、包商银行、农信社、农商行、光大银行等。各子公司账户的开设、变更、销户业务均需经过集团公司审批同意;各子公司的账户信息需要在集团公司备案。本次集团纳入资金管理范围的银行账户共计 262 个账户,下属 76 家企业,涉及 11 个行别,币种均为人民币。

### (三) 集团资金管理目标

集团资金管理目标有:

(1) 建立资金集中监控系统。采用先进的技术手段,通过对集团内部的资金集中管理,做到上级机构对下级机构的资金运行数据的实时查询、及时审计,使资金的运转得到有效监管与控制,为企业搭建起一个跨银行的资金集中监控平台,以集中反映整个集团的资金动态情况,掌控资金管理的主动权。

(2) 建立一套完整的集团资金操作、管理、分析和决策体系。全面整合集团内结算、融资、票据、预算、投资等各业务条线和各相关系统资源,结合外部商业银行的产品和服务支持,加强集团性企业对集团资金的整体调控能力,降低集团资金运作成本,有效控制财务风险。

(3) 成立资金结算中心管理集团资金。资金计划、资金调拨、资金集中、对外结算、内部结算等业务均通过结算中心统筹完成。

(4) 建设符合资金结算中心制度要求和管理规范的系统平台。将集团的战略思想和管理思路融合到系统流程中去,规范资金业务,规避风险,提高效率。

### (四) 结算中心流程和管理制度

**1. 结算中心流程**

(1) 银行账户开户。

鸿途集团首批仅计划将鸿途水泥板块的各个子公司纳入结算中心模式的集团资金集中管理范围。鸿途集团各子公司在多家银行均已开立账户,为简化实训,现以与工商银行合作进行结算中心运营为例。鸿途集团结算中心在工商银行开具资金总账户。经过鸿途集团结算中心批准,首批纳入集团资金结算中心服务范围的所有子公司均已在工商银行开具基本账户、收入账户,并同时将工商银行开具的基本账户指定为鸿途集团各子公司的支出户。

(2) 签署相关协议。

结算中心与银行签署《集团账户管理协议》,各纳入集中管理的子公司,与银行签署《集团账户参加管理协议》;结算中心与银行签署《管理单位业务申请书》,基于上述两类协议申请开通银行金融服务。

(3) 结算中心管理制度

某标杆企业的结算中心管理制度如下:

---

**×××集团资金结算中心暂行管理办法**

**第一章 总 则**

第一条 为充分发挥×××集团(以下简称"集团公司")整体资金优势,提高资金效率,降低资金成本,防范资金风险,规范结算业务会计核算,依据国家有关规定,结合集团公司实际,制定本办法。

第二条　本办法适用于集团公司各成员单位(成员单位包括各子公司及下属基层单位)。

第三条　集团公司资金结算中心(以下简称"结算中心")负责对集团公司各成员单位的资金进行统一管理,结算中心经集团公司审批后开立的账户进行资金管理。

## 第二章　结算中心宗旨及职能

第四条　结算中心宗旨：盘活存量资金,加速资金周转,减少资金沉淀,发挥资金规模效益,降低资金成本,优化集团公司融资结构,为集团公司经营和发展服务。

第五条　组织机构及职能：

(一)集团公司财务收支审核委员会

主席：董事长

副主席：总经理

成员：集团公司董事、总会计师、财务部长、结算中心主任。

具体职责：

审批集团公司财务收支管理制度和年度预算方案和收支计划；

审定财务结算中心预算执行情况的报告；

审定预算外重大财务收支报告；

对调整和修改年度预算方案进行审批。

(二)结算中心职能

负责对集团公司成员单位资金统一进行结算与管理；

负责拟定集团公司现金流量计划,经批准后组织实施；

负责资金日常调度和收支结算工作；

负责成员单位新开账户的审核和批准；

负责结算中心的会计核算和制度建设及业务培训；

负责拟定存量资金的运作方案,经批准后组织实施；

负责构建集团公司网上银行系统,统一设置集团公司系统账户体系；

负责向成员单位提供规范、高效的服务,确保资金安全；

负责构建资金流信息监控报告系统,监控成员单位资金使用方向,实时提供资金流转情况,分析资金收支存在问题；

负责资金结算的其他职能。

## 第三章　结算中心管理

第六条　严格执行国家有关规定,借鉴银行的管理经验和手段,努力做到内部管理的科学性和严密性,建立高效、有序、规范的内部运行机制。

第七条　结算中心资金日常调度和运用,在集团公司财务收支审核委员会授权范围内实施。

第八条　成员单位在结算中心的存款利息,由集团公司财务部统一调配,主要用于支付经营服务过程所发生的各项支出和费用,同时结算中心不向各成员单位收取手续费、工本费等各项费用,年末利息结余全部上交集团财务部。

第九条　结算中心岗位设置：

(一)结算中心主任岗位

在财务部长的领导下,负责结算中心的全面工作。

认真执行金融工作的方针政策和各项规章制度及操作规程。

负责结算中心各个环节的复核和监督工作,及时与银行进行业务联系,准确及时传递联行票据,交换时认真核对本行范围内的印鉴、支票是否符合规定要求,严防假票、错票入账。

随时掌握各成员单位资金运行情况和结存余额,并及时向部长报告资金的运行及结存情况。

做好银行票据的签发工作,严密手续,认真负责。

认真审查银行对账单,定期与成员单位对账,防止串户。

严格管理结算中心的全部印鉴,银行的定期存单要指定专人保管,及时核对与结算。

完成部长交给的其他工作。

(二)资金结算岗位

负责归集成员单位的资金。

负责在批准的资金预算范围内录入拨付资金指令。

负责整理银行单据,并与银行账户核对无误。

负责结算中心有关印鉴保管工作。

基层单位支取备用金管理及借、还支票的管理。

拨付各成员单位计划内相关支出及支付成员单位对内、对外付款。

(三)资金审核岗位

负责审核拨付资金录入指令是否符合批准的资金预算,审核付款。

负责审核资金归集清单并与银行账户系统核对无误,与结算中心台账核对无误。

做好银行票据的签发工作,严密手续,认真负责。

负责结算中心档案装订保管和清缴工作。

(四)系统管理员

负责筹划、开发、推进、管理并维护集团的财务信息系统。

对集团信息化处理流程进行整合及优化,确保流程畅通。

负责集团财务系统及结算中心软件的基础数据添加维护、人员权限分配、系统角色管理。

负责集团财务系统机房的安全管理工作,保障设备正常运行。

负责所有登录结算中心财务人员的智能卡与机器证书的发放及管理工作。

负责集团公司成员单位的网络及其计算机的维护管理,保证其能安全可靠的登录结算中心。

## 第四章 银行账户设置及资金管理

**第十条** 各成员单位按照《×××集团账户管理办法》和《建立集团公司网上银行账户体系的要求》设置银行账户。

**第十一条** 集团公司账户体系。

目前,针对各成员单位的实际情况,采取不同的资金管理模式。主业公司的下属基层单位根据需要,在银行开设一个收入账户,负责基层单位资金的收入,主业公司下属基层单位不再设立支出账户,所有的支付业务统一由结算中心负责。如有特殊业务需要开立账户,必须报集团公司结算中心审批后方可开立。

其他各子公司及下属基层单位,开设收入和支出两个账户,负责其资金收入和支出的结算,实行收支两条线管理。

各成员单位要正确区分资本性支出和收益性支出。严禁坐支,即收入账户中不得有支出内容,支出账户中不得有收入内容。严禁将收入账户上的资金转入支出账户。

第十二条　收入账户的管理。用以归集各成员单位的主营业务收入和其他业务收入,包括预收账款和收回的用户欠费及其他各类来源的所有收入。各成员单位应将实现的收入全额列入收入账户并由结算中心于当日上收集团公司,严禁从收入账户中支出资金。

第十三条　结算中心支付账号的管理。主业公司及下属基层单位所有资金支出,由结算中心统一负责支付,主业公司及下属基层单位不再设置支出账户。

第十四条　除主业之外的子公司及下属基层单位支出账户的管理。用于子公司及下属基层单位的正常经营开支,其来源由结算中心按集团公司月度收支计划审批后拨付,在计划内支配各项支出。

第十五条　除集团公司核准的银行账户外,各成员单位不得擅自开立银行账户。各成员单位"收入账户"不得发生坐支情况。

第十六条　资金上划及拨付。

(一)资金上划。结算中心于每个工作日 16:30 之前,全额上划各成员单位收入账户的资金;

(二)资金拨付。在批准的资金预算范围内向各成员单位支出账户拨付资金。

第十七条　各成员单位办理支付结算业务,不得签发没有真实交易和债权债务的结算凭证,套取结算中心资金。

第十八条　结算中心不得以任何理由压票,不得拒绝受理各成员单位正常结算业务,不得泄露成员单位商业秘密。

第十九条　会计人员要每月与资金结算中心进行对账,对于出现的差错、未达账等问题应及时通知资金结算中心,以便调整。

第二十条　资金结算中心只对各成员单位指定会计人员办理结算业务,其他外来人员一律不予办理。

第二十一条　违反本办法规定的各成员单位和个人责令限期纠正错误;性质严重的给予通报批评,并结合经济责任制考核办法给予经济考核或行政处分。

<h3 style="text-align:center">第五章　会 计 核 算</h3>

第二十二条　内部核算单位会计核算。

内部核算单位是指集团结算中心各成员单位。

(一)上划资金核算

收入上划时,结算中心根据银行收款单:

借:银行存款

　　贷:内部往来——成员单位

内部核算单位根据银行付款单:

借:内部往来

　　贷:银行存款

(二)下拨资金核算

结算中心下拨内部核算单位经费时,集团公司根据结算中心内部付款单:

借：内部往来——成员单位
　　　　贷：银行存款
无支出账户内部核算单位收到结算中心下拨资金时，根据结算中心内部付款单：
　　借：费用等相关科目
　　　　贷：内部往来
有支出账户的内部结算单位收到结算中心下拨资金时，根据结算中心内部付款单：
　　借：银行存款
　　　　贷：内部往来

### 第六章　单据使用和管理

第二十三条　单据使用和管理。

1. 付款审批单。各成员单位需进行对外或对内付款时，需填列付款审批单，付款审批单由各成员单位负责按流程找相关领导签字，结算中心根据手续齐备的付款审批单开具付款结算单，付款结算单一式三份，第一份结算中心盖章，作为成员单位入账凭据，第二份加盖付款成员单位的印鉴，作为结算中心付款的凭据，第三份留底。

2. 对账单。结算中心月末根据各成员单位内部往来科目的发生明细出具对账单，各成员单位据此对账。

3. 空白支票领取审批单。各成员单位发生业务需要领取空白支票时，应根据计划（内、外）填写用途、预计金额、使用时间（空白支票两天不对外进行支付，应及时交还结算中心，不得自行留存），待审核通过后填写支票领取单方可使用。

4. 备用金领取审批单。各成员单位领取备用金时，根据使用情况填写用途、金额，当日盘点库存金额控制在1 000元以内，以保障资金管理安全；在审批通过后在规定时间内将备用金审批单上报结算中心，结算中心根据上报情况统一安排备用金领取时间。

### 第七章　违规责任和奖惩

第二十四条　财务部每月底对各成员单位计划执行情况进行汇总分析，每季进行全面检查考评，对大额支出及时进行跟踪检查。

第二十五条　如遇突发事件，计划外支出，必须书面报告，经批准后方可实施，未经批准的计划外项目所发生的费用从当年各成员单位的经费中抵扣，并追究行政一把手的责任。

第二十六条　除结算中心批准的账户，各成员单位不得另开设账户，否则视同为账外账，按"小金库"论处，追究行政一把手和财务负责人的责任。

第二十七条　各级审批人员，要坚持原则，严格把关，对业务的真实性，票据的合规性，计划的严肃性负责，否则追究各成员单位审批人员的责任。

第二十八条　结算中心管理人员要忠于职守，坚持原则，客观公正。履行职责、廉洁奉公、保守秘密。不得滥用职权，徇私舞弊，玩忽职守，如有违反者，给予通报批评，调离岗位，直到追究行政处分。

第二十九条　集团公司对于认真履行职责，做出显著成绩的有关人员以及检举揭发的有功人员给予奖励。

### 第八章　附　则

第三十条　本办法自下发日起试行。

第三十一条　本办法由集团公司财务部负责解释。

### (五) 集团资金上收流程现状

集团考查了同行业、类似规模的标杆企业状况，拟建立结算中心来进行资金的集中管理。拟参考的标杆企业尚未实施财务共享，其资金上收业务流程如图 5-3 所示。

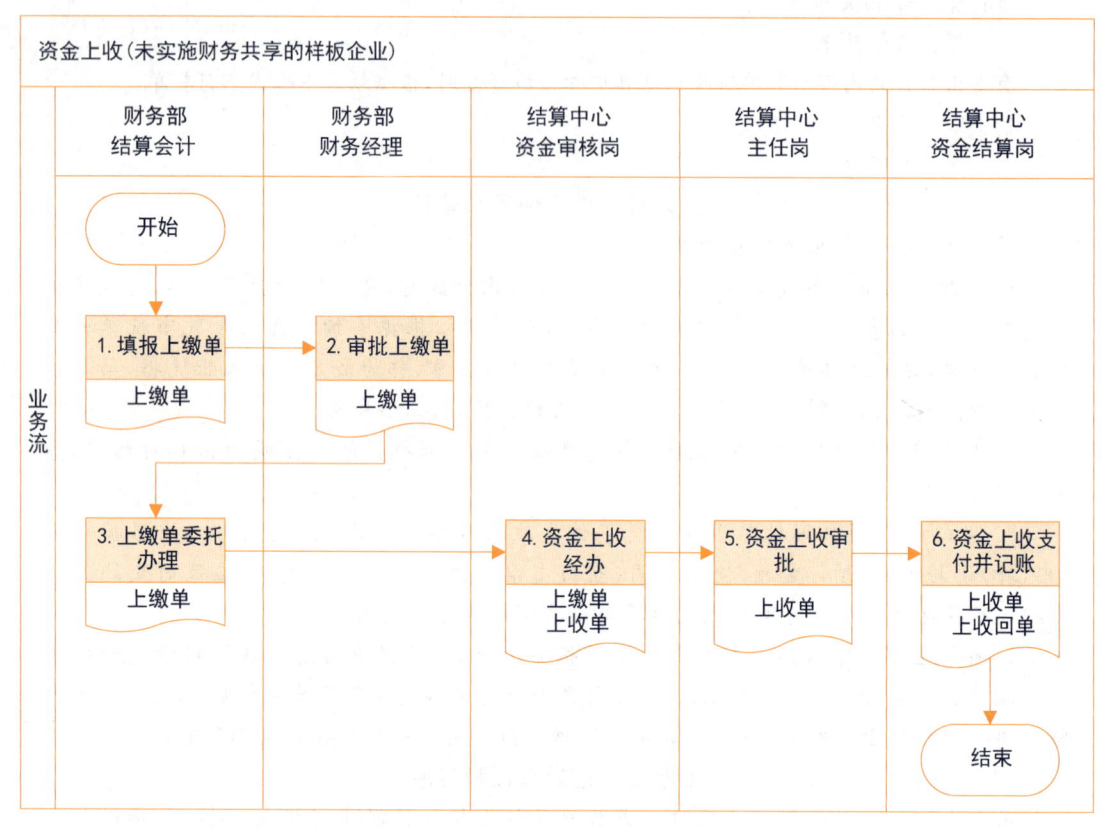

图 5-3　资金上收共享前流程

## 二、规划设计

### (一) 规划财务共享服务业务单据 (表 5-4)

表 5-4　共享后流程所用到的业务单据

| 序号 | 名　称 | 是否进 FSSC | 是否属于作业组工作 | 流程设计工具 |
| --- | --- | --- | --- | --- |
| 1 | 上缴单 | N | — | 审批流 |
| 2 | 上收单 | N | — | 审批流 |
| 3 | 上收回单 | N | — | 审批流 |

### (二) 共享后流程设计

根据鸿途集团资金上收业务的流程现状，设计一个统一的共享后资金管理流程。可使用 Microsoft Visio 等工具软件完成共享后资金上收业务流程设计，该流程将在用友 NCC 中构建测试和运行。鸿途集团共享后资金上收参考流程如图 5-4 所示。

图 5-4　集团资金上收共享后流程

> 【研讨分析】
> 小组汇报集团资金上收业务共享方案。

## 三、业务实操

（一）资金计划编制

1. 角色分配

编制资金计划方案,由组长分配角色,将岗位清单中"业务财务角色、财务经理角色"等岗位角色拖曳分配给小组成员,点"完成设置"按钮后岗位角色分配生效,如图 5-5 所示。

图 5-5　角色分配

## 2. 协作处理

进入财务共享服务平台,选择相应岗位角色进行资金计划编制业务处理,如图 5-6 所示。

图 5-6 岗位角色

（1）填制资金计划编制表。（岗位角色：业务财务）

以业务财务岗位角色进入 NCC 财务共享服务平台,点击"财资管理—资金计划—资金计划编制",打开资金计划编制表,如图 5-7 所示。

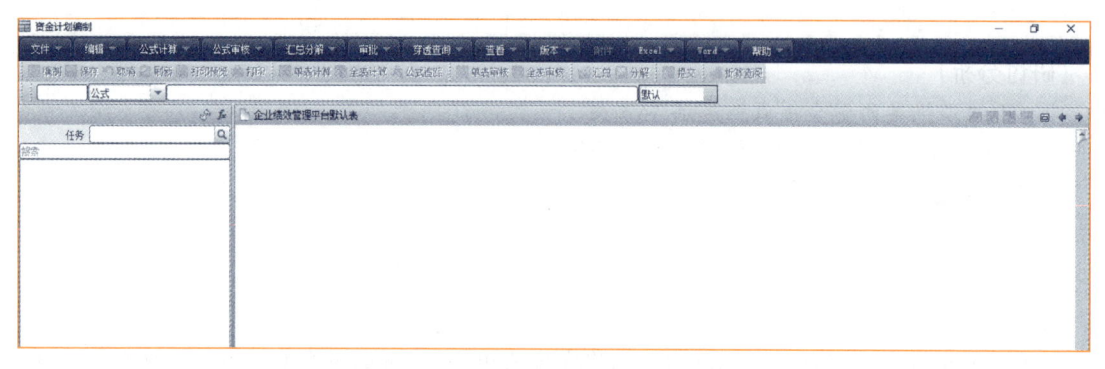

图 5-7 资金计划编制

点击"任务",选择"资金支出月度计划（薪酬明细）",下拨付款付款单位选择对应的结算中心,下拨收款单位选择与结算中心相对应的成员单位,左侧维度树出现资金结算计划,点击维度树的资金结算计划,如图 5-8 所示。

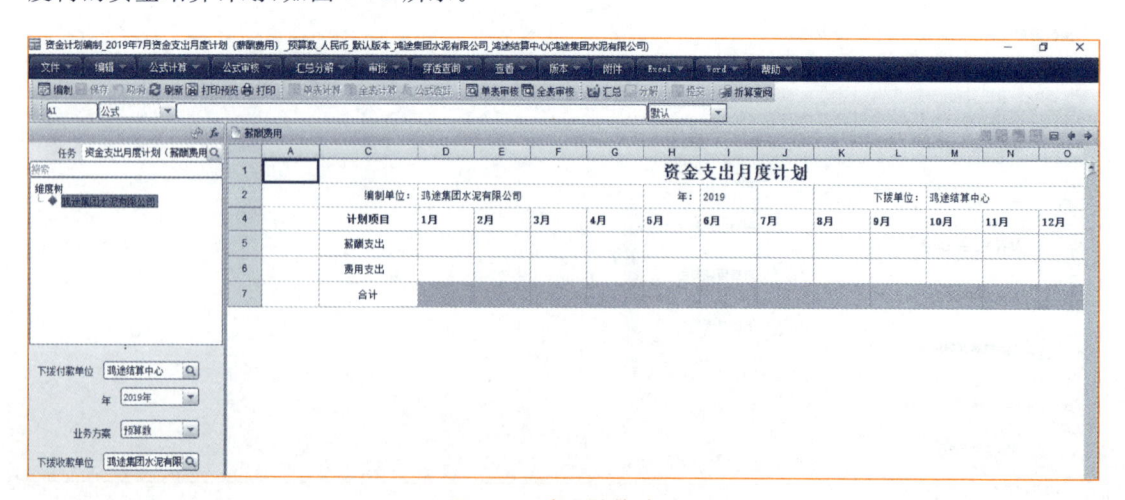

图 5-8 资金结算计划

点击"编制"按钮,根据资料一填写7月份的薪酬支出300万元,费用支出50万元,如图5-9所示。

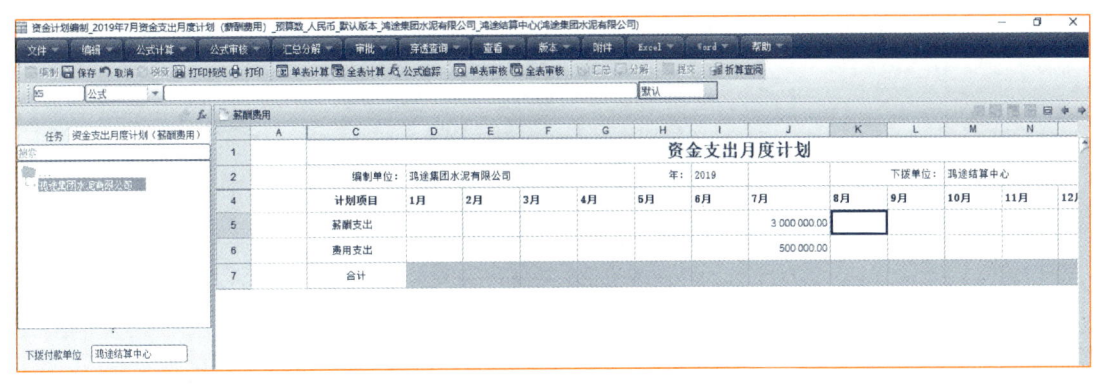

图5-9 资金支出月度计划编制

点击"保存"按钮,点击"提交"按钮,系统出现"上报意见"对话框,点击"确定"按钮,如图5-10所示。

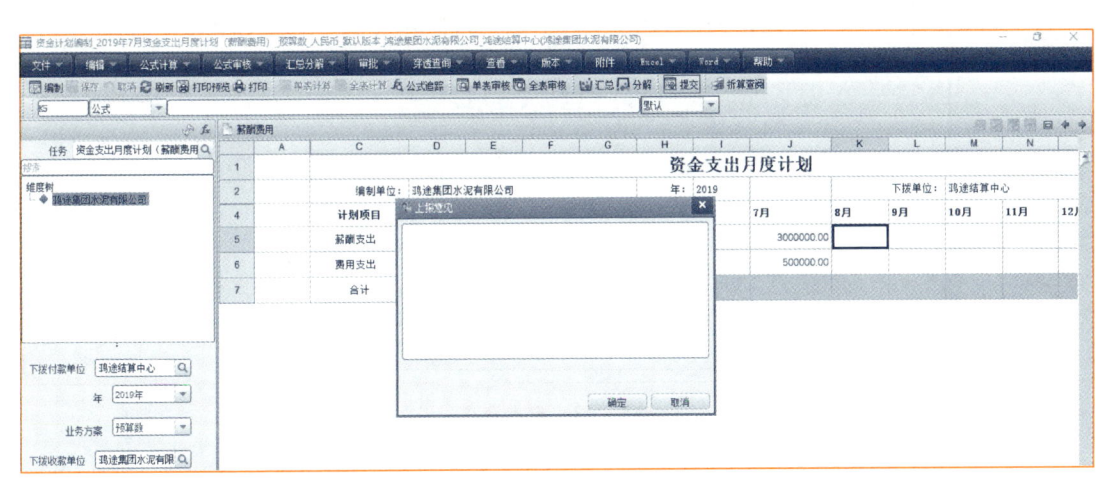

图5-10 资金支出月度计划

(2)审批资金计划编制表,启用控制方案。(岗位角色:财务经理)

以财务经理岗位角色进入NCC财务共享服务平台,点击"财资管理—资金计划—计划审批",打开计划审批界面,选中第一行记录。如图5-11所示。

图5-11 计划审批

点击"审批"下拉框下的"审批"按钮,系统弹出询问对话框,如图5-12所示。

图 5-12 询问对话框

点击"是"按钮,系统弹出审批意见对话框,选择"批准",点击"确定"按钮,如图 5-13 所示。

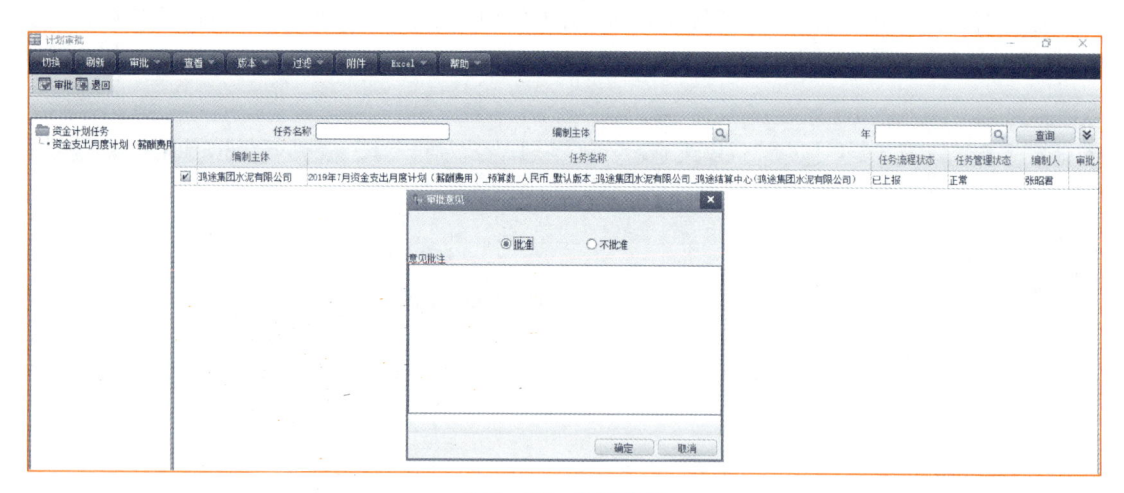

图 5-13 审批意见

点击"财资管理—资金计划—控制方案",打开控制方案界面,选中第一行记录,点击"启用方案"按钮,系统提示启用成功。如图 5-14 所示。

图 5-14 启用方案

## (二) 资金上收

### 1. 角色分配

角色分配工作由组长完成,将岗位清单中"业务财务、财务经理、资金审核、资金结算、结算中心主任、财务共享中心出纳、总账主管、系统管理员"等岗位角色拖拽分配给小组成员,点击"完成设置"按钮后岗位角色分配生效,如图 5-15 所示。

图 5-15 角色分配

## 2. 系统配置

使用 NCC 流程平台时,需要进行工作流与审批流配置。为了保证教学进度及质量,NCC 平台里已经将资金业务相关工作流程配置完成,只需进入系统将流程启用即可,具体操作如下:

(1) 以系统管理员角色登录 NCC,选择"动态建模平台—流程管理—审批流定义(集团)"进行相关设置,如图 5-16 所示。

操作录屏:
资金上收
业务流程
配置

图 5-16 审批流定义

(2) 进入审批流定义界面以后,点击"查询"按钮,进入查询条件设置界面,这里不需要添加任何条件,直接点击"确定",系统会将所有业务的工作流进行呈现,如图 5-17 和图 5-18 所示。

(3) 选择"上缴单"和"上收单"审批流程,逐个启用即可,如图 5-19 所示。

图 5-17　查询条件设置

图 5-18　查询结果

图 5-19　启用审批流

3. 协作处理

进入财务共享服务中心平台,在已经启用资金业务审批流的前提下,选择相应岗位角色进行资金业务处理,如图5-21所示。

图5-20 资金业务处理岗位角色

(1) 填制上缴单(岗位角色:业务财务)。

以业务财务岗位角色进入NCC财务共享服务平台,选择报账平台下的资金上收下拨业务模块的"上缴单",如图5-21所示。

操作录屏:
资金上收
协作处理

图5-21 选择业务模块

点击"新增"按钮,财务组织选择每组对应的财务组织,上收组织选择对应的结算中心,上缴银行账户选择"3701239319189278309",申请上缴金额输入"5 231 500.00",上收银行账户选择第一行记录,结算方式选择网银结算,重要信息填制完毕后,点击"保存提交"按钮,如图5-22所示。

图5-22 上缴单录入

269

(2) 审批上缴单(岗位角色：财务经理)。

以财务经理岗位角色进入 NCC 财务共享服务平台，点击"审批中心"——"未处理"，进入上缴单审批界面，如图 5-23 所示。

图 5-23　审批上缴单界面进入

财务经理在审核无误后点击"批准"，完成上缴单的审批操作，如图 5-24 所示。

图 5-24　上缴单审批

(3) 上缴单委托办理(岗位角色：业务财务)。

以业务财务岗位角色进入 NCC 财务共享服务平台，选择报账平台下的资金上收下模块中的"上缴单"，如图 5-25 所示。

上缴单位选择全部单位，单据日期选择"昨天～今天"，点击查询按钮，在待委托目录里找到已经审批通过的上缴单，点击"委托办理"按钮完成委托办理操作，如图 5-26 所示。

(4) 上收单经办(岗位角色：资金审核岗)。

以资金审核岗位角色进入 NCC 财务共享服务平台，选择报账平台下的"资金上收"，如图 5-27 所示。

上收组织选择"鸿途结算中心"，单据日期选择"昨天～今天"，点击"查询"按钮，找到要经办的上收单，双击打开上收单，点击"经办"按钮完成经办操作，再点击"提交"按钮提交审批，如图 5-28 所示。

图 5-25 选择业务模块

图 5-26 完成委托办理

图 5-27 选择业务模块

图 5-28 提交审批

(5) 上收单审批(岗位角色：结算中心主任)。

以结算中心主任岗位角色进入 NCC 财务共享服务平台,点击"审批中心—未处理",进入上收单审批界面,如图 5-29 所示。

图 5-29 进入上收单审批界面

结算中心主任点击"批准"功能,完成上收单的审批操作,如图 5-30 所示。

图 5-30 上收单审批

(6) 上收单支付(岗位角色：资金结算)。

以资金结算岗位角色进入 NCC 财务共享服务平台,选择报账平台下的"资金上收支付",如图 5-31 所示。

图 5-31 选择业务模块

上收组织选择"鸿途结算中心",单据日期选择"昨天～今天",点击"查询"按钮,找到要支付的上收单,双击打开上收单,首先选择网银补录,进入网银补录界面,如图 5-32 所示。

图 5-32 网银补录

转账类型选择归集,补录后点击"支付"按钮完成支付操作,如图 5-33 所示。

图 5-33 资金上收支付

支付完成后,在同岗位选择"支付指令状态",财务组织选择"鸿途结算中心",进行单据查找,查找后进入单据,如图5-34所示。

图5-34 支付指令状态

点击"状态确认",在银行确认支付选项中选择"成功",点击"保存"按钮,点击"提交"按钮,具体操作如图5-35所示。

图5-35 支付确认单

(7)单位下拨回单确认及记账(岗位角色:中心出纳)。

以中心出纳岗位角色进入NCC财务共享服务平台,选择报账平台下的"单位上收回单",如图5-36所示。

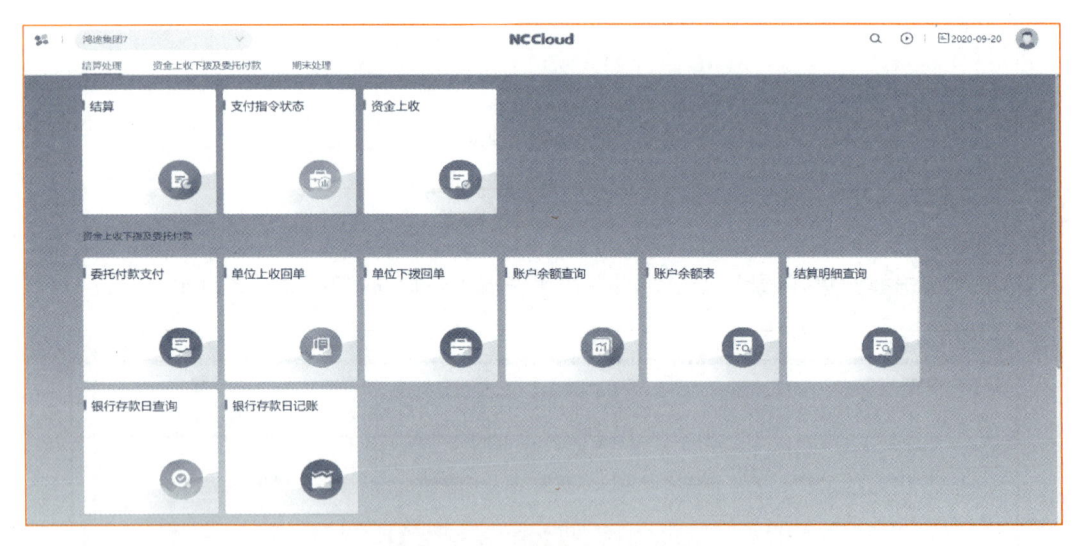

图5-36 选择"单位上收回单"

付款组织选择"全部",单据日期选择"本周",点击"查询"按钮,找到要确认的单位上收回单,双击打开,点击"记账"按钮完成确认及记账操作,如图5-37所示。

(8)总账主管确认凭证并审核(岗位角色:总账主管)。

以总账主管岗位角色进入NCC财务共享服务平台,点击"凭证审核",如图5-38所示。

选择基准账户,查询后进行审核,如图5-39所示。

图 5-37 确认及记账

图 5-38 凭证审核

图 5-39 凭证审核

【研讨分析】

如何进行报销标准控制，联查费用预算执行情况？

# 任务二 资金下拨

## 任务描述

**案例 5-2** 鸿途集团水泥有限公司采用单中心共享模式，该集团公司所有收付款均以网银（银企直联）方式完成。集团考核了同行业、类似规模的标杆企业状况，拟建立结算中心来进行资金的集中管理。

275

**要求：**
（1）绘制集团共享前和共享后的资金下拨业务流程图。
（2）根据资料三，在用友 NCC 中完成资金下拨业务的完整流程。

资 料 三

为满足 2019 年 7 月 25 日薪酬费用支付需求，各成员单位发起申请内部结算账户下拨资金到本地支出户，并在收到下拨款后完成社保支付，具体信息如表 5-5 所示。

表 5-5 薪 酬 支 出

| 业 务 内 容 | 鸿途集团水泥有限公司 |
| --- | --- |
| 薪酬支出 | 2 500 000.00 元 |

## 任务实施

### 一、现状分析

集团考核了同行业、类似规模的标杆企业状况，拟建立结算中心来进行资金的集中管理。拟参考的标杆企业尚未实施财务共享，其资金下拨业务流程如图 5-40 所示。

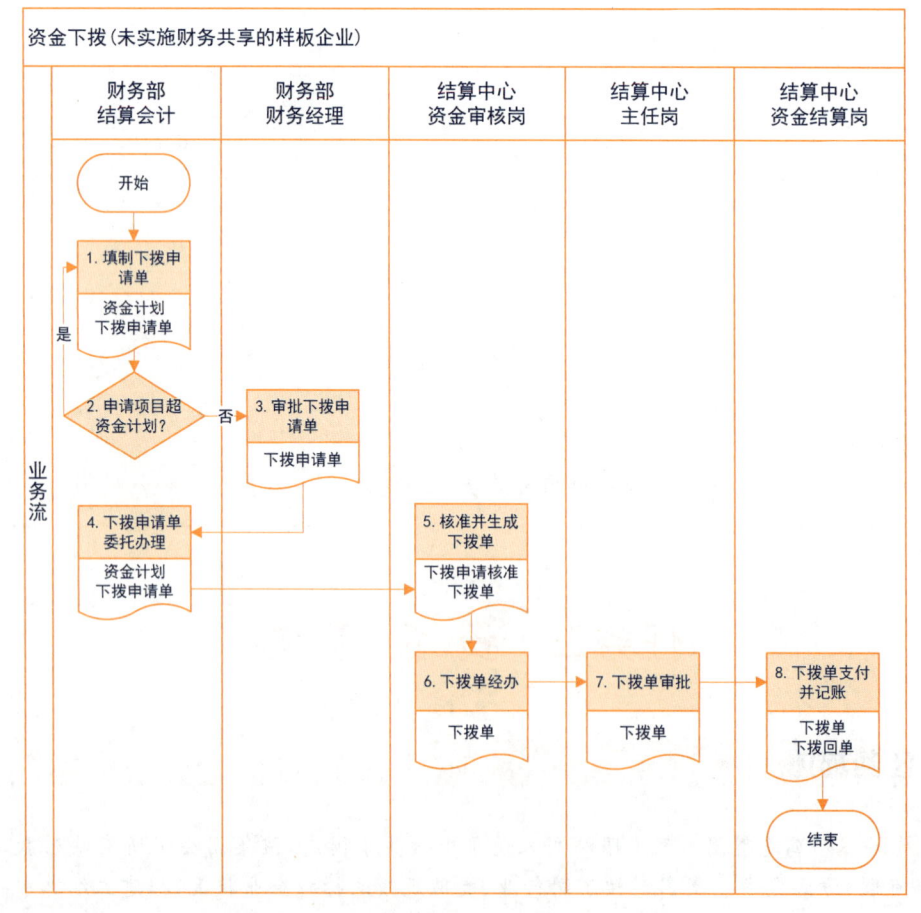

图 5-40 资金下拨共享前流程

**【研讨分析】**
　　小组讨论：企业如何有效提高差旅费用共享服务，降低企业资金占用。

## 二、规划设计

### （一）规划财务共享服务业务单据（表5-6）

表5-6　共享后流程所用到的业务单据

| 序　号 | 名　　称 | 是否进FSSC | 是否属于作业组工作 | 流程设计工具 |
| --- | --- | --- | --- | --- |
| 1 | 下拨申请单 | N | — | 审批流 |
| 2 | 下拨申请核准 | N | — | 审批流 |
| 3 | 下拨单 | N | — | 审批流 |
| 4 | 下拨回单 | N | — | 审批流 |

### （二）共享后流程设计

　　根据鸿途集团资金下拨业务的流程现状，设计一个统一的共享后资金管理流程。可使用Microsoft Visio等工具软件完成共享后资金下拨业务流程设计，该流程将在用友NCC中构建测试和运行。鸿途集团共享后资金下拨参考流程如图5-41所示。

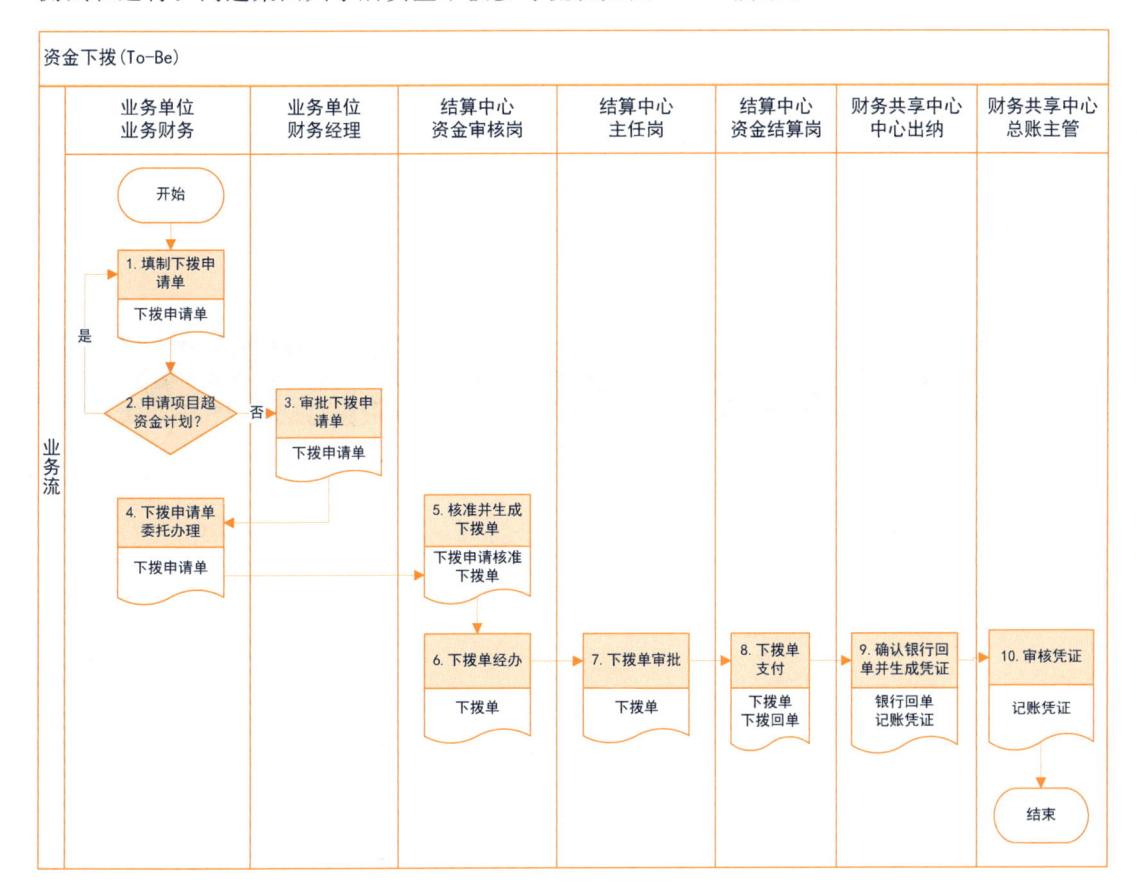

图5-41　集团资金下拨共享后流程

## 三、业务实操

### (一) 角色分配

角色分配工作由组长完成,将岗位清单中"业务财务、财务经理、资金审核、资金结算、结算中心主任、财务共享中心出纳、总账主管"等岗位角色拖拽分配给小组成员,点击"完成设置"按钮后岗位角色分配生效,如图 5-42 所示。

操作录屏:
下拨角色
分配

图 5-42 角色分配

### (二) 系统配置

操作录屏:
资金下拨
业务流程
配置

使用 NCC 流程平台时,需要进行工作流与审批流配置。NCC 平台里已经将资金业务相关工作流程配置完成,只需进入系统将流程启用即可,具体操作如下:

(1) 用系统管理员角色登录 NCC,选择"动态建模平台—流程管理—审批流定义(集团)"进行相关设置,如图 5-43 所示。

图 5-43 选择审批流定义

(2) 进入审批流定义界面以后,点击"查询"按钮,进入查询条件设置界面,这里不需要添加任何条件,直接点击"确定",系统会将所有业务的工作流进行呈现,如图 5-44 所示。

图 5-44　查询条件

(3) 选择"下拨单"和"下拨申请单"审批流程,逐个启用即可,如图 5-45 所示。

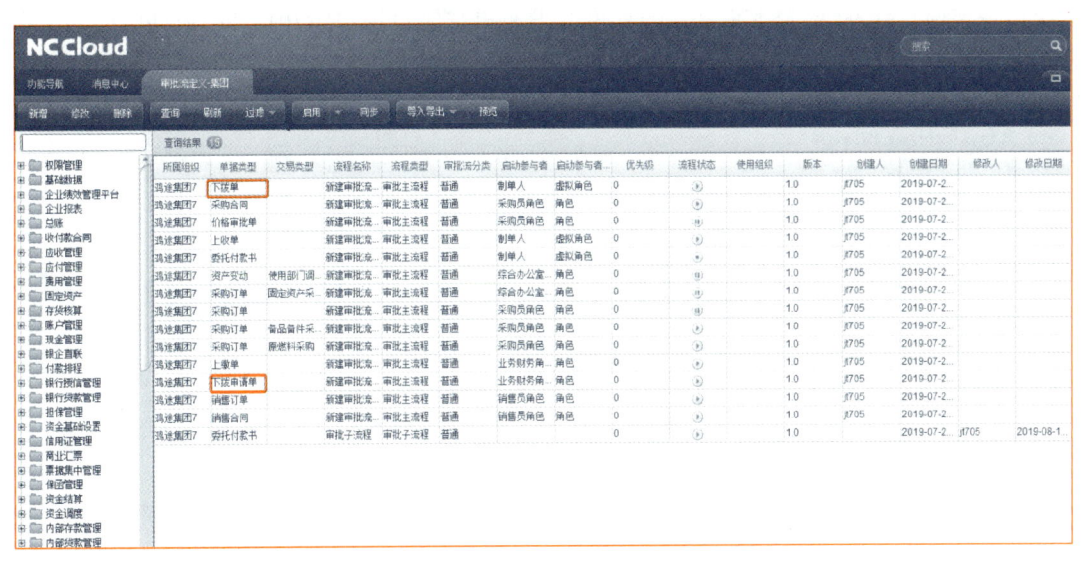

图 5-45　启用审批流

(三) 协作处理

进入财务共享服务平台,在已经启用资金业务审批流的前提下,选择相应岗位角色进行资金业务处理,如图 5-46 所示。

**1. 填制下拨申请单(岗位角色:业务财务)**

以业务财务岗位角色进入 NCC 财务共享服务平台,选择报账平台下的"下拨申请",如图 5-47 所示。

操作录屏:
资金下拨
协作处理

279

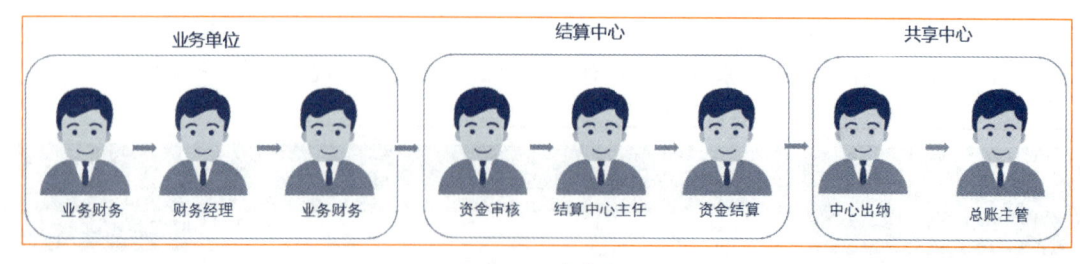

图 5-46　岗位角色

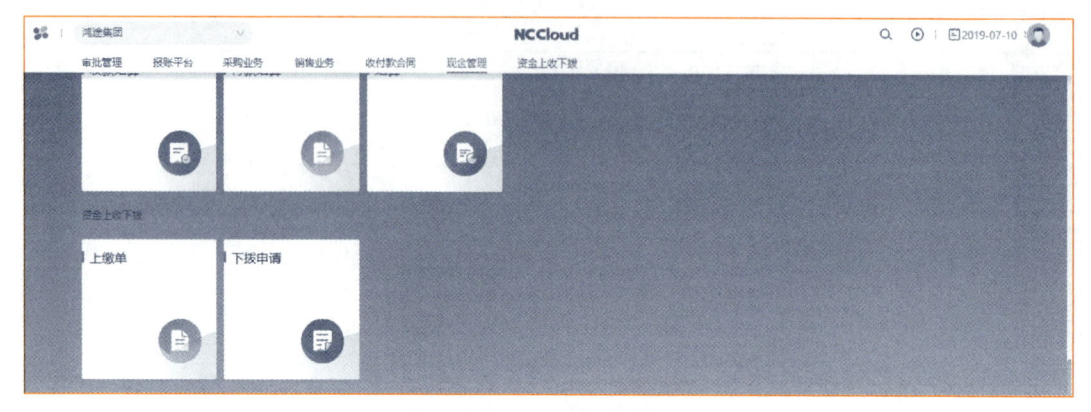

图 5-47　选择"下拨申请"

点击"新增"按钮,财务组织选择每组对应的财务组织,下拨组织选择对应的结算中心,收款单位计划项目选择"经营支出—薪酬支出",上缴银行账户选择"3701239319189278309",申请上缴金额输入"2 500 000.00",上收银行账户选择第一行记录,结算方式选择"网银",点击"保存"后点击"提交"按钮,如图 5-48 所示。

图 5-48　填制下拨申请单

### 2. 审批下拨申请单(岗位角色:财务经理)

以财务经理岗位角色进入 NCC 财务共享服务平台,点击"审批中心—未处理",进入下拨申请单审批界面。

财务经理点击"批准"功能,完成上缴单的审批操作,如图 5-49 所示。

图 5-49　审批下拨申请单

### 3. 下拨申请单委托办理（岗位角色：业务财务）

以业务财务岗位角色进入 NCC 财务共享服务平台，选择报账平台下的"下拨申请"，如图 5-50 所示。

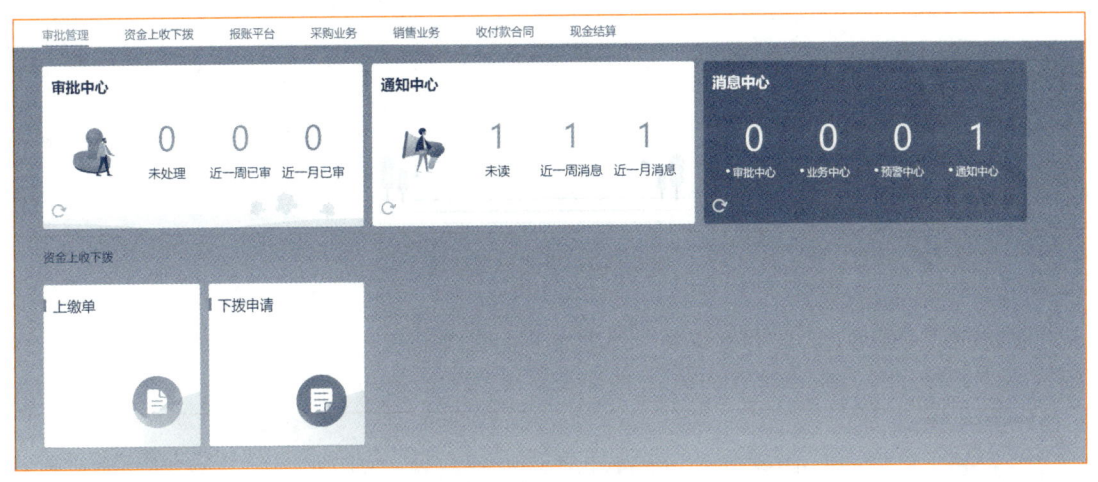

图 5-50 选择"下拨申请"

财务组织选择全部单位，单据日期选择"昨日～今日"，点击"查询"按钮，在待委托目录里找到已经审批通过的下拨申请单，点击"委托办理"按钮完成委托办理操作，如图 5-51 所示。

图 5-51 委托办理下拨申请

### 4. 下拨申请审核（岗位角色：资金审核岗）

以资金审核岗位角色进入 NCC 财务共享服务平台，点击"下拨申请核准"，进入下拨申请核准界面，如图 5-52 所示。

图 5-52 选择"下拨申请核准"

下拨组织选择全部单位,单据日期选择"今日",点击"查询"按钮,找到要核准下拨申请单,点击"核准"按钮完成核准操作,如图 5-53 所示。

图 5-53 下拨申请核准

在"核准"完成后,点击"保存提交",并生成下拨单,如图 5-54 所示。

图 5-54 生成下拨单

**5. 资金下拨单提交(岗位角色:资金审核岗)**

以资金审核岗位角色进入 NCC 财务共享服务平台,点击"资金下拨",进入资金下拨界面,如图 5-55 所示。

图 5-55 选择"资金下拨"

财务组织选择全部单位,单据日期选择"今日",点击"查询"按钮,找到资金下拨单,点击"经办"后点击"提交"按钮完成提交操作,如图 5-56 所示。

图 5-56 资金下拨

### 6. 资金下拨单审批(岗位角色：结算中心主任)

以结算中心主任岗位角色进入 NCC 财务共享服务平台，点击"审批中心—未处理"，进入资金下拨单审批界面，如图 5-57 所示。

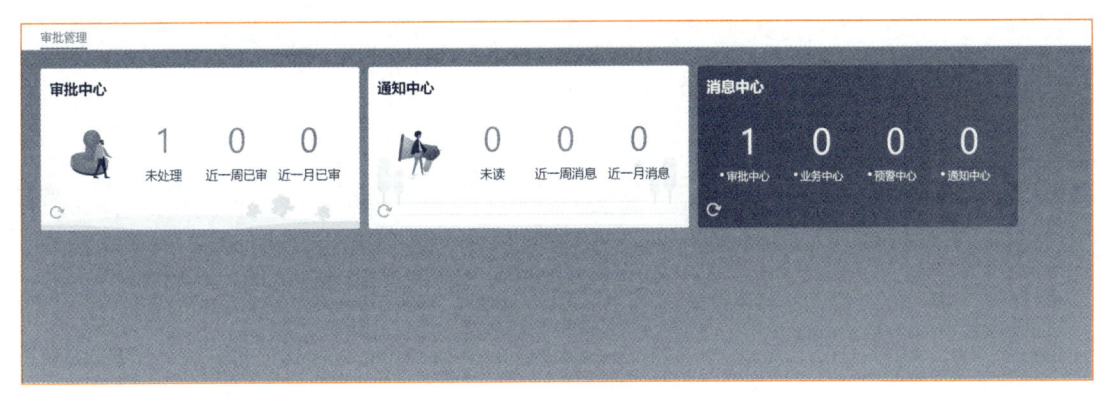

图 5-57 审批中心

结算中心主任点击"批准"功能，完成下拨单的审批操作，如图 5-58 所示。

图 5-58 下拨单审核

### 7. 资金下拨单支付(岗位角色：资金结算)

以资金结算岗位角色进入 NCC 财务共享服务平台，选择报账平台下的"资金下拨支付"，如图 5-59 所示。

财务组织选择"鸿途结算中心"，单据日期选择"昨日～今日"，点击"查询"按钮，找到要支付的资金下拨单，双击打开下拨单，点击"网银补录"，进入补录界面，如图 5-60 所示。

点击"确定"后点击"支付"按钮完成支付操作，如图 5-61 所示。

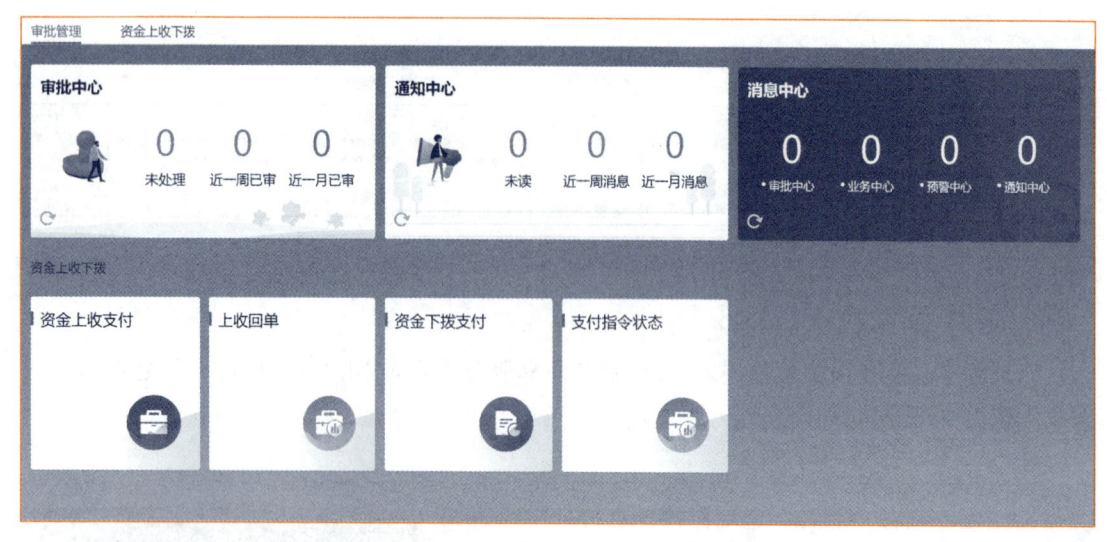

图 5-59 "下拨单支付"选择

图 5-60 网银补录

图 5-61 资金下拨支付

在同岗位进入"支付指令状态",选择组织,点击"查询",确认状态,如图5-62所示。

图5-62 查询支付指令状态

银行支付状态改为"成功",点击"保存"按钮,点击"提交"按钮,如图5-63所示。

图5-63 支付确认单

8.单位下拨回单确认及记账(岗位角色:共享中心出纳)

以共享中心出纳岗位角色进入NCC财务共享服务平台,选择报账平台下的"单位下拨回单",如图5-64所示。

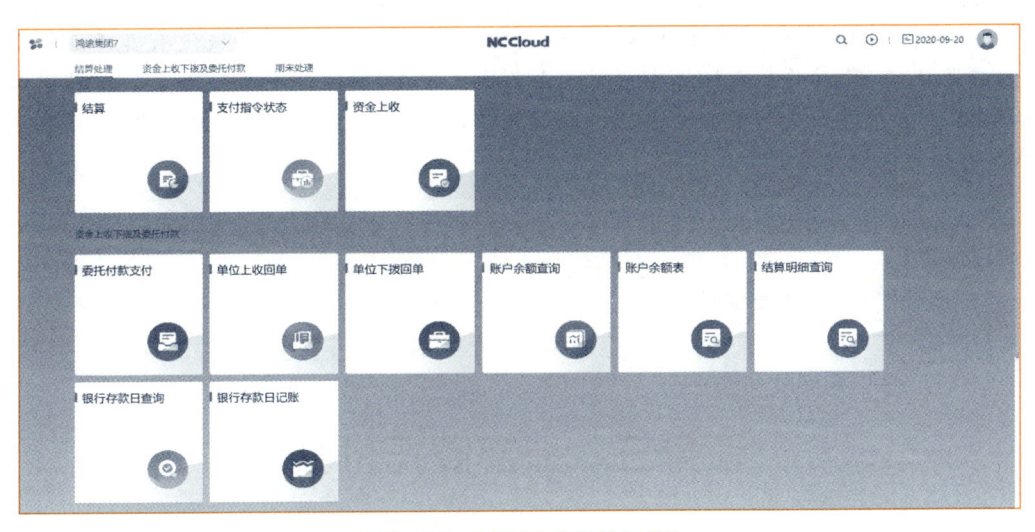

图5-64 选择"单位下拨回单"

付款组织选择全部,单据日期选择"本周",点击"查询"按钮,找到要确认的单位下拨回单,双击打开,点击"记账"按钮完成确认及记账操作,如图5-65所示。

5-65 单位下拨回单

### 9. 总账主管确认凭证并审核（岗位角色：总账主管）

以总账主管岗位角色进入 NCC 财务共享服务平台，点击"凭证审核"，如图 5-66 所示。

图 5-66　选择"凭证审核"

选择基准账户，查询后进行"审核"。如图 5-67 所示。

图 5-67　凭证审核

【注意】
　　结算中心的资金结算岗在 NCC 点击"支付"按钮后，由于教学系统没有真正连接银行，需要增加一个动作：在 NCC 轻量端桌面的快捷方式"支付指令状态"下，点击"状态确认按钮"并按照界面提示信息操作、最后提交确认，单据才会变成支付成功状态、自动生成成员单位的记账凭证。

【研讨分析】
　　讨论设计社会化服务产品。

## 任务三　外部委托付款

### 任务描述

　　**案例 5-3**　鸿途集团水泥有限公司采用单中心共享模式，该集团公司所有收付款均以网银（银企直联）方式完成。集团考核了同行业、类似规模的标杆企业状况，拟建立结算中心来进行资金的集中管理。
　　要求：
　　（1）绘制集团共享前后的外部委托付款流程图。

(2) 根据资料四,用友 NCC 完成外部委托付款的完整流程。

资　料　四

2019 年 7 月 5 日,卫辉市鸿途水泥有限公司向绿城物业服务集团有限公司缴纳上个月公司行政办公区水费,后者已经开具增值税专用发票、税率(征收率)3%。根据发票所记载的情况,上个月应缴纳的水费总金额为 29 426.07 元(不含税金额为 28 569.00 元)。

因本公司支出户余额不足,卫辉市鸿途水泥有限公司通过外部委托付款流程进行付款。

**凭证 5-2**

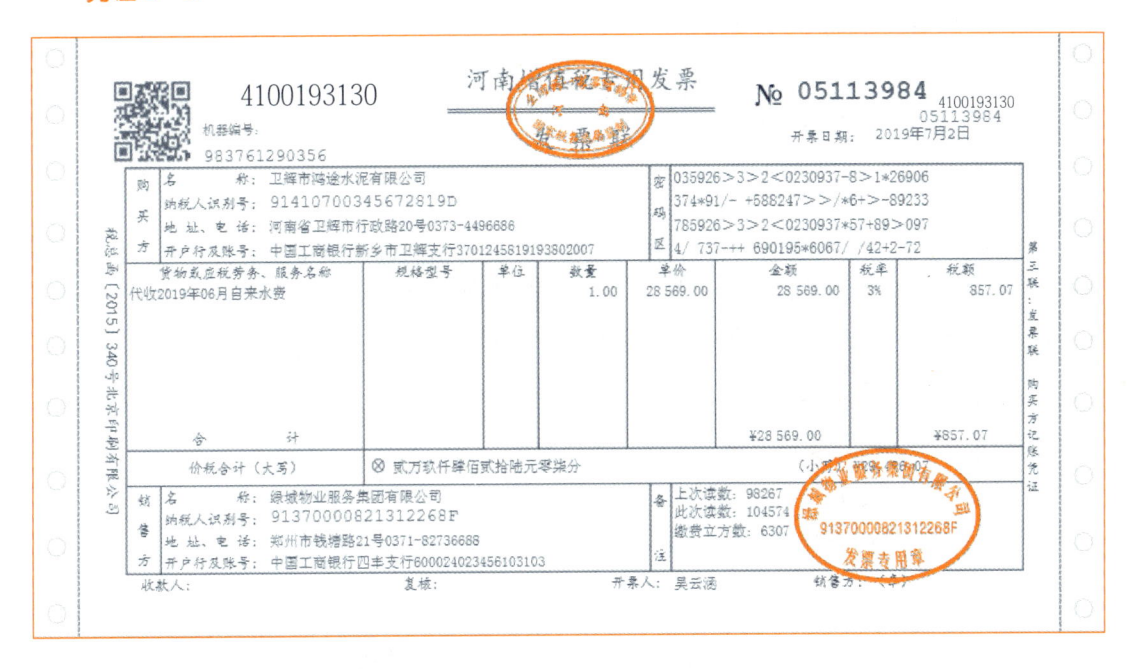

**凭证 5-3**

微课视频：
外部委托付款

## 知识准备

### 一、外部委托付款的含义

外部委托付款，是指由成员单位在内部账户上发起的、经审批后由结算中心外部账户实际对外支付的支付方式。外部委托付款需要从内部账户发起，发起后内部账户暂时冻结相应金额。当结算中心外部账户实际付款成功时，扣减委托方内部账户相应金额。

### 二、外部委托付款业务场景

从发起方角度划分，外部委托付款业务主要包括业务单位发起委托付款、结算中心发起委托付款、多结算中心下的委托付款。

从付款结算方式角度划分，委托付款业务主要包括转账支付、票据支付、现金支付、代发工资等。

外部委托付款与银企直联集成后，能够支持：在支付信息确认单审核后再支付；合并支付处理，即单张委托付款书可以存在多条支付记录，合并向银行发送一笔网银支付指令；在确认支付失败后，通过支付信息变更单进行变更，变更后再次支付。

### 三、集团企业司库管理

#### （一）集团企业司库管理背景

**1. 传统资金管理所经历的阶段及主题**

传统资金管理所经历的阶段及主题如图 5-68 所示。

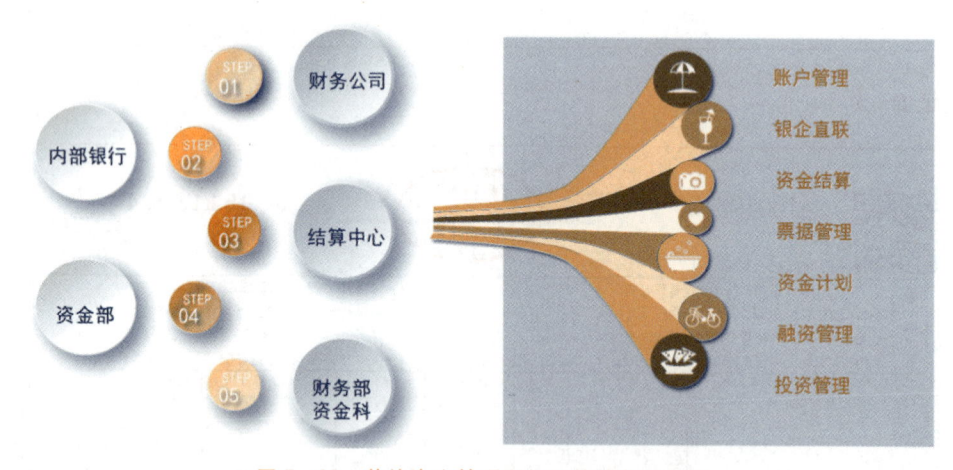

图 5-68　传统资金管理所经历的阶段及主题

**2. 传统资金管理实现的内容**

传统资金管理实现的内容如图 5-69 所示，目的是解决资金管理基本问题，包括监控账户及使用情况，管控资金的动向，及时了解资金支付情况，闲置内部资金调配等。

**3. 新市场情况下资金管理的新诉求**

新市场情况下资金管理的新诉求有以下几个方面：

图 5-69　传统资金管理实现的内容

(1) 如何提高跨国境、跨币种、跨时区、跨银行的业务环境下全球账户的透明度。
(2) 如何降低大型企业汇率、利率风险和成本。
(3) 如何通过完善升级电子渠道连接方式以提高跨境支付操作效率。
(4) 如何加强资金乃至金融资产的全球管控。
(5) 如何在金融环境恶化时有效分散风险。
(6) 如何选择正确的金融机构合作伙伴共同推进。
(7) 如何合理配置资源并解决集团公司与分子公司战略上的统一。

4. 司库式资金管理的驱动因素

司库式资金管理的驱动因素主要有：司库管理主体的发展、信息技术的不断革新、经济全球化发展的事实、经济危机和利率的市场变化等。

### (二) 集团企业司库管理的目标、内容与价值

新市场下资金管理转变的方向如图 5-70 所示。

图 5-70　新市场下资金管理转变的方向

集团企业司库管理内容包括交易管理、资产负债表 & 流动性管理、风险管理等，司库管理的核心职能如图 5-71 所示。

集团企业司库管理价值主要体现在如下几个方面：一是降低融资成本和资本成本，二是为公司提供流动性，三是改善经营性现金流，四是提高营运资本稳定性。司库管理的价值增值如图 5-72 所示。

### (三) 集团企业司库管理架构设计

1. 司库的定位及组织架构图

司库在组织架构中的位置，如图 5-73 所示。

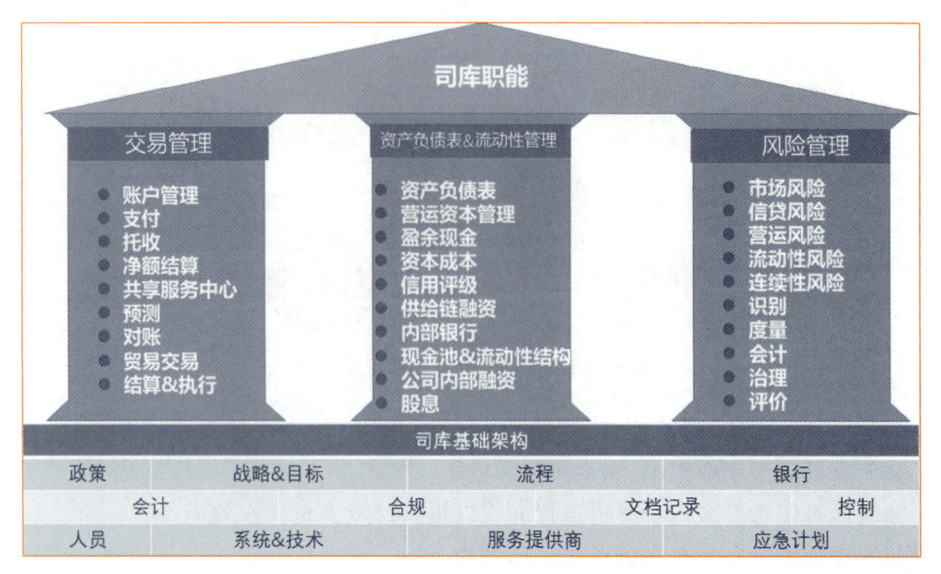

图 5-71　司库管理的核心职能

图 5-72　司库管理的价值增值

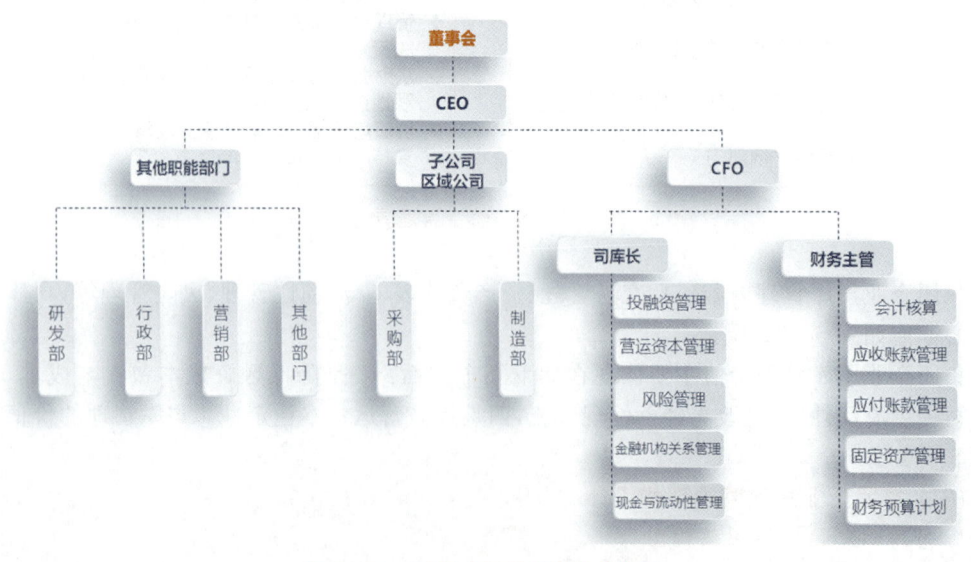

图 5-73　司库在组织架构中的位置

### 2. 司库的多重角色

不同层面的专业知识使司库能够具有关键的知识来源,因而能够为企业增加更多的价值。司库的多重角色,如图5-74所示。

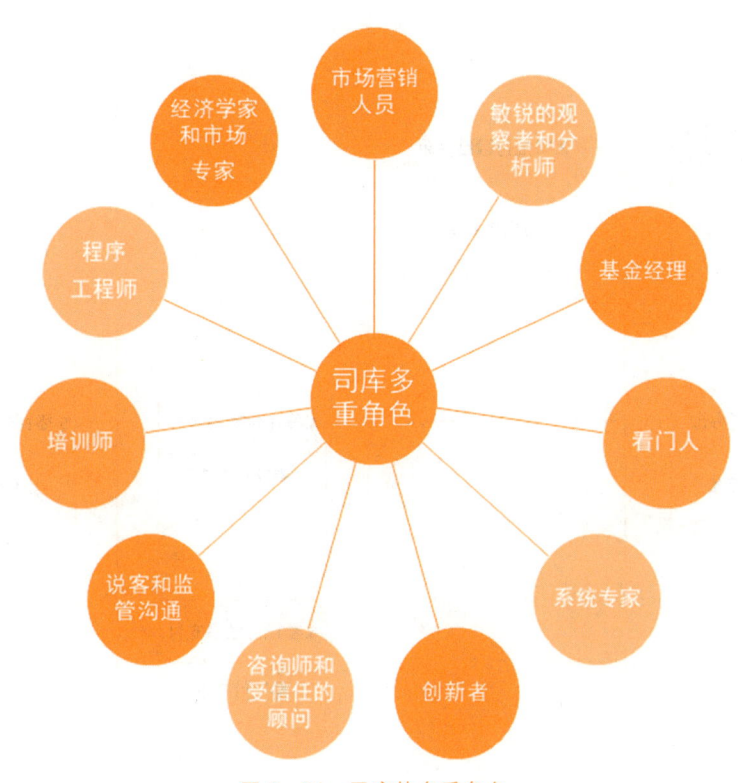

图5-74 司库的多重角色

## 任务实施

### 一、现状分析

不久前集团考核了同行业、类似规模的标杆企业状况,拟建立结算中心来进行资金的集中管理。拟参考的标杆企业尚未实施财务共享,其外部委托付款业务流程如图5-75所示。

### 二、规划设计

(一)规划财务共享服务业务单据(表5-7)

表5-7 财务共享业务单据规划

| 序 号 | 名 称 | 是否进FSSC | 是否属于作业组工作 | 流程设计工具 |
| --- | --- | --- | --- | --- |
| 1 | 付款结算单 | Y | Y | 工作流 |
| 2 | 委托付款书 | Y | N | 工作流+审批流 |

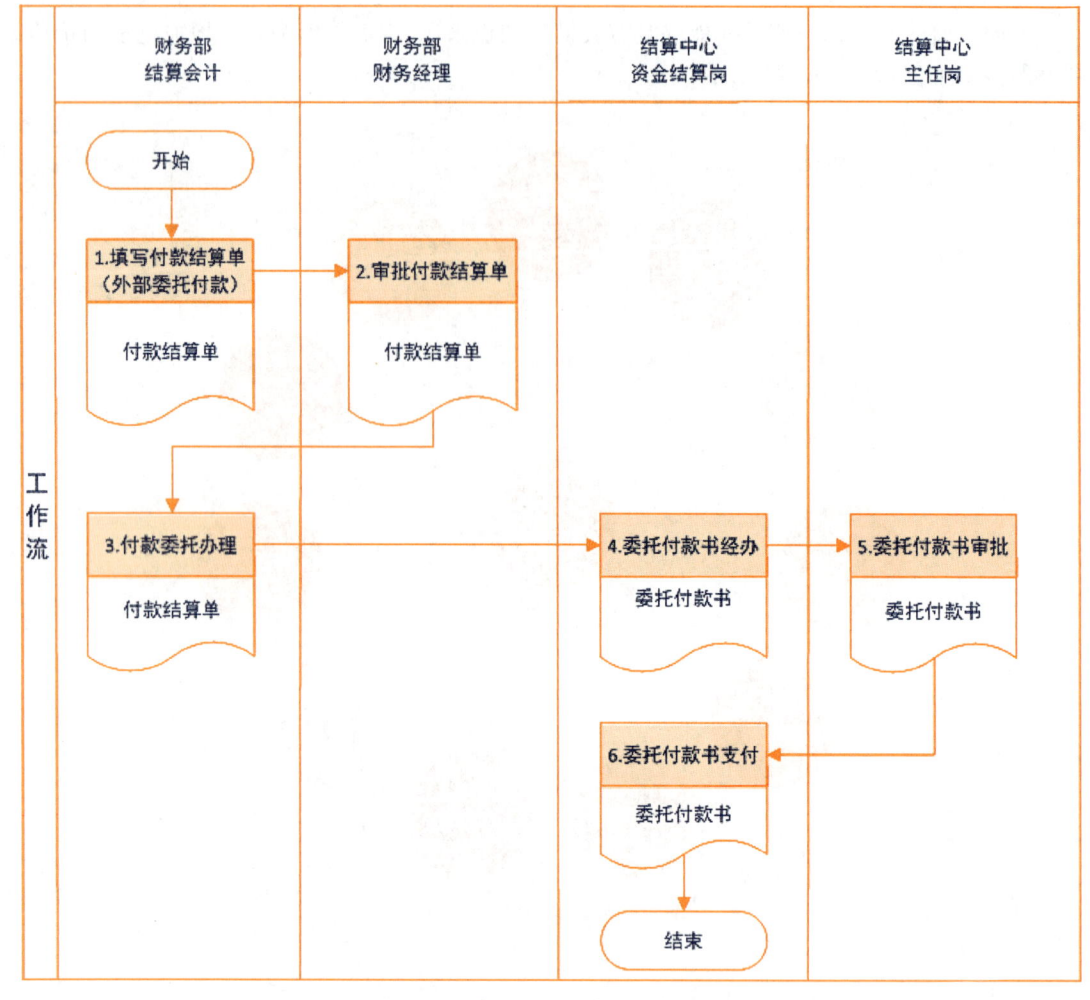

图 5-75 外部委托付款的共享前流程

### (二) 共享后流程设计

根据鸿途集团外部委托付款的流程现状，设计共享后外部委托付款流程，如图 5-76 所示。可使用 Microsoft Visio 等工具软件完成共享后外部委托付款业务流程设计，该流程将在用友 NCC 中构建测试和运行。具体流程为：

（1）业务单位业务财务根据原始凭证填制付款结算单，付款类单据选择"外部委托付款"交易类型，付款单位账户选择成员单位的内部账户。

（2）业务单位业务财务上传付款原始凭证（如发票等）。

（3）业务单位财务经理审批付款结算单。

（4）财务共享中心应付初审岗审核付款结算单。

（5）业务单位业务财务对"结算"下的付款结算单执行"委托办理"，提交结算中心并自动生成付款委托书。

（6）结算中心资金审核岗对委托付款书填写支付银行信息等并执行"经办"。

（7）结算中心主任岗对委托付款书执行"审批"。

（8）财务共享中心出纳岗对委托付款书执行"支付"，提交银行付款指令。

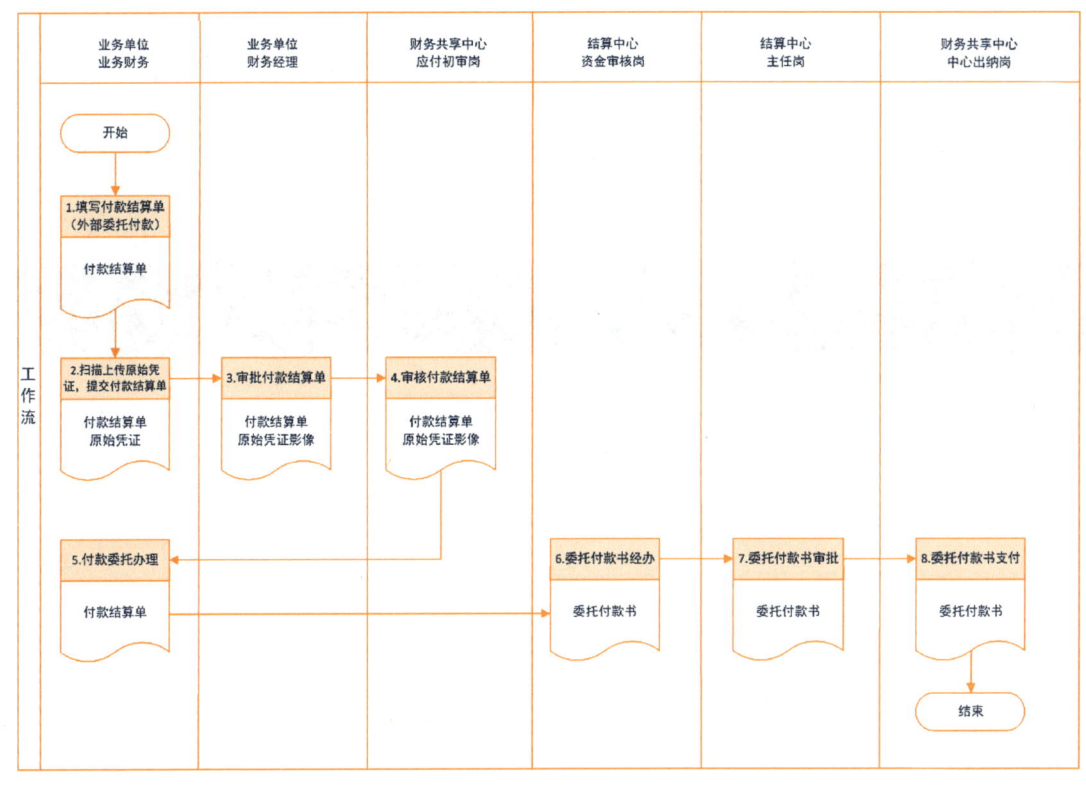

图 5-76 集团外部委托付款共享后流程

## 三、业务实操

### (一) 角色分配

角色分配工作由组长完成,将岗位清单中"业务财务、财务经理、资金审核、资金结算、结算中心主任、财务共享中心出纳、总账主管"等岗位角色分配给小组成员,各小组成员点击"任务上岗"选择对应的岗位,如图 5-77 所示。

操作录屏:
外部委托
付款角色
分配

图 5-77 岗位角色分配

### (二)系统配置

使用 NCC 流程平台时,需要进行工作流与审批流配置。NCC 平台里已经将资金业务相关工作流程配置完成,只需进入系统将流程启用即可,具体操作如下。

(1)以系统管理员角色登录 NCC,选择"动态建模平台—流程管理—工作流定义(集团)/审批流定义(集团)"进行相关设置,如图 5-78 所示。

图 5-78 选择"审批流定义"

(2)进入审批流定义界面以后,点击"查询"按钮,进入查询条件设置界面,这里不需要添加任何条件,直接点击"确定",系统会将所有业务的工作流进行呈现,如图 5-79 所示。

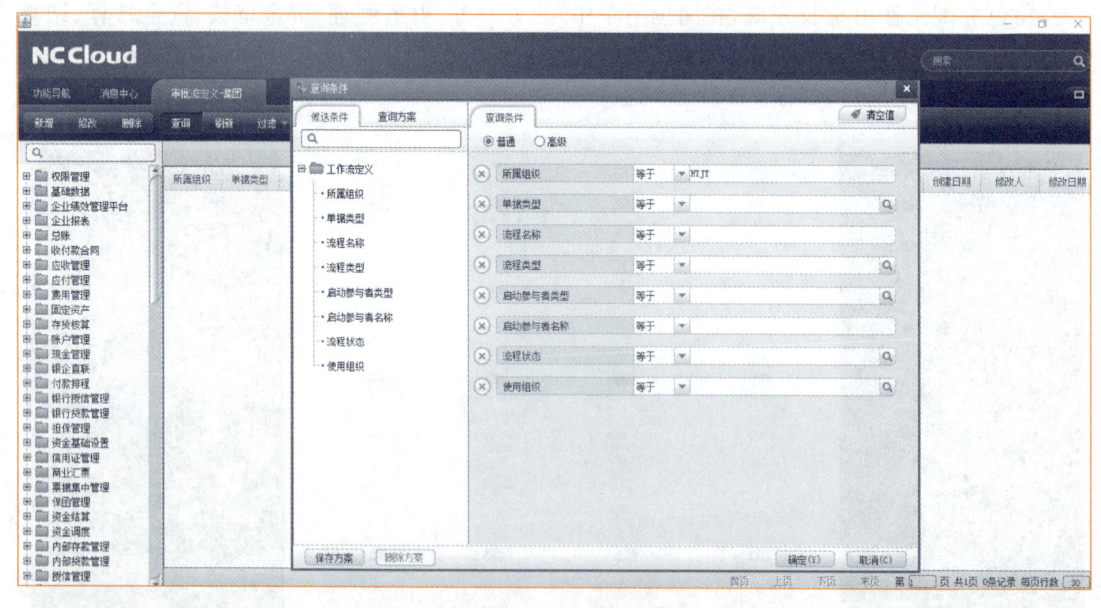

图 5-79 查询条件

(3)选择"委托付款书""下拨单"和"下拨申请单"审批流程,逐个启用即可,如图 5-80 所示。

图 5-80 启用审批流

### （三）协作处理

进入财务共享服务平台，在已经启用资金业务审批流的前提下，选择相应岗位角色进行资金业务处理，如图 5-81 所示。

操作录屏：
外部委托
付款协作
处理

图 5-81 岗位角色

**1. 填制下拨申请单（岗位角色：业务财务）**

以业务财务岗位角色进入 NCC 财务共享服务平台，选择报账平台下的"付款结算"，如图 5-82 所示。

图 5-82 选择"付款结算"

点击"付款交易类型"选择外部委托付款,再点击"新增"按钮,结算财务组织选择每组对应的财务组织,结算方式选择委托收付款,付款银行账户选择结算中心,交易对象类型输入"供应商",供应商选择"绿城物业服务集团有限公司",申请付款金额输入"29 426.07",收支项目选择"管理费用—水费",点击"保存"按钮,在"更多—影像扫描"扫描原始单据,点击"提交"按钮,如图5-83、图5-84所示。

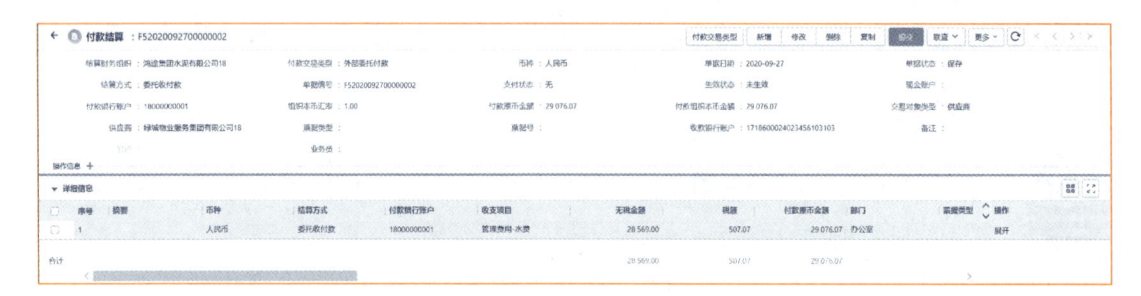

图 5-83 付款结算界面

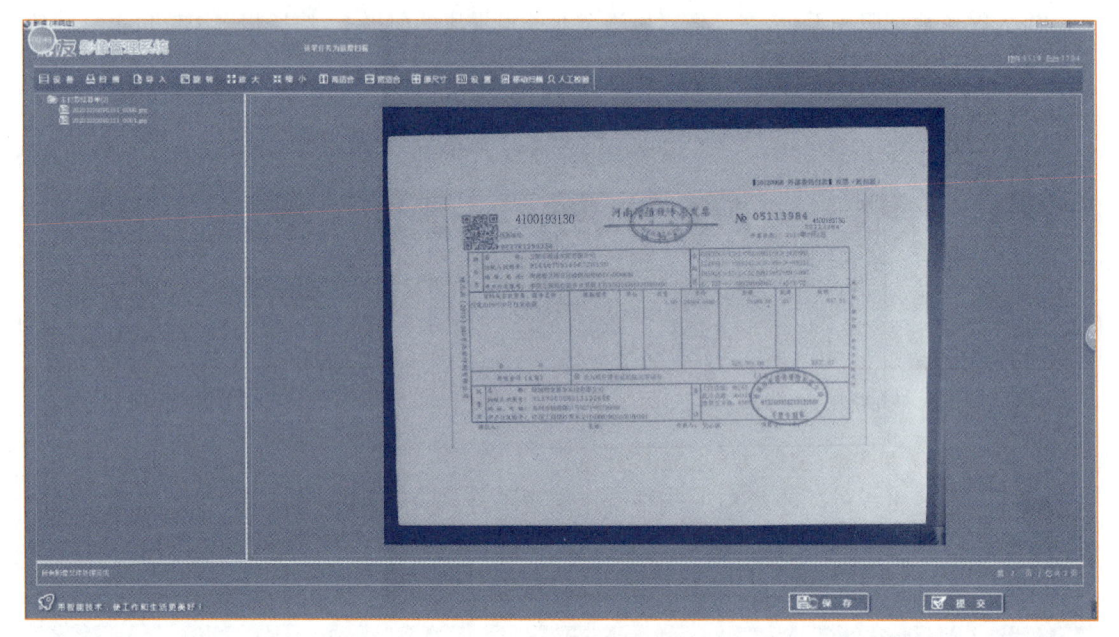

图 5-84 付款结算影像

### 2. 审批下拨申请单(岗位角色:财务经理)

以财务经理岗位角色进入 NCC 财务共享服务平台,点击"审批中心—未处理",进入付款结算申请单审批界面,如图 5-85 所示。

财务经理点击"批准"功能,完成付款结算单的审批操作,如图 5-86 所示。

### 3. 委托付款结算审核(岗位角色:应付初审)

以应付初审岗位角色进入 NCC 财务共享服务平台,点击"我的作业—提取任务",提取之后点击"待处理"进入付款结算申请单审批界面,如图 5-87 所示。

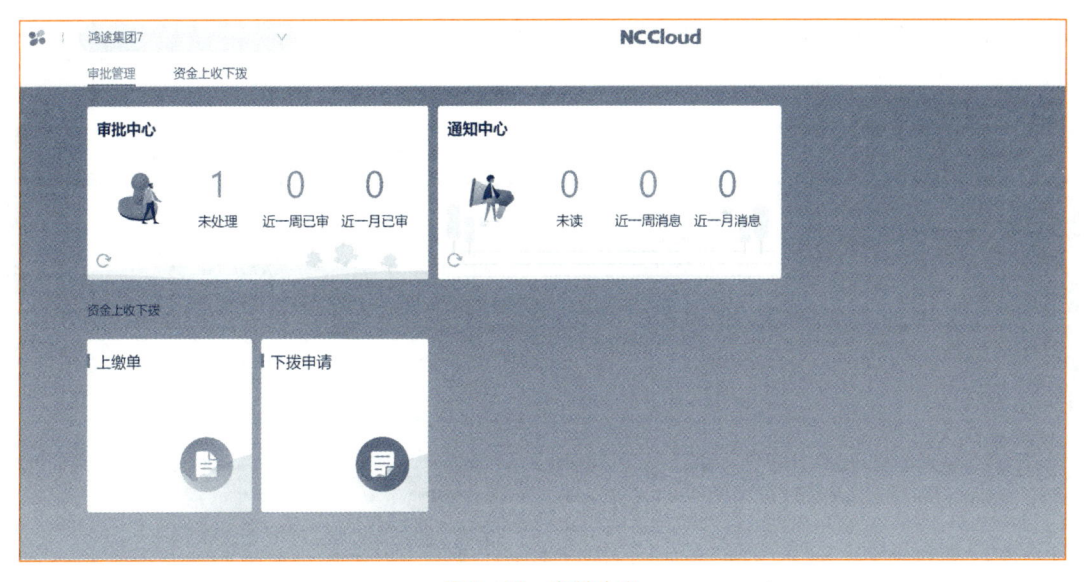

图 5-85 审批中心

图 5-86 付款结算单审批

图 5-87 提取任务

点击"批准"按钮完成委托办理操作,如图5-88所示。

图5-88 委托付款结算审批

**4.委托付款结算提交(岗位角色:业务财务)**

以业务财务岗位角色进入NCC财务共享服务平台,选择报账平台下的"结算",如图5-89所示。

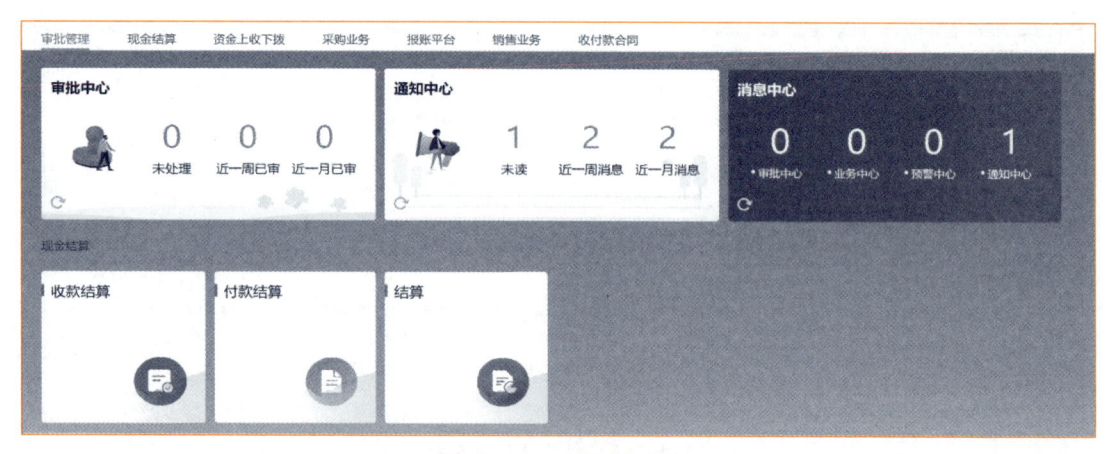

图5-89 选择"结算"

财务组织选择全部单位,单据日期选择"去年~今年",点击"查询"按钮,找到待结算单,点击"委托办理"按钮完成提交操作,如图5-90所示。

**5.委托付款经办(岗位角色:资金审核岗)**

以资金审核岗位角色进入NCC财务共享服务平台,点击"委托付款",进入委托付款经办界面,如图5-91所示。

资金组织选择全部单位,单据日期选择"今日",点击"查询"按钮,待经办里找到委托付款单,点击"保存提交"按钮完成经办操作,如图5-92所示。

**6.外部委托付款审批(岗位角色:结算中心主任)**

以结算中心主任岗位角色进入NCC财务共享服务平台,点击"审批中心—未处理",进入委托付款单审批界面,如图5-93所示。

图 5-90　委托办理提交

图 5-91　选择"委托付款"

图 5-92　委托付款经办

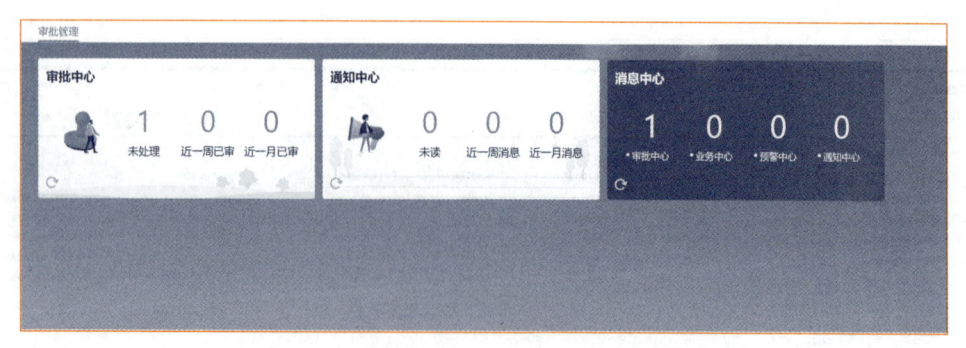

图 5-93 审批中心

结算中心主任点击"批准"功能,完成委托付款单的审批操作,如图 5-94 所示。

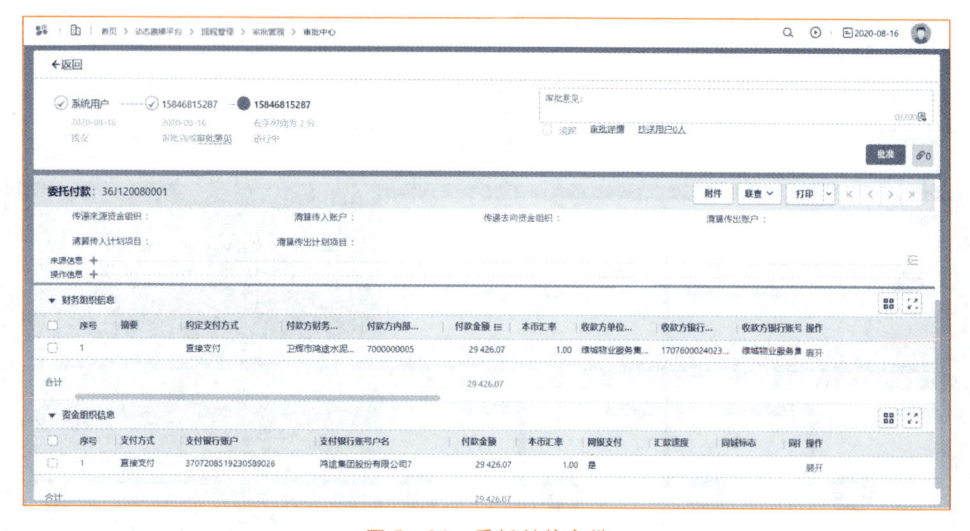

图 5-94 委托付款审批

**7. 外部付款支付(岗位角色：共享中心出纳)**

以共享中心出纳岗位角色进入 NCC 财务共享服务平台,选择报账平台下的"委托付款支付",如图 5-95 所示。

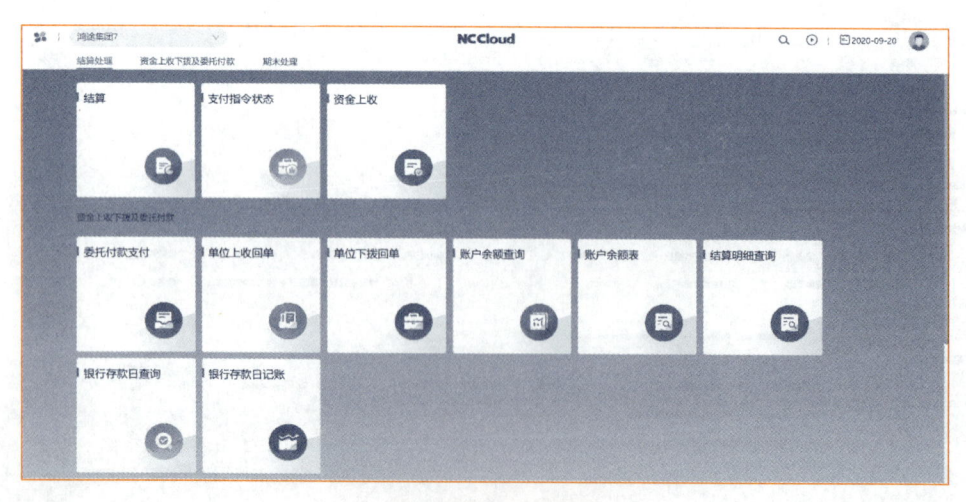

图 5-95 选择"委托付款支付"

财务组织选择"鸿途结算中心",单据日期选择"昨日—今日",点击"查询"按钮,找到要支付的委托付款支付单,双击打开上收单,点击"支付"按钮完成支付操作,如图5-96所示。

图5-96　委托付款支付

### 8. 委托付款支付确认(岗位角色:共享中心出纳)

以共享中心出纳岗位角色进入NCC财务共享服务平台,选择报账平台下的"支付指令状态",如图5-97所示。

图5-97　选择"支付指令状态"

财务组织选择"鸿途结算中心",单据日期选择"本周",点击"查询"按钮,找到要确认的委托付款单,进行状态确认,将"银行状态"改为"成功",点击"保存""提交"按钮完成确认操作,如图5-98所示。

项目五　资金管理共享业务处理

[图片：支付确认单界面截图]

图 5-98　支付确认单

**【注意事项】**

（1）该项业务由综合办公室（0101）负责。

（2）中心出纳岗在 NCC 系统中点击"支付"按钮后，由于教学系统没有真正连接银行，需要增加一个动作：在 NCC 桌面的快捷方式"支付指令状态"下，点击"状态确认按钮"并按照界面提示信息操作、最后提交确认。

## 同步训练

[二维码] 同步训练：项目五

[二维码] 同步训练：项目五参考答案

# 项目六  固定资产管理共享业务处理

## 学习目标

1. 了解固定资产的定义、类别、日常管理及固定资产的业务场景。
2. 熟悉固定资产增加、变动、折旧和减少的业务场景。
3. 能够绘制共享前后的固定资产增加、变动、折旧和减少业务流程图。
4. 能够在财务共享服务平台中完成固定资产新增和固定资产变动业务。
5. 具有爱岗敬业、诚实守信的会计职业道德,精益求精的工匠精神,团队协作和沟通协调能力。

## 知识点与技能点

| 任务 | 知识点 | 技能点 |
| --- | --- | --- |
| 任务一  固定资产增加 | 固定资产的定义和类别<br>固定资产的日常管理<br>固定资产的业务场景<br>固定资产新增的业务场景<br>固定资产新增业务流程现状分析 | 规划固定资产新增业务单据<br>共享后固定资产新增业务流程设计<br>固定资产新增业务处理 |
| 任务二  固定资产变动 | 固定资产变动的场景<br>固定资产变动业务流程现状分析<br>规划财务共享服务业务单据 | 共享后固定资产变动业务流程设计<br>工作流和审批流配置<br>固定资产变动业务处理 |
| 任务三  固定资产折旧 | 固定资产折旧的定义和范围<br>固定资产折旧的责任单位<br>固定资产折旧的时间和总额 | 固定资产的折旧方法<br>固定资产折旧业务流程现状分析 |
| 任务四  固定资产减少 | 固定资产减少的业务场景<br>固定资产报废<br>固定资产报损和报失 | 固定资产出售<br>固定资产捐赠<br>固定资产减少业务现状分析 |

## 任务一  固定资产增加

### 任务描述

**案例 6-1**  鸿途集团水泥有限公司采用单中心共享模式,该集团公司所有收付款均以网银(银企直联)方式完成,为了让共享中心审核有据,所有进入 FSSC 审核的业务单据,必须随附外部原始凭证的影像。走作业组的业务单据,用影像上传的方法随附影像;不走作业组的业务单据,用拍照后添加附件的方法随附影像。为了简化构建测试工作,共享后流程中审批环节最高只设计到子公司总经理。鸿途集团是重资产行业,主要资产集中于大型生产设施、设备。固定资产的采购由综合办公室询价,向纳入集团内供应商档案的合作方发起订单申请。鸿途集团的生活设备的残值率为零。

**要求:**

(1)阅读企业固定资产管理相关规定。

(2)绘制共享后固定资产新增的流程图,小组内分析固定资产新增业务场景的现状,结合实施财务共享模式,设计共享后固定资产新增业务流程。

## 资 料 一

2019 年 7 月 15 日,鸿途集团水泥有限公司质控处办公室需购置一台空调(属于生活设备类),经 OA 审批通过后,具体由综合办公室向庆峰五金贸易公司发起采购申请。请购信息如下(其中不含税单价:1 769.03 元,税额:229.97 元):

- 商品名称:空调。
- 商品产地:中国大陆。
- 变频/定频:定频。
- 商品匹数:1.5 匹(15~25 m²)。
- 物料分类:壁挂式空调。
- 含税价格:1 999 元。

2019 年 7 月 20 日收到货物和发票并进行了会计处理,7 月 25 日支付了全额款项,相关凭证见凭证 6-1、凭证 6-2。

**凭证 6-1**

凭证 6-2

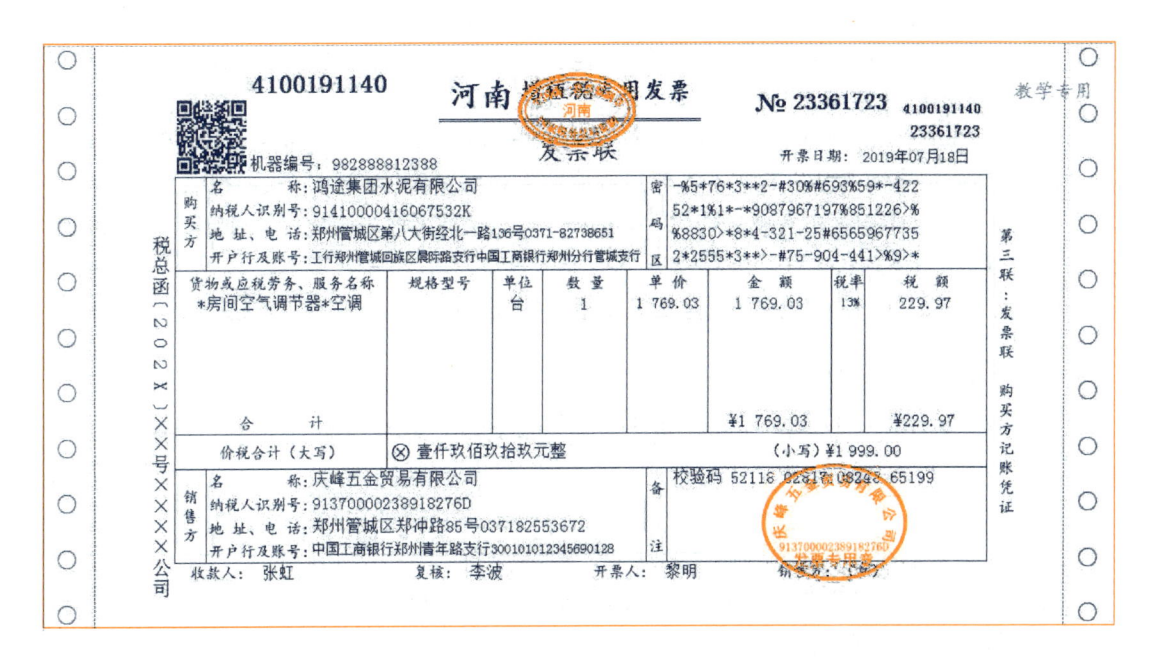

河南增值税专用发票 No 23361723

| 货物或应税劳务、服务名称 | 规格型号 | 单位 | 数量 | 单价 | 金额 | 税率 | 税额 |
|---|---|---|---|---|---|---|---|
| *房间空气调节器*空调 | | 台 | 1 | 1 769.03 | 1 769.03 | 13% | 229.97 |
| 合　计 | | | | | ¥1 769.03 | | ¥229.97 |

价税合计（大写）　壹仟玖佰玖拾玖元整　　（小写）¥1 999.00

购买方：鸿途集团水泥有限公司　纳税人识别号：91410000416067532K
销售方：庆峰五金贸易有限公司　纳税人识别号：913700002389182760

开票日期：2019年07月18日
收款人：张虹　复核：李波　开票人：黎明

## 知识准备

### 一、固定资产的定义

固定资产是指企业为生产产品、提供服务、出租或者经营管理而持有的、使用时间超过12个月的，价值达到一定标准的非货币性资产，包括房屋、建筑物、机器、机械、运输工具以及其他与生产经营活动有关的设备、器具、工具等。

### 二、固定资产的类别

固定资产包括房屋及建筑物、机器设备、运输工具、办公设备、生活设备、电子设备。具体分类如下：

（1）运输工具：指车辆等。

（2）办公设备：摄像机、照相机、碎纸机、麦克风、测试手机、移动硬盘、保险柜、路由器等。

（3）生活设备：空调、净化器、电视机、冰箱、饮水机、各式桌椅等。

（4）电子设备：计算机、各式平板电脑、打印机、复印机、扫描仪、传真机、电话会议系统等。

### 三、固定资产的日常管理

固定资产的价值管理由财务部负责，固定资产的实物管理由综合办公室负责，具体管理办法如下：

（1）公司固定资产实物管理工作归口综合办公室负责，财务部按照企业会计准则负责固定资产的财务核算管理工作。综合办公室与财务部应配合共同定期检查核实公司固定资产情况,确保资产安全、账实相符。

(2) 公司各项固定资产,由综合办公室负责统筹计划,统一采购,统一建立实物卡片,登记入账。固定资产使用部门对使用的固定资产定期检查和维护。综合办公室对各部门保管和使用的固定资产进行定期或不定期检查。

(3) 每年年终公司对固定资产进行一次盘点,如发现有流失或损害等情况,应及时查明原因,追究处理使用者的责任。凡因个人原因造成遗失和损害的,应由责任人赔偿。

(4) 固定资产使用人因故离职前,应通知综合办公室对该部门固定资产使用人进行核实,并认真办理交接手续。

(5) 所有固定资产未经公司同意,不得无偿提供(借)给外单位或个人使用。

### 四、固定资产业务场景

固定资产包括固定资产增加、固定资产变动、资产维护、资产调拨、资产盘点、期末处理六大业务场景。

#### (一) 固定资产增加的场景

固定资产主要有4个新增的场景:

(1) 手工新增。这是指不通过资产新增申请等业务流程,直接手工增加固定资产卡片。适用于对固定资产管理比较粗放的企业。

(2) 资产购置申请。使用部门需要新增固定资产时,提交新增资产申请,由部门领导和主管部门经办人、领导审批后,增加固定资产。

(3) 工程转固。工程项目竣工后,形成的产出物达到预计可使用状态,转为固定资产管理。

(4) 盘盈新增。企业在定期的资产盘点中,如发现有盘盈资产,需要将盘盈的资产入账。

#### (二) 固定资产变动的场景

##### 1. 固定资产使用部门变动

(1) 固定资产使用部门变动由资产使用部门综合办公室发起,综合办公室专员根据变动情况说明填制固定资产变动单。

(2) 使用部门调整单内容应包括固定资产原币原值变动、固定资产外币原值变动、固定资产累计折旧变动、固定资产管理部门变动、固定资产使用部门变动及固定资产使用人变动。

(3) 综合办公室经理审批固定资产变动单。

(4) 资产核算岗审批固定资产变动单。

##### 2. 请购环节控制

(1) 固定资产使用部门应根据年度固定资产预算以及实际的使用需要详细填列"固定资产请购单"。

(2) "固定资产请购单"的内容应包括固定资产名称、规格、型号、预算金额、实际价格、主要制造厂商以及购置原因等。

(3) 预算外请购应详细说明购置原因。

(4) 请购审核审批的内容包括购置目的、购置金额大小、购置的数量、是否符合公司实际需要、请购申请是否由部门经理审核、是否属于预算外购置、是否超预算和超预算原因等。

## 任务实施

### 一、现状分析

#### （一）固定资产的类别

根据《固定资产管理制度》，鸿途集团固定资产分类及其折旧计提年限如表 6-1 所示。

表 6-1 鸿途集团固定资产分类及其折旧计提年限

| 固定资产类别 | 折旧计提年限/年 |
| --- | --- |
| 房屋及建筑物 | 25 |
| 机器设备 | 10 |
| 运输工具 | 5 |
| 办公设备 | 5 |
| 生活设备 | 5 |
| 电子设备 | 3 |

#### （二）固定资产管理的权责

鸿途集团固定资产的实物管理和价值管理分属不同部门负责，具体划分如图 6-1 所示。

```
                    固定资产管理

        价值管理                    实物管理

财务部负责固定资产的新增、变      综合办公室负责固定资产实物管理工作；
动和处置、折旧核算等。            协助财务部应配合共同定期检查核实公司
                                  固定资产情况，确保资产安全、账实相符。

        固定资产模块                资产模块

                  NC固定资产管理
```

图 6-1 鸿图集团固定资产的实物管理与价值管理权责划分

#### （三）增加固定资产业务流程现状

增加固定资产业务现有的工作流程为订单采购—支付货款—确认资产。

订单采购 → 支付货款 → 确认资产

1. 共享前订单采购流程(图6-2)

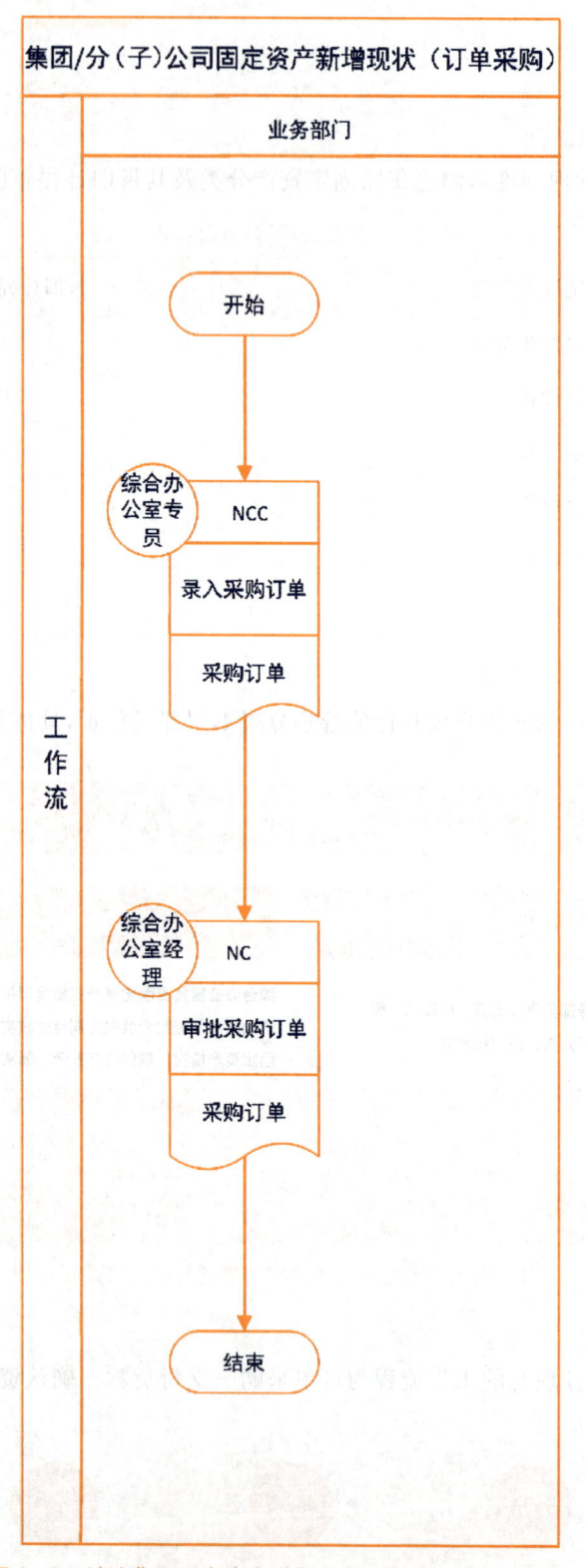

图6-2 鸿途集团固定资产增加业务共享前订单采购流程图

2. 共享前支付货款流程(图 6-3)

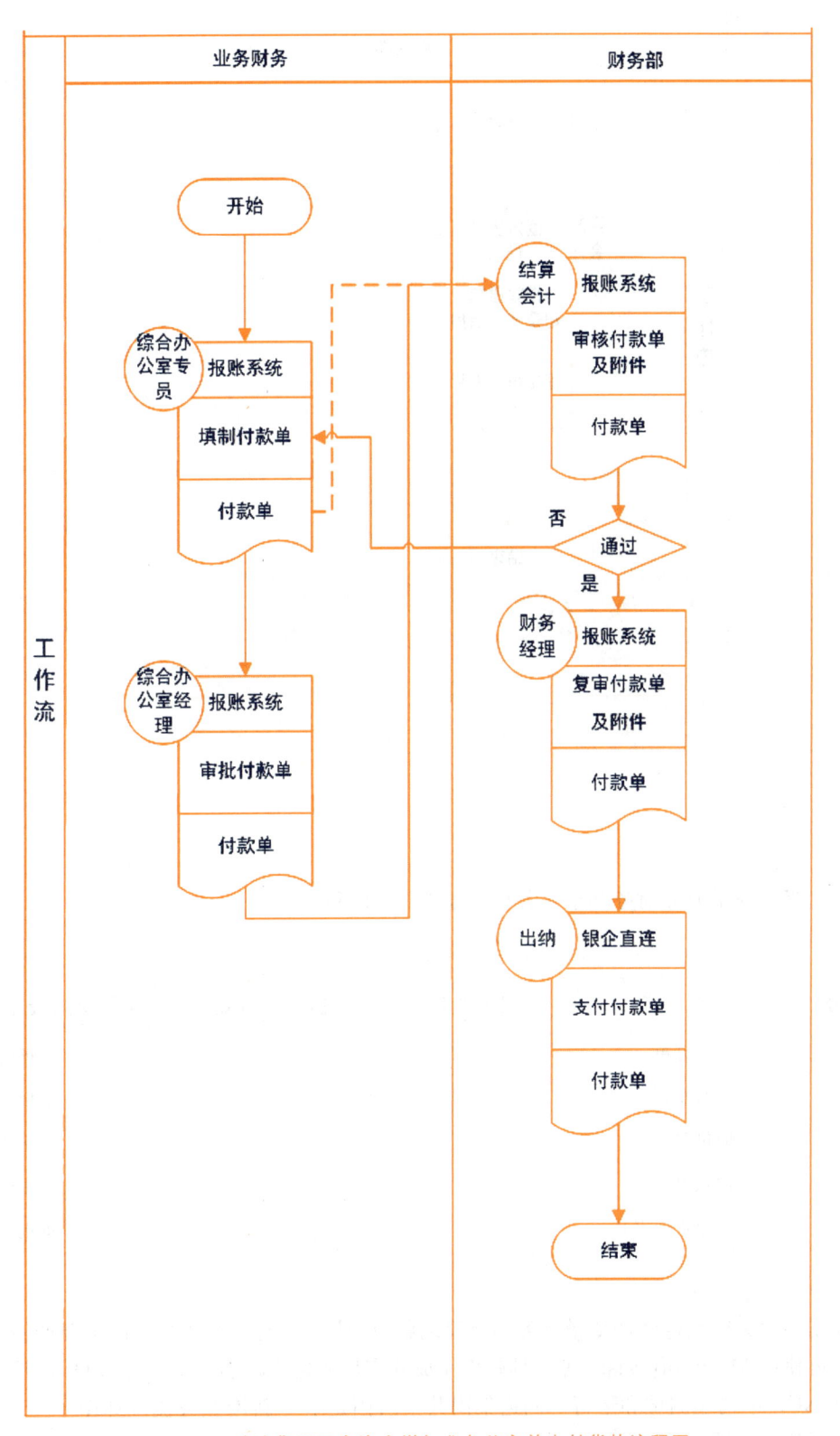

图 6-3　鸿途集团固定资产增加业务共享前支付货款流程图

### 3. 共享前确认资产流程(图 6-4)

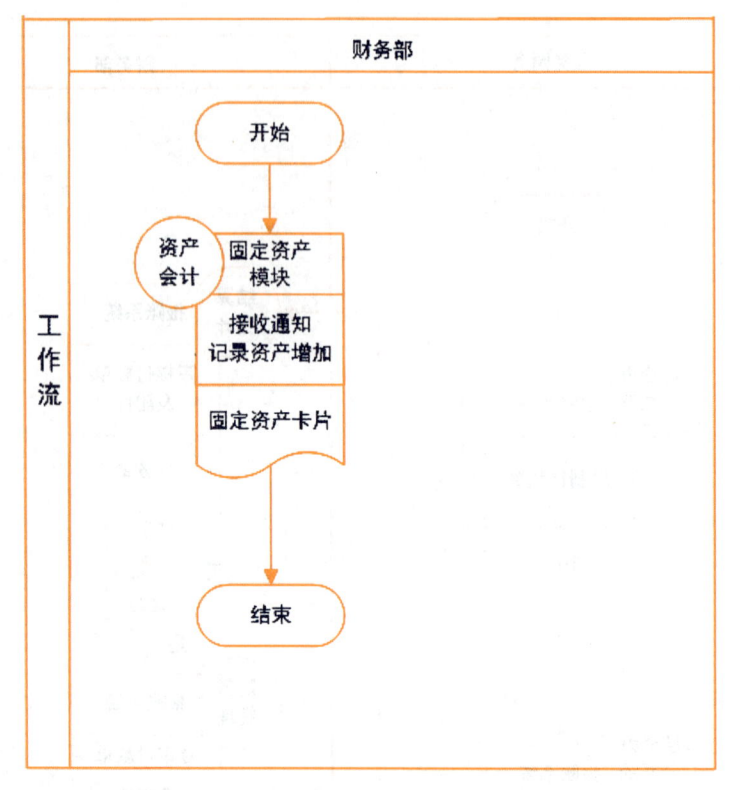

图 6-4 鸿途集团固定资产增加业务共享前确认资产流程图

## 二、规划设计

### (一)规划财务共享服务业务单据

固定资产新增业务财务共享业务单据如表 6-2 所示。

表 6-2 新增固定资产共享业务单据

| 序 号 | 名 称 | 是否进 FSSC | 是否属于作业组工作 | 流程设计工具 |
| --- | --- | --- | --- | --- |
| 1 | 采购订单 | N | — | 审批流 |
| 2 | 采购发票 | N | — | 审批流 |
| 3 | 应付单 | Y | Y | 工作流 |
| 4 | 付款单 | Y | Y | 工作流 |
| 5 | 固定资产卡片 | Y | Y | 审批流 |

### (二)共享后流程设计

根据鸿途集团固定资产新增业务的流程现状,设计一个统一的共享后固定资产新增业务流程。可使用 Microsoft Visio 等工具软件完成共享后固定资产新增业务流程设计,该流程将在用友 NCC 中构建测试和运行。鸿途集团共享后固定资产新增业务流程如图 6-5,其中业务审批子流程如图 6-6、图 6-7 所示。

1. 共享后确认应付账款流程(图6-5)

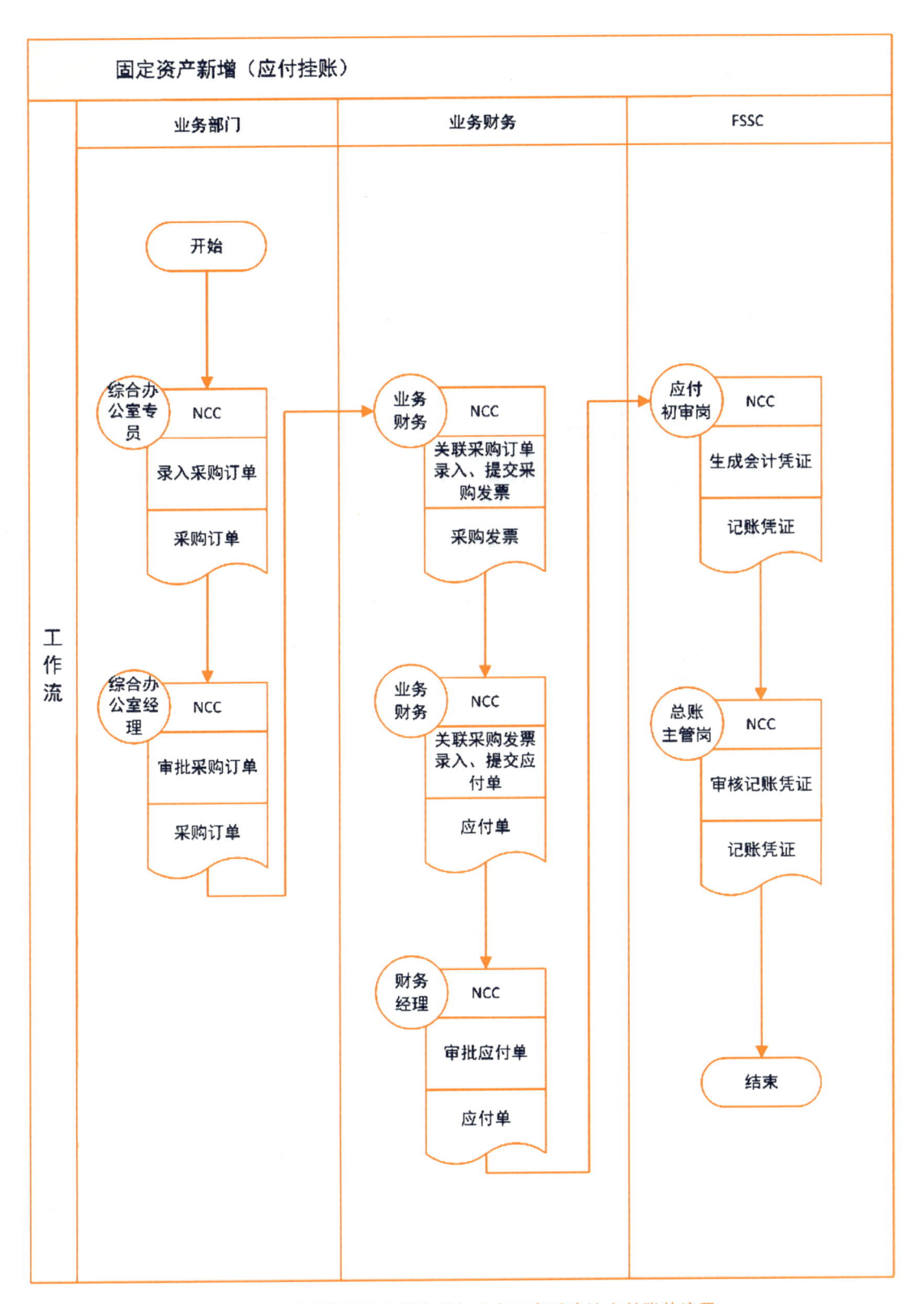

图6-5 鸿途集团固定资产增加业务共享后确认应付账款流程

2. 共享后支付应付账款流程(图6-6)

**固定资产新增（应付账款付款）**

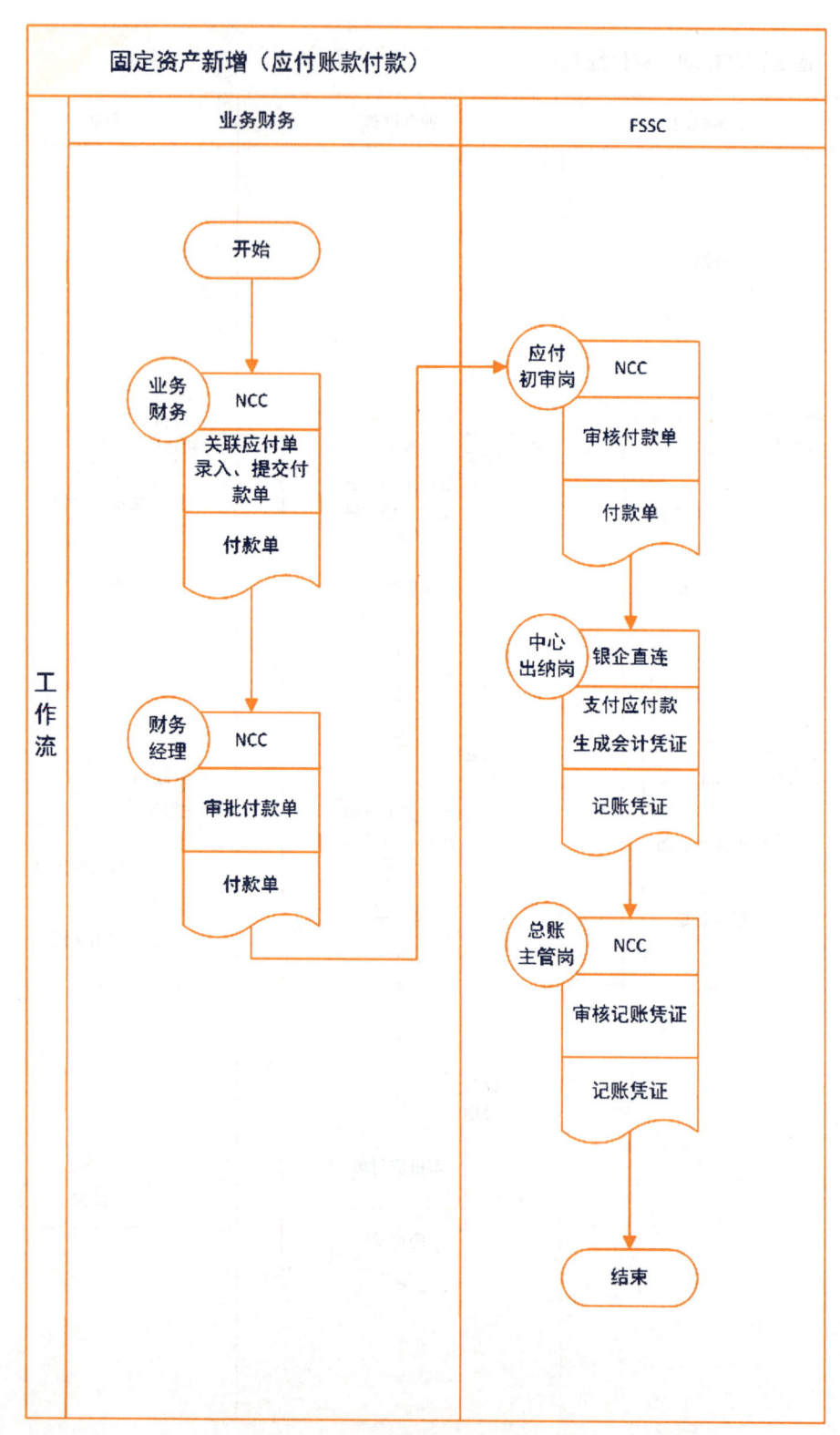

| 业务财务 | FSSC |
|---|---|
| 开始 ↓ | |
| 业务财务 — NCC 关联应付单录入、提交付款单 / 付款单 ↓ | 应付初审岗 — NCC 审核付款单 / 付款单 ↑ |
| 财务经理 — NCC 审批付款单 / 付款单 → | 中心出纳岗 — 银企直连 支付应付款 生成会计凭证 / 记账凭证 ↓ |
| 工作流 | 总账主管岗 — NCC 审核记账凭证 / 记账凭证 ↓ 结束 |

图6-6　鸿途集团固定资产增加业务共享后支付应付账款流程

**3. 共享后确认资产流程(图 6-7)**

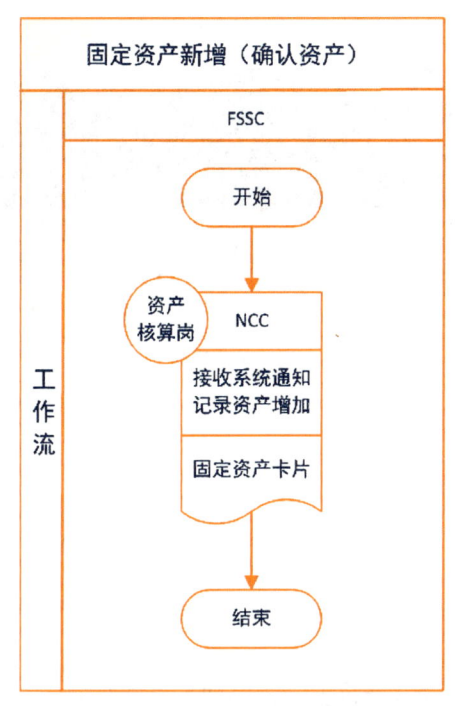

图 6-7　鸿途集团固定资产增加业务共享后确认资产流程

## 三、业务实操(附实操视频)

**(一) NCC 工作流与审批流配置**

在"系统配置"中以系统管理员身份登录 NCC 重量端,进行工作流和审批流的配置。

**1. 工作流配置**

点击"动态建模平台—流程管理—工作流定义-集团",如图 6-8 所示。

图 6-8　进入工作流

进入工作流定义界面后,选择"应付管理—应付单",选中后单击"启动",如图6-9所示。

图6-9 配置工作流

【注意】"付款单"工作流设置参考以上"应付单"设置进行。

2. 审批流配置

点击"动态建模平台—流程管理—审批流定义-集团",如图6-10所示。

图6-10 进入审批流

进入审批流定义界面后,左上方搜索栏输入"采购订单"进行"固定资产采购审批流定义",选中后单击"启动",如图6-11所示。

任务一 固定资产增加

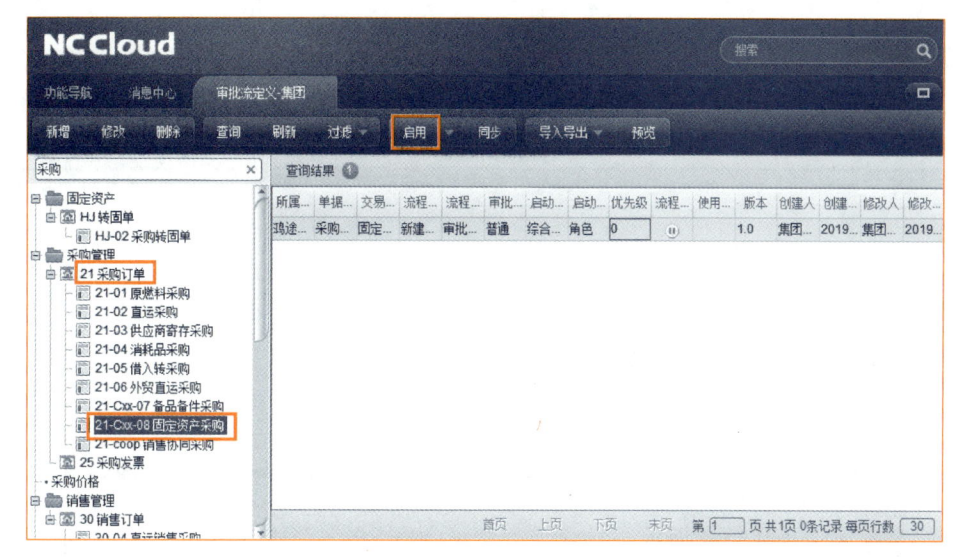

图 6-11 配置审批流

【注意】仅以"采购订单"审批流定义为例,此任务中"采购发票""固定资产卡片"的审批流定义自主设置。

**(二)固定资产增加业务处理**

固定资产增加处理具体流程如下:

(1) 以资产核算岗角色登录 NCC,进入固定资产管理界面,选择"资产增加"模块下的"固定资产卡片维护"功能,如图 6-12 所示。

操作录屏:
固定资产
增加业务
处理

图 6-12 固定资产卡片维护

(2) 点击"固定资产卡片维护"功能,进入资产增加界面,点击"新增",选择下拉菜单中的"通用资产",如图 6-13 所示。

(3) 进入资产增加界面,财务组织选择"鸿途集团水泥有限公司",点击"确定",如图 6-14 所示。

(4) 资产名称对话框输入"空调",资产类别中选择"生活设备",点击"确定",如图 6-15 所示。

图 6-13 新增固定资产

图 6-14 财务组织选择

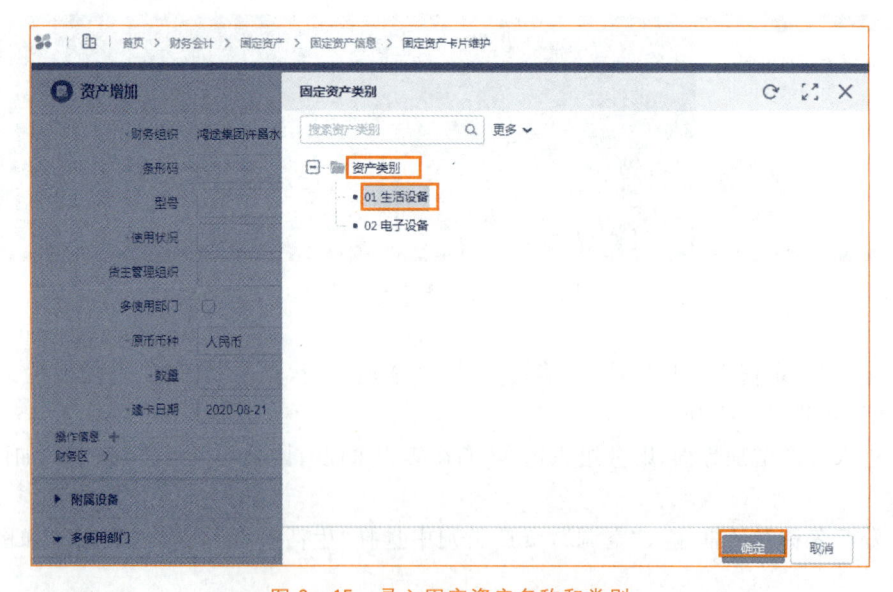

图 6-15 录入固定资产名称和类别

(5) 增加方式下拉菜单中选择"直接购入",点击"确定",如图 6-16 所示。

图 6-16 选择固定资产增加方式

(6) 使用状况选择下拉菜单中的"0101 在用",然后点击"确定",如图 6-17 所示。

图 6-17 选择固定资产使用状况

(7) 管理部门选择"综合办公室"下拉菜单中的"办公室",点击"确定",如图 6-18 所示。
(8) 资产使用部门选择"07 质控处"下拉菜单中的"0701 质控处办公室",然后点击"确定",如图 6-19 所示。
(9) 输入原币原值、开始使用日期和建卡日期,如图 6-20 所示。

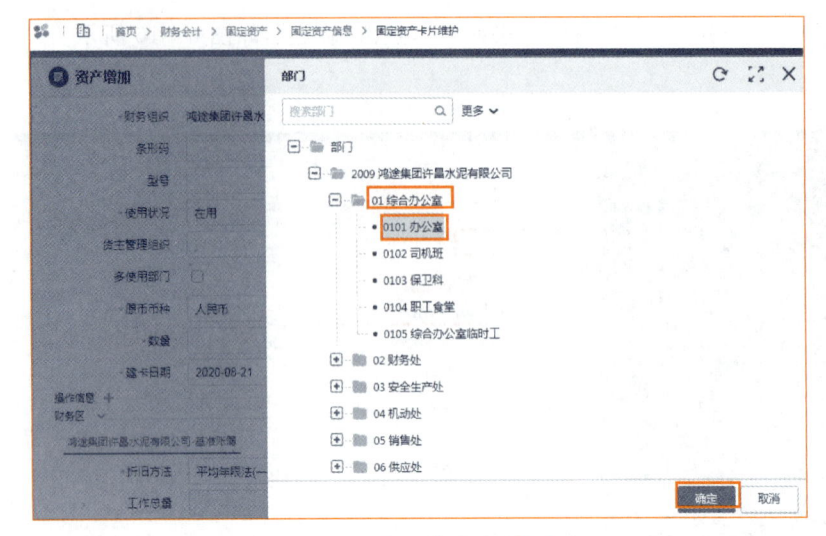

图 6-18　选择固定资产增加部门

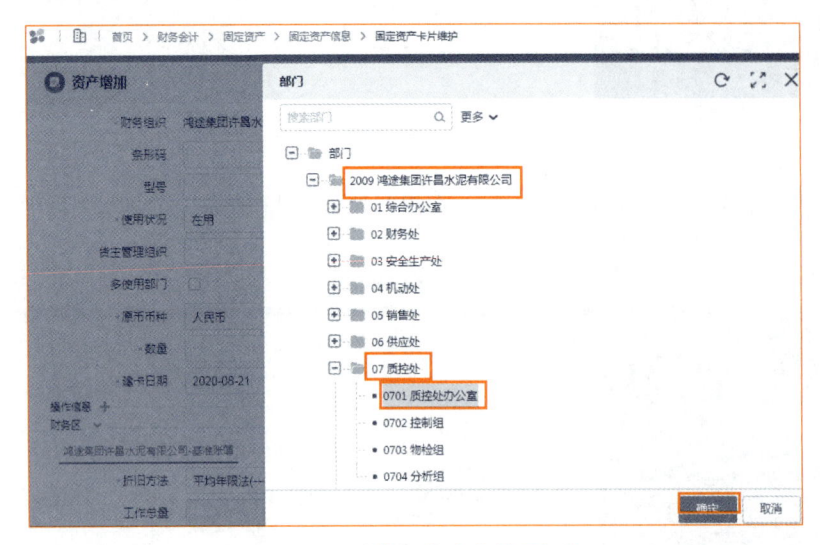

图 6-19　选择固定资产使用部门

图 6-20　录入资产增加信息

(10) 最后,点击右上角"保存新增"按钮,生成新增固定资产信息,如图 6-21 所示。

图 6-21 保存新增固定资产资料

# 任务二　固定资产变动

## 任务描述

**案例 6-2**　接案例[6-1],完成以下要求。
要求:
(1) 绘制集团共享前和共享后的固定资产变动流程图。
(2) 根据资料一,在用友 NCC 中完成固定资产变动业务的完整流程。

资　料　二

2019 年 7 月 12 日,鸿途集团水泥有限公司原由销售服务办公室(部门编码:0501)使用的一台笔记本电脑(属于:电子设备)调整至供应处办公室(部门编码:0601)。具体笔记本电脑信息如下:
- 商品名称:ThinkPad 翼 480。
- 屏幕尺寸:14.0 英寸。
- 系列:ThinkPad-E 系列。
- 分类:轻薄本。
- 原值:4 900 元;累计折旧:816.66 元(半年)。

## 知识准备

固定资产在其全生命周期的管理过程中发生变化,使用部门调整、管理部门调整、存放地点调整等。固定资产变动业务具体可以分为以下子场景。

### (一) 价值调整

价值调整是指固定资产原值调整,包括对设备技术改造或者维修过程中,发生的维修费用的资本化，以及项目产出物价值调整。对固定资产的后续支出，如果使可能流入企业的经济利益超过原先的估计，例如延长固定资产的使用寿命，或使产品的质量实质性提高，或是产品成本实质性降低，则可予以资本化，计入固定资产的账面价值，这时可利用系统的固定资产变动功能，调整固定资产原值。

（二）资产追溯调整

根据企业的实际情况，对固定资产折旧方法、预计使用寿命、预计净残值等折旧要素进行变更，当与固定资产相关的会计政策发生变更或出现重大的前期差错时，可能需要对资产进行追溯调整。

（三）使用部门调整

如固定资产的使用情况、使用部门、存放地点等发生变动，这时也需要在固定资产系统中，通过系统提供的变动功能，将变更的信息录入到系统中，以确保固定资产数据的正确性，便于以后的跟踪管理。

（四）其他变动

其他资产属性的变动业务。

## 任务实施

### 一、现状分析

固定资产变动业务流程现状如图6-22所示。固定资产使用部门变动由资产管理部门——综合办公室发起，经审批后由财务部资产会计办理处理。

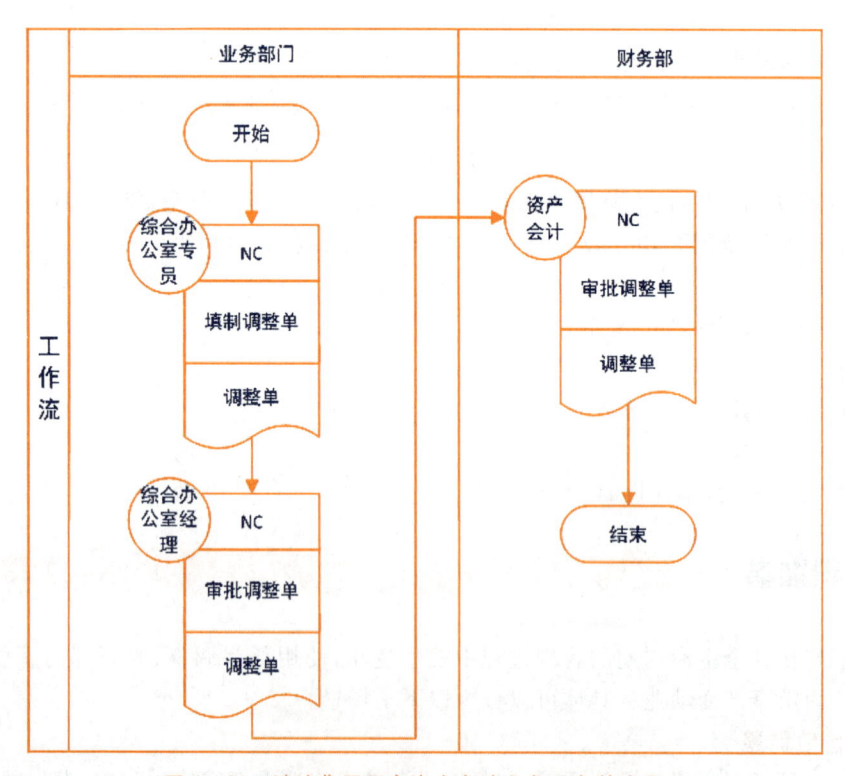

图6-22 鸿途集团固定资产变动业务共享前流程图

## 二、规划设计

### (一) 规划财务共享服务业务单据

鸿途集团固定资产使用部门变动业务在财务共享平台规划的业务单据如表 6-3 所示。

表 6-3 固定资产变动业务共享后业务单据

| 序号 | 名称 | 是否进 FSSC | 是否属于作业组工作 | 流程设计工具 |
| --- | --- | --- | --- | --- |
| 1 | 使用部门调整单 | Y | N | 审批流 |

### (二) 共享后流程设计

根据鸿途集团固定资产变动业务的流程现状,设计一个统一的共享后固定资产变动业务流程。可使用 Microsoft Visio 等工具软件完成共享后固定资产变动业务流程设计,该流程将在用友 NCC 中构建测试和运行。鸿途集团共享后固定资产变动业务流程如图 6-23 所示。

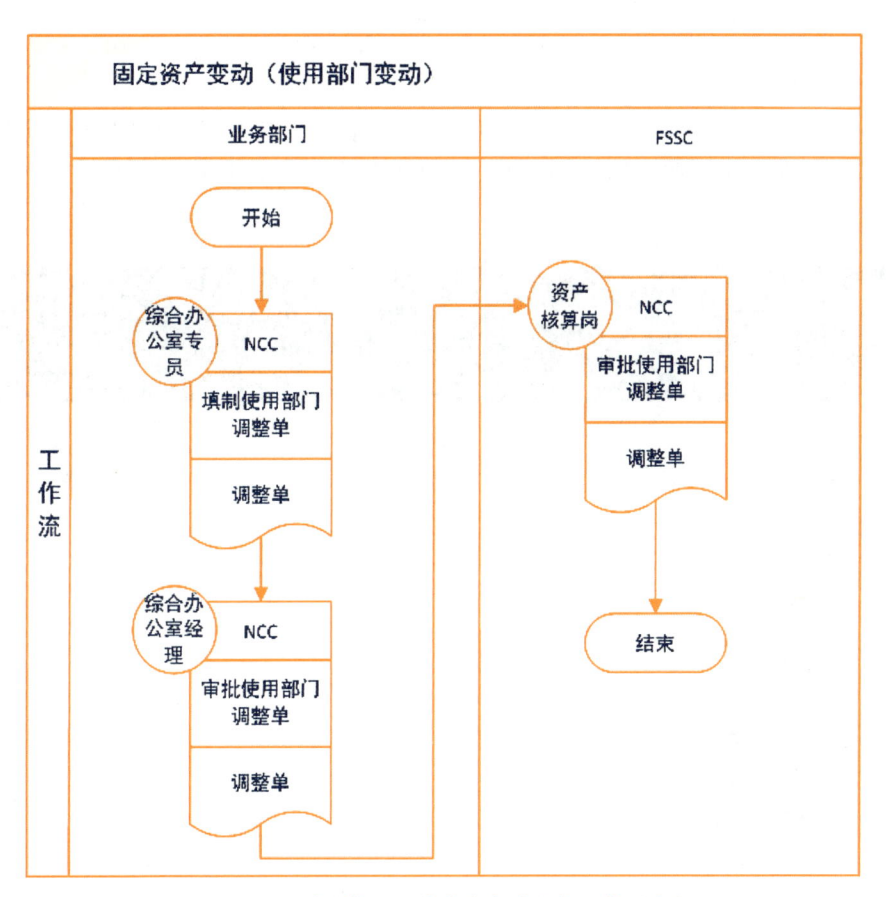

图 6-23 鸿途集团固定资产变动业务共享后流程

## 三、业务实操(附实操视频)

### (一) 审批流配置

在系统配置中以系统管理员身份进入到 NCC,进行审批流的配置。点击"动态建模平台—流程管理—审批流定义-集团",如图 6-24 所示。

图 6-24 进入审批流

进入"审批流定义"界面后,左侧菜单中单击"固定资产",选择下面的"资产变动",在选择下拉菜单中的"使用部门调整",选中后单击"启用",完成固定资产变动的系统配置,如图 6-25 所示。

图 6-25 配置审批流

操作录屏:
固定资产
变动业务
处理

### (二) 固定资产变动业务处理

固定资产变动业务处理如下:

(1) 以综合办公室专员角色登录 NCC,在业务填报中,选择"固定资产使用部门变动"功能,如图 6-26 所示。

(2) 进入资产使用部门变动界面之后,点击"新增",添加资产变动信息,如图 6-27 所示。

图 6-26 固定资产使用部门变动

图 6-27 新增固定资产变动信息

(3) 点击左上角"财务组织"对话框,选择"鸿途集团水泥有限公司"作为财务组织,业务日期按案例中资料信息 2019 年 7 月 12 日,如图 6-28 所示。

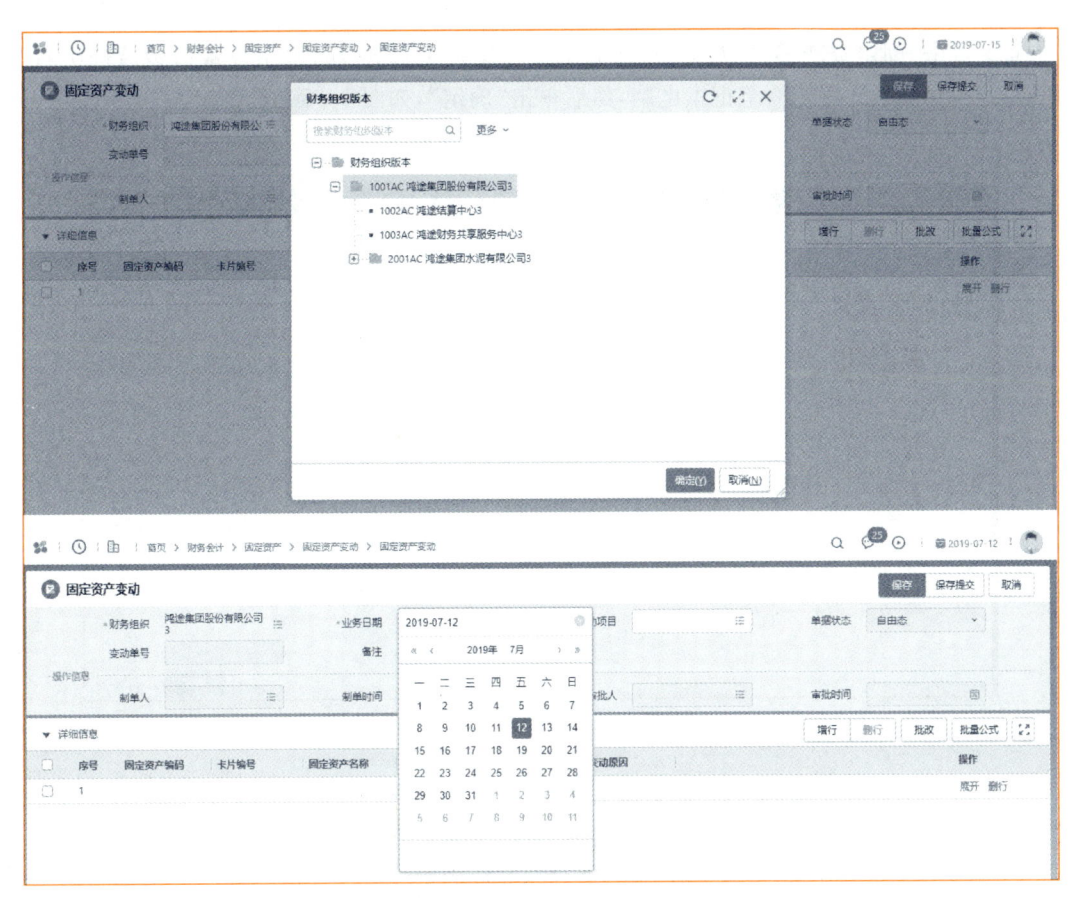

图 6-28 录入财务组织和业务日期

(4) 点击"展开"按钮,录入资产变动的详细信息,如图6-29所示。

图6-29 进入固定资产变动详细信息

(5) 点击"固定资产编码"对话框,在固定资产类别中选择"02 电子设备",然后选中右侧资产信息 ThinkPad 翼 480 笔记本电脑,然后单击"确定",如图6-30所示。

图6-30 选择固定资产编码

(6) 录入变动后使用部门信息,选择"鸿途集团水泥有限公司"下拉菜单中的"供应处"中的"0601供应处办公室",点击"确定",再点击"确定",变更使用部门,如图6-31所示。

(7) 输入完变更信息之后,点击"整单保存",完成固定资产使用部门信息变更,如图6-32所示。

任务三　固定资产折旧

图6-31　选择固定资产变更后使用部门

图6-32　保存固定资产使用部门变更信息

# 任务三　固定资产折旧

## 任务描述

**案例6-3**　接案例[6-1]，完成如下要求。

要求：绘制集团共享前后计提固定资产折旧流程图，并在用友NCC中完成业务操作。

## 知识准备

### 一、固定资产折旧的定义

固定资产折旧是指在固定资产使用寿命内，按照确定的方法对应计折旧额进行的系统分摊。对固定资产计提折旧和分摊，就是要将前期发生的资产投资支出，在资产投入使用后的有

325

效使用期内,以折旧的形式在产品销售收入中得到补偿,这从权责发生制或收入与费用配比的原则上都是必要的。不提折旧或不正确地计提折旧,都将错误地计算企业的产品或营业成本与损益。

## 二、固定资产折旧的责任单位

固定资产折旧的相关责任单位主要有:
(1) 财务部负责固定资产的折旧核算。
(2) 综合办公室和固定资产使用部门协助完成折旧核算。
(3) 副总经理(财务)批准固定资产的折旧方法、使用年限及净残值率。

## 三、固定资产折旧范围

### (一) 在用固定资产折旧范围

在用固定资产折旧范围为:
(1) 房屋和建筑物。
(2) 季节性停用和大修停用的固定资产。
(3) 租赁的固定资产。
(4) 在用机器设备、计算机设备、运输工具、工具器具等。

### (二) 在建固定资产折旧范围

在建固定资产折旧范围为:
(1) 在年度内办理竣工决算手续的,按照实际成本调整原来的暂估价值,并调整已计提的折旧额,作为调整当月的成本、费用处理。
(2) 如果在年度内尚未办理竣工决算的,应当按照估计价值暂估入账,并计提折旧,待办理了竣工决算手续后,再按照实际成本调整原来的暂估价值,调整原已计提的折旧额,同时调整年初留存收益各项目。

### (三) 不需计提折旧的固定资产

不需计提折旧的固定资产有:
(1) 房屋、建筑物以外的未使用、不需用固定资产。
(2) 以租赁方式租出的固定资产。
(3) 已提足折旧且继续使用的固定资产。
(4) 按规定单独估价作为固定资产入账的土地。

## 四、固定资产折旧时间和总额

固定资产都按月提取折旧,当月增加的固定资产,当月不提折旧,从下月起计提折旧,当月减少的固定资产,当月照提折旧,从下月起不提折旧。

企业在每年年底对固定资产的使用寿命、预计净残值和折旧方法进行复核,并根据复核结果进行调整。具体内容如下:
(1) 使用寿命预计数与原先估计数有差异的,应当调整固定资产使用寿命。
(2) 预计净残值预计数与原先估计数有差异的,应当调整预计净残值。
(3) 与固定资产有关的经济利益预期实现方式有重大改变的,应当改变固定资产折旧方法。

## 五、固定资产折旧方法

### (一) 年限平均法

采用年限平均法计提固定资产折旧,其特点是将固定资产的应计折旧额均衡地分摊到固定资产预计使用寿命内,采用这种方法计算的每期折旧额是相等的。

年限平均法的计算公式如下:

$$年折旧额 = \frac{1 - 预计净残值率}{预计使用寿命(年)}$$

$$月折旧率 = 年折旧率 / 12$$

$$月折旧额 = 固定资产原价 \times 月折旧率$$

### (二) 工作量法

工作量法是指根据实际工作量计算固定资产每期应计提折旧额的一种方法。

工作量法的基本计算公式如下:

$$单位工作量折旧额 = \frac{固定资产原价 \times (1 - 预计净残值率)}{预计总工作量}$$

$$某项固定资产月折旧额 = 该项固定资产当月工作量 \times 单位工作量折旧额$$

### (三) 双倍余额递减法

双倍余额递减法是指在不考虑固定资产预计净残值的情况下,根据每期期初固定资产原价减去累计折旧后的余额和双倍的直线法折旧率计算固定资产折旧的一种方法。采用双倍余额递减法计提固定资产折旧,一般应在固定资产使用寿命到期前两年内,将固定资产账面净值扣除预计净残值后的余额平均摊销。

双倍余额递减法的计算公式如下:

$$年折旧率 = 2 / 预计使用寿命(年) \times 100\%$$

$$年折旧额 = 每个折旧年度年初固定资产账面净值 \times 年折旧率$$

$$月折旧额 = 年折旧额 / 12$$

需要注意的是,这里的折旧年度是指"以固定资产开始计提折旧的月份为始计算的1个年度期间",如某公司3月取得某项固定资产,其折旧年度为"从4月至第二年3月的期间"。

### (四) 年数总和法

年数总和法又称年限合计法,是指将固定资产的原价减去预计净残值后的余额,乘以一个逐年递减的分数计算每年的折旧额,这个分数的分子代表固定资产尚可使用寿命,分母代表固定资产预计使用寿命逐年数字总和。

年数总和法的计算公式如下:

$$年折旧率 = \frac{预计使用寿命 - 已使用年限}{预计使用寿命 \times (预计使用寿命 + 1) / 2} \times 100\%$$

或者:

$$年折旧率 = 尚可使用年限 / 预计使用寿命的年数总和 \times 100\%$$

$$年折旧额 = (固定资产原价 - 预计净残值) \times 年折旧率$$

**【注意】**
◇ 固定资产提足折旧后,不论能否继续使用,均不再提取折旧。
◇ 提前报废的固定资产,其净损失计入当期项目成本或营业外支出,也不再补提折旧。
◇ 固定资产应提折旧总额＝该项固定资产的原值－预计残值＋预计清理费用。

## 任务实施

### 一、现状分析

#### （一）固定资产折旧年限和净残值率

鸿途集团固定资产的折旧计提年限如表6-1所示,净残值率一般在0～5%。

#### （二）鸿途集团固定资产折旧方法

鸿途集团固定资产计提折旧采用年限平均法（即直线法）,按各类固定资产的原价和预计使用年限扣除合理的预计净残值后确定其折价率。其年限平均法（直线法）计算公式：

$$年折旧额 = \frac{固定资产原价 \times (1-预计净残值率)}{固定资产预计使用年限}$$

$$月折旧额 = 固定资产年折旧额 \div 12$$

#### （三）鸿途集团固定资产折旧业务流程现状

鸿途集团固定资产折旧业务共享前流程图如图6-33所示。

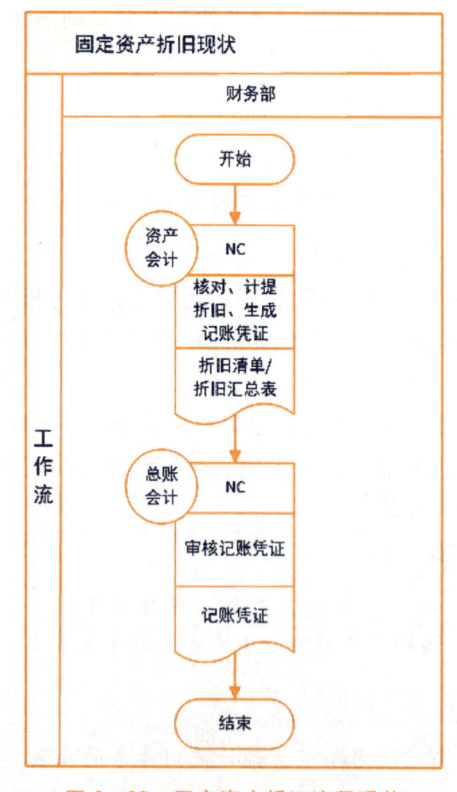

图6-33 固定资产折旧流程现状

## 二、业务规划

### (一) 规划财务共享服务业务单据

鸿途集团固定资产折旧业务在财务共享平台规划的业务单据如表6-4所示。

表6-4 固定资产折旧共享业务单据

| 序号 | 名称 | 是否进FSSC | 是否属于作业组工作 | 流程设计工具 |
| --- | --- | --- | --- | --- |
| 1 | 折旧清单/折旧汇总表 | Y | Y | 工作流 |

### (二) 固定资产折旧业务共享后流程设计

根据鸿途集团固定资产折旧业务的流程现状,设计一个统一的共享后固定资产折旧业务流程。可使用Microsoft Visio等工具软件完成共享后固定资产折旧业务流程设计,该流程将在用友NCC中构建测试和运行。鸿途集团共享后固定资产折旧业务流程如图6-34所示。

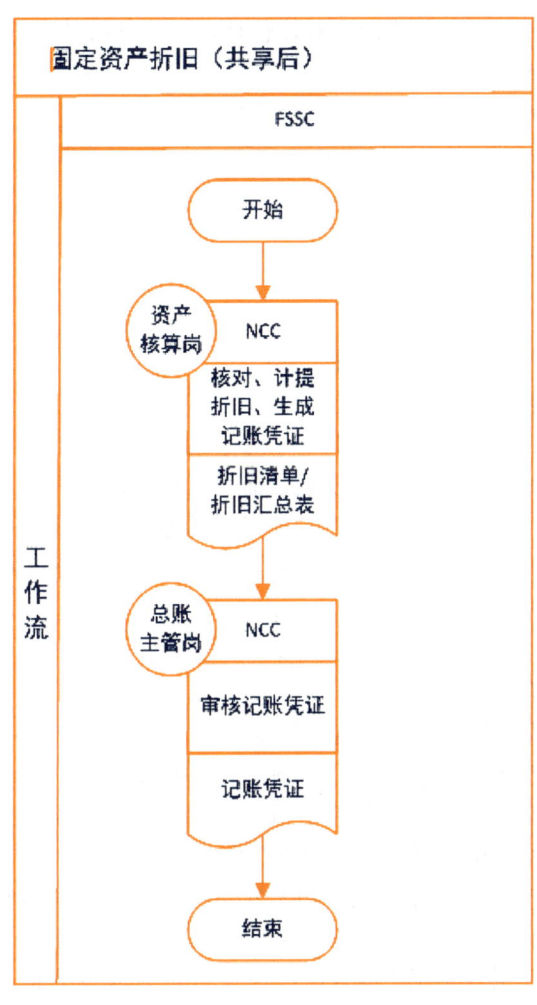

图6-34 固定资产折旧业务共享后流程图

## 任务四　固定资产减少

### 任务描述

**案例 6-4**　接案例[6-1],完成以下要求。

**要求**：绘制集团共享前后固定资产减少流程图,在用友 NCC 中完成固定资产减少业务操作。

### 知识准备

#### 一、固定资产减少的业务场景

在公司生产运营过程中,当出现固定资产报废、处置、捐赠等情况时,需要在固定资产模块进行资产减少的业务操作。固定资产减少具体包括以下业务场景：

(1) 固定资产报废。
(2) 固定资产报损和报失。
(3) 固定资产出售。
(4) 固定资产捐赠。

#### 二、固定资产报废

(一) 固定资产报废情形

申请报废的固定资产应符合下列条件之一：
(1) 已经超过使用年限,且不能继续使用。
(2) 设备配件出现故障后无法修复的。
(3) 因工艺设置改变和技术进步而遭淘汰,需要更新换代的。
(4) 严重毁损,使固定资产失去了原有的功能并且无法恢复到正常使用的状态。
(5) 申请报废的固定资产虽未超过使用年限,但实际工作量超过其产品设计工作量,且继续使用易发生危险的。

(二) 固定资产报废程序

固定资产报废程序有以下几个步骤：

(1) 固定资产的报废,需填写一式三联的《固定资产报废申请单》,应包括固定资产卡片上所记载的所有内容以及报废理由、预计处理费用及收回的残值。

(2) 固定资产报废应有相应的技术鉴定,其中专用设备、仪器仪表由技术管理部负责鉴定;办公设备、家具、房屋、运输工具及其他均由综合办公室负责鉴定。

(3) 固定资产报废单应交财务部和综合办公室会签,并按规定审批权限报相关负责人审批。

(4) 审批完的报废单分别交综合办公室、财务部留存。固定资产管理部门在授权范围内在固定资产管理台账和卡片上盖作废章,以示注销。财务部根据报废单进行资产报废账务处理。

(5)报废固定资产应按审批要求及时处理,报废所得残值收入应交财务部做账务处理。

### 三、固定资产报损和报失

固定资产报损和报失的流程如下:

(1)当固定资产破损或丢失时,固定资产使用单位填写《固定资产报损(报失)申请单》,交综合办公室审核。

(2)综合办公室对固定资产报损或报失情况进行核实后,在《固定资产报损(报失)申请单》内填写调查意见,并签字确认,并将《固定资产报损(报失)申请单》送财务部审核。

(3)财务部对报失的固定资产的价值进行估算并填写相关数据,报副总经理(财务)和总经理在各自的权限范围内审核。

(4)综合办公室根据审批通过的《固定资产报损(报失)申请单》注销固定资产的台账和卡片,财务部根据审批通过的《固定资产报损(报失)申请单》进行报失固定资产的账务处理。

### 四、固定资产出售

#### (一)固定资产出售的定义

固定资产出售是指固定资产以有偿转让的方式变更所有权或使用权,并收取相应收益的处置。

#### (二)固定资产出售流程

固定资产出售流程如下:

(1)在资产出售前由固定资产使用部门对资产出售的必要性、可行性及原因进行说明,并在此基础上编制出售申请,报综合办公室审核。申请中应注明该项固定资产的原价、已计提折旧、预计使用年限、已使用年限、预计出售价格或转让价格等。

(2)综合办公室经理审核签字后,副总经理(财务)填写处置意见,总经理审批后组织执行。对于重大固定资产处置,应当聘请具有资质的中介机构进行资产评估。

(3)综合办公室应根据出售计划及相关核准清单编制《固定资产销售明细表》,详细记录固定资产的数量、种类、存放地点和使用历史等。

(4)财务部门应对已销固定资产及时取得销售发票和有关税、费票据,记录和报告固定资产的销售情况,防止出现资产已处置而固定资产账面未注销的情形,同时要对固定资产的销售收入进行资金管理和监控。

### 五、固定资产捐赠

固定资产捐赠是无偿产权转让,应严格履行报批手续,综合办公室填写《固定资产出售(捐赠)申请单》,报副总经理(财务)、总经理审核、审批后方可办理捐赠手续。公司办理固定资产捐赠手续,必须取得固定资产捐赠接收方的相关接收凭证,并作为财务部账务处理的凭证。财务部在处理捐赠固定资产账务时,应严格按照国家相关规定进行。

## 任务实施

### 一、固定资产减少业务流程现状

鸿途集团固定资产减少业务共享前流程如图6-35所示。

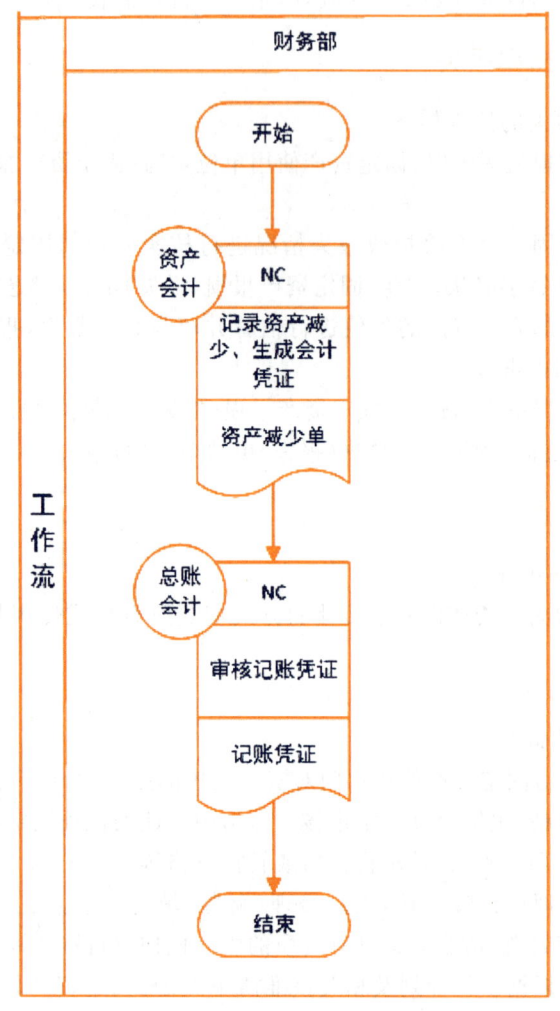

图 6-35　鸿途集团固定资产减少业务共享前流程图

## 二、业务规划

### (一) 规划财务共享服务业务单据

鸿途集团固定资产减少业务在财务共享平台规划的业务单据如表 6-5 所示。

表 6-5　固定资产减少共享业务单据

| 序　号 | 名　　称 | 是否进 FSSC | 是否属于作业组工作 | 流程设计工具 |
| --- | --- | --- | --- | --- |
| 1 | 资产减少单 | Y | Y | 工作流 |

### (二) 固定资产减少业务共享后流程设计

根据鸿途集团固定资产减少业务的流程现状,设计一个统一的共享后固定资产减少业务流程。可使用 Microsoft Visio 等工具软件完成共享后固定资产减少业务流程设计,该流程将在用友 NCC 中构建测试和运行。鸿途集团共享后固定资产减少业务流程如图 6-36 所示。

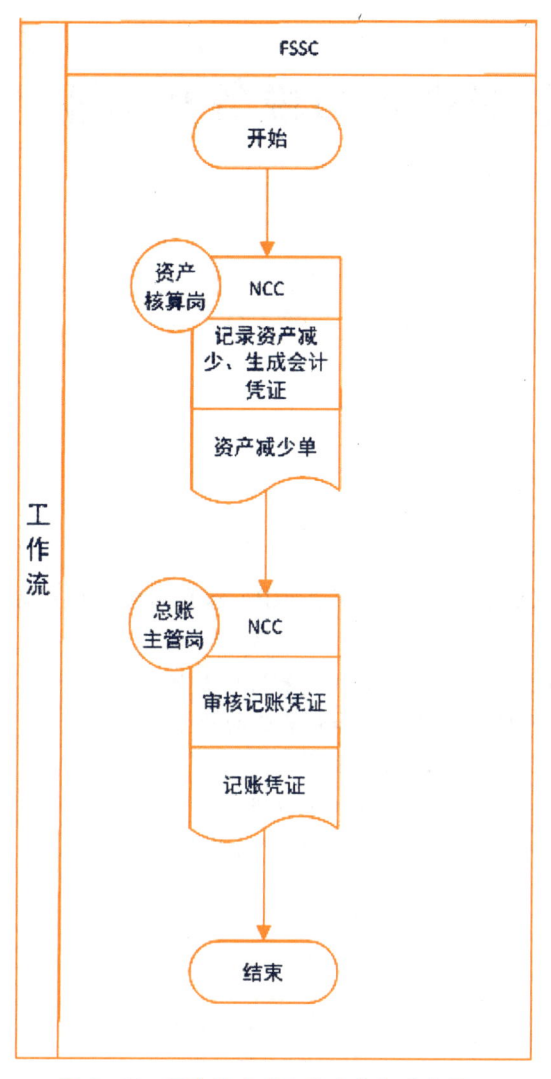

图 6-36　固定资产减少业务共享后流程图

## 同步训练

同步训练：
项目六

同步训练：
项目六参考答案

# 项目七 总账报表与税务共享业务处理

## 学习目标

1. 了解总账共享业务场景及解决方案。
2. 熟悉总账月结处理流程。
3. 熟悉报表共享应用流程。
4. 能下载和安装 NCC 客户端软件,并用 RPA 客户端软件和月结机器人模板创建新的机器人。
5. 能够配置创建机器人的运行参数和结果输出参数,并运行自己创建的自动化机器人。
6. 了解税务云与 FSSC 融合的场景和税务云的价值。
7. 会在财务共享模式下开具增值税发票。
8. 能在财务共享模式下完成增值税纳税申报。
9. 了解电子会计档案的基本概念、归档和应用业务。

## 知识点与技能点

| 任务 | 知识点 | 技能点 |
| --- | --- | --- |
| 任务一 总账报表共享与 RPA 机器人应用 | 总账业务场景及解决方案<br>总账月结处理流程<br>报表共享应用流程 | RPA 客户端与机器人创建<br>总账系统月末转账<br>RPA 财务机器人应用 |
| 任务二 税务云在 FSSC 中的应用 | 税务云与 FSSC 融合场景<br>税务云的价值 | 发票开具<br>增值税纳税申报 |
| 任务三 电子会计档案共享 | 电子会计档案归档<br>电子会计档案建立方案<br>电子会计档案应用场景 | 电子会计档案归档 |

## 任务一 总账报表共享与 RPA 机器人应用

### 任务描述

**案例 7-1** 鸿途集团财务共享中心设有 9 个专业处室,如图 7-1 所示。总账报表处主要是制定核算办法,进行各单位总账报表统一编制、上报、查询,进行报表内部外来对账和各单位数据对比分析。

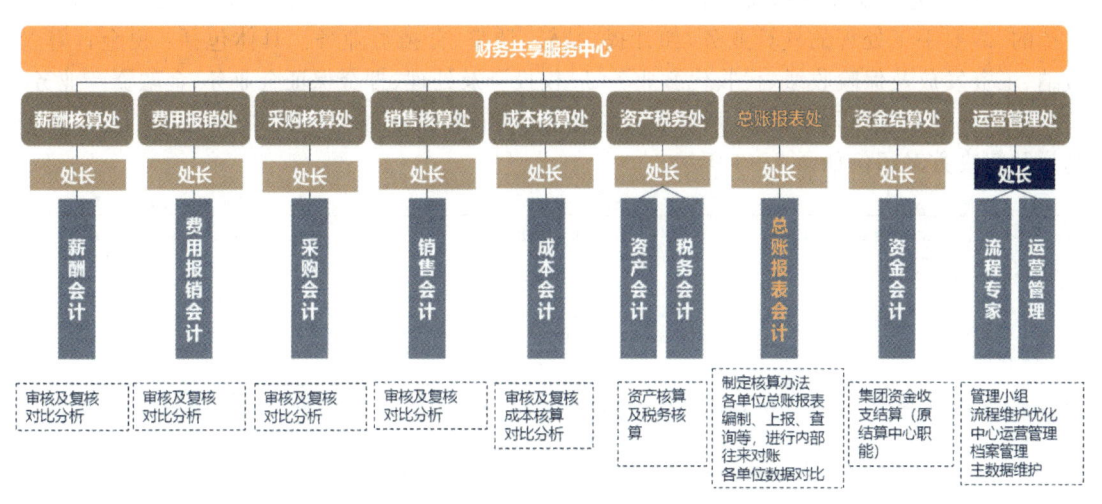

图 7-1 财务共享服务中心机构设置

**要求**:在财务共享平台中运用 RPA 财务机器人完成总账系统月末结账工作。

## 知识准备

### 一、总账报表共享总体介绍

财务共享服务中心各单位业务处理存在差异,所以财务共享服务中心的业务处理标准需要统一。财务会计业务处理标准的内容主要包括:会计核算方法统一、会计科目核算口径统一、财务报表口径统一、流程标准化、操作规范标准化、岗位职能标准化等。财务共享服务中心的业务处理标准如图 7-2 所示。

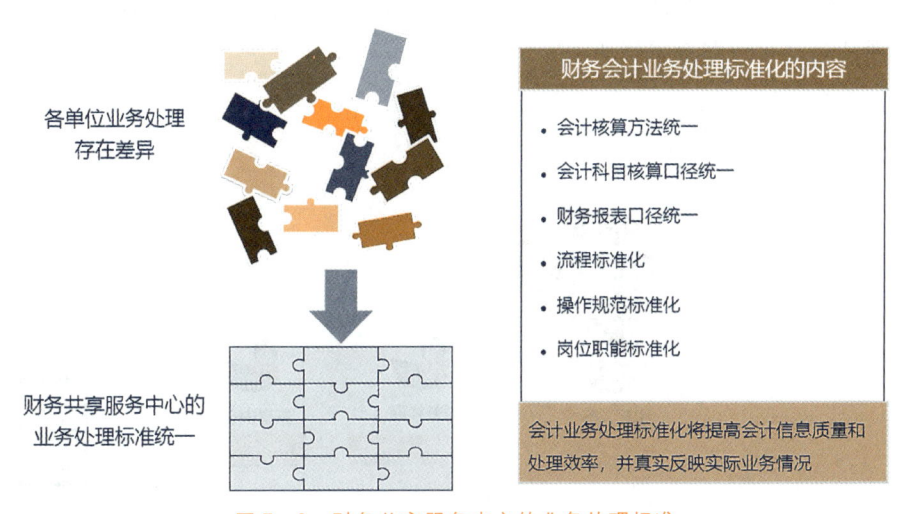

微课视频:
总账报表及 RPA 机器人应用

图 7-2 财务共享服务中心的业务处理标准

## 二、总账业务场景及解决方案

总账业务包括除费用报支、销售应收、采购应付、资金业务、成本业务外,其他无信息系统支撑的、需要手工处理的核算业务,如计提、结转、调整、分摊等业务。具体包括:税金计算及缴纳、工资发放及保险收缴、代收代缴业务、股权投资及处理、押金保证金业务、金融资产业务、罚款滞纳金等营业外收支业务、所有者权益业务、政府补助业务、其他总账业务等。总账业务场景及解决方案示例如图7-3所示。

图7-3 总账业务场景及解决方案示例

税费业务主要包括增值税、消费税、企业所得税、城市维护建设税、教育费附加、地方教育附加、房产税、城镇土地使用税、土地增值税、资源税、车船税、个人所得税、社会保险费等。税管员登录申报系统划出款项,付款成功后,银行会推送相关到账信息到共享平台到账通知认领池,税管员在认领池认领并完善相关信息,扫描完税证明后并提交。提交成功后,财务领导审批,单据线上流转至共享中心审核人员,审核通过后生成税费缴款凭证,凭证信息推送核算系统生成记账凭证。税费业务流程如图7-4所示。

图7-4 税费业务流程

### 三、总账月结处理

总账月结时可以设置月结检查清单,包括系统预置检查项和自定义检查项。月结协作工作台可以直观查看多个账簿月结进度,可按负责人编辑检查项执行情况,可按账簿查看月结详情,详细了解账簿未完成的原因,并可执行批量结账,其流程如图7-5所示。

### 四、报表共享应用

企业基础的财务报表主要包括资产负债表、利润表和现金流量表,报表共享之后不再需要各分(子)公司自己编制报表并上报,而是在财务共享平台上由总账报表人员统一对集团及成员单位的基础财务报表进行编制、上报、查询和导出,满足企业对财务报表的基础编报和管理需求。

图7-5 总账月结处理

在NCC系统中完成企业报告期间的结账状态检查,企业资产负债表、利润表和现金流量表的编制、审核、上报及导出工作。

### 五、RPA财务机器人应用

RPA(robotic process automation)的全称是机器人流程自动化,它是一种基于软件机器人或人工智能概念的进程自动化技术。其具有多功能、跨应用的特性,能够以更低成本、更快速度、更高准度模拟人类的操作,通过预先设定的程序与现有用户系统进行交互并完成预期的任务,提高生产效率,释放员工的创造力,为企业带去更智能、更优化、更创新的财务管理方式,帮助企业增大竞争优势。

RPA财务机器人通过用户界面使用和理解企业已有的应用,将基于规则的常规操作自动化,执行读取邮件和系统、计算、生成、检查文件和报告等操作,它是可以记录人在计算机上的操作,并重复运行的软件。

#### (一) RPA财务机器人的特点

RPA财务机器人可以模拟人在电脑端不同系统间的操作行为,替代人在电脑前执行具有规律与重复性高的办公流程。它可以完成办公工作自动化,实现7×24小时全天工作,彻底消除了人为错误,提高了生产效率,具备非侵入性程序及可高度扩展性,因此受到了很多发达国家企业的青睐。其特点主要体现在以下几方面(图7-6):

(1) 程序自动化,完全替代人工操作。
(2) 工作不间断,7×24小时运行。
(3) 高效执行代码程序,效率秒级提升,几乎零级差错。
(4) 实施简单,独立应用,无须做任何系统接口开发。
(5) 可以部署在任何电脑、服务器或虚拟机上。

#### (二) RPA财务机器人的价值

RPA正在席卷全球各行各业,从金融到医疗再到零售业,多种重复有规律的工作流程正

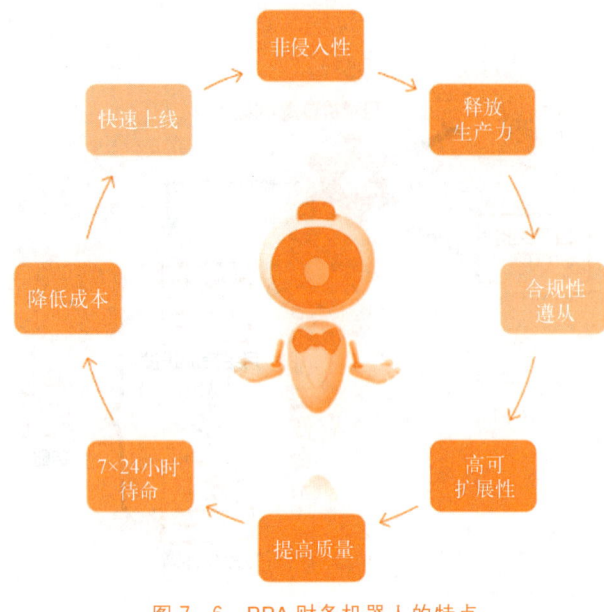

图 7-6  RPA 财务机器人的特点

在被代替。通过 RPA 财务机器人的实施,将员工从简单、重复的工作中释放出来,使他们得以更专注于具有更高附加值的数据分析、决策和创新工作,以此提高客户在市场上竞争力,实现共赢。其价值主要表现在:

(1) 节约成本,避免人工的操作风险,实施 RPA 财务机器人首先会考虑投产比。

(2) 优化财务任务处理,帮助财务人员降低运营成本,增强数据的质量与一致性,优化分析水平。

(3) 实施简单,灵活部署,非侵入式系统,有数据对接,能迅速弥补现有系统短板,对现有系统形成有效的自动补充。

(4) 工作可回溯,满足合规性及审计需求。

(5) RPA 财务机器人可以完成包含大容量数据、高频交易处理的财务管理任务,且不需要人工触发,自动执行流程,帮助企业释放财务管理人力资源。

### (三) RPA 财务机器人的应用场景

RPA 财务机器人在财务共享领域的应用场景丰富,主要体现在以下几个方面。

#### 1. 财务自动化

财务工作具有大量高度重复、繁琐的工作特点,将现有的软件系统和 IT 系统进行整合,跨平台、跨系统操作。通过 RPA 财务机器人可以登录不同系统、调用不同的工具、使用不同的应用程序,访问网页,包括在不同的终端进行操作,可以实现让 RPA 财务机器人智能分析和学习各类业务,如果再次出现类似业务或者科目再发生时,会自动触发业务模板生成各类结果。

#### 2. 账单处理自动化

当日常收付款业务的交易量大、笔数多时,传统手工下载银行对账单并进行人工对账的效率会比较低,而且准确率也不高。但如果使用对账机器人,就能够按照规则自动从银行下载交易明细并自动与企业信息系统中的收付款单自动核对,大大减少了银行对账的出错率,提高了工作效率。

#### 3. 税务自动化

通过 RPA 税务机器人可以实现销项发票的一键开票、进项发票智能识别与处理、发票签收与在线认证、税务智能申报等功能。

#### 4. 发票查验自动化

通过 RPA 财务机器人自主登录增值税查验平台,轮番查询增值税发票,自动判断发票真伪,减少原先需要的大量人力和时间,极大地提高了业务部门的工作效率。

#### 5. 审单自动化

报销单据提交后,RPA 财务机器人根据单据类型自动提取检查方案,并根据检查方案比对相应的检查项,对接结果在检查点执行情况中通过标注的形式显示出来,方便后续进行人工干预。还可以通过系统建立报销人信用机制,对信用等级高的员工提起的费用报销单通过系统自动审核,对于信用等级较低的员工则需要财务共享中心的审核人员人工审核,结合流程抽检,极大提升了财务审单的工作效率。

### 6. 月结自动化

在 RPA 机器人月结工作台内定义月结任务并设定月结规则,执行月结任务并进行月结检查,自动生成月结报告并发送到对应岗位。

### 7. 报表统计自动化

RPA 报表机器人可以根据系统设置的报表编报方式,在固定的时点按设置要求自动批量编制、上报和汇总报表,提高了企业财务人员信息报送的效率和质量。在保证合规的同时,大幅提高了企业的风险管控工作效率及管理能力。

### 8. 人力资源管理自动化

通过 RPA 财务机器人自主登录 HR 系统,自动下载薪资发放表单,并且自动审核表单以及提交业务人员,修改后提交表单。

## (四) RPA 财务机器人的类型及功能

### 1. 月结机器人

根据单位范围结账,并自动记录结账中的问题;设置待结账单位清单;由机器人按待结账单位清单自动结账,将结账过程中的问题自动生成结账报告。

### 2. 发票验伪机器人

业务人员收到纸质发票后,拍照上传到指定文件夹,发票机器人将定时启动,对文件夹中的纸质发票进行 OCR 识别,并自动进行验伪检查;支持业务员将纸质发票拍照,机器人手工或定时调取发票图片,导入 OCR 扫描记录,同时根据电子底账记录进行发票验伪,验伪通过后生成收票数据;对于需要验伪的发票,机器人会重复操作"生成发票",直到返回验伪结果后才停止此操作;对于验伪不通过的发票,只生成 OCR 扫描记录数据;支持设置验伪接收人,同时在验伪结束后,给接收人发送验伪结果,验伪结果可查看验伪失败原因及生成收票失败原因等明细信息。

### 3. 发票认证机器人

定时启动发票认证机器人,可以自动对采购发票进行认证;支持设置接收人邮箱以及本月需认证税额合计数;支持查询出 360 天内待认证的发票,自动勾选满足条件的发票进行直连认证,其中需按日期从小到大勾选待认证发票,所勾选待认证发票税额合计小于等于机器人设置的本月需认证的税额合计。

### 4. 三单匹配机器人

三单匹配机器人工作流程如下:入库单匹配机器人针对验伪通过的发票,与 NCC 中的采购入库单进行智能匹配,匹配成功后自动生成 NCC 中的采购发票,并自动进行采购结算,然后自动生成应付单,确定应付款。支持对验伪通过且生成收票的发票进行智能匹配入库单,智能勾选,确认匹配结果,自动生成供应链的审核态的采购发票,自动结算,是否自动传应付根据业务流程配置;本次入库匹配的发票范围:"验伪通过发票"文件夹下的"验伪通过发票清单"内已生成收票的发票;支持给接收人发送匹配结果,匹配结果可查看匹配失败的原因。

### 5. 预算报表填报机器人

预算报表填报机器人可以将多个单位多张报表进行批量导入,自动捕获异常信息并生成报告;可以将多个单位多张报表进行批量导入;自动捕获异常信息并生成报告。

### 6. 总账月结检查机器人

根据提供的账簿以及会计期间,自动检查人工检查项的完结情况,并可以进行自动结账、生成结账报告。设置待结账单位 Excel 清单;设置待结账单位检查项相关的 Excel 清单信息;由机器人按以上清单自动检查出厂提供的月结检查项清单中的检查项,执行检查操作;做完上述检查操作后,由机器人按待结账单位清单自动执行结账,结账过程中的问题自动生成结账报告。

### 7. 内部交易对账机器人

根据查询条件自动进行查询并进行对账,同时记录对账结果。在自动对账报告 Excel 清单中设置对账单位以及对账条件;由机器人按自动对账报告 Excel 清单中的设置自动执行对账,对账执行情况自动生成内部交易对账结果报告。

### 8. 银行对账机器人

根据对账参数文件中的内容进行自动对账,并生成对账报告。根据对账参数文件中的内容进行自动对账;对账完成后,自动生成对账报告。

## 任务实施

### 一、规划设计

在 NCC 平台完成机器人的客户端软件下载与安装,完成总账机器人月结检查运行工作,并编制资产负债表和利润表。

### 二、业务实操

#### (一)安装 RPA 财务机器人客户端

安装 RPA 财务机器人的步骤如下:

(1)以总账主管身份登录 NCC Cloud 平台。点击"自动化机器人—客户端管理"菜单,如图 7-7 所示。

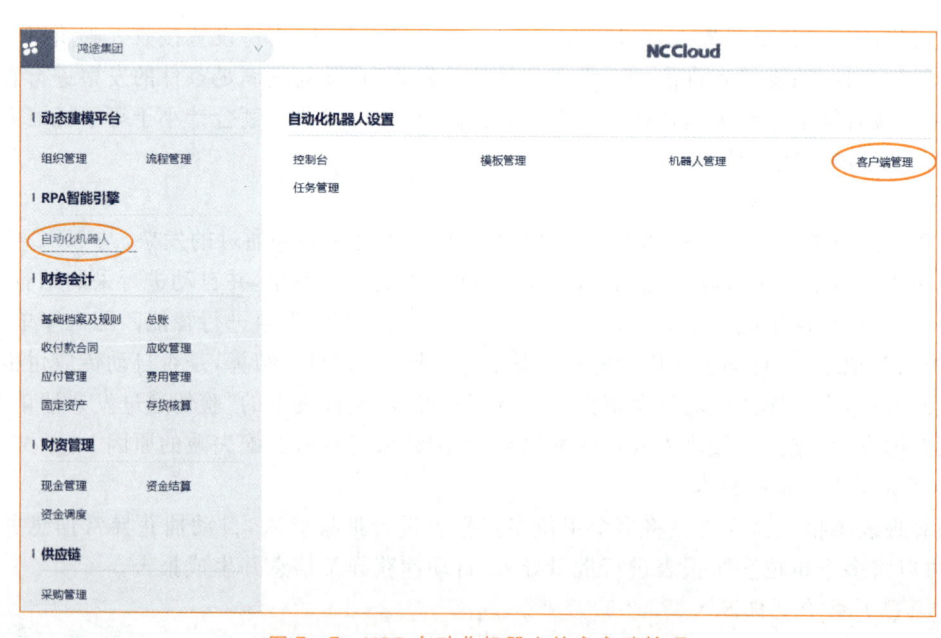

图 7-7 NCC 自动化机器人的客户端管理

（2）点击"下载客户端"功能，下载并安装 NCC 自动化机器人客户端，如图 7-8 所示。

图 7-8  NCC 自动化机器人客户端下载入口

（3）下载完成后解压缩，双击该安装程序，如图 7-9 所示。

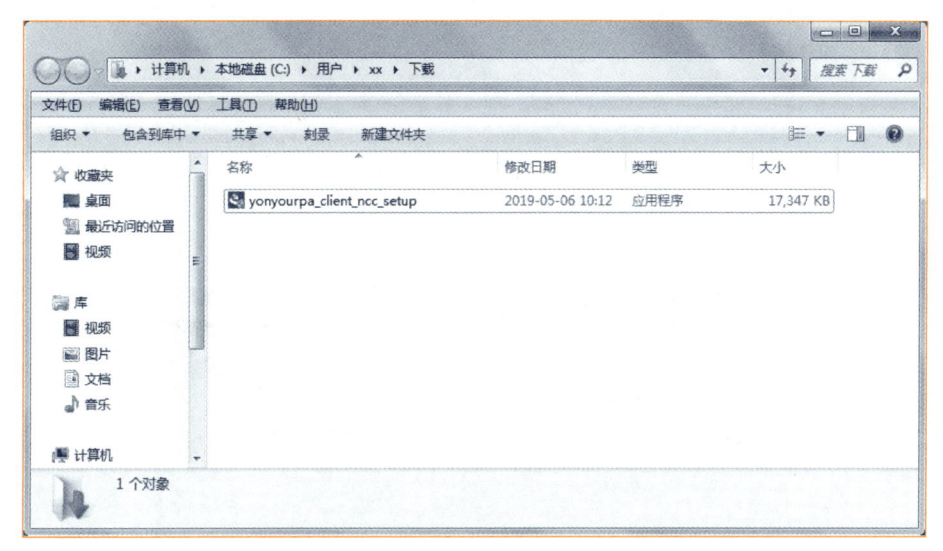

图 7-9  NCC 自动化机器人客户端下载文件

（4）点击下一步，进入机器人客户端安装界面，如图 7-10 所示。

图 7-10  进入机器人客户端安装界面

（5）选择安装路径，系统给出默认路径，若要修改路径，点击"更改"按钮后点击"下一步"，如图 7-11 所示。

图 7-11 选择安装路径

(6) 点击"下一步"进行安装,如图 7-12 至图 7-14 所示。

图 7-12 开始安装

图 7-13 查看安装状态

图 7 – 14　安装完成

（7）安装完成后，桌面即创建了一个名为"小友 RPA 客户端 NC Cloud 专版"的客户端，如图 7 – 15 所示。

图 7 – 15　NCC 小友机器人客户端快捷图标

（8）双击小友 RPA 客户端，点击上方"设置"按钮，即可配置 RPA Server 服务器地址，如图 7 – 16、图 7 – 17 所示。

图 7 – 16　小友 RPA 客户端登录界面 　　　　图 7 – 17　配置 RPA 服务器地址

(9)选择登录的 NCC 账套,输入相应的用户名和密码,进行登录,登录成功后,状态栏出现 RPA 客户端图标,如图 7-18 所示。

图 7-18 RPA 客户端状态栏图标

### (二)设置机器人管理

设置机器人管理步骤如下:

(1)以总账主管岗登录 NCC,选择"RPA 自动化机器人",如图 7-19 所示。

图 7-19 NCC 自动化机器人管理界面

(2)点击"机器人管理"模块,如图 7-20 所示。

图 7-20 NCC 自动化机器人创建

(3)点击"创建机器人"按钮,录入机器人基本信息,包括机器人名称和描述信息,选择机器人运行的客户端,操作完成后,点击"下一步",如图 7-21 所示。

图 7-21 设置机器人基本信息

(4) 选择"月结机器人"模板中的"月结检查机器人",点击"下一步",如图 7-22 所示。

图 7-22 "月结机器人"模板选择

(5) 选择"设置变量",进行变量参数设置,如图 7-23 所示。

| 变量名 | 说明 | 变量值 | 操作 |
| --- | --- | --- | --- |
| ncc_ip | ncc服务的ip地址 | 39.107.235.12 | 编辑 |
| ncc_port | ncc服务的端口号 | 8081 | 编辑 |
| ncc_accountcode | ncc账套编码 | NCC0610 | 编辑 |
| ncc_groupcode | ncc集团编码 | HTJT | 编辑 |
| yuejie_result_path | 输出结果路径 | D:\rpa\test.xlsx | 编辑 |
| yuejie_report_path | 月结报告路径 | D:\rpa\月结报告.xlsx | 编辑 |
| rpaserver_host | 提供api的地址 | http://39.107.235.12:28289/rpaserver | 编辑 |
| username | 用户名 | z001004 | 编辑 |
| password | 密码 | qwe123 | 编辑 |

图 7-23 设置机器人变量

(6) 设置月结报告路径。在本地创建机器人执行结果文件夹。例如,可在 D 盘创建 rpa 文件夹,在 rpa 文件夹下创建"月结报告.xlsx"文件,在"月结报告.xlsx"的【结账报告(用户填写)】工作簿中修改"结账单位编码""结账单位名称"和"结账期间",如图 7-24 所示。

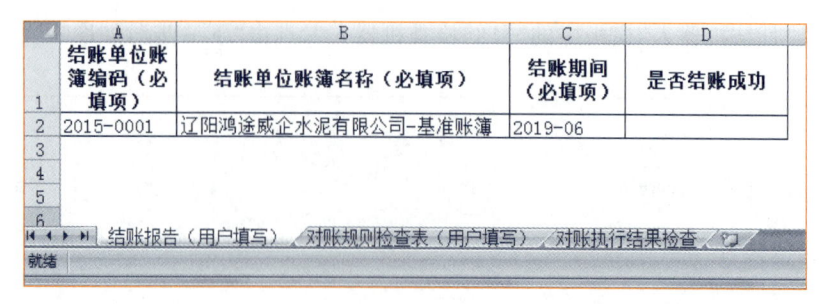

图 7-24　结账报告(用户填写)工作簿

在"月结报告.xlsx"的【对账规则检查表(用户填写)】工作簿中修改"结账单位编码""结账单位名称""对账规则编码""是否检查",如图 7-25 所示。修改完成后,保存文件。

图 7-25　对账规则检查表(用户填写)工作簿

【注意】
　　"对账规则编码"需要从 NCC 系统中获取。如果同时处理多个结账组织,可在 excel 中分多行填写。

(7) 设置完成后,点击"下一步"进入设置数据集界面,如图 7-26 所示。

图 7-26　设置数据集

(8) 点击"下一步",输入报告接收人姓名及邮箱,如图 7-27 所示。
(9) 机器人创建成功,点击完成,如图 7-28 所示。
(10) 设置完成后,任务栏出现创建好的机器人,可点击鼠标右键查看菜单功能。

(三) 总账月结检查机器人运行

(1) 在机器人管理界面,用户可以看到创建好的月结检查机器人,点击机器人下的"运行"按钮,如图 7-29 所示。

图 7-27　设置报告接收人

图 7-28　机器人设置完成

图 7-29　机器人的"运行"按钮

（2）机器人开始自动执行月结检查操作，执行调试显示结果信息。所有检查执行过程操作自动完成，如图7-30所示。

图7-30　机器人调试信息

（3）机器人调试结束后，可登录邮箱查看机器人的反馈结果和两个报告信息，同时在D盘也会生成两个报告。

## 任务二　税务云在财务共享服务中心中的应用

### 任务描述

**案例7-2**　打开共享中心税务管理，依据任务资料一、资料二完成共享中心税务管理任务。

**资料一　开具增值税专用发票**

2019年7月3日，鸿途集团水泥有限公司销售经理周进代表公司与天海集团总公司签订销售合同，销售30 000吨天然石膏，约定发货时间为2019年7月20日。客户开票信息如下：

客户名称：天海集团总公司。

纳税人识别号：91110109163452134Y。

地址、电话：河北省尚义县102号45329834。

开户行及账号：中国工商银行尚义县支行5001942094567 82103。

按照销售订单（图7-31）和出库单（图7-32）信息，手工开具单张增值税专用发票。

**销　售　订　单**

| 合同日期：2019年7月3日 | | | | | | 合同编号：H20190703305 | | | |
|---|---|---|---|---|---|---|---|---|---|
| 卖方：鸿途集团水泥有限公司 | | | | | | 销售订单号：HDGXS201907153031 | | | |
| 买方：天海集团总公司 | | | | | | 交货日：2019年7月20日 | | | |
| 付款条件： | | | | | | 开票情况：7月20日发货时开出销售发票 | | | |
| | | | | | | 付款情况： | | | |
| 序号 | 名称 | 编码 | 单位 | 数量 | 无税单价 | 无税金额 | 税额 | 金额 |
| 1 | 天然石膏 | SG-001 | 吨 | 30 000.00 | 120.00 | 3 600 000.00 | 468 000.00 | 4 068 000.00 |
| 合计 | | | | | | 3 600 000.00 | 468 000.00 | 4 068 000.00 |

图7-31　销售订单

## 鸿途集团水泥有限公司
### 销售出库单

购货单位：天海集团总公司　　　　　　　编号：H20190703305
生产批号：　　　　　　　　　　　　　　　日期：2019年7月20日

| 名称 | 单位 | 数量 | 单价 | 含税单价 | 金额 | 备注 |
|---|---|---|---|---|---|---|
| 天然石膏 | 吨 | 30 000.00 | 120.00 | 135.60 | 4 068 000.00 | |
| | | | | | | |
| | | | | | | |
| | | | | | | |
| | | | | | | |

制单：周进　　　复核：王宝珠　　　　　　　经办人：周进

第三联：财务部

图7-32　销售出库单

**资料二　增值税纳税申报**

鸿途集团水泥有限公司是一般纳税人，一般纳税人增值税纳税申报表分为主表、附表一、附表二、附表三、附表四，共5张表，对应5个页签。在企业开票、受票、抵扣、认证等数据都在财务共享税务云服务上维护与管理的情况下，系统可以自动生成增值税纳税申报表的相关内容。

**要求：** 取数生成并查询增值税纳税申报表主表、附表一、附表二、附表三、附表四信息。

## 知识准备

### 一、税务云基本情况介绍

税务云是在新的税务政策实施、金税三期系统监管和电子发票普及的大背景下，税务领域发生的巨大的变革。作业方式从手工到自动开票、查验、认证、申报自动化；税务管理从粗放到规范报销流程、三单匹配、申报来源规范；信息共享从分散到集中销项、进项、申报数据的集中；风险管理从被动到主动防止虚开、不合规发票、稽查风险。具体如图7-33所示。

纳税人企业的财务、税务、发票管理必须适应税务监管和企业财税转型的需要，借助"互联网＋税务"契机，规范企业发票管理，打通业财税管理流程，实现税务集中管理，成为更多企业财税数字化的切入点。

微课视频：
税务云

图7-33　税务领域发生具体变革

税务云是基于最新的互联网、云计算、大数据等技术，基于社会化商业这一新的商业模式，为企业提供以销项管理、进项管理、纳税申报为核心的增值税服务，为企业提供经营过程中所

349

有涉税环节的解决方案。税务云打通企业业务、财务、税务数据,为企业提供智能税务服务,帮助企业做最佳税务决策,建立高效智能化的税务云平台。

## 二、税务云与 FSSC 融合场景

### 1. 加速报销

税务云可以实现从接入税务服务、自动归集、一键报销、自动查验查重、异常发票监控等场景重塑,缩短发票收集——报账——财务审核——付款——入账处理的时间,具体流程如图7-34 所示。

图 7-34 税务云报销流程

### 2. 报销认证流程优化

税务云可以降低企业发票风险,企业报账系统与税务云对接,税务云可以提供验证服务及发票防伪。发票池为报销系统提供数据,报账人可以直接在报销系统勾选发票,报账系统可以管理更多的发票信息,方便统计。财务系统与税务云认证接口对接,企业可根据实际情况,实现即时的自动勾选认证,无须登录税局选择确认平台,如图 7-35 所示。

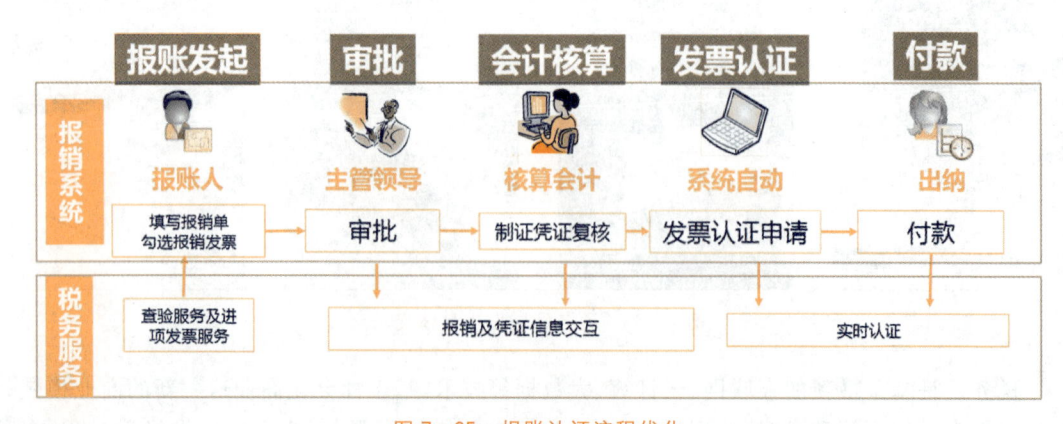

图 7-35 报账认证流程优化

#### 3. 极简开票

开具发票时经常会遇到如下业务痛点：① 抬头税号记不住，税号输入错误，销货清单项目太多；② 线上业务，线下开票，货票不同行，邮递成本高；③ 开票网点多，无法防止虚开错开，监控难；④ 开票信息不能回写和记账，月末销项开票数据统计难。税务云可以实现发票集中受理、职责分离和风险控制，有效解决以上问题，如图7-36所示。

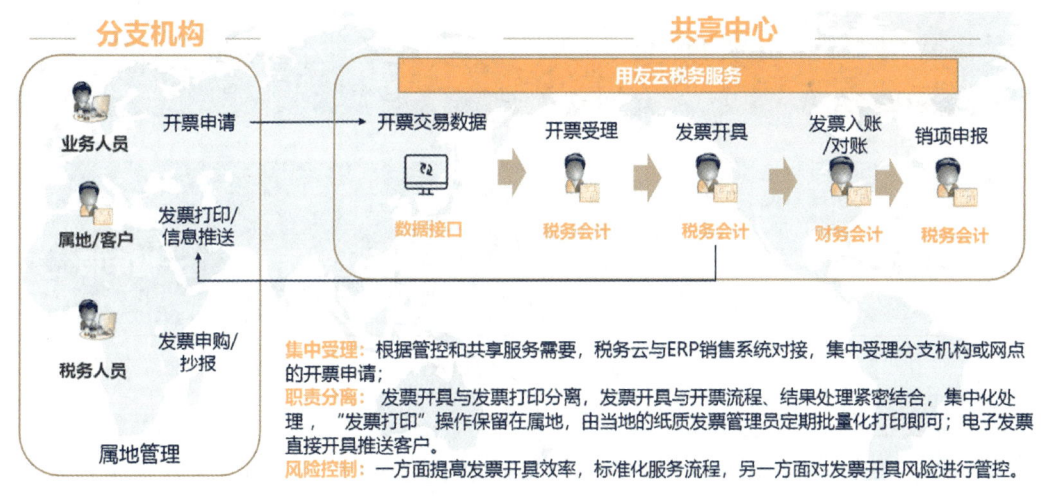

图7-36 极简开票

#### 4. 进项管理建设

现在增值税征管方式是以票控税，因此建立企业进项发票台账，既是进项管理的基础，又能提供多种发票数字化手段，形成企业发票池。逐张数据重复性校验，防止重复，这也是企业进项管理的关键步骤。发票池中均为开票的真实数，为报销和分析提供数据基础，如图7-37所示。

图7-37 进项管理建设

#### 5. 销项发票统计

税务服务云可以自动生成销项发票汇总、销项发票明细、销售统计表，平均效率提升60%。

#### 6. 一键申报

纳税申报时经常会有如下痛点：① 每月申报最抓狂，财务未结转认证结果未反馈，数据七零八散；② 数据核对少不了，人工钱报劳心又劳力；反复多次上传财务报表和申报表，改来改去又没底稿。税务云可以实现一键申报，如图7-38所示。

图 7-38 一键申报

#### 7. 智能认证

企业经常会遇到如下痛点：① 专票信息手工录入费时费力，容易出错；② 人工核对发票入库单和采购单工作量大，易出错，处理不及时；③ 月末专票量大，入账和认证不及时，核对工作量大；④ 进项转出发票未标记，转出记账繁琐。税务云可以实现智能认证，如图 7-39 所示。

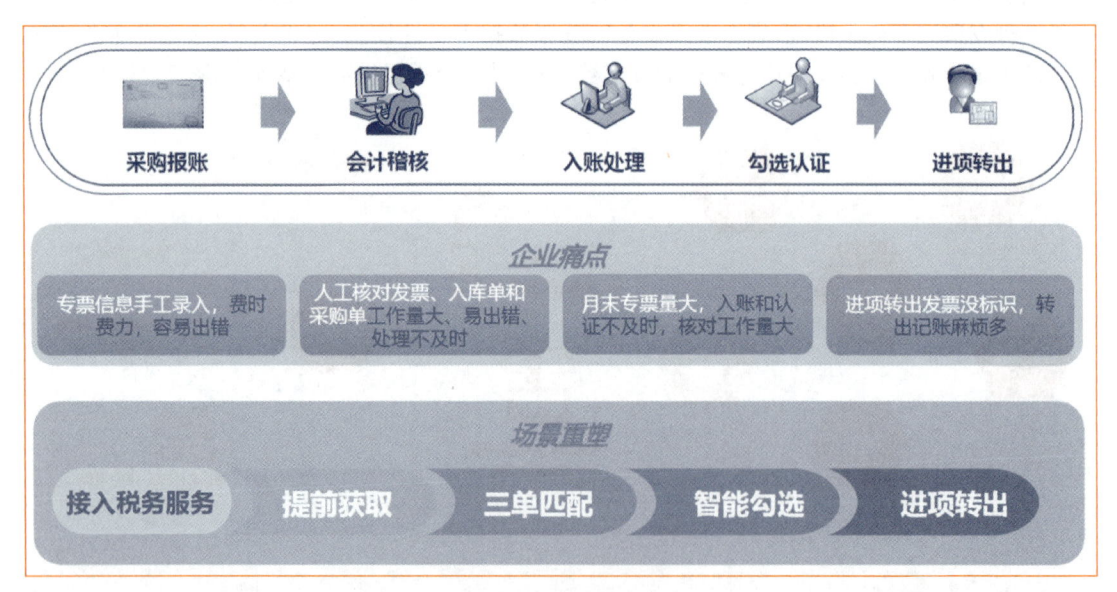

图 7-39 智能认证

#### 8. 风险预警

企业经常会遇到如下问题：① 网点多难管控，开票与实际业务不符；② 未开票收入的统计和核对不准确，存在隐瞒收入风险；③ 不合规发票报账有隐患，逾期未达异常发票有损失；④ 面对金税系统、申报比对被稽查风险，企业需要建立自身风险预警体系，如图 7-40 所示。

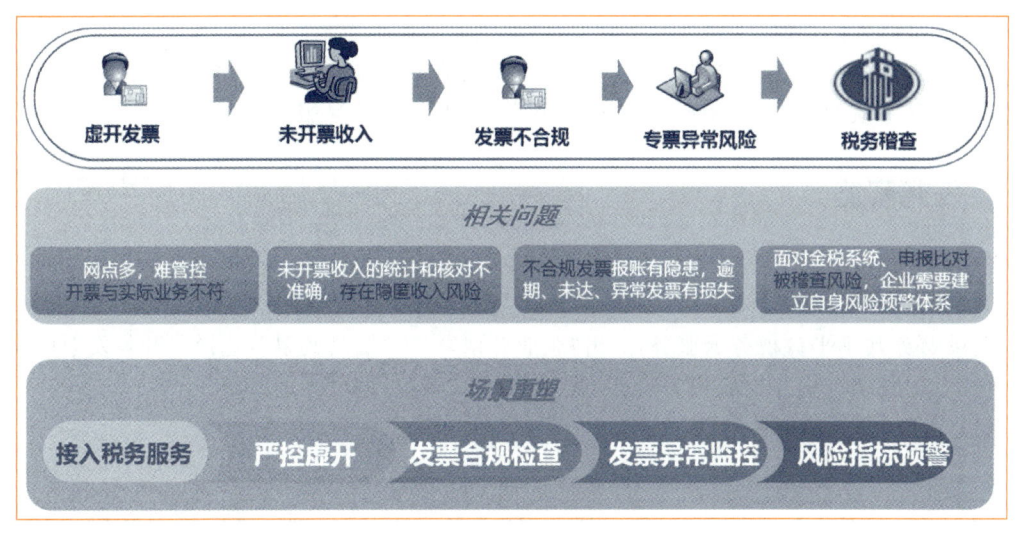

图 7-40　风险预警

### 三、税务云的价值

税务云具有如下应用价值：① 一键开票，自助开票，提高效率，提升客户体验；② 自动查验、查重，建立发票池，控制不合规风险；③ 对接报销、采购、财务，提高财务进项发票处理效率；④ 提高智能认证效率，对未达、逾期和异常预警，降低损失；辅助纳税申报提供申报效率，控制申报比对风险。具体如图 7-41 所示。

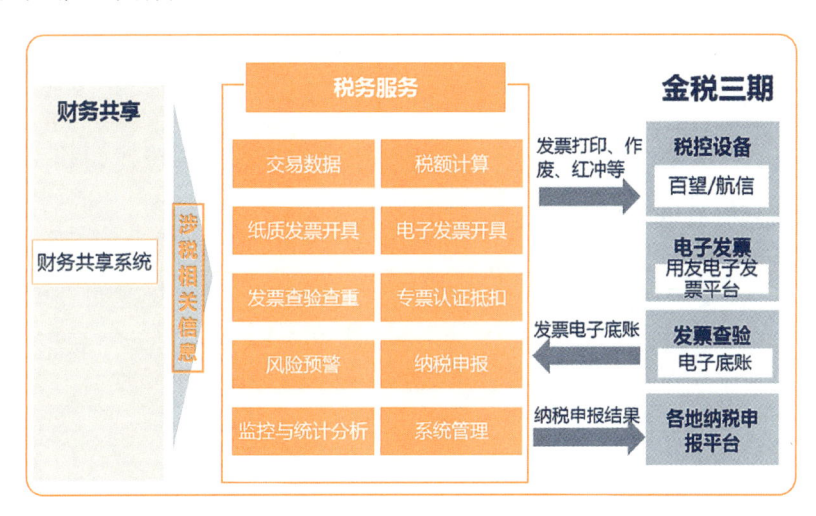

图 7-41　税务云的价值

税务云能提供的服务有：

（1）多场景的发票开具服务。支持与财务共享系统对接实现一键开票，支持扫描开票、支付开票、APP 开票、公众号开票、预约开票等多种开票场景，同时支持纸质发票和电子发票开具，支持企业销项发票集中管理和监控。

（2）深度融合的税务服务。支持发票信息，支持与财务共享系统对接，实现电子发票报销和发票查验查重，支持与选择确认平台对接，与财务共享中的应收应付、供应链销售发票和采购发票的深度融合，实现在财务共享系统直接开具发票，并回写实现进项发票获取，智能勾选

353

认证,支持财务数据抽取、进销项发票管理,辅助生成纳税申报表。

(3)集团化的税务管理解决方案。包括集团企业的发票管理、增值税管理、所得税管理、影像及 OCR 系统对接、纳税申报管理、税务风险管理、税务共享服务解决方案等。

## 任务实施

### 一、开具发票

登录财务共享平台税务云服务,点击"企业开票"——"开具蓝票",选择要开具发票的类型"增值税专用发票",填写发票相关信息,点击右下角"开票"即可完成开票。

(1)点击"开具增值税专票",如图 7-42 所示。

图 7-42 点击"开具增值税专票"

(2)根据案例资料填写发票信息,如图 7-43 所示。

图 7-43 填写发票信息

(3) 点击"开票",如图7-44所示。

图7-44 点击"开票"

## 二、增值税纳税申报

点击"纳税申报—增值税申报表"进入增值税纳税申报表页面。根据选择的纳税人的性质不同,页面显示的内容不同。一般纳税人的页面如图7-45所示。

图7-45 一般纳税人增值税纳税申报

## 三、纳税申报表

广东海地格电器有限公司是一般纳税人,以下以其为例介绍增值税纳税申报表的编制与查询。一般纳税人增值税纳税申报表分为主表、附表一、附表二、附表三、附表四,共五张表,对应五个页签。在企业开票、受票、抵扣、认证等数据都在财务共享税务云服务上维护与管理的

355

情况下,系统可以自动生成增值税纳税申报表的相关内容。

在"增值税申报表"页面点击"主表"页签(图 7-46),点击"取数"可自动生成增值税纳税申报表主表数据。同理,可分别生成附表一、附表二、附表三、附表四。

图 7-46 值税纳税申报表主表

# 任务三　电子会计档案共享

## 任务描述

**案例 7-3**　2019 年 7 月 31 日,档案管理员张艺根据《会计档案管理办法》及企业会计核算规范,在财务共享平台上对鸿途集团水泥有限公司 2019 年 7 月份的电子会计档案进行归档处理,包括凭证归档、账表归档、报表归档、业务单据归档。

要求:

(1)给鸿途集团水泥有限公司进行立卷,全宗号为 1001,编码为 2001KJ001201907100010001。

(2)手工完成会计凭证 01 的数据采集。凭证录入完成后进行装册。

(3)装册完毕后进行归档。

微课视频:
电子档案

## 知识准备

### 一、电子会计档案介绍

2020 年 3 月 31 日,财政部、国家档案局发布了《关于规范电子会计凭证报销入账归档的通知》,明确了电子会计档案的法律地位,来源合法、真实的电子会计凭证与纸质会计凭证具有同等法律效力,规定了电子会计档案单套制归档,可不再另以纸质形式保存,提出了电子会计凭证电子化单轨制报销入账归档全流程电子化的要求。目前,包括电子发票、财政电子票据、电子客票、电子行程单、电子海关专用缴款书、银行电子回单等在内的电子票据,都属于电子会计档案。

### (一) 传统档案管理的缺点

#### 1. 无法满足信息化的要求

(1) 纸质凭证等档案资料打印量大,耗材及存储成本高。

(2) 核算系统形成的会计资料归档保管,占用空间大,人工管理成本高。

(3) 会计资料不能自动归档,手工装册归档的工作量巨大。

(4) 纸质档案归档、检索、调阅、鉴定效率低。

(5) 传统档案不便于上级单位对下级单位的监管。

#### 2. 不符合长期保管和备份要求

(1) 会计档案的保管要求有备份机制,以应对意外事故、自然灾害、人为破坏等特殊情况,但纸质会计档案容易被损坏、丢失和泄密。

(2) 建立电子会计档案备份制度,能够有效防范自然灾害、意外事故和人为破坏。

(3) 使用的电子档案管理系统能够有效接收、管理、利用电子会计档案,符合电子档案的长期保管要求。

### (二) 电子会计档案与纸质会计档案的关系

电子会计档案与纸质会计档案的关系如下:

(1) 建立电子会计档案与纸质档案索引关系,记录存储位置。

(2) 准确查询,提高查询使用效率。

(3) 根据纸质档案快速查询电子会计档案信息,在线浏览。

### (三) 电子会计档案的发展前景

会计业务的过程是处理历史资料的过程,如果要求会计行业的档案电子化,说明前端业务早实现了电子化,才能在会计层面进行电子化管理。会计档案管理逐步电子化,并且已就电子化进行相关立法规范,企业对服务器的需要或对数据管理需要将大幅提高,与会计相联系的审计、税务及税务部门等其他单位,也迫切需要企业财务数据电子化。电子会计档案发展历程如图7-47所示。

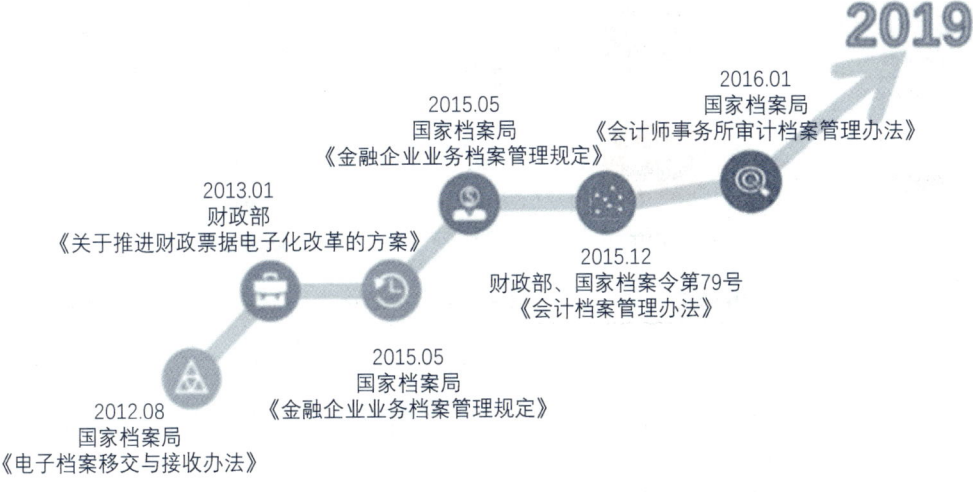

图 7-47 电子会计档案发展历程

### (四)《会计档案管理办法》的相关规定

2015年12月14日,财政部、国家档案局发布了《会计档案管理办法》,并于2016年1月1日起施行。

**1. 相关重要规定**

(1)"满足本办法第八条规定条件,单位从外部接收的电子会计资料附有符合《中华人民共和国电子签名法》规定的电子签名的,可仅以电子形式归档保存,形成电子会计档案。"

(2)"单位可以利用计算机、网络通信等信息技术手段管理会计档案。"

(3)"单位内部形成的电子会计资料和从外部接收的电子会计资料在满足一定条件时可以仅以电子形式归档保存,形成电子会计档案。"

**2. 对会计档案归档的要求**

(1)归档范围。

① 会计凭证:包括原始凭证、记账凭证;

② 会计账簿:包括总账、明细账、日记账、固定资产卡片及其他辅助性账簿;

③ 财务会计报告:包括月度、季度、半年度、年度财务会计报告;

④ 其他会计资料:包括银行存款余额调节表、银行对账单、纳税申报表、会计档案移交清册、会计档案保管清册、会计档案销毁清册、会计档案鉴定意见书及其他具有保存价值的会计资料。

(2)归档时间。

当年形成的会计档案,在会计年度终了后,可由单位会计管理机构临时保管1年,再移交单位档案管理机构保管。因工作需要确需推迟移交的,应当经单位档案管理机构同意。单位会计管理机构临时保管会计档案最长不超过3年。

## 二、电子会计档案建立方案

企业电子档案管理全过程的信息化支撑如图7-48所示。

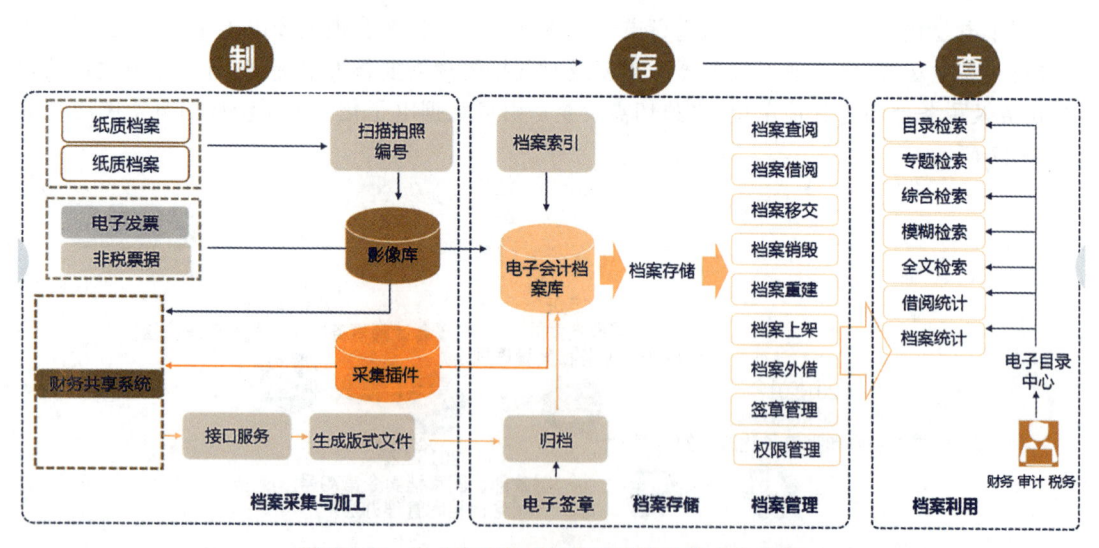

图7-48 企业电子档案管理全过程的信息化支撑

构建电子会计档案的三个关键方面:优化业务流程、系统间数据对接和归档范围。

### (一)优化业务流程

财务核算系统、业务系统、会计档案系统为企业档案管理全过程提供信息化支撑,从收单、制单到归档,再到存储以及档案的利用。

### (二) 电子会计档案与 ERP 数据接口

核心是总账、报表(合并)系统,其次是生成记账凭证的原始凭证所在系统,如图 7-49 所示。

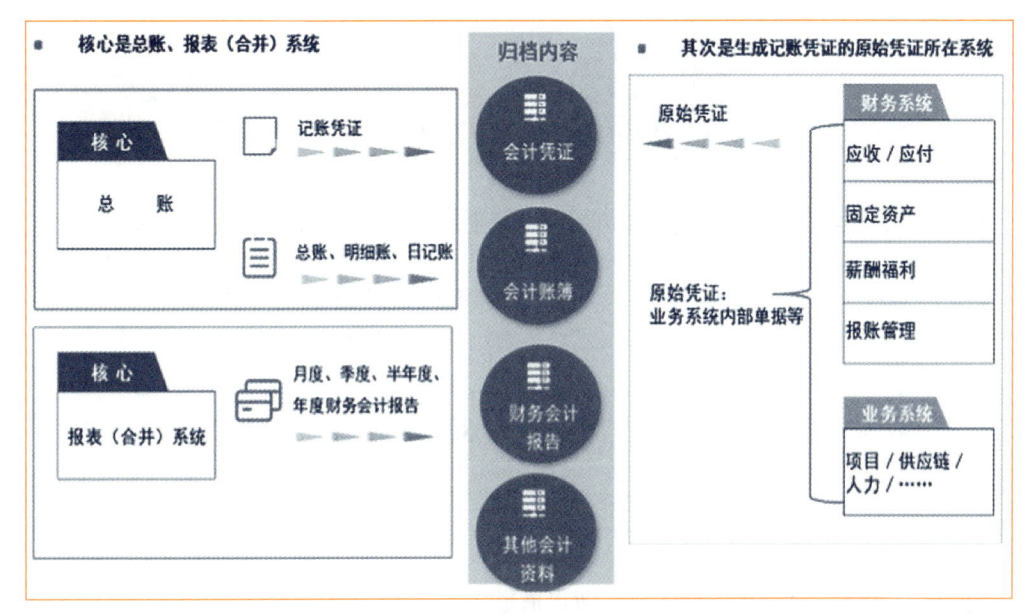

图 7-49　电子会计档案与 ERP 数据接口

### (三) 归档范围与处理原则

电子会计档案的归档范围如图 7-50 所示。

图 7-50　电子会计档案归档范围

电子会计档案管理的总体原则是通过加密、索引、数字签名、数字版权等技术保证电子文件的安全性以及可用性。

## 三、电子会计档案应用场景

电子会计档案的应用场景包括:影像件采集,自动装册、归档、上架,多维度检索,档案管理,建立电子会计档案与纸质档案索引,利用纸质档案反向查找电子会计档案。

## （一）影像件采集

影像件采集的总体过程如图7-51所示，系统根据影像件采集的地点和时间，可以分为多种采集方式。

图7-51 影像件采集的总体过程

### 1. 报销人影像采集

由报销人（报账人）在制单后立即自助扫描影像并上传，如图7-52所示。

图7-52 报销人影像采集方式

### 2. 电子会计档案系统补扫采集

在业务系统处理完所有工作后，由专职扫描人员补扫影像并上传电子会计档案系统，如图7-53所示。

### 3. 业务系统实时采集

单据由业务系统（采购、销售、应收、应付、合同等）处理完毕，转到ERP财务系统处理，指定扫描专岗或专人扫描影像并上传，流程如图7-54所示。

图 7-53 电子会计档案系统补扫采集方式

图 7-54 业务系统实时采集方式

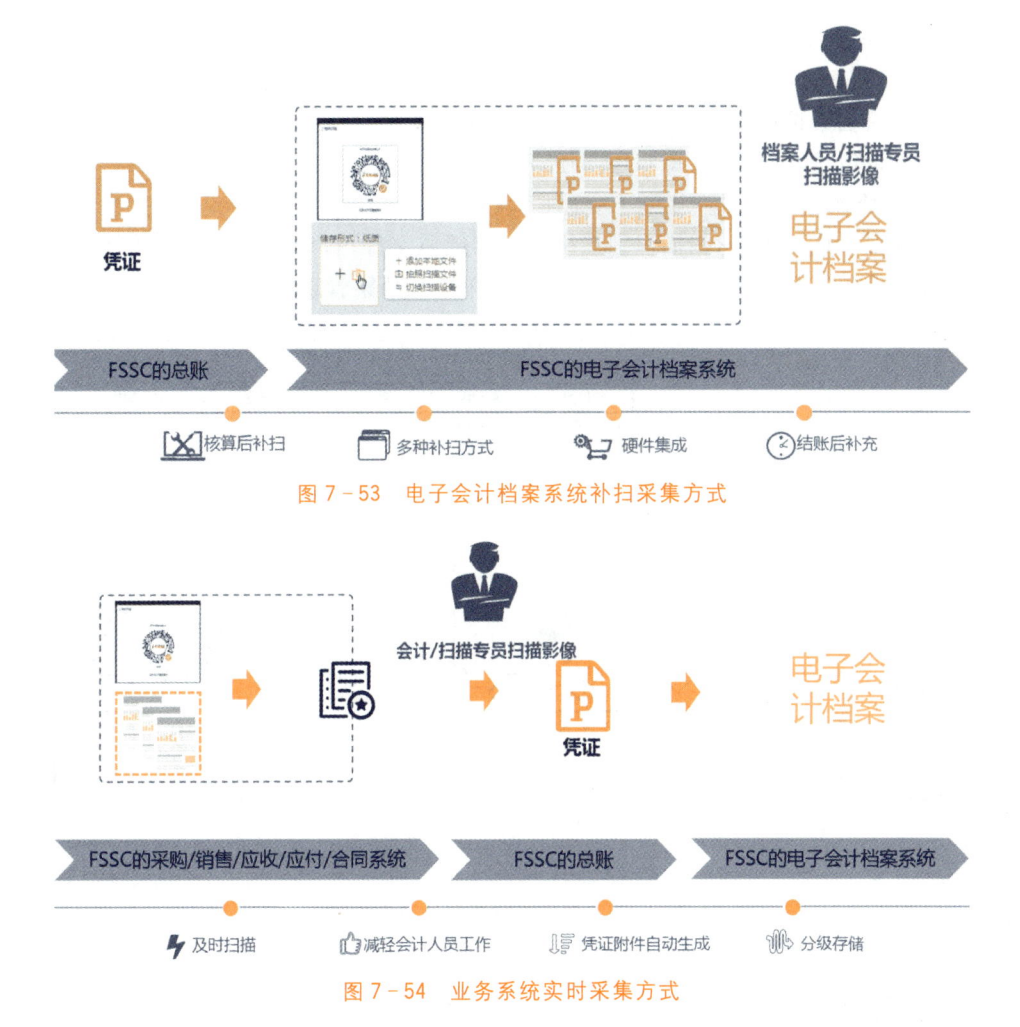

（二）自动装册、归档、上架
（1）自动装册，凭证以及影像文件的不同维度、不同方式装册、拆册、浏览。
（2）自动归档，档案装册完成，所有已装册的档案盒自动归档。
（3）自动上架，归档的档案盒对应的纸质档案自动上架到档案保管位置，方便调阅。

（三）多维度检索
系统支持对会计凭证、账簿、报表、其他会计资料的信息检索。用户可以在电子会计档案系统对会计档案进行检索查阅，检索时在不同节点支持不同查询条件，如题名、文号、关键字、摘要、责任人、凭证号、册号等条件都可以进行快速检索。此外，系统还可进行全文检索、模糊检索、综合检索和目录检索。

（四）档案管理
档案管理是指档案的查阅、借阅、移交等工作。
档案管理工作中对档案管理员的基本要求有：严格区分用户、角色、单位可操作档案范围；权限外使用需审批通过；移交需申请通过；档案系统记录行为日志。
档案管理工作中对高层使用者的要求有：对各类审批进行审批处理；定期检查、监督档案管理工作；档案合理利用。
档案管理工作中对外部人员使用档案的要求：外部人员在线查阅需申请；纸质档案外借

需审批;纸质档案到期未归还系统催还;档案系统记录行为日志

### (五)建立电子会计档案与纸质档案索引

归档成功后档案按照企业管理要求上架到指定档案室,系统记录上架的档案室信息,上架的档案支持外借申请,外借后支持归还归还、催还。

### (六)利用纸质档案反向查找电子会计档案

纸质凭证要生成二维码,扫描识别二维码批扫纸质文件;打印二维码与纸质档案装订,并且支持扫描二维码查找电子会计档案。共享中心单据及档案管理如图7-55所示。

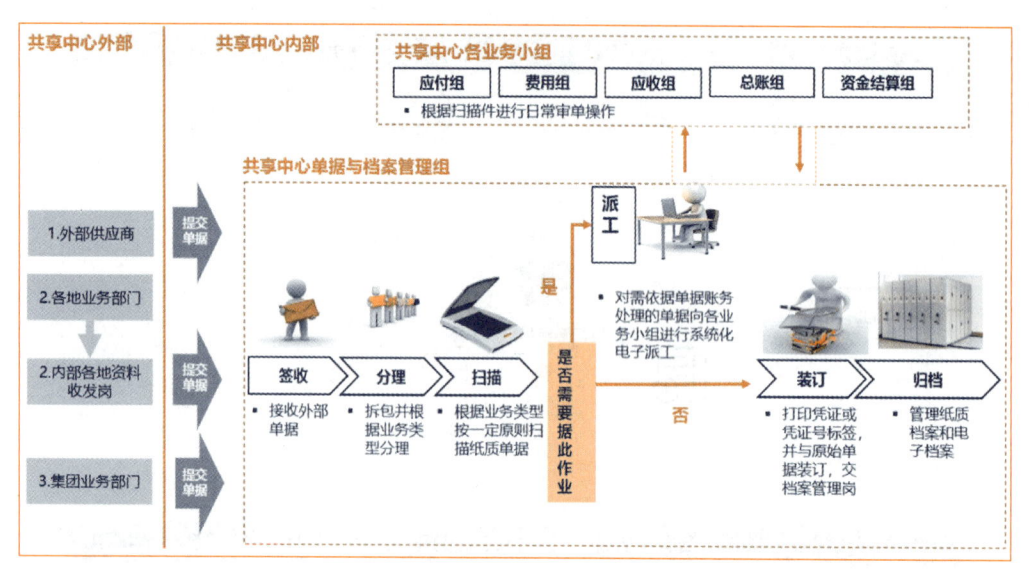

图 7-55 共享中心单据及档案管理

## 任务实施

### 一、角色分配

角色分配工作由组长完成,将岗位清单中"档案综合岗"角色分配给小组成员,点击"开始任务"按钮,如下图所示。

图 7-56

## 二、协作处理

### (一) 电子档案归档(岗位角色：档案综合岗)

以档案综合岗进入用友电子会计档案操作界面,点击"档案管理—立卷",如下图所示。

图 7-57

点击"立卷"按钮,系统弹出"立卷"对话框,全宗号输入"1001",编码输入"2001KJ0012019070001",点击"确定"按钮,如下图所示。

图 7-58

双加该行记录,系统弹出编辑目录对话框,检查该档案的信息。点击"档案管理—整理",双击该行记录,点击"新增"按钮,系统弹出数据采集对话框,题名输入"记账凭证1",所属日期为"2019-07-01",点击"确定"按钮,如下图所示。

图 7-59

点击"装册"按钮,系统弹出"装册成功"提示框,点击"已装册"按钮查看该档案册,如下图所示:

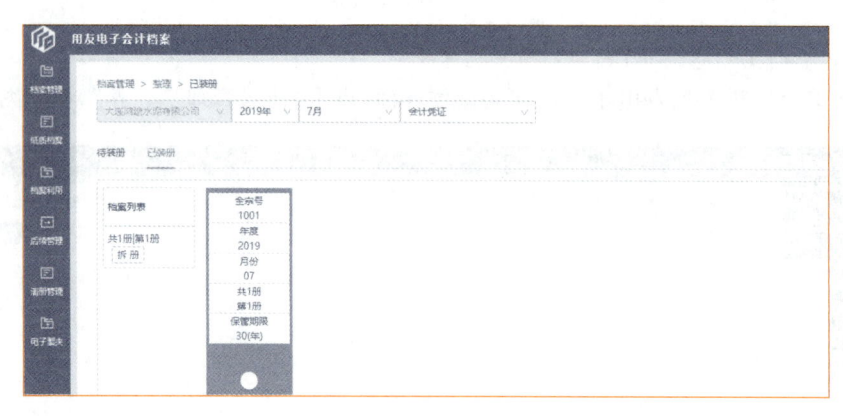

图 7-60

点击"档案管理—归档",点击"归档"按钮,系统弹出归档对话框,检查归档信息无误以后点击"确定"按钮,如下图所示:

图 7-61

## (二)电子档案借阅管理(岗位角色:档案综合岗)

点击"纸质档案—档案外借",点击"外借申请"按钮,系统弹出外借申请对话框,选中档案,点击"选择"按钮,系统弹出外借申请对话框,借用期间为"2019-07-10 至 2019-07-14",借用原因输入"审计审查",借用部门输入"审计部",借用人输入"杨少风",联系方式输入"17895873368",点击"保存"按钮。如下图所示:

图 7-62

点击"确定"按钮。点击"纸质档案-档案归还",点击该行的时间归还图标,系统弹出档案归还对话框,归还日期选择"2019-07-14",点击"归还"按钮,如下图所示。

图 7-63

点击"确定"按钮。点击"已归还"即可查看已归还的档案。

## 同步训练

同步训练:
项目七

同步训练:
项目七参考答案

# 项目八　财务共享服务中心运营管理

## 学习目标

1. 了解财务共享绩效看板的功能和内容。
2. 了解财务共享作业质量稽核的概念。
3. 熟悉财务共享作业绩效看板的配置方法。
4. 熟悉财务共享作业稽核内容和配置方法。
5. 能够根据集团公司需求完成其财务共享服务中心绩效看板展示方案并形成文案。
6. 掌握财务共享作业绩效看板和作业稽核的需求。
7. 能够测试所配置的财务共享服务中心绩效看板展示方案和作业稽核方案。

## 知识点与技能点

| 任　务 | 知　识　点 | 技　能　点 |
| --- | --- | --- |
| 任务一　财务共享作业绩效管理 | 绩效看板综合主题定义<br>作业组主题定义<br>资金签字与结算量统计<br>绩效数据提取 | 中心主题定义<br>作业人员主题定义<br>看板管理<br>看板监控 |
| 任务二　财务共享作业质量稽核 | 稽核内容档案<br>增加作业任务<br>单据稽核 | 稽核问题档案<br>单据抽取<br>生成稽核报告 |

## 任务一　财务共享作业绩效管理

### 知识准备

微课视频：
财务共享绩效管理与质量稽核

#### 一、财务共享作业绩效

财务共享作业绩效管理，就是利用技术手段自动提取 FSSC 作业处理的数据、加工处理数据，并将这些数据以可视化的形式展现出来，以便用于日常绩效显示、监控以及为员工评价提供参考依据等。财务共享作业绩效看板示例如图 8-1 所示。

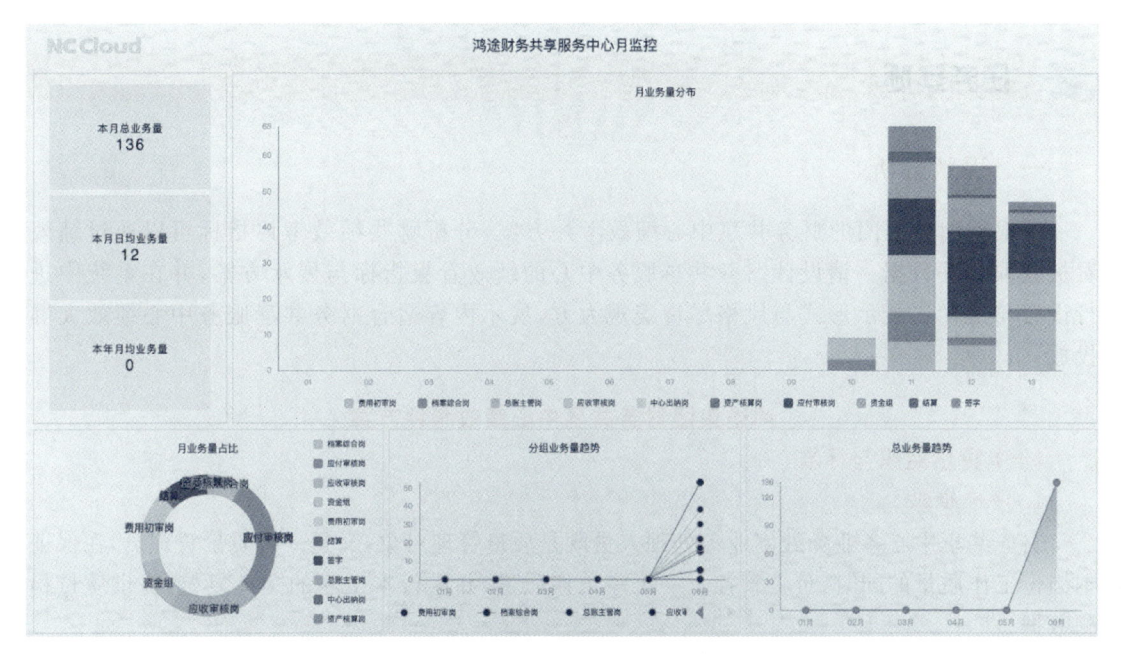

图 8-1 财务共享作业绩效看板示例

## 二、财务共享作业绩效看板的价值

财务共享作业绩效看板是集中以可视化形式展示 FSSC 作业处理数据的载体，它可以满足共享中心管理层对共享整体业务管理、监管的需要，实现对共享业务数字化跟踪管理，方便时时查看相关业务数据。财务共享绩效看板价值在于可以关注、对比、分析共享流程中每个环节的工作量、工作效率、工作质量。通过绩效看板可以帮助企业集团了解共享中心任务的执行情况和运行效率；有效提高企业内部管理决策方面的有效性、可靠性和准确性。

## 三、衡量财务作业共享绩效的数据

用来衡量财务共享作业绩效的指标有很多，NCC 系统能够跟踪每一个业务单据在处理时的许多指标数据，如图 8-2 所示。

图 8-2 NCC 支持的财务共享作业绩效指标

## 任务实施

### 一、现状分析

试根据鸿途集团的财务共享中心绩效考评方案,分析哪些绩效考评指标可以通过绩效看板获取相关数据。请设计财务共享服务中心的绩效看板指标与展示方案,并在系统中进行设置与展示。展示形式与风格尽量美观大方,展示内容适合财务共享服务中心绩效大屏投放。

**鸿途集团财务共享中心绩效考评方案**

(一) 评价组织与标准

1. 评价组织

财务共享中心各业务处室业务处理人员既是质量管理对象,又是一级质量管理员,在保证本岗位工作质量的同时,负责管控上一工序工作质量,并进行本工序的交叉复核,提供质量检测数据。

财务共享中心总经理负责共享中心工作质量、效率、态度的日常评价,并定期(至少每月)向集团财务部财务总监提交质量评价报告。

集团财务部财务总监负责财务共享中心工作质量效率、态度的总体评价,评价频率根据财务部财务稽核工作计划安排。

财务共享服务共享中心运营管理处处长负责组织与整体协调质量管理有关工作,组建质量管理团队;对各处室的质量管控工作进行指导;组织质量检查工作;按时发布各类质量报告,提供考核依据;督促有关人员对有关问题进行整改,对整改情况进行通报;负责质量管理体系建立和完善;负责质量环境建设规范工作;协助培训负责人组织质量管理培训工作。

2. 财务共享服务业务质量评价标准(表8-1)

表8-1 财务共享中心业务质量评价标准

| 业务类型 | 评价标的和分值 | 责任人 | 考核办法 |
| --- | --- | --- | --- |
| 扫描<br>(100分) | 扫描质量(50分) | 扫描员 | 扫描影像不清楚或重叠,单据漏扫或夹页,每单扣5分,本小项分值扣光为止,下同 |
| | 原始单据(20分) | 扫描员 | 原始单据不符合公司要求的,每单扣2分 |
| | 单据台账记录(20分) | 扫描员 | 台账内容未核对,每发现一次扣5分 |
| | 影像效果(10分) | 扫描员 | 单据影像未上传或不能辨认的,每单扣5分 |
| 归档<br>(100分) | 档案装订质量(20分) | 归档员 | 档案装订错误,包括:倒装、缺页、装订错页、卷宗编号错误等。每单扣5分 |
| | 单据匹配(30分) | 归档员 | 匹配错误,每单扣5分 |
| | 归档及时性(15分) | 归档员 | 未及时归档,每发现一次,扣5分 |
| | 档案调阅(15分) | 归档员 | 档案调阅未经审批、登记,每单扣5分 |
| | 档案安全(20分) | 归档员 | 档案丢失、毁损,每单扣5分 |

续 表

| 业务类型 | 评价标的和分值 | 责任人 | 考 核 办 法 |
|---|---|---|---|
| 审核核算<br>(100分) | 审核报账信息准确(30分) | 审核会计 | 未依照制度正确审核,每单扣5分 |
| | 会计核算的科目、金额、币种、期间等正确(20分) | 审核会计 | 科目核算信息错误,每单扣5分 |
| | 原始凭证审核无误(20分) | 审核会计 | 使用不当原始凭证做账,每单扣5分 |
| | 其他信息准确无误,包括摘要规范、调整说明等(20分) | 审核会计 | 错误处理,每单业务扣5分 |
| | 内部对账准确、及时(10分) | 审核会计 | 未按时对账或对账错误未查明,每检测出一次扣5分 |
| 资金结算<br>(100分) | 准确支付:账户信息准确、金额准确、及时处理未成功支付问题(50分) | 出纳 | 支付错误,每单扣5分 |
| | 收付款及时准确(30分) | 出纳 | 未及时准确进行收付款确认,每单扣5分 |
| | 系统密码及银行支付保密工具管理(20分) | 出纳 | 未按照规定保管密匙和其他银行加密工具,每一项扣5分 |
| 企业报表<br>(100分) | 及时编制个体报表(40分) | 报表会计 | 未按时提交报表,每延迟一天扣10分 |
| | 保证报表的信息准确(60分) | 报表会计 | 报表信息错误,每检测出一项扣10分 |

### 3. 工作时效评价标准

时效目标值是每笔业务从发起流程到处理完毕流程关闭期间所用时间的目标值。

评价频率:时效评价每月进行一次,在次月的6日前完成上月份的时效评价。

财务共享服务中心时效考核指标表如表8-2所示。

表8-2 财务共享服务中心时效考核指标表

| 考察岗位 | 考察内容 | 说 明 | 时效目标 | 评价人 |
|---|---|---|---|---|
| 票据档案岗 | 单据接收 | 从员工提交实物单据到会计初审岗在影像系统中完成接收 | 2个工作日 | 绩效负责人 |
| | 扫描上传 | 从影像系统接收到扫描并影像上传完成 | 2个工作日 | |
| | 单据邮寄 | 从员工提交单据(项目部无扫描点)或单据扫描上传后到整理汇总邮寄至共享服务中 | 1周 | |
| | 单据移交 | 从单据扫描上传后到分类整理移交至归档岗 | 2个工作日 | |
| 归档岗 | 打印凭证 | 从账务处理完成到打印生成的会计凭证 | 2个工作日 | |
| | 匹配顺号 | 将打印的凭证与原始单据匹配并顺号 | 2个工作日 | |
| | 影像复核 | 从实物单据匹配顺号到影像复核无误确认 | 2个工作日 | |
| | 装订归档 | 从影像复核无误到会计档案装订成册并移送至档案室 | 2个工作日 | |
| 结算、费用审核岗 | 单据初审 | 从接收审核任务到初审完成 | 2个工作日 | |
| | 单据复审 | 从接收到复审任务到复审完成生成会计凭证 | 2个工作日 | |
| 资金结算岗 | 出纳付款 | 从生成会计凭证到出纳付款成功并确认 | 2个工作日 | |

### (二) 工作质量评价方法

工作质量评价所覆盖的范围主要是业务处理的全过程，包括账务处理、审批流及相关附件单据的真实性、准确性及完整性。质量检测的主要方法为工序检测及分析性检测，因此评价对象既包括财务共享中心工作岗位，也包括在机构财务部门设置的财务初审及扫描岗位。

**1. 工序性检测规范（表 8-3）**

表 8-3  工序性检测规范

| 岗　　位 | 内　　容 |
|---|---|
| 会计初审岗（本地财务） | △ 原始单据粘贴规范性<br>△ 原始凭证完整性、合规性<br>△ 发票真实性、合规性 |
| 票据档案岗 | △ 实物单据提交及时完整，并按索引号顺序排列<br>△ 单据登记与实物单据一致，无缺漏或不符情况<br>△ 原始实物单据与会计凭证匹配无误，装订整洁、及时<br>△ 会计档案借阅经过审批、登记，并及时归还 |
| 费用/结算审核岗（含收入、费用、成本、工程、资产） | △ 单据影像清晰，符合扫描要求，没有夹单、漏扫现象<br>△ 原始单据提供完整，并符合相关法律法规要求<br>△ 报销内容符合公司财务制度，报销金额无误<br>△ 业务类型、科目、辅助等选择正确<br>△ 前端审批流程完整<br>△ 系统自动生成的凭证中会计分录正确，金额无误<br>△ 税金计提、申报、缴纳是否及时、准确 |
| 资金审核/支付岗 | △ 银行收款信息是否与经办人提交信息一致<br>△ 付款信息、网银制单信息是否完整准确<br>△ 资金收付确认是否及时、准确 |
| 总账主管岗 | △ 账务处理及时准确<br>△ 总账凭证稽核完整<br>△ 对账、结账及时<br>△ 会计档案归档完整，装订规范 |
| 报表分析岗 | △ 报表编制准确、及时<br>△ 报表项目无遗漏，无错误<br>△ 财务分析编制及时<br>△ 响应业务管理需求分析 |

**2. 分析性检测规范**

（1）分析性检测的定义。

分析性检测是通过数据的逻辑性判断检查质量、工序问题，即通过抽样、专项检查、专项统计、专项分析、流程梳理等方法，定期或专项对工序、质量等指标进行逻辑性、合理性、实操性、规范性等方面的检测、检查和核对。通过检测、检查、核对纠正偏差，完善质量体系和工序，查找偏差的原因，以保证集中核算工作的质量和时效。

（2）分析性检测的主要内容。

分析性检测由共享中心运营管理处通过对会计核算、资金结算、稽核管理、档案管理、运营支撑管理等数据、工序的逻辑性判断,检查其是否符合质量规范的要求。

## 二、规划设计

用友 NCC 共享服务新一代绩效看板,采用了最新的技术,可以定义多组绩效看板,同时在多个大屏上展示不同的内容。每组绩效看板可以定义多块展板,每块展板可以设置不同的停留时间。每块展板按照 16 宫格细分,可以自由合并或拆分,并定义展示内容。绩效看板支持多个共享中心定义看板,根据案例企业的需求描述,设计案例企业财务共享服务中心的绩效看板展示方案。

### (一)业务流程

财务共享服务中心绩效看板操作流程如图 8-3 所示。

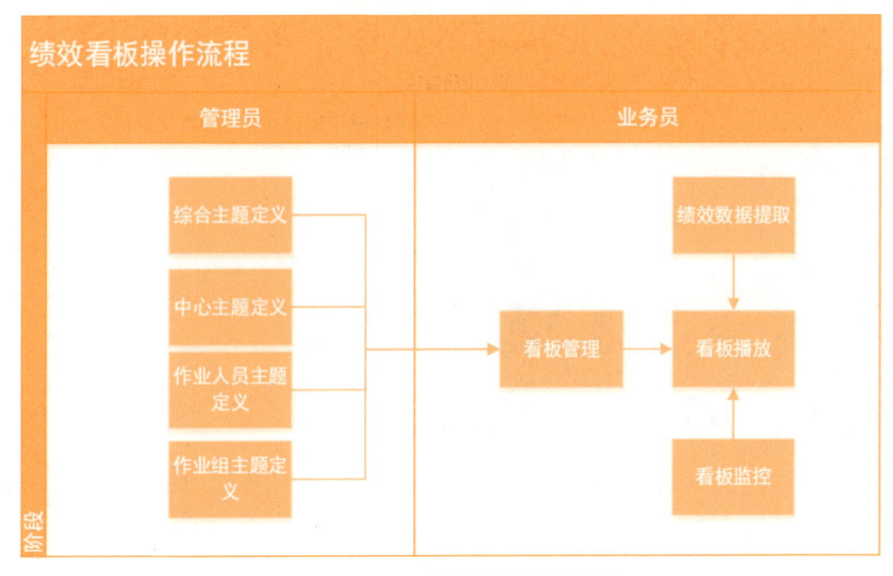

图 8-3 NCC 绩效看板业务流程

### (二)应用点清单(表 8-4)

表 8-4 应 用 点 清 单

| 领 域 | 产品模块 | 应用点/功能节点 | 应用类型 | 职责类型 |
| --- | --- | --- | --- | --- |
| 共享服务 | 绩效看板 | 综合主题定义 | 小应用 | 管理类 |
| | | 中心主题定义 | 小应用 | 管理类 |
| | | 作业人员主题定义 | 小应用 | 管理类 |
| | | 作业组主题定义 | 小应用 | 管理类 |
| | | 看板管理 | 小应用 | 业务类 |
| | | 绩效数据提取 | 小部件 | 管理+业务类 |
| | | 看板监控 | 小部件 | 管理+业务类 |

## 三、业务实操

### （一）综合主题定义

综合主题定义的步骤有：

（1）以共享中心运营管理岗位角色进入 NCC。

（2）点击"看板管理—看板管理"模块。

（3）在看板管理界面，点击"综合主题定义"功能，选择共享中心下的作业组，可以查询到对应的日监控和月监控图表，界面如图 8-4 所示。

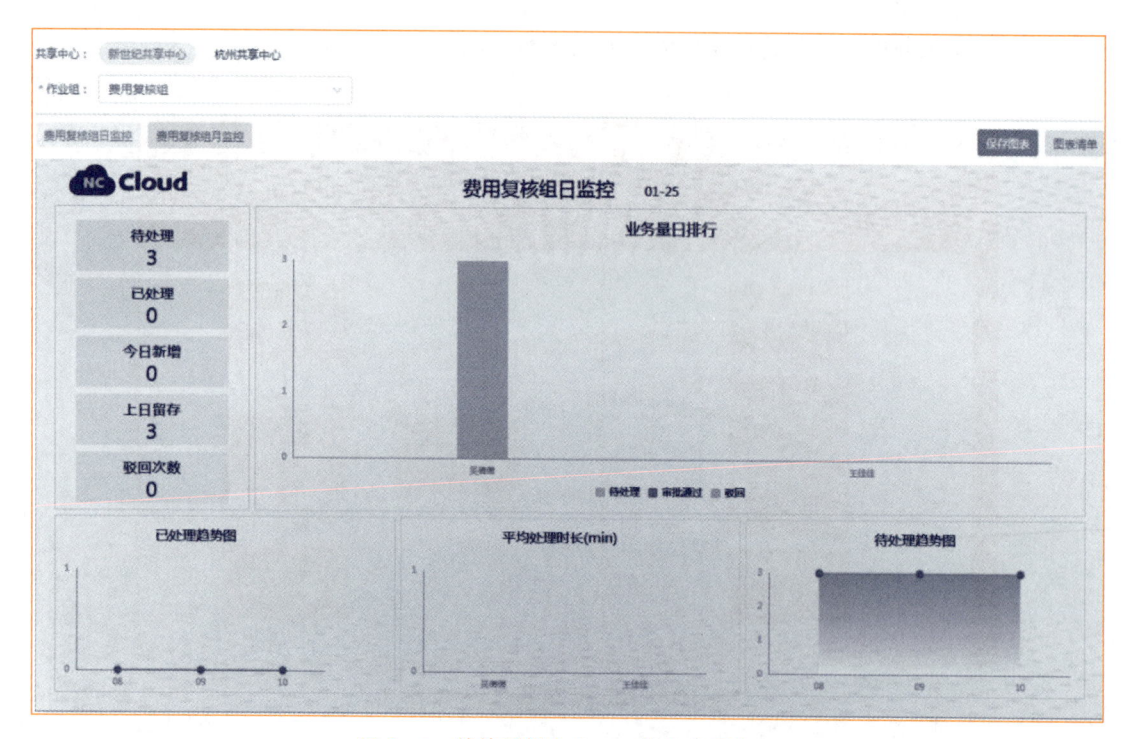

图 8-4 绩效看板定义——综合主题定义

【注意】

◇ 确定一个共享服务中心，系统会自动根据这个中心找到已定义的作业组，作业组只能单选，在作业组下可以定义日监控主题和月监控主题。

◇ 通过保存图表功能可以把当前图表保存起来，之后能被看板定义时引用。

◇ 通过图表清单功能查看当前主题下定义的图表，可进行删除操作。

◇ 日监控主题包含的内容有：当日关键数据统计（待处理、已处理、当日新增、上日留存、驳回次数等），业务量日排行（按人）柱形图（大图），分时已处理趋势图，平均处理时长（按人）柱形图，分时待处理趋势图。

◇ 月监控主题包含的内容有：当月关键数据统计（本月新增、已处理、日均处理量、驳回次数等），业务量月排行（按人）柱形图（大图），已处理趋势图，平均处理时长（按人）柱形图，驳回量趋势图。

## (二) 中心主题定义

中心主题定义的步骤如下：

(1) 以共享中心运营管理岗位角色进入 NCC。

(2) 点击"看板管理—看板管理"模块。

(3) 在看板管理界面，点击"中心主题定义"功能，选择共享中心下的作业组，可以查询到对应的月监控图和当日分组统计图表，界面示意如图 8-5 所示。

图 8-5 绩效看板定义——单日分组统计

【注意】

◇ 确定一个共享服务中心，系统会自动根据这个中心找到已定义的作业组，然后可以选择一个作业组或多个作业组。
◇ 选定了当前共享中心作业组后，可以定义该中心的月监控主题。
◇ 通过保存图表，把当前图表保存起来，才可以被看板定义时引用。
◇ 通过图表清单功能查看当前主题下定义的图表，并进行删除操作。
◇ 中心月监控主题包含的内容有：当月关键数据统计（本月总业务量、当月日均业务量、本年月均业务量等），业务量月排行（按人）柱形图（大图），月业务量占比，平均处理时长（按人）柱形图，总业务量趋势图。
◇ 中心当日分组统计主题包含的内容有：本月累计单数、当日单据量、已初审（签字）单数、已复审（结算）单数、已退单数、待初审（签字）单数、待复审（结算）单数。

## (三) 作业组主题定义

作业组主题定义的步骤如下：

(1) 以共享中心运营管理岗位角色进入 NCC。

(2) 点击"看板管理—看板管理"模块。

(3) 在看板管理界面，点击"作业组主题定义"功能，选择共享中心下的作业组和时间维度与时间范围，可以查看作业组业务量统计表、作业组业务量趋势图、作业组业务量面积堆积图、作业组业务量对比图和作业组单据量分布图，作业组业务量统计表如图 8-6 所示。

图 8-6　绩效看板定义——作业组业务量统计表

> 【注意】
> ◇ 确定一个共享服务中心，系统会自动根据这个中心找到已定义的作业组，然后再选择一个或多个作业组。
> ◇ 选定了当前共享中心作业组后，可以定义所选作业组的各种业务量统计。
> ◇ 定义这些统计表时，还需要确定时间维度，分别是按天、按周、按月，所谓按天是指以每天为单位进行统计和展示，按周是指以周为单位进行统计和展示，不足一周的按整周对待，按月是指以月为单位进行统计和展示，不足一个月的按整月对待。
> ◇ 时间范围，是指统计的时间区间，可选值为本周或本月，也可以指定近几个月的，或者自由指定查询统计的时间区间。
> ◇ 选择主题，即确定展示的风格与色调，系统默认了三种风格，还可以自定义主题风格，分别选择文字颜色、图形颜色等，并可上传背景图片。
> ◇ 定义以后还需要操作保存图表，把当前图表保存起来，才可以被看板定义时引用。
> ◇ 可通过图表清单功能查看当前主题下定义的图表，并进行删除操作。
> ◇ 作业组主题包含的内容有：作业组业务量统计表（按指定的时间维度和作业岗位展现的二维表），作业组业务量趋势图（以折线图展示作业组或岗位的业务量趋势），作业组业务量面积堆积图，作业组业务量对比图，作业组单据量分布图等等，以作业组为集合进行统计和展现的各种形式的图或表。

### （四）作业人员主题定义

作业人员主题定义的步骤如下：

（1）以共享中心运营管理岗位角色进入 NCC。

（2）点击"看板管理—看板管理"模块。

（3）在看板管理界面，点击"作业人员主题定义"功能，选择共享中心下的作业组和时间维度与时间范围，可以查看人员作业量统计表、人员驳回率统计图、人员作业量统计图和作业组作业量统计图，如图 8-7、图 8-8 所示。

图 8-7 绩效看板定义——人员作业量统计表

图 8-8 绩效看板定义——人员作业总量柱状图

**【注意】**
◇ 确定一个共享服务中心,系统会自动根据这个中心找到已定义的作业组,然后再选择一个或多个末级作业组(代表岗位),所选作业组必须同属于一个上级作业组。
◇ 选定了当前共享中心作业组后可以定义所选作业组下各个人员的业务量统计。
◇ 定义这些统计表时,还需要确定时间维度,分别是按天、按周、按月,所谓按天,是指以每天为单位进行统计和展示,按周是指以周为单位进行统计和展示,不足一周的按整周对待,按月是指以月为单位进行统计和展示,不足一个月的按整月对待。
◇ 时间范围,是指统计的时间区间,可选值为本周或本月,也可以指定近几个月的,或者自由指定查询统计的时间区间。
◇ 选择主题,即确定展示的风格与色调,系统默认有三种风格,还可以自定义主题风格,分别选择文字颜色、图形颜色,并上传背景图片。
◇ 定义以后还需要操作保存图表,把当前图表保存起来,才可以被看板定义时引用。
◇ 通过图表清单功能查看当前主题下定义的图表,并进行删除操作。

◇ 作业人员主题包含的内容有：人员作业量统计表（按指定的时间维度和作业人员展现的二维表，包含的指标有：通过数量、驳回数量、被驳回的数量、总处理时长 min、平均处理时长 min、驳回率），人员驳回率统计图（以柱形图展示作业人员的审批通过业务量，驳回业务量和驳回率情况），人员作业量统计图（以柱形图展示指定区间内每个作业人员的作业量），作业组业务量统计图等等，以所选作业组下的作业人员为单元统计和展现的各种形式的图或表。

### （五）资金签字与结算

绩效看板支持同时统计资金签字和结算环节的工作量，由于资金签字和结算环节没有定义在流程中，并且也不能像共享那样定义作业组和作业岗位，所以在实现过程中，就把资金签字和结算固化成两个固定的岗位，如果要取这两个环节的绩效数据时，就不能按照实际客户定义的作业组进行选择统计，只能选择系统固化的资金签字和结算这两个作业组进行统计，否则不能得到正确的统计结果。

统计签字和结算环节的工作量等数据，与共享初审和复审环节数据统计思路是一致，如待处理单据数，已处理单据数等。

### （六）看板管理

看板管理的操作步骤如下：

（1）以共享中心运营管理岗位角色进入 NCC。

（2）点击"看板管理—看板管理"模块。

（3）在看板管理界面，点击"看板管理"功能，点击"设置"按钮，进入看板设置界面，绩效看板界面如图 8-9 至图 8-11 所示。

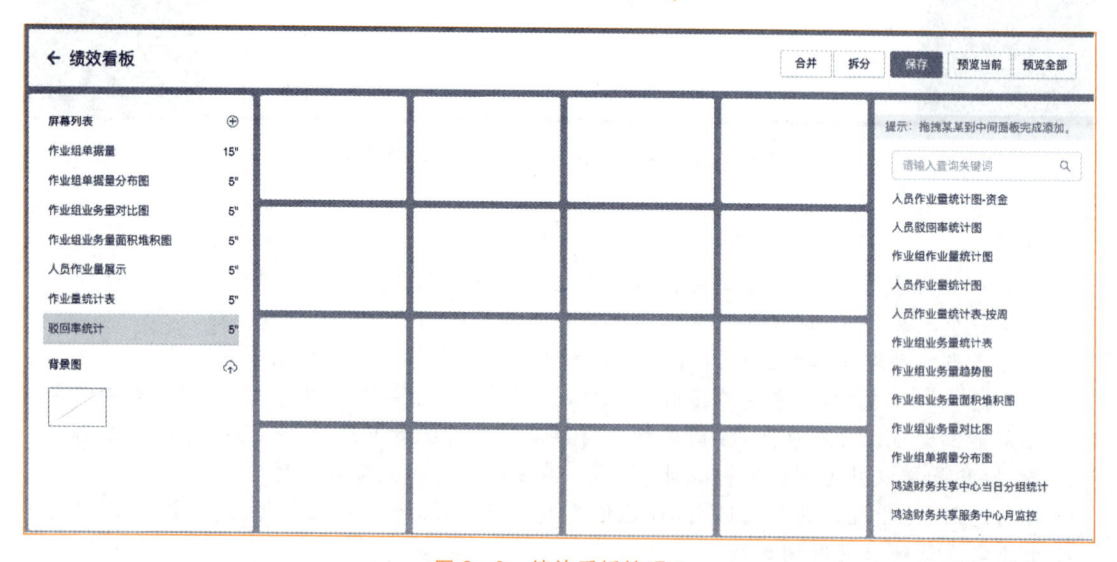

图 8-9 绩效看板管理 1

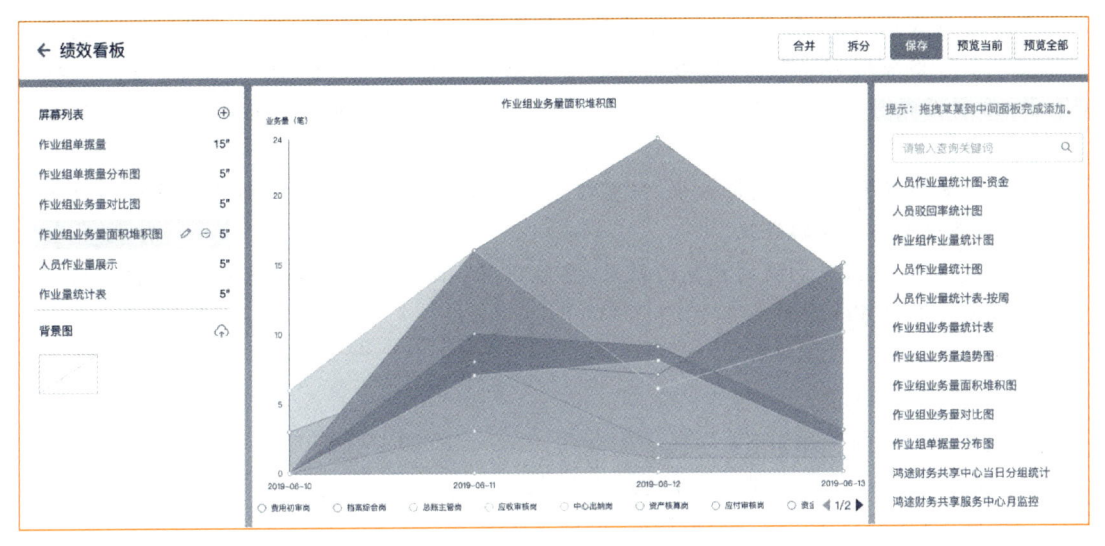

图 8-10 绩效看板管理 2

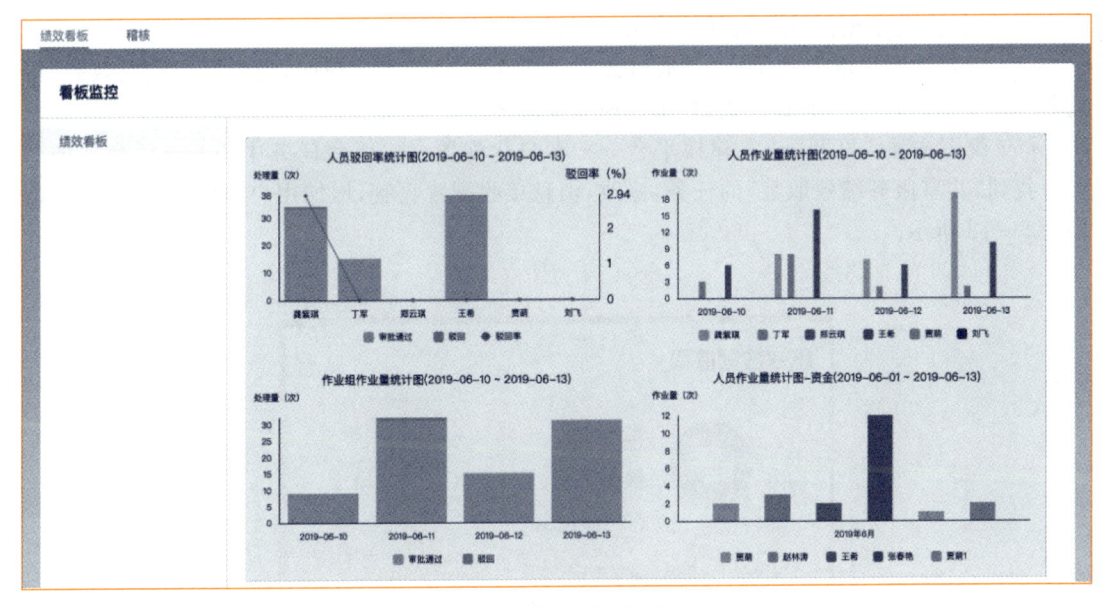

图 8-11 绩效看板管理 3

【注意】
◇ 打开看板管理,可通过"新增"并录入看板名称和序号后,增加一组看板并对该组看板进行设置。
◇ 设置界面的左侧为已增加的每一块看板及排列顺序,中间为当前看板的预览效果图,右侧为待选的资源,具体为之前在各个主题定义保存的各类图表。
◇ 设置界面左侧的屏幕列表里增加一块看板,录入每一块看板的名称、显示时间、排列序号后,"确定"即增加一块空的看板。

> ◇ 空的看板默认以16宫格,16宫格是最细的颗粒度,不能再细分了。一张图表只能在同一个宫格展现,不可以跨宫格展现。可以拖选相邻的四方格,进行"合并"宫格的操作,合并后的区域即可以完整地定义和展现图表,还可以对已合并的宫格进行拆分操作。
> ◇ 通过预览当前展板看看实际效果,当整组看板定义好,可通过预览全部看看实际滚动效果,不满意也重新编辑修改。
> ◇ 实际展示的时候,先切换到预览的效果,然后用Windows的连接到投影仪的,把当前浏览器视窗拖到另外界面上。

### (七) 绩效数据提取

绩效数据提取的步骤如下:

(1) 以共享中心运营管理岗位角色进入NCC。

(2) 点击"看板管理—绩效数据提取"模块。

(3) 绩效看板所使用的数据,需要先进行提取,然后才能被看板统计并展现。第一次使用绩效看板时,需要手工触发提取动作,后续则由系统按照每五分钟的频率自动提取数据。看板实际展示时,自动根据提取的最新数据实时刷新。

(4) 绩效数据提取自动执行,是通过预置了一个后台任务实现的,当数据提取失败时,可以通过定义后台任务的通知方式,如邮件通知提醒客户。

(5) 配置方法:打开"动态建模平台——客户化配置——后台任务中心——后台任务部署",找到"共享服务绩效取数"的任务,修改,消息接收配置页签,增加用户即可,数据提取界面如图8-12所示。

图8-12 绩效数据提取

### (八) 看板监控

看板监控的步骤如下:

(1) 以共享中心运营管理岗位角色进入NCC。

(2) 点击"看板管理—看板监控"模块。

(3) 看板监控小部件的功能主要面向管理员使用,在有多组看板的情况下,可以在该小部件上轮流展示每一组看板。

(4) 当看板监控上展示有异常情况时,实际大屏上该组的看板展示也是异常的,可提醒管理员及时处理,绩效看板监控界面如图8-13所示。

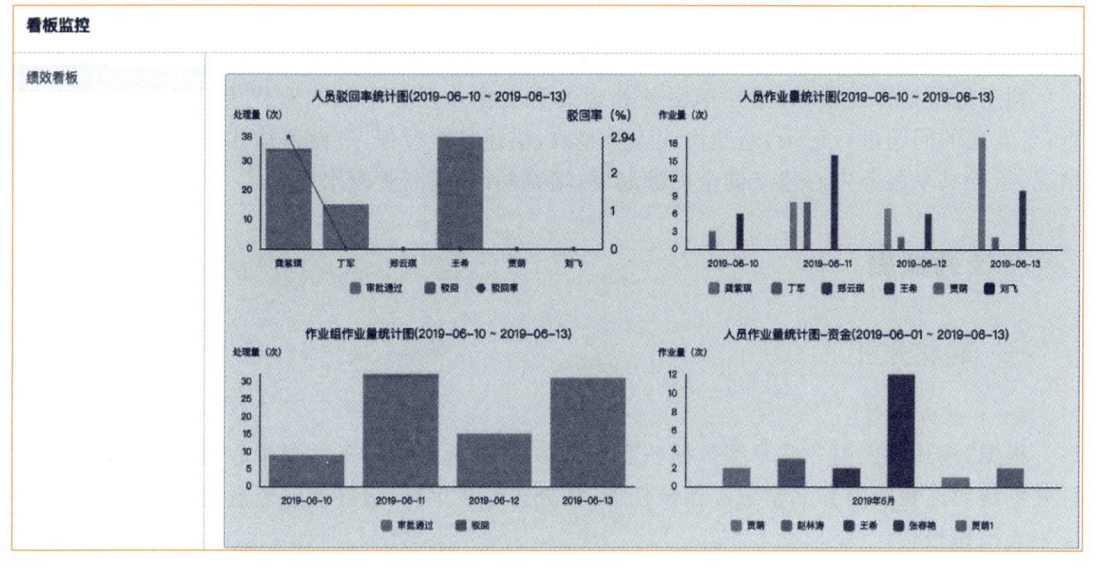

图 8-13 绩效看板监控

# 任务二　财务共享作业质量稽核

## 知识准备

### 一、财务共享作业质量稽核概述

#### （一）稽核

稽核是稽查和复核的简称，内部稽核制度是内部控制制度的重要组成部分。会计稽核是会计机构本身对于会计核算工作进行的一种自我检查或审核工作。建立会计机构内部稽核制度，其目的在于防止会计核算工作上的差错和有关人员的舞弊。通过稽核，对日常会计核算工作中出现的疏忽、错误等及时加以纠正或者制止，以提高会计核算工作的质量。会计稽核是会计工作的重要内容，也是规范会计行为、提高会计资料质量的重要保证。

#### （二）样本

所考察对象的某一数值指标的全体构成的集合看作总体，构成总体的每一个元素作为个体，从总体中抽取一部分的个体所组成的集合叫做样本，样本中的个体数目叫做样本数量。

#### （三）分层抽样

抽样时，将总体分成互不交叉的层，然后按照一定的比例，从各层中独立抽取一定数量的个体，得到所需样本，这样的抽样方法为分层抽样。

#### （四）共享稽核

共享稽核，是针对流入了共享中心的单据为目标范围进行的稽核，即以共享服务中心的作业任务为对象而进行的。通过检查共享服务各个岗位人员是否按照操作规范及操作要求处理作业，加强中心所有员工的质量意识，产出符合质量保证的作业成果；同时根据检查结果不断总结、归纳发生问题原因，并提出解决办法，从而为不断完善制度和规则提供依据。

## 二、财务共享作业质量稽核的价值

利用分层抽样的技术,把共享服务处理的历史作业任务中抽取有代表性的单据,进行检查,对发现的问题进行记录,通知作业人员整改,描述整改过程,进而评估共享服务的作业处理情况,指导共享服务中心建立健全内控制度,堵塞漏洞,提高管理水平。

# 任务实施

## 一、现状分析

### (一)总体描述

根据"鸿途集团财务共享绩效稽核需求",参照"鸿途集团财务共享中心绩效考评方案",设计并创建鸿途集团财务共享中心稽核任务,抽查并稽核单据,最终能够查看到鸿途集团财务共享中心稽核报告。

鸿途财务共享服务中心建成之后,共享中心会计核算质量管理主要面临以下几个问题:

(1)核算规范。

共享中心服务的各成员单位管理水平及业务复杂程度存在差异化,没有一套标准、规范的核算管理办法;共享中心随着业务规模的逐步增加,新员工不断增加,各核算岗位不能按照统一的规范操作。

(2)质量检测。

会计核算集中后,如何通过常规检查和随机检查相配合的方式控制核算质量;如何将监督手段与员工日常工作相结合,保证质量检测常态化和持续化。

(3)质量评价。

面对上述问题与挑战,财务共享中心必须实现日常岗位操作规范、财务信息处理检查机制与管理评价的有机衔接,从组织、文化、制度、培训四个方面营造核算质量管理氛围,建立起一套完善的财务信息稽核管理体系。

### (二)需求描述

#### 1. 范围

已生效的共享单据,能够支持抽检,结果反映到共享单据上,支持统计结果的查询。抽检时需要根据财务共享中心绩效考评方案,结合鸿途集团财务共享服务中心的业务量及资源情况设计稽核方案,并在系统中实现相关内容,出具稽核报告。

#### 2. 稽核方案设计应考虑的因素

稽核方案设计考虑的因素有:

(1)范围的设定(组织、交易类型、审核人、收支项目、是否抽检等)。

(2)时间的设定。

(3)抽检的比例。

(4)对抽检结果的统计分析等。

## 二、规划设计

### (一)业务流程

共享稽核,是针对流入了共享中心的单据为目标范围进行的稽核,即以共享服务中心的作业任务为对象而进行的。通过检查共享服务各个岗位人员是否按照操作规范及操作要求处理作业,加强中心所有员工的质量意识,产出符合质量保证的作业成果;同时根据检查结果不断总结、归纳发生问题,分析其原因,并提出解决办法,从而为不断完善制度和规则提供依据。

财务共享稽核业务流程如图8-14所示,其中"整改"环节为信息系统外的线下操作。

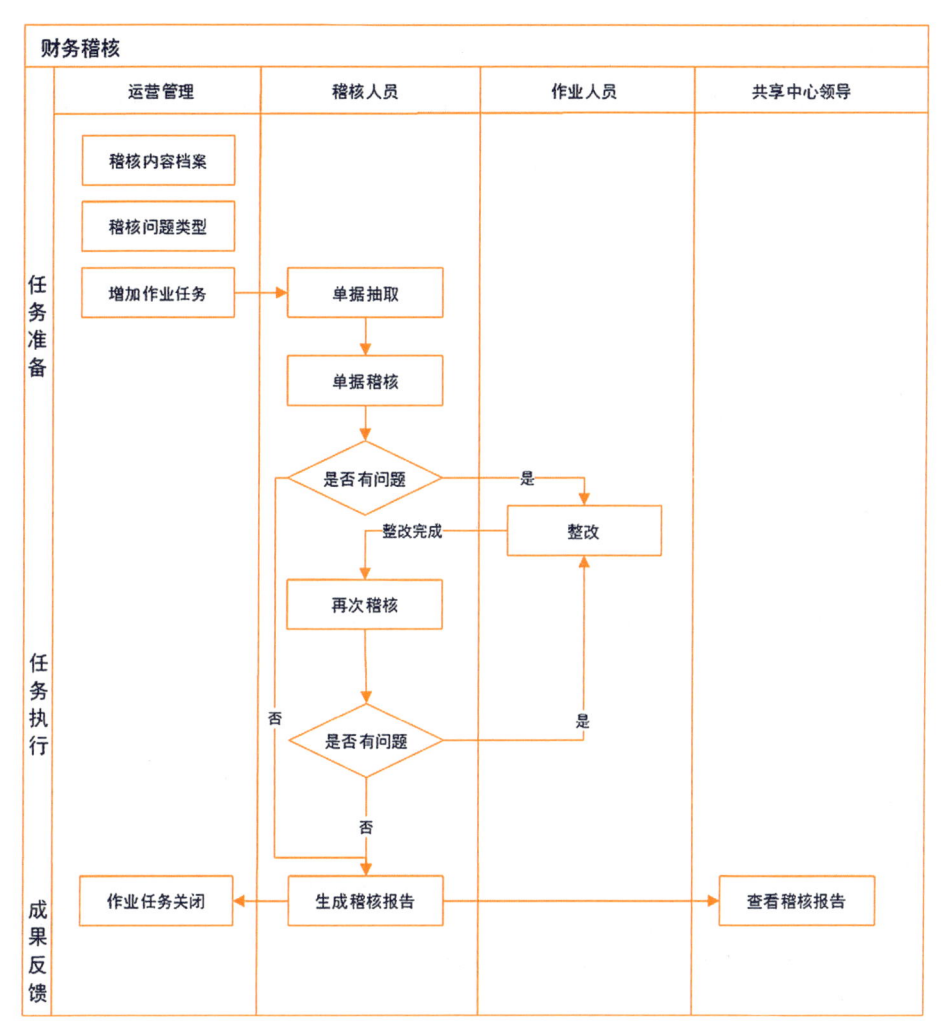

图8-14 财务共享稽核操作流程

(二) NCC 相关功能节点清单(表8-5)

表8-5 应用功能节点清单

| 领　　域 | 产　品　模　块 | 应用点、功能节点 |
| --- | --- | --- |
| 共享服务 | 共享稽核 | 稽核内容 |
| | | 稽核问题类型 |
| | | 稽核任务 |
| | | 单据抽取 |
| | | 单据稽核 |
| | | 稽核报告 |

## 三、业务实操

### (一) 稽核内容定义

稽核内容有：

(1) 以共享中心运营管理岗位角色进入 NCC。

(2) 点击"共享稽核—稽核内容"模块。

(3) 在"root 稽核内容"右侧点击"⊕"，添加内容编码和内容名称，稽核内容的定义界面如图 8-15 所示。

图 8-15　稽核内容定义界面

(4) 定义稽核内容时，可以设置多级档案，保存后自动启用。

【注意】
◇ 已启用的稽核内容档案可以停用，已停用的稽核内容档案不可以被稽核任务引用；已停用的稽核内容末级档案可以删除，即使该档案已被稽核任务引用；非末级档案不可以删除。
◇ 非末级档案的停用，会把所有下级均停用，但启用时，只启用本级。
◇ 已删除的稽核内容档案不会再显示在单据稽核界面，即使它已经被分配给当前任务。
◇ 这是一个全局型的档案，可以被所有的共享服务中心使用。
◇ 随着业务复杂度的提高，需要检查稽核的内容也越来越多，会导致在稽核时漏掉关键内容未检查，所以要先定义稽核的检查内容，然后再明确到任务中，在稽核时给以提醒，确保稽核的有效性。

### (二) 稽核问题类型定义

稽核问题类型定义的操作步骤有：

(1) 以共享中心运营管理岗位角色进入 NCC。

(2) 点击"共享稽核—稽核问题类型"模块。

(3) 在"root 稽核问题类型"右侧点击"⊕"，添加问题类型编码、名称，录入扣分标准，选择"严重程度"，稽核问题的严重程度系统默认为五类：非常严重、严重、一般、轻微、很轻微，定义界面如图 8-16 所示。

图 8-16　稽核问题类型定义界面

【注意】
◇ 在启用稽核任务时，应先尽可能列举出可能会出现所有问题，统一规划并对这些问题进行归类，确定其严重程度和扣分值。
◇ 定义稽核问题时，可以设置多级档案，保存后自动启用。
◇ 已启用的稽核问题档案可以停用，已停用的稽核问题档案不可以被稽核时选择和计算；已停用的稽核问题末级档案可以删除，但如果该档案已被稽核时选择引用，则不可以删除。
◇ 非末级档案不可以删除；已被使用的问题档案不可以修改扣分标准和严重程度等内容。
◇ 非末级档案的停用，会把所有下级均停用，但启用时，只启用本级。
◇ 已被使用的稽核问题档案也不可以被修改，应谨慎并事先规划好各类问题档案。
◇ 这是一个全局型的档案，可以被所有的共享服务中心使用。
◇ 稽核问题类型，用于在稽核时发现了问题以后，标记出该问题的类型，自动显示当前问题的严重程度，进而计算出因为该问题的出现应该扣分数，统一标准，减少稽核人员的主观性，使评价更为客观。

### （三）稽核任务创建

每一次稽核都需要由管理人员发起一个稽核事项，明确本次稽核包含的单据范围，比如时间区间、作业组、本次稽核要关注的重点内容等，以及稽核以后的阶段性评价和成果汇报，这个事项的表现形式就是稽核任务。

稽核任务有多个状态，内容及含义如表 8-6 所示。

表 8-6　稽核任务状态

| 序号 | 状　　态 | 解　　　　释 |
| --- | --- | --- |
| 1 | 保　存 | 任务保存或启用后的取消 |
| 2 | 已启用 | 任务已启用 |
| 3 | 已抽取 | 单据按照抽样范围进行了抽取 |
| 4 | 已确认 | 对单据抽取的结果进行了确认 |
| 5 | 已稽核 | 只要有一张单据的稽核状态为已稽核 |
| 6 | 已报告 | 生成了稽核报告 |
| 7 | 已关闭 | 报告审核通过后自动关闭 |

操作步骤如下：
(1) 以共享中心运营管理岗位角色进入 NCC。
(2) 点击"共享稽核"——"稽核任务"模块。
(3) 在稽核任务窗口，点击"新增"按钮，录入稽核任务参数后点击"保存"按钮，定义界面如图 8－17 所示。

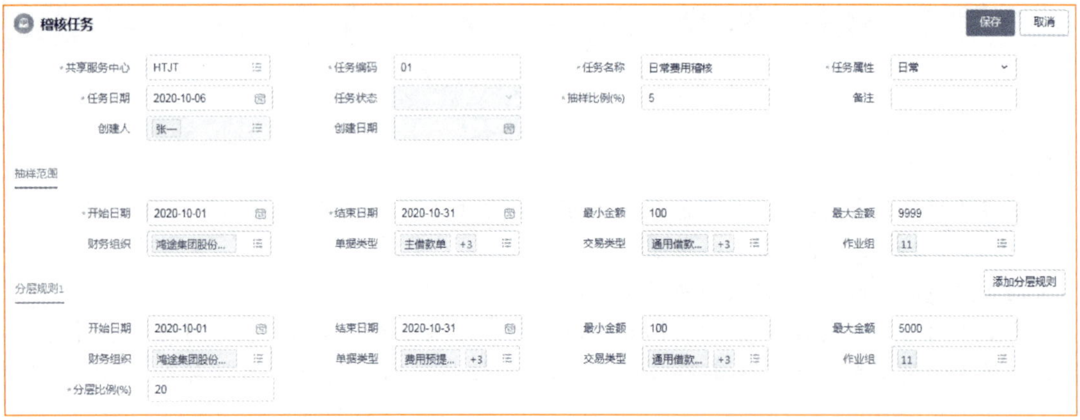

图 8－17  财务共享稽核任务创建界面

稽核任务是在每一个共享服务中心下定义的，不同的共享服务中心不可以共用同一个稽核任务；稽核任务定义以后，还需要给这些任务分配稽核内容，用来使稽核人员在稽核时，清楚自己都要关注哪些方面。稽核内容在稽核任务保存以后可以随时分配和取消分配，只要该任务未关闭；稽核时按照最新的分配内容显示。

定义稽核任务时，必须要确定抽样范围及抽样比例，抽样范围有日期范围、组织范围、金额范围、单据范围、作业组等维度，其中日期范围是必须指定的，其他的维度可指定也可不指定；定义稽核任务时，如果对稽核的单据有较高的要求，希望能最大可能地抽出有代表性的单据，也可以定义分层规则。

所谓分层规则，就是在大的样本总体里划分出若干区域，然后对这些区域分别对待，根据每个区域的重要程度和风险程度指定不同的抽样比例；分层规则最多只能定义五个，也可以不定义。分层规则的说明如下：

分层比例是指按照这一规则下抽取的样本数占所有样本的比例要在指定的比例之上，除非按照分层比例的所有单据合计数达不到分层比例；所有的分层比例之和就小于等于 100％，如果小于 100％，剩余的抽取就随机了；如果不同的分层规则条件圈定的范围相互之间有交叉，则按照各自的规则抽取。即一张单据可同时满足两个或以上的分层规则；分层规则的分层条件不能全部为空，至少应限定一个条件。

【举例】财务共享单据库里总共有 10 万多张单据。本次指定的抽样如下：

(1) 总体范围。财务组织：A、B、C，日期为 2020 年 7 月 1 日至 2020 年 7 月 31 日，总体单据数为 1 000 张。指定的抽样比例为 10％。则抽样样本数为 1 000×10％＝100(张) 单据。

(2) 定义分层规则。因为指定了财务组织的范围，所以分层规则只能在 A、B、C 三个组织内定义，因为指定了日期范围，所以分层规则只能是 8 月份的单据，其他不限。

(3) 定义了分层规则。财务组织 A、金额范围为 1 000～10 000，分层比例为 20%，则抽取满足这个要求的单据数至少为 100×20%＝20(张)。如果在这个范围的单据不足 20 张时，也算符合要求。(由于已经在抽样的总体范围里指定了要抽取 8 月份单据，所以如果分层规则没有指定日期范围，则仍然隐含着要抽 8 月份的单据条件)，假如此次抽取了 10 张。

注意：指定分层时，不应超过抽样范围，否则会导致不能正确地抽取样本单据。

(4) 如果又定义了一条规则，财务组织：A、B，日期为 2020 年 8 月 5 日至 2020 年 8 月 31 日的单据，分层比例为 15%，则在上一个条件抽取完单据后，按照这个条件接着抽取，只要满足这个条件即可，即使这个规则与上一个规则的集合有部分交叉。此次足额抽取了 15 张单据。

(5) 则还应继续抽取 75 张(100－10－15)单据，这些单据应该在剩余的 975 张 (1 000－10－15)单据里随机抽取，这些单据有的符合上面两个分层条件，有的不符合，均属正常。

规则分层的集合关系如图 8－18 所示。

### (四) 单据抽取和确认

单据抽取和确认的步骤如下：

(1) 以共享中心作业组长岗位角色进入 NCC。

(2) 点击"共享稽核—单据抽取"模块。

(3) 在单据抽取界面，选择共享服务中心、稽核任务、财务组织等信息，点击查询，进行"抽取"数据处理，待稽核的共享单据抽取后，需要进行确认。单据抽取和确认的界面，如图 8－19 所示。

图 8－18　规则分层图示

图 8－19　单据抽取及确认界面

任务启用以后，就可以进行单据抽取了。单据抽取就是按照当前稽核任务所定义的抽样范围和分层规则从样本总体里随机抽取单据，供稽核使用；在当前抽取的结果未确认前，可以无限次抽取单据，下一次抽取的结果覆盖上一次的结果；抽取结果未确认前，任务还可以取消启用；抽取结果确认后，任务就不可以取消启用了；抽取结果确认后，不可以再抽取单据；未进行稽核的任务可以取消单据抽取的确认;稽核结果同时会反馈到已抽取的单据列表中,如果想实时查看当前任务的每张单据稽核明细情况,可以在此查看。

### (五) 单据稽核

单据抽取的结果确认以后,就可以进行单据稽核了。一旦开始稽核操作,单据抽取的结果可以取消确认;如果已稽核了多张单据,发现还需要重新抽取单据,则需要把每张已稽核的单据恢复为未稽核的状态,才可以取消确认,重新抽取单据。

只要有当前任务的权限,可以同时稽核多个单据;稽核时,应参照稽核内容的提示进行;可以标注稽核说明以备忘;针对无问题的单据,可以直接点"通过",当前单据自动更新为已稽核的状态;如果发现了当前单据的一个或多个问题,则需要选择发现的问题类型,系统自动带出所选问题的严重程度和扣分标准;对当前单据严重程度的评价,自动取所选择的最严重问题的严重程度;发现了稽核问题,如果需要整改,应线下通知共享作业人员进行整改,并对整改的结果进行检查,符合要求后,记录整改过程,并完成稽核;如果不符合要求,可以要求作业人员重新整改。

稽核时,支持根据单据列表上下翻页依次稽核;可以查看当前单据的卡片界面,联查凭证、联查影像、联查附件、联查电子发票、联查工作流、联查上下游单据等与当前单据有关的所有信息,但不可做任何修改。

操作步骤如下:

(1) 以共享中心作业组长岗位角色进入 NCC。

(2) 点击"共享稽核—单据稽核"模块。

(3) 在单据稽核界面,选择共享服务中心、稽核任务、财务组织等信息,点击查询,财务共享稽核作业查询及处理界面,如图 8-20、图 8-21 所示。

图 8-20 财务共享稽核作业查询界面

图 8-21 财务共享稽核作业处理界面

### (六) 稽核报告

当前任务的所有单据均已稽核后,就可以生成稽核报告了。生成报告时,系统会自动计算出当前任务的单据抽取情况、稽核结果,并根据稽核的结果自动给出评分(满分100)和该评分对应的此次整个稽核任务的评价,如表8-7所示。系统默认给出的评分可以根据对稽核情况的评价进行人工修正。

表8-7 稽核评分与评价的对应情况

| 序 号 | 评 分 区 间 | 稽 核 评 价 |
| --- | --- | --- |
| 1 | 90~100 | 优秀 |
| 2 | 80~89 | 良好 |
| 3 | 60~79 | 中等 |
| 4 | 59以下 | 差 |

生成的报告的同时可以统计出各种稽核的问题,并可以按这些问题联查单据的明细情况。生成稽核报告时,还可以通过图形展示出抽样情况统计、稽核情况统计、稽核结果统计等。生成的稽核报告需要审核后才生效,审核通过后,此次的稽核任务工作就算全部完成了,系统会自动关闭当前稽核任务。此时不可以再对当前稽核任务做任何处理和修改了。

如果取消审核当前的稽核报告,系统会自动打开当前的稽核任务。生成稽核报告以后,可以将稽核报告截图或打印出来送财务共享中心负责人审阅。操作步骤如下:

(1)以共享中心作业组长岗位角色进入NCC。
(2)点击"共享稽核—稽核报告"模块。
(3)在稽核报告界面,选择共享服务中心等信息,点击查询后生成财务共享稽核报告。

## 同步训练

同步训练:
项目八

同步训练:
项目八参考答案

# 主要参考文献

[1] 石贵泉,宋国荣.智能财务共享[M].北京:高等教育出版社,2021.
[2] 孙玥璠,孙彦丛.财务共享服务教程[M].北京:经济科学出版社,2021.
[3] 陈虎,孙彦丛.财务共享服务[M].2版.北京:中国财政经济出版社,2018.
[4] 晏瑜,肖宋等.2020年中国共享服务领域调研报告[R].厦门:ACCA,中兴新云,厦门国家会计学院,2020.

## 郑重声明

高等教育出版社依法对本书享有专有出版权。任何未经许可的复制、销售行为均违反《中华人民共和国著作权法》，其行为人将承担相应的民事责任和行政责任；构成犯罪的，将被依法追究刑事责任。为了维护市场秩序，保护读者的合法权益，避免读者误用盗版书造成不良后果，我社将配合行政执法部门和司法机关对违法犯罪的单位和个人进行严厉打击。社会各界人士如发现上述侵权行为，希望及时举报，我社将奖励举报有功人员。

反盗版举报电话　（010）58581999　58582371
反盗版举报邮箱　dd@hep.com.cn
通信地址　北京市西城区德外大街 4 号　高等教育出版社法律事务部
邮政编码　100120

**高等教育出版社**

*仅限教师索取*

## 教学资源索取单

尊敬的老师：

您好！感谢您使用 张洪波等 编写的《财务共享服务实务》。

为便于教学，我社教材多配有课程相关教学资源，如贵校已选用了本书，您只要加入以下教师论坛 QQ 群，或者关注微信公众号"高职财经教学研究"，或者把下表中的相关信息以电子邮件方式发至我社即可免费获得。

**我们的联系方式：**
**（以下 3 个"会计教师论坛"QQ 群，加任何一个即可享受服务，请勿重复加入）**

QQ3 群：473802328　　　　QQ2 群：370279388　　　　QQ1 群：554729666
财经基础课 QQ 群：374014299　　旅游大类 QQ 群：142032733
市场营销 QQ 群：177267889　　　国际商务 QQ 群：314205275

**微信公众号：高职财经教学研究**

另外，我们研发有 **8 门财会类课程试题库**："基础会计""财务会计""成本计算与管理""财务管理""管理会计""税务会计""税法""审计基础与实务"。题库共 25 000 多道试题，知识点全覆盖，题型丰富，可自动组卷与批改。如贵校选用了高教社沪版相关课程教材，我们将免费提供给老师 8 门课程题库生成的 各 6 套试卷及答案（Word 格式难中易三档），老师也可与我们联系获取更多免费题库资源。

联系电话：(021)56961310/56718921　　电子邮箱：800078148@b.qq.com
服务 QQ：800078148（教学资源）

| 姓　　名 | | 性别 | | 出生年月 | | 专　　业 | |
|---|---|---|---|---|---|---|---|
| 学　　校 | | | | 学院、系 | | 教研室 | |
| 学校地址 | | | | | | 邮　编 | |
| 职　　务 | | | | 职　称 | | 办公电话 | |
| E-mail | | | | | | 手　机 | |
| 通信地址 | | | | | | 邮　编 | |
| 本书使用情况 | | 用于_____学时教学，每学年使用_____册。 | | | | | |

**您还希望从我社获得哪些服务？**
☐ 教师培训　　　☐ 教学研讨活动
☐ 寄送样书　　　☐ 相关图书出版信息
☐ 其他_____